अभिवंचितों का शिक्षाधिकार

एक सृजनवादी प्रयोग

अभिवंचितों का शिक्षाधिकार

एक सृजनवादी प्रयोग

विजय प्रकाश
शैलेन्द्र कुमार श्रीवास्तव

राजकमल प्रकाशन

इस पुस्तक में अभिव्यक्त विचार वैयक्तिक हैं। इन विचारों का लेखकों के पदों या अन्य दायित्वों से कोई सम्बन्ध नहीं है।

ISBN : 978-81-267-1746-0

मूल्य : ₹895

पहला संस्करण : 2009
पहली आवृत्ति : 2025

प्रकाशक : राजकमल प्रकाशन प्रा.लि.
1-बी, नेताजी सुभाष मार्ग, दरियागंज
नई दिल्ली-110 002
शाखाएँ : अशोक राजपथ, साइंस कॉलेज के सामने, पटना-800 006
पहली मंजिल, दरबारी बिल्डिंग, महात्मा गांधी मार्ग, प्रयागराज-211 001
1, अनमोल सोराबजी संतुक लेन, धोबी तलाव, मरीन लाइंस, मुम्बई-400 002
वेबसाइट : www.rajkamalprakashan.com
ई-मेल : info@rajkamalprakashan.com

प्रोजेक्ट संचालन सौजन्य : ऐक्शन एड इंटरनेशनल (इंडिया)
प्रोग्राम समन्वयक : डॉ. मृदुला प्रकाश
डेटा संयोजन : हिमाद्रि मयंक

मुद्रक : बी. के. ऑफसेट
नवीन शाहदरा, दिल्ली-110 032

ABHIVANCHITON KA SHIKSHADHIKAR
EK SRIJANVADI PRAYOG
Novel by Vijay Prakash, Shailendera Kumar Srivastva

कुछ आपसे

ग्रामीण समाज का भारतीय शहरों से केवल कामकाजी रिश्ता ही रहा है। शहर आधुनिकता के वाहक हैं, एकल परिवार के प्रचारक भी। हमारे सत्तासीनों ने औपनिवेशिक आधुनिकता को स्वीकारा। बजाय इसके कि गाँव हमारे शहरों की औपनिवेशिकता को बदलते, आजादी के बाद परवान चढ़ी हमारी औद्योगिक आधुनिकता ने ही (धीरे–धीरे ही सही) निश्चित रूप से राष्ट्रीय और सामाजिक कल्पनाशीलता के केन्द्र से गाँव को विस्थापित कर उसकी जगह शहर को बिठा दिया। बजाय इसके कि गाँव शहर का स्वप्न बनता, शहर ने गाँव के सपने की जगह ले ली। चूँकि शहर औद्योगिक आधुनिकता के केन्द्र थे इसलिए गाँव से रोजगार या शिक्षा की तलाश में आये निचली और दलित जातियों के नौजवानों/वयस्कों ने यहाँ की पक्की सड़कें नापते हुए कोशिश की कि उत्पीड़नकारी जातिगत अनुभव से उनका पीछा छूट जाये, मगर वह इच्छा पूरी न हो सकी। शहरी मध्यम वर्ग अपने को सामन्ती मानसिकता से मुक्त नहीं कर सका। इस समूचे मोह जाल का परिणाम आधुनिक शिक्षा है, जो केवल मध्यम और उच्च वर्ग की सेवा करती है और मध्य, निचले तथा दलित वर्गों को औपनिवेशिकता के दायरे में रखने के लिए हरचंद प्रयासशील रहती है।

औपचारिकता के लिहाज से शिक्षा की व्यवस्था ने आगे बढ़ने के लिए अपने ढंग से अपनी कोशिशें जारी रखीं। सर्वशिक्षा अभियान जैसे प्रयास इसी कोशिश के अंग हैं। मगर शिक्षा की कोशिशों को कार्यान्वित करने के प्रयत्नों के बावजूद अभिवंचितों, विशिष्ट समूहों के बच्चों की समस्याओं पर गंभीर नजर नहीं गई–न तो सरकारी, न पढ़े–लिखों की, न विकासधर्मियों की और न संचारधर्मियों की। अब तक केवल सरसरी नजर ही डाली जा सकी है। यह वर्त्तमान शिक्षा के विशेष चरित्र को चिन्हित करता है।

अभिवंचना का भी कोटिकरण हुआ है तथा अच्छी तरह कोटिकृत अभिवंचनाओं पर अवधारणात्मक दृष्टि से काम भी हुआ है। मगर अनेक अभिवंचनाएँ जिनमें से कुछ स्थिर हैं तथा कुछ लगातार वर्धमान, अभी तक रेखांकित नहीं की जा सकी हैं। मसलन जीवननिर्वाह की आत्यंतिक स्थिति में पलायन/मौसमी पलायन, पढ़ने–लिखने के लिए समीचीन वातावरण से महरूम समुदायों/समूहों की

सांस्कृतिक तथा व्यावहारिक असुविधाएँ, शिक्षा से सामुदायिक/सामूहिक विलगाव की तीव्रता (विलगाव हिंसा से पीड़ा), अनेक समूहों/समुदायों के लिए मौजूदा शैक्षिक व्यवस्था की अप्रासंगिकता आदि।

अकेले पलायन का आयाम आजीविका के क्षेत्र, अधिकार और पूर्ति, स्वास्थ्य, पोषण, शिक्षा, स्थानीय व्यवहार अनेक मोर्चों का स्पर्श करता है। शिक्षा इसके लिए प्रवेशक हो सकती है। पलायन की सूक्ष्म तथा स्थूल दोनों तस्वीरें अनेक दृश्यों को प्रदर्शित करती हैं, जिनमें अन्तर्ग्रामीण, बहिर्ग्रामीण, उपनगरीय पलायन, नियोक्ता श्रमिक रिश्ते, पलायित परिवारों तथा बच्चों के रिहाइश की स्थितियाँ, तज्जनित बालश्रम में वृद्धि, जानेवाले क्षेत्रों तथा पहुँचनेवाले क्षेत्रों की विद्यालयी स्थितियाँ, दोनों क्षेत्रों में ऐसे बच्चों की शिक्षा के प्रति विद्यालयी रुख आदि शामिल हैं।

इन बातों के अध्ययन, विश्लेषण, प्रयोगन की अपरिहार्य जरूरत है। आधारभूत तथा तात्कालिक कार्यभार निरूपण की आवश्यकता है। स्पष्टतः ये सारे मुद्दे वर्त्तमान अभिवंचितों तथा आगामी अभिवंचितों की बढ़ती क़तार से संबंधित हैं।

इन्हीं बातों के मद्देनजर हमने जमसौत पंचायत को अपनी प्रयोग भूमि बनाया। अरसे से हम ग्रामीण अंचल की किसी एक इकाई में अभिवंचित बच्चों के साथ अधिकार सम्बन्धी सृजनवादी शैक्षिक प्रयोग करने के लिए उत्सुक थे। जमसौत पंचायत कई दृष्टियों से उपयुक्त मिला।

अपने सृजनवादी प्रयोग के दौरान जब हम जमसौत पंचायत के भ्रमण पर थे तो हमें वहाँ की सामुदायिक ज़िन्दगी के विभिन्न पक्षों से सामना करने का मौका मिला। अधिकारों के पक्ष पर हमने विचारा तो हमारे सामने प्रश्न गूँजा–अभिवंचित अपना अधिकार पायें, इसे मापेंगे कैसे ? माप के लिए पैमाना और निर्देशक हो तो रास्ता निकल सकता है कि किस दिशा में कौन सा काम किया जाए। मापीय पैमाने और सटीक निर्देशकों का अभाव खला।

हमने काफी जानकारी इस सिलसिले में ली। मगर शिक्षा के सामुदायिक स्वरूप के सम्बन्ध में स्पष्ट दिशा–बोध का अभाव दिखा, जबकि विभिन्न समुदायों में शिक्षा का सामुदायिकस्वरूप भिन्न दिखता है। इसलिए तय किया गया कि जमसौत पंचायत के अभिवंचित बच्चे–बच्चियों के साथ शिक्षण के मार्ग पर अपने पूर्व तजुरबों के आधार पर गतिविधि आधारित सृजनवादी कार्यक्रम चलाएँ और साथ–साथ यह भी पता लगाएँ कि कौन–कौन से निर्देशक शैक्षिक पैमाने पर शिक्षाधिकार सम्प्राप्ति को माप सकते हैं। किसी स्पष्ट दिशाबोध के अभाव में सिद्धान्त और व्यवहार का तालमेल ही समीचीन मार्ग था। हमें विश्वास था कि सुधीजनों से विमर्श और कार्यक्रम कार्यान्वयन के फीडबैक से आगे का मार्ग तो प्रशस्त होगा ही; हम एक ऐसा मॉडल भी खड़ा कर सकेंगे जो अभिवंचितों की प्रासंगिक शिक्षा के लिए उपयुक्त हो।

इस सिलसिले में जमसौत पंचायत का विशद पारिवारिक सर्वेक्षण किया गया। विभिन्न महत्त्वपूर्ण समूहों से चर्चा की गई। बड़े पैमाने पर बच्चों से, उनके माँ–बाप से, टोलों के महत्त्वपूर्ण व्यक्तियों, पंचायत प्रतिनिधियों, शिक्षकों, विद्यालय शिक्षा समिति के पदाधिकारियों, सरकारी कर्मचारियों तथा पदाधिकारियों, आँगनबाड़ी कर्मियों आदि से इंटरव्यू लिए गए। बच्चों तथा उनके माँ–बाप शिक्षा से क्या चाहते हैं, उन्हें नोट किया गया। जिन बच्चों के साथ काम किया, उनका जीवनवृत्त अंकित किया गया तथा उससे महत्त्वपूर्ण जानकारियाँ मिलीं। उनके साथ जिन स्वयंसेविकाओं ने काम किया, उनकी डायरियों ने बहुत सारी सूचनाएँ दीं।

आँकड़ों की दुनिया में आँकड़ों के बीच बहुत सारे रिश्ते मिले। इनसे उभरे विचारों ने बहुत सारे सामाजिक कार्यों का एजेन्डा दिया। इन आँकड़ों की दुनिया काफी दिलचस्प रही। मगर इन आँकड़ों को पैदा करनेवालों की दुनिया तो बिल्कुल अनोखी मिली। जिन बच्चे–बच्चियों ने, किशोर–किशोरियों ने ये आँकड़े पैदा किए, उनकी अनोखी दुनिया में वही रहस्य, रोमांच, रोमान, अनुभूतियों की तीव्रता, बिम्बों का कैनवास मिला जो किसी परीदेश की जीवन्त कथा में मिलता है। हँसी–खुशी, बचकानी हरकतें, बेबसी, ईर्ष्या, झिड़कियाँ, इन्तजारी सबकुछ। जब परीदेश का अंधा राजकुमार गीत की टेर छेड़ता है तो यूँ चहकते बतियाते एक दूसरे को लतियाते नन्हे–मुन्नों के बीच पिन ड्रॉप साइलेन्स का माहौल छा जाता है मानो कोई पुराण पुरुष उतर आया हो। उस अंधे राजकुमार की ज़िन्दगी बेबसी से संग्राम की कहानी है जिसमें वह उदात्त नायक की तरह दो छोटे भाइयों के साथ भोजन संग्रह से लेकर जिन्दगी के सारे कामों को अंजाम देता है और किसी क़दम पर घबड़ाता नहीं। इस मजमे में दोनों तरह के मुन्ने–मुन्नियाँ मिले जो किसी तरह शरीर पर पूरे कपड़े जुटा पाए थे या गमछी और बिना बटन के कुरते के साथ ठहाके लगा रहे थे। शगल और भोजन संग्रह के लिए मछली मारने हेतु पढ़ाई गोल करने वाले बच्चे भी थे जो गरई, पोठिया, और इस बार ज्यादा पानी हो गया था तो रोहू ढूँढ़ने में भी लगे थे। कुछ तीन तसिया वाले बच्चों से भी मुलाकात हुई जो असमय वयस्कता के बखार में शामिल हो चुके थे। घर में बूढ़े माँ–बाप की तीमारदारी करने वाले बच्चे भी थे। चीथड़े चुननेवाले नौनिहाल भी थे, सूअर की खोह से रोजाना रिश्तावाले भी थे, बकरियों की में–में में शामिल बच्चे–बच्चियाँ भी थे। माँ–बाप की झिड़कियाँ भी मिलीं : ''ऊजे पढ़ल लिखल छोकरवा हव, ओकरा का मिलत हई, जे एकरा पर लग्गल हव'?''

इनकी तमन्नाएँ भी खूबसूरत सी मिलीं। 'हम सिपाही बनबई', 'ठेला चलबई', 'टीचर बनूँगी', 'किसान बनूँगा', 'सैलून खोलूँगा', 'डॉक्टर बनना है', 'मालिक बनेंगे' वग़ैरह। किसी ने कलक्टर, मुख्यमंत्री, मंत्री, राष्ट्रपति बनने की इच्छा नहीं जाहिर की। आपस में खूब बोलचाल, मगर बाहरी के सामने शब्दों का अकाल। झिझक का अलगाद अलग। चमरटोली में : ''की करबई, स्कूलवे त सरकार हटा

देलकई, अब माय न जाय देत हई।'' थोड़ी बड़ी लड़की है, दूसरे दरवाजे पर स्कूल था तो माँ को जाने देने में परेशानी नहीं थी। अब उसने जाना रोक दिया। पहले लक्की थी। अब अनलक्की हो गई। कुछ छोटे बच्चों से यह भी सुना–खगड़ी में जहाँ अब स्कूल चला गया है, वहाँ के बच्चे इन छोटे बच्चों को पीट देते हैं। इसलिए वे नहीं जा रहे। बगल में स्कूल था तो ये बराबर जा रहे थे।

एक बड़ी दिलचस्प बात खगड़ी, जमसौत तथा सिकन्दरपुर वाले बच्चों में दिखी। पानी के निकट जाने, मिट्टी का लोंदा बनाकर खेलने की। वास्तव में इन लोगों का इलाका बसाव की दृष्टि से सबसे घटिया इलाका है–दलदल, ऊबड़–खाबड़, गड्ढों से भरा। इसलिए असमय भी पानी–कादो मिल जाता है। बरसात में कहना ही क्या! फिर भी इनकी पानी–गड्ढे–कादो में दिलचस्पी (ढिबरा चमरटोली में भी गाँव के बाहर यह स्थिति मौजूद है), खुद में दिलचस्प है। थोड़ी प्रेरणा से मिट्टी के लोंदा से शक्ल बनाने में इन बच्चों ने खूब कुशलता दिखाई। माँ–बाप तो थोड़ा शहराती हो चले हैं। ''का कादो कीच में अँगुरिया पेरले हई,'' किसी–किसी का कमेंट था। आँकड़े तो वयस्कों, बड़े–बूढ़ों सभी के संघटित हुए। मगर उनके बीच रिश्ते अभी हम लोग संगठित नहीं कर पाये। बच्चों के बीच रिश्तों और उनके आँकड़ों के बीच बोलते रिश्तों ने खूब आकर्षित किया। रिश्ता इतना घनिष्ठ हो गया कि दिमाग में बस एक बात गूँजने लगी, कैसे इन आँकड़े पैदा करने वालों के ठहाकों को कायम रखते हुए जनतांत्रिक मूल्यों के चौकठों में रहकर सृजनवादी विजन के साथ ऐसे कार्यक्रम लागू कर सकें जो सर्वांगीण विकास के लिए अभीष्ट हों।

ऐसा नहीं है कि इस दिशा में काम नहीं हुए हैं। काम हुए हैं। मगर वह परिणाम मिलना बाकी है जो अभिवंचितों को उन अधिकारों तक पहुँचा सकें जिसके वे हकदार हैं।

जो मुद्दे उठाये गये हैं, इनमें से कुछ मुद्दों पर इस पुस्तक में सामान्य खोज की गई है। खोज के आधार पर मिले कारकों का विश्लेषण करके शैक्षिक परिदृश्य में सकारात्मक परिवर्त्तन हेतु तात्कालिक कार्यभार तथा कार्यान्वयन हेतु हस्तक्षेप का मॉडल निरूपित करने की सूक्ष्म तथा स्थूल दोनों दृष्टियों से विवेचना की गई है। हमारी खोज तथा अध्ययन कार्य का बीज उद्देश्य शिक्षाधिकार की माप का पैमाना स्थापित करना था तथा विभिन्न अभिवंचित समूह–सूक्ष्म तथा स्थूल–दोनों दृष्टियों से इस मापक पैमाने पर कहाँ हैं, रेखांकित करना था। इसके साथ इन समूहों में शिक्षाधिकार हासिल करने के लिए क्या करना अपेक्षित है उसपर अमल की कोशिश करनी थी। यह मुद्दा अनेक आयामों में फैला है, जिसके विद्यालयी, पारिवारिक, सामूहिक तथा वैयक्तिक अंशों पर ही प्रयोग किये गये जो मात्र प्रतीकात्मक हैं। मगर आगे के हस्तक्षेपों के लिए पुनरअध्ययन, शोध तथा सभी आयामों के समावेशन के साथ हस्तक्षेपीय मॉडल निरूपण का मार्ग प्रशस्त करते हैं।

सारे प्रयोग सृजनवाद की पृष्ठभूमि में किये गये। हर क़दम पर सृजनवादी शिक्षण विधा का सहारा लिया गया। यों कहें तो बीज गतिविधियाँ न केवल सृजनशीलता के अनेक आयामों को छूती हैं बल्कि उन्हें जनतांत्रिक मूल्य अनुप्राणित करते हैं। कार्यान्वित गतिविधियों से सीमित समय में जो फल मिले उनसे हमें काफी उत्साह मिला। शुरू के संशय और दिशाबोध के अभाव की परिस्थिति बदली। शिक्षा के सामुदायिक स्वरूप को भी निर्धारित करने में हम आगे बढ़े। मापक पैमाने पर माप की मंज़िल तय करने हेतु निर्देशकों तथा सूचकांकों को प्रस्थापित किया जा सका। इन सारे कार्यों तथा सभी ओर से मिलते सहयोग ने हमें पर्याप्त ऊर्जायित किया है। अब हम बड़े मुहिम पर आगे बढ़ने को तत्पर हैं।

मौजूदा अध्ययन तथा प्रयोगन सुधीजनों के बीच प्रोक्ति का मार्ग अवश्य प्रशस्त करेगा, ऐसा हमारा विश्वास है। हमारे तजुरबे तथा प्रयोगन के फीड बैक और सीख अध्ययनकर्त्ताओं, विकासक विज्ञों तथा नीति निर्धारकों को अवश्य मदद करेंगे।

एक और पक्ष महत्त्वपूर्ण है–जिन लोगों के साथ काम किया, जो हमारे सहकर्मी रहे, जो हमारे लिए समानुभूति की उर्मियों से आप्लावित हुए, उनकी चर्चा करें।

यह किताब अनेक कार्यकर्त्ताओं, सहजकर्त्ताओं, स्वयंसेविकाओं, सहजकर्मियों के प्रयासों का सुखद परिणाम है। हम डॉ. मृदुला प्रकाश, प्राचार्या, स्कूल ऑफ क्रिएटिव लर्निंग के विशेष आभारी हैं जिन्होंने 'जमसौत पंचायत में अभिवंचित बच्चों की शिक्षा का प्रशस्तधारायन' नामक परियोजना का सफल समन्वयन किया। इसी परियोजना के परिणामों का प्रस्फुटन वर्तमान पुस्तक के रूप में हुआ है। श्री हिमाद्रि मयंक, वास्तुविद, अहर्निश श्रम कर डाटा संयोजन एवं विश्लेषण का कार्य किया तथा विषयवस्तु की गहराई में जाने की यात्रा को सहज बना दिया। हम उनके प्रति विशेष आभार व्यक्त करते हैं। श्री अजीत सिंह, माइक्रोन्यूट्रियेन्ट्स इनीशियेटिव, श्री अर्जुन, समाजकर्मी, सुश्री ग।यत्री, रीता, मीना, आशा, श्रीमती रिंकू, श्रीमती चंद्रावती, श्री हरिओम माँझी, सभी शबरी आश्रमकर्मी एवं सदानन्द चित्रकार के प्रति भी हम हार्दिक आभार व्यक्त करते हैं जिन्होंने हर क़दम पर सुझावों से, आँकड़ों से, जानकारियों से इस किताब की उपादेयता तथा ख़ूबसूरती में वृद्धि की।

शबरी आश्रम के बच्चों, उनके अभिभावकों, जमसौत पंचायत की मुखिया श्रीमती बेदामी देवी, कल्याण विभाग के श्री अनिल कुमार सिन्हा, बाल विकास परियोजना पदाधिकारी (दानापुर) श्रीमती रश्मि सिंह, डॉ. अमिताभ, चिकित्सक तथा सुश्री मोना सिंह, सुश्री विद्या सिन्हा, श्री मनोज, एस.सी.एल. के शिक्षकगण, श्री अरविन्द सिंह, श्री मनोज (एस.सी.एल. कर्मी), श्री दुर्गेश सिंह, (प्रोजक्ट क्षेत्रीय पदाधिकारी) एवं स्कूल ऑफ क्रिएटिव लर्निंग के अन्य शिक्षकों तथा कर्मियों के हम विशेष ऋणी हैं जिनकी सक्रिय हिस्सेदारी ने इस कार्यक्रम का आधार मजबूत किया।

प्रोजेक्ट संचालन के लिए ऐक्शन एड इंडिया इंटरनेशनल के श्री विनय ओहदार तथा श्री अखिलेश चन्द्र मिश्र के सौजन्य एवं वित्तीय सहयोग के प्रति हम अनुगृहीत हैं। इन्होंने हर क्रिटिकल मौकों पर प्रोत्साहित किया तथा कार्यक्रमों में सक्रिय हिस्सेदारी की।

डॉ. रणविजय नारायण सिन्हा ने इसकी पांडुलिपि को आद्योपांत पढ़ा और सटीक सुझाव दिये, श्री मिहिर रंजन (भारतीय राजस्व सेवा) ने अनेक प्रोग्रामों में भाग लिया और हमें ऊर्जायित किया। उन्हें विशेष धन्यवाद देना चाहेंगे।

अनेक संजयों से वास्ता पड़ा। संजय कुमार जिन्होंने कम्प्यूटर लिप्यांकन किया, संजय देव जिन्होंने कम्प्यूटर साजसज्जा सम्बन्धी सुझाव दिये तथा संजय सिन्हा, एन.आई.ओ.एस. के क्षेत्रीय निदेशक, जिन्होंने विमर्शपरक भूमिका अदा की। उनको धन्यवाद देना अपना फर्ज़ बनता है।

फिर जब अनेक विचारों के साथ चलते हैं, विविध मुद्दे अपने तुर्श तेवर के साथ हर मंजिल पर अपनी अहमियत परोसते हैं तो हर कोशिश के बावजूद गैरसमांगीयता की गलती से आदमी बच नहीं पाता। यही नहीं, प्रस्तुतीकरण में भी कुछ त्रुटियों का रह जाना संभव है। सामाजिक जागरनों के साथ भी संभव है, कहीं–कहीं पूरा न्याय नहीं हो पाया हो। इन सभी के लिए हम सुधीजनों से क्षमाप्रार्थी हैं। कुशल सामाजिक प्रैक्टिशनरों, सफल नीति निर्धारकों, शिक्षाशास्त्रियों, सामाजिक कार्यकर्त्ताओं, शिक्षाधिकार एवं बालाधिकार कर्मियों, सरकारी–गैरसरकारी समीक्षकों तथा जानकार पाठकों से निवेदन है कि हमारी त्रुटियों की ओर इंगित करें। हम प्रयोग के अगले चरण के दौरान अवश्य परिमार्जन करेंगे।

विजय प्रकाश
शैलेन्द्र कुमार श्रीवास्तव

अनुक्रम

मानवाधिकार और शिक्षा : बिहार में शिक्षाधिकार यात्रा

मानवाधिकार क्या हैं?

मानवीय अधिकार वे अधिकार हैं जो किसी व्यक्ति को मात्र इसलिए हासिल होते हैं क्योंकि वह मानव है। मानव अधिकार हर व्यक्ति की गरिमा का सुनिश्चयन तलाशते हैं। वे मानवीय गरिमा को सुरक्षा देने तथा गारंटी मुकम्मिल करने की दिशा में कानून के माध्यम से नैतिक सबलता प्रदान करते हैं।

ये हकूक और आजादियाँ सार्वभौम हैं, अहस्तांतरणीय हैं, अविभाज्य हैं तथा एक दूसरे से जुड़ी हैं।

इन अधिकारों के दायरे में हर आदमी है। वह आजादी, सुरक्षा और बेहतर जिन्दगी के लिए अधिकृत है।

1948 में संयुक्त राष्ट्र संघ ने मानव अधिकारों का दस्तावेज पारित किया। यह मानव अधिकारों का वैश्विक घोषणा पत्र कहा जाता है। ये अधिकार हैं :

- जीने का अधिकार
- किसी प्रकार का भेद–भाव नहीं होने का अधिकार
- आश्रय प्राप्ति का अधिकार
- काम का अधिकार
- शिक्षा पाने का अधिकार
- न्यायसंगत मानकों के अनुसार जिन्दगी बसर करने का अधिकार।

इन अधिकारों के अभिलक्षण निम्नलिखित हैं :

सार्वभौमिकता

सार्वभौमिकता का सिद्धान्त उन अधिकारों की ओर इंगित करता है जिन्हें हर आदमी बिना किसी भेदभाव के (जैसे–जाति, रंग, सेक्स, भाषा, धर्म, राजनीतिक एवं अन्य विचारों, राष्ट्रीय या सामाजिक मूल, सम्पत्ति, जन्म या स्तर के आधार पर) उपभोग कर सके।

दूसरे शब्दों में मानवाधिकार सभी मनुष्यों को समान अधिकार और गरिमा प्रदान करते हैं जिनका उपभोग हर जगह, हर समय किया जा सकता है।

अहस्तांतरणीयता

अधिकार अहस्तांतरणीय होते हैं। तात्पर्य यह है कि हर आदमी को आदमी होने की वजह से ये अधिकार हैं। अधिकारों को न तो बेचा जा सकता है और न खरीदा जा सकता है और न इसे विरासत में पाया या दिया जा सकता है। न तो इसे दान में दिया जा सकता है और न छीना जा सकता है और न वापस किया जा सकता है। मानवीय अधिकार हर व्यक्ति में निहित हैं चाहे उस व्यक्ति का उसकी संस्कृति, कानूनी और राजनीतिक व्यवस्था में कैसा भी स्तर क्यों न हो। मानवीय अधिकार आदमी के अस्तित्व पर निर्भर करते हैं न कि उस व्यवस्था या संदर्भ पर जिसमें वह आदमी रह रहा है।

अविभाज्यता/अन्तर सम्बन्धितता तथा अन्योन्याश्रय सम्बन्ध (पारस्परिक निर्भरता)

इसका तात्पर्य है कि नागर राजनीतिक, आर्थिक, सामाजिक तथा सांस्कृतिक अधिकारों में आपसी सरोकार है और सबका महत्त्व बराबर है। इनसे एक अविभाज्य समुच्चय बनता है और सभी अधिकार एक साथ मुकम्मिल होने पर ही कोई व्यक्ति गरिमापूर्ण ढ़ंग से बढ़िया जिन्दगी बसर कर सकता है। इसपर कानून और नीति दोनों ही अन्तर्राष्ट्रीय पैमाने पर सहमत हैं। इसका मतलब यह भी होता है कि सभी अधिकार एक साथ ही कार्यशील होते हैं।

मानवीय अधिकारों का खण्डीकरण

आधुनिक युग की खुसूसियत है कि इसमें नागर राजनीतिक अधिकारों को वरीयता देने के क्रम में सामाजिक, आर्थिक तथा सांस्कृतिक अधिकारों को हाशिए पर ढकेल दिया गया है। इन अधिकारों को मानवीय अधिकारों के मुद्दे बनाने के बदले विकास की समस्याओं के रूप में शुमार किया जाता है। जैसे कोई मनमाफिक ढंग से अपने बच्चे को पढ़ाना चाहता है और इसमें दिक्कत आती है तो इसके लिए वह सार्वजनिक तौर पर विरोध करता है। इसका अर्थ यह है कि वह अभिव्यक्ति की आजादी पर बल दे रहा है जो कि नागर राजनीतिक अधिकार है। मगर बल देने का मुद्दा सांस्कृतिक और सामाजिक प्रकृति का है। इसलिए इस मुद्दे को एक श्रेणी में महदूद रखकर दूसरी श्रेणियों से इसे वंचित रखा जाय तो असली मुद्दे का आंशिक मुजाहिरा (representation) ही हो पाएगा और वैसी हालत में समीचीन न्याय तक पहुँचना मुमकिन नहीं होगा।

मामला कैसा भी क्यों न हो अधिकारों की अलग–अलग श्रेणियाँ एक ही साथ एक–दूसरे को आच्छादित (intersect) करती हैं और कार्यशील (operate) होती

हैं। इसलिए इनको खण्ड–खण्ड करके देखना, परिवर्ती महत्त्व (varying importance) का मानना या अलग–अलग श्रेणी को स्वायत्त मानकर बढ़ना, मामले के सही सुलझाव के विपरीत होगा। मानवाधिकारों में वरीयता खोजना और थोपना (कोई अधिकार दूसरे की अपेक्षा ज्यादा महत्त्वपूर्ण है, इसे प्राथमिकता मिलनी चाहिए) डिबेट का मुद्दा है। सवाल यह नहीं है कि प्राथमिकीकरण मुमकिन है कि नहीं, बल्कि अहम मसला यह है कि मानवीय गरिमा की दृष्टि से कौन अधिकार केन्द्रीय है।

ग़ौरतलब यह भी है कि मानव गरिमा की सुरक्षा केवल सत्ता की शक्ति के दुरुपयोग से ही बचाव की ख्वाहिशमंद नहीं है। इसे ग़ैर राजकीय संस्थानों से भी सुरक्षा की कम जरूरत नहीं है–उन संस्थानों से जिनका लोगों की जिन्दगी पर खासा प्रभाव है, खासतौर से अभिवंचितों की जिन्दगी पर। अभिवंचित तो वे हैं जो अधिकारों से वंचित हैं इसलिए अभिवंचित की संज्ञा उनको दी गई है। इन अभिवंचितों की शिक्षा के मामले में स्कूलों में, स्कूलों के इर्द–गिर्द, अभिवंचितों के लिहाज से गरिमापूर्ण वातावरण का अभाव होता है जिस कारण अभिवंचित बच्चे प्रेरणा से महरूम रहते हैं। इसमें सामाजिक संस्थानों की भूमिका महत्त्वपूर्ण है। जहाँ इन भूमिकाओं में अभिवंचितों के अभिप्रेरण के विपरीत घटनाएँ हो रही हों, वहाँ वैसे संस्थानों से सुरक्षा की कम ज़रूरत नहीं है।

समता बनाम सम्मान

''अधिकार खुद ही परिणाम देने में समर्थ नहीं होते जबतक मानवीय क्षमताओं को भौतिक, सांस्थानिक तथा कानूनी प्रबंधों के जरिए सबल न किया जाए''।

ऐसी दुनिया में बराबरी की तमन्ना का क्या मतलब जहाँ लोग, जन्म ही नाबराबरी में लेते हैं जैसे कि सेक्स, शारीरिक क्षमता/अक्षमता, आकार, रंग आदि की दृष्टि से। वे जिस संस्कृति से सम्बन्धित होते हैं उसमें जन्म से ही उनका स्तर अलग हो जाता है। वे जिस आर्थिक स्तर तथा राजनीतिक व्यवस्था में जीते है, जन्म से ही उनकी सुविधाओं और वर्जनाओं को वह व्यवस्था तय कर देती है। तब यह समता किस उपलब्धता की तलाश में है ? क्या इसका मक़सद एक ही क़िस्म के समूहन के ढाँचे में सभी लोगों को डालने का है ? या यह मानवीय क्षमता को इस क़दर पैना बनाने की कोशिश में है कि आजादी को बढ़ावा और विस्तार मिल सके तथा अपने अधिकारों और पसन्दों को हासिल किया जा सके। इस प्रश्न को दूसरी शक्ल भी दे सकते हैं। क्या समता परिणाम को निश्चित करना चाहती है या यह एक प्रक्रिया है जो व्यक्तियों को साधन प्रदान करती है और अवसरों को प्रशस्त बनाती है कि वे अपने अनुसार पसन्द करें और निश्चय करें तथा परिणाम को पसन्दगी पर छोड़ दें ?

अधिकारों की दुनिया में यह शब्द ''बराबरी'' बड़ा रहस्यमय है। बराबरी के बारे में परम्परागत सोच यह है कि समान लोगों को समान व्यवहार दिया जाय। यानि एक ही किस्म की परिस्थिति में पड़े लोगों के साथ अलग व्यवहार करने से बचा जाए। वैसे कानून में अलग व्यवहार ऐसे लोगो के लिए ही न्यायसंगत है जो ''एक समान'' नहीं हैं या जो अलग परिस्थितियों में हैं। इसलिए बराबरी के इस रुझान को लागू करने में यह जानना जरूरी है कि कोई समूह ''समान है या भिन्न''। किसी समूह में मात्र भिन्नता की पहचान करें न कि भिन्नता क्यों (भिन्नता का स्रोत), भिन्नता का आधार और भिन्नता के कारण क्या परिणाम होंगे–बराबरी सम्बन्धी इस रुझान को लागू करने का केन्द्रीय बिन्दु है।

भिन्नता की पहचान कर लेने के बाद भिन्न व्यवहार किया जा सकता है। विलोमतः अगर भिन्नता की पहचान नहीं हो सकी तो भिन्न व्यवहार की अनुमति नहीं दी जा सकती। बराबरी की इस समझ के आधार पर अभिवंचितों की शिक्षा के सम्बन्ध में यह रुझान साफ–साफ नजर आता है। अभिवंचितों या ग़ैरअभिवंचितों को शिक्षा के मामले में भिन्न नहीं माना जाता, उन्हें एक ढंग का समझा जाता है। इसलिए अभिवंचितो को ग़ैरअभिवंचितों के मॉडल वाली शिक्षा में ज़बरदस्ती ढकेलते जाना और इसे मुख्यधारा में डालने की राग अलापना एक अजीब ढकोसला है। इससे मुक्ति पाना, अभिवंचितों के शिक्षाधिकार की प्राप्ति की दिशा में मज़बूत क़दम होगा।

यह हमेशा याद करना चाहिए कि शिक्षा और संस्कृति वह हथियार है जिसका इस्तेमाल सत्ताधारी वर्ग ने हर युग में अपने मनोनुकूल समाज के निर्माण के लिए किया है।

शिक्षा का अधिकार

विवेकानंद के अनुसार 'शिक्षा किसी व्यक्ति की अन्तर्निहित क्षमता की अभिव्यक्ति है।'

इसलिए शिक्षा थोपी हुई नहीं हो सकती। शिक्षा ऐसी हो जो थोपी हुई नहीं हो बल्कि अन्तर्स्फुटित क्षमता के विकास का माघ्यम हो।

उपरोक्त जितने भी मानवीय अधिकार बताए गए हैं उनको इस्तेमाल करने की सक्षमता, शिक्षा हासिल करने पर ही सम्भव है। यानि शिक्षा का अधिकार ही सभी अधिकारो के मूल में है।

शिक्षा से मूल्यों का संधान होता है। अतः इसका कार्यकारी मूल्य महत्त्वपूर्ण है। यह न केवल अच्छा आदमी बनाने के लिए सशक्त करती है बल्कि किसी देश की मानवीय पूँजी बनने के लिए व्यक्ति को विकसित भी करती है। शिक्षा सामाजिक परिवर्त्तन की वाहक है। यह दलितों, अभिवंचितों को देश के राजनीतिक विकास में प्रतिभागिता हेतु आवाज प्रदान करने के साथ सौदेबाजी करने की ताकत भी देती है।

शिक्षा के घटक

शिक्षा व्यक्तिपरक है, वस्तुपरक नहीं। शिक्षा को व्यक्ति की आवश्यकताओं के अनुरूप सृजित करने की जरूरत है न कि व्यक्ति को शिक्षा के किसी मॉडल के अनुरूप। मानव सतत सीखने वाला प्राणी है। अतः 24 घंटे सीखने के लिए माहौल तैयार करना शिक्षा के अधिकार का एक महत्त्वपूर्ण अवयव है। इसमें विद्यालय एक माध्यम है, एक मात्र माध्यम नहीं। इसमें पारिवारिक एवं सामाजिक माहौल तथा सांस्कृतिक परंपराएँ महत्त्वपूर्ण भूमिका निभाती हैं। (किसी व्यवस्था को इन भूमिकाओं के निभाने में केवल मदद करनी चाहिए, अपनी टाँग नहीं अड़ानी चाहिए।)

शिक्षा के अधिकार के सुनिश्चयन में भौतिक तथा गैर–भौतिक घटक दोनों महत्त्वपूर्ण होते हैं। भौतिक घटक से अभिप्रेत है विद्यालय की आधारभूत संरचना, सामग्रियाँ, राशि की उपलब्धता आदि, जबकि गैर–भौतिक घटक से अभिप्रेत है विद्यालय की पाठ्यचर्या, पारिवारिक एवं सामाजिक माहौल, सांस्कृतिक परम्पराएँ आदि। भौतिक घटक विद्यालयी शिक्षा के सबल आधार हैं, अतः शिक्षा के अधिकार की चर्चा में प्रायः भौतिक घटकों पर जोर देकर ही कर्त्तव्य की इतिश्री समझ ली जाती है जबकि शिक्षा में स्थायी भागीदारिता एवं उपलब्धि की संप्राप्ति में गैर–भौतिक घटकों की भूमिका कहीं ज्यादा महत्त्वपूर्ण है। गैर–भौतिक घटकों की भूमिका पर जोर दिए बिना सही मायने में शिक्षा के अधिकार की अधिप्राप्ति सम्भव नहीं।

भारतीय संविधान में शिक्षाधिकार

भारत के संविधान में शिक्षा के महत्त्व को प्रारम्भ से ही समझा गया। इसके नीति निर्देशक तत्त्वों में निम्न महत्त्वपूर्ण कार्य संधान किये गए।

धारा 45 : बच्चों के लिए निःशुल्क और अनिवार्य शिक्षा का उपबंध : राज्य इस संविधान के प्रारम्भ के दस वर्षों के भीतर सभी बच्चों को चौदह वर्ष की आयु पूरी करने तक, निःशुल्क और अनिवार्य शिक्षा देने के उपबंध करने का प्रयास करेगा।

संविधान (96वाँ संशोधन) अधिनियम 2002 की धारा 3 के प्रवर्त्तित होने पर अनुच्छेद 45 के स्थान पर निम्न प्रावधान किए गए।

धारा 45 : छः वर्ष से कम आयु के बच्चों के लिए प्रारम्भिक बाल्यावस्था देखरेख और शिक्षा का उपबंध : राज्य के सभी बच्चों के लिए छः वर्ष की आयु पूरी करने तक, प्रारम्भिक बाल्यावस्था देखरेख और शिक्षा के लिए उपबंध करने का प्रयास करेगा।

धारा 46 : अनुसूचित जातियों, अनुसूचित जनजातियों और अन्य दुर्बल वर्गों के शिक्षा और अर्थ सम्बन्धी हितों की रक्षा की अभिवृद्धि : राज्य, जनता

के दुर्बल वर्गों के विशिष्टतया अनुसूचित जातियों, अनुसूचित जनजातियों और अन्य दुर्बल वर्गों हेतु शिक्षा और अर्थ सम्बन्धी हितों की विशेष सावधानी से अभिवृद्धि करेगा और सामाजिक न्याय हेतु सभी प्रकार के शोषण से उनकी संरक्षा करेगा।

धारा 46 : पोषाहार स्तर और जीवन स्तर को ऊँचा करने तथा लोक स्वास्थ्य को सुधार करने का राज्य का कर्त्तव्य : राज्य लोगों के पोषाहार स्तर और जीवन स्तर को ऊँचा करने तथा लोक स्वास्थ्य के सुधार को अपने कर्त्तव्यों में मानेगा और राज्य, विशिष्टतया मादक पेयों और स्वास्थ्य के लिए हानिकर औषधीय प्रयोजनों से भिन्न, उपभोग का प्रतिषेध करने का प्रयास करेगा।

संविधान (96वाँ संशोधन) अधिनियम 2002 की धारा 2 के द्वारा अनुच्छेद 21क का निम्न प्रावधान किया गया।

धारा 21क : शिक्षा का अधिकार : राज्य, छः वर्ष से चौदह वर्ष तक की आयु वाले सभी बच्चों के लिए निःशुल्क और अनिवार्य शिक्षा देने का ऐसी रीति से, जो राज्य विधि द्वारा अवधारित करे, उपबंध करेगा। 0–3, 0–6 आयुवर्ग के लिए क्या हो रहा है इसके ऊपर ही 6–14 पर घटित होने वाला प्रतिफल निर्भर करता है। अतः 0–6 आयुवर्ग के लिए ज्ञान विकास तथा पोषण की अनिवार्यता हेतु उपबन्ध अपरिहार्य है। इसके लिए मजबूत जनवकालत होनी चाहिए।

राज्य द्वारा बनाए जाने वाले नियम पर अभी तक वाद विवाद चल रहा है। पर विचार का बिंदु यह है कि क्या केवल विधि में परिवर्त्तन से शिक्षा के अधिकार का सुनिश्चयन हो सकेगा? पटना जिले के दानापुर प्रखंड के जमसौत पंचायत के अध्ययन के माध्यम से हम इस प्रश्न की गहराई में जाना चाहेंगे।

बिहार में शिक्षा की तस्वीर : इतिहास के झरोखे से

बिहार यद्यपि इस नाम से बहुत प्राचीनकाल से विख्यात नहीं था, मगर इस बड़ी भौगोलिक सांस्कृतिक राजनीतिक इकाई का ऐतिहासिक महत्त्व सहस्त्राब्दियों पुराना है। बिहार पृथक् और संगठित राज्य के रूप में लगभग 96 वर्ष पहले अस्तित्व में आया। मगर इसकी वर्त्तमान भौगोलिक सीमायें मात्र 8 साल पहले निर्धारित हुईं। इसका ऐतिहासिक अतीत काफी पुराना और गौरवशाली है। अभी का बिहार लगभग उसी शक्ल में है जिसे शेरशाह ने बनाया था। पूर्व ऐतिहासिक काल से ही विकसित हो रही संस्कृतियों का यह एक महत्त्वपूर्ण केन्द्र रहा है। विभिन्न युगों में इसने समस्त भारत के ऐतिहासिक सांस्कृतिक जीवन में निर्णायक भूमिका निभाई है।

बिहार में शिक्षा का इतिहास : बिहार में शिक्षा की अधिकार यात्रा

पुराकाल के बड़े कालखंड में बिहार एशिया में विद्या का केन्द्र रहा है। तत्कालीन ज्ञात संसार में इसकी भूमि से उपजे प्रत्येक ज्ञान शौर्य का लोग लोहा मानते थे। राज्य के निर्माण की दृष्टि से महाजनपदों की तथा जनतांत्रिक पद्धति के शासन की शुरुआती पृष्ठभूमि के लिए यही भूखंड चर्चित रहा। बौद्ध धर्म से सम्बंधित शिक्षा के अनेक केन्द्र यहाँ विकसित हुए। इनमें नालंदा महाविहार सबसे महत्त्वपूर्ण था। इसने अन्तर्राष्ट्रीय ख्याति प्राप्त की। यहाँ युआन चांग, इत्सिंग और धर्मस्वामिन जैसे इतरदेशीय व्यक्तियों ने ऊँची शिक्षा ग्रहण की। इसके आचार्यों में शीलभद्र तथा दिङ्.नाग प्रसिद्ध थे। विक्रमशिला तथा ओदन्तपुरी में भी विश्वप्रसिद्ध विश्वविद्यालयों की स्थापना हुई थी। विक्रमशिला वज्रयान बौद्धमत का महत्त्वपूर्ण केन्द्र था। इसके सुप्रसिद्ध आचार्य अत्तिस दीपंकर थे जो बौद्ध धर्म के प्रचार के लिए तिब्बत गये थे।

यहाँ के अनेक उद्‌भट् विद्वानों ने विभिन्न कालखंडों में विद्या के विभिन्न क्षेत्रों में योगदान किया। चाणक्य का 'अर्थशास्त्र' राजनीति और अर्थशास्त्र सम्बन्धी सुप्रसिद्ध कृति है। अष्टाध्यायी के रचनाकार पाणिनी शीर्षस्थ वैयाकरणी थे। चरक, धनवन्तरि और जीवक चिकित्सा के क्षेत्र में अग्रणी थे। याज्ञवल्क्य, उपावर्ष, गौतम, पातंजलि, कपिल, कणाद, जैमिनी, मैत्रेयी, गार्गी आदि का योगदान दर्शन के क्षेत्र में अपूर्व है। प्रसिद्ध ज्योतिर्विद् तथा गणितज्ञ आर्यभट्ट इसी मिट्टी की उपज थे। जैन तीर्थंकर महावीर तो वैशाली के रहने वाले थे ही, गौतमबुद्ध की ज्ञान भूमि भी बिहार ही है।

संसार में जबतक जमीनी उर्वरीयता प्रमुख थी यहाँ की सभी क्षेत्रों में प्रभुता सर्वोपरि थी। बिहार के सपूतों ने उस वक्त के ज्ञात संसार में अपना सिक्का जमाये रखा चाहे वह विद्या का क्षेत्र हो, धर्म या राजकर्म का क्षेत्र हो। भारत को बड़े फलक पर राज्य के रूप में संगठित करने वाले महापद्‌मनंद, चन्द्रगुप्त मौर्य, अशोक, समुद्रगुप्त आदि ने गंगा और सोन के संगम से आच्छादित जमीन को ही प्रस्थान बिन्दु बनाया। शिल्पियों, कृषिकारों तथा श्रमिकों ने भारत के इस पूर्वी भाग को सोने की चिड़िया के रूप में ख्याति दिलाई।

मगर यह भी सही है कि विभिन्न कारणों से धीरे–धीरे विद्या तथा ज्ञान के केन्द्र लुप्त होते गये और अंग्रेजी सल्तनत ने अर्थ तथा ज्ञान संरचना दोनों की कमर तोड़ने में अपना सारा चातुर्य खर्च कर दिया। इसका फल अर्वाचीन स्थिति है। इस स्थिति से बचाव के लिए फिर से जमीनी चीजों, जमीनी लोगों की प्रतिभा से उद्‌भाषित होना दृष्टिगत है।

बिहार के फलक पर शिक्षा की अधिकार यात्रा पर गहरी नजर डालने के लिए अंग्रेजी सल्तनत के पहले की स्थिति पर नज़र डालने की ज़रूरत है।

उन्नीसवीं सदी के पूर्व तक बिहार राज्य में शिक्षा का विस्तार समुदाय सिंचित प्राथमिक विद्यालयों पर आधारित था। ऐसे विद्यालयों में पाठ्यक्रम व्यावहारिक तथा स्थानीय जरूरतों से सीधा संपर्क रखते थे। एक सर्वेक्षण के अनुसार 1830 ई0 के पूर्व तक बिहार–बंगाल संयुक्त प्रदेश में करीब एक लाख परम्परागत स्कूल चल रहे थे तथा इनके पाठ्यक्रम तत्कालीन आम जीवन तथा जीविकोपार्जन से सीधा सम्बन्ध रखते थे। प्रारम्भिक शिक्षा में हिन्दू एवं मुस्लिम शिक्षा पद्धति प्रचलित थी। इस अवधि में दो प्रकार के विद्यालय थे। शिक्षक विद्यालय तथा घरेलू विद्यालय। शिक्षक विद्यालय में बच्चे आते थे शिक्षक पढ़ाते थे। घरेलू विद्यालय में बच्चे शिक्षक के घर पढ़ने जाते थे। उस समय स्कूल सामाजिक जरूरतों को पूरा करते थे जैसे बाजार के काम, कार्यालय के काम, धार्मिक काम आदि। शिक्षा की यह देशी पढाई व्यावहारिक होती थी। गणित की पढ़ाई–लिखाई पर ज्यादा ध्यान था। शिक्षा की यह पद्धति 19वीं सदी के शुरुआत तक समाप्त होने के कगार पर बढ़ चली क्योंकि इसमें अंग्रेजी शासकों की रुचि नहीं थी।

अंग्रेजी शिक्षा के शुरुआती दौर से ही शिक्षा का मूल और व्यावहारिक चरित्र पूरी तरह से बदल गया। अंग्रेजी शासकों की रुचि से संपन्न शिक्षा 1813 से शुरू हुई। चार्टर ऐक्ट के अनुसार इस्ट इंडिया कंपनी ने इसकी जिम्मेदारी ली। मगर 19वीं सदी के दौरान इसमें भी ज्यादा प्रगति नहीं हुई। इसका कारण यह था कि अंग्रेजी सल्तनत को शासनकार्य में मदद देने के लिए थोड़े शिक्षित हिन्दुस्तानियों की जरूरत थी। एक चुने वर्ग को अंग्रेजी के माध्यम से शिक्षा दी जाती थी जो कि शहरों तक सीमित थी। इस अवधि में प्राथमिक शिक्षा का विकास नहीं हो पाया।

7 मार्च' 1835 को विलियम बेंटिक ने घोषणा की कि सरकार अंग्रेजी शिक्षा को ही मदद करेगी। इसके बाद अंग्रेजी शिक्षा के केन्द्र बिहारशरीफ तथा भागलपुर में स्थापित हुए। इसके तुरंत बाद पटना, आरा, छपरा और भागलपुर में जिला स्कूल स्थापित हुए। भागलपुर में एक दूसरा स्कूल भी खोला गया जिसका नाम भागलपुर इंस्टीच्यूशन था। मुजफ्फरपुर जिला स्कूल 1835 से चालू था। 1836 में देवघर, मोतिहारी, हजारीबाग तथा चाईबासा में जिला स्कूल स्थापित हुए।

1854 में 'वुड डिस्पैच' से आगे कदम बढ़ाने की जुगत बनी। 1882 में प्राथमिक शिक्षा का दायित्व, नियंत्रण और प्रशासन स्थानीय निकायों को सौंपा गया। देहाती क्षेत्र के लिए जिला बोर्ड और शहरी क्षेत्र के लिए नगरपालिका को जिम्मेदार बनाया गया। इस अवधि में प्राथमिक शिक्षा में कुछ प्रगति हुई। बीसवीं सदी के प्रारम्भ में प्राथमिक शिक्षा में विकास का दूसरा दौर प्रारम्भ हुआ। एक उदाहरण देखें। बड़ोदरा के महाराज सयाजी राव गायकवाड़ ने अपनी रियासत में 1893 में अमरैली तालुका में अनिवार्य प्राथमिक शिक्षा को प्रयोग के रूप में लागू किया तथा 1906 में अपने पूरे राज्य में लागू कर दिया।

देश में मजबूत माँग के चलते 1911 के बाद अंग्रेज हुक्मरानों को इस दिशा में ठोस कदम रखने की शुरुआत करनी पड़ी।

अंग्रेजी शिक्षा की शुरुआत

1830 में ईस्ट इंडिया कम्पनी के डाइरेक्टरों के बोर्ड ने भारतीयों को अंग्रेजी शिक्षा देने का निर्णय लिया। इस सम्बन्ध में लार्ड मेकाले द्वारा बनाये गये वृत्त को तत्कालीन गवर्नर जनरल ने 7 मार्च 1835 को स्वीकृति दी। 1837 में अंग्रेजी सरकारी कामकाज की भाषा बनी। 1862 में समूचे भारत में मान्यता प्राप्त अंग्रेजी संस्थाओं की संख्या 52 थी।

प्राथमिक विद्यालय

1912-13 में बिहार, उड़ीसा में 22,448 प्राथमिक विद्यालय थे जिनमें उच्च प्राथमिक विद्यालय 1,628 थे। इनमें 6,37,505 विद्यार्थी पढ़ते थे। इनमें 82,254 बालिकाएँ थीं। शिक्षकों की संख्या 26,418 थी।

विद्यालय डाकघर

उस समय देहात में पढ़े–लिखे लोगों की संख्या बहुत कम थी। इसलिए विद्यालय डाकघर चलाये जाते थे जहाँ ग्रामीण शिक्षक ग्रामीण डाकघर के डाकबाबू भी होते थे। 1912-13 में इस राज्य में 228 विद्यालय डाकघर थे।

मध्य विद्यालय

1911-12 ई0 में अंग्रेजी मध्य स्कूलों की संख्या 137 थी जो 1936-37 में बढ़कर 664 तक पहुँच गई। इसके विपरीत स्थानीय परम्परागत विद्यालयों की संख्या घटकर 112 तक सिमट गई। 1912-13 में बिहार और उड़ीसा में 346 मध्य विद्यालय थे जो दो तरह के थे। एक–अंग्रेजी मध्य विद्यालय, दो–देशी मध्य विद्यालय। अंग्रेजी मध्य विद्यालय 210 थे जिनमें 3 सरकारी थे। देशी मध्य विद्यालय 136 थे। अंग्रेजी मध्य विद्यालयों में 20,101 तथा देशी मध्य विद्यालयों में 9,828 छात्र पढ़ते थे। सभी मध्य विद्यालयों में बालिकाओं की संख्या 1527 थी।

पटना विश्वविद्यालय

9 जनवरी 1863 को पटना कॉलेज की स्थापना हुई। 1912-13 में यहाँ 7 सामान्य कला महाविद्यालय कार्यरत थे। ग़ौरतलब है कि 1912-13 में एक भी लड़की

महाविद्यालय में नहीं पढ़ती थी। 1917 में पटना विश्वविद्यालय की स्थापना हुई। पहले कला विभाग खोला गया। 1919 में भौतिकी और रसायन विभाग खोले गये। 1928 में स्वतंत्र साइंस कॉलेज खोला गया।

1835 में पटना स्कूल की स्थापना हुई।

1927 में केवल 0.7 प्रतिशत लड़कियाँ शिक्षा पा रही थीं। 1929 में 25 लाख शिक्षुओं में केवल 1 लाख 16 हजार लड़कियाँ थीं। इनमें से 1 लाख 10 हजार प्राथमिक स्तर पर पढ़ रही थीं।

बालिका विद्यालयों की स्थापना

1847 में संत जोसेफ बालिका स्कूल की स्थापना हुई। 1867 में दो अन्य बालिका विद्यालय भी स्थापित हुए।

अनिवार्य प्राथमिक शिक्षा की पहल

1918 में मुम्बई प्रांत में अनिवार्य प्राथमिक शिक्षा, नगरपालिका क्षेत्र में लागू हुई। 1919 में बिहार में भी इस आशय का कानून बना।

बिहार में बिहार उड़ीसा एजुकेशन ऐक्ट (1919 का I) के जरिए 1919 में इसकी बुनियाद पड़ी। इसका संशोधन 1939 में बिहार ऐक्ट XVI, 1946 में बिहार ऐक्ट XVII तथा 1959 में बिहार ऐक्ट IV के रूप में हुआ। राज्य के पैमाने पर इस तरह का कानून बनानेवालों में बिहार पहला था।

इस अनिवार्य प्राइमरी शिक्षा अधिनियम की विशेषता थी कि यदि जानबूझकर कोई माँ–बाप अपने बच्चे को स्कूल नहीं भेजते हैं तो उन्हें अर्थदण्ड का भागी बनना होगा।

इस दण्ड के प्रावधान के बावजूद बिहार में अनिवार्य प्राइमरी शिक्षा आज तक कार्यान्वित नहीं हो पाई है।

गैरसरकारी प्रारम्भिक विद्यालयों का सरकारीकरण

1 जनवरी 1971 से गैर सरकारी प्रारम्भिक विद्यालयों का सरकारीकरण हो गया। इसके तहत 54000 प्रारम्भिक विद्यालयों का, जिसमें 1,50,000 शिक्षक कार्यरत थे, सरकारीकरण हो गया।

सरकारीकरण के सभी ऐक्ट शिक्षक–उन्मुखी प्रावधानों से ओत–प्रोत थे। शिक्षुओं और उनकी सुविधाओं, शिक्षकों की जनता के प्रति जवाबदेही का कहीं स्थान नहीं था। इसलिए पूरी व्यवस्था बाल–केन्द्रित होने के बदले शिक्षक–केन्द्रित बन गई।

सेकेन्डरी स्कूलों का सरकारीकरण

बिहार गैरसरकारी सेकेन्डरी स्कूल ऐक्ट, 1981 के जरिए 1981 से गैरसरकारी सेकेन्डरी स्कूल भी सरकारी हो गए।

20वीं सदी के दौरान राष्ट्रीय आंदोलनों और 1929 के विश्वव्यापी मंदी के चपेट में शिक्षा आई जिससे 1936-37 में प्राथमिक विद्यालयों की संख्या 1912-13 वर्ष की संख्या 22,448 से घटकर 20,790 हो गई। इनमें बालिका संस्थाओं की संख्या 2,027 थी। इन संस्थाओं में 7,58,231 छात्र पढ़ते थे जिनमें 1,01,560 लड़कियाँ थीं। इनमें 30,042 पुरुष शिक्षक तथा 1,628 महिला शिक्षिकाएँ कार्यरत थीं।

विद्यालयी शिक्षा के बढ़ते चरण

1936-37 में कुल 984 माध्यमिक विद्यालय थे जिनमें 46 बालिकाओं के लिए थे। उन दिनों मध्य विद्यालय माध्यमिक विद्यालयों के अंग होते थे। माध्यमिक विद्यालयों में उच्च विद्यालय, अंग्रेजी मध्य विद्यालय तथा देशी मध्य विद्यालय शामिल थे। अंग्रेजी मध्य विद्यालयों की संख्या 664 थी जिसमें 27 बालिकाओं के लिए थी। 112 देशी मध्य विद्यालय थे जिनमें बालिकाओं के लिए 9 थे।

बिहार में 1947 में 21,802 प्राथमिक स्कूल थे जो 1991 में 66,117 हो गये। शिक्षकों की संख्या 40,512 से बढ़कर 2,27,838 हो गई। इन विद्यालयों में नामांकन 10.14 लाख से बढ़कर 1 करोड़ 11 लाख हो गया।

1912-13 से तुलना करें तो अन्य विद्यालयों की संख्या बढ़ी मगर देशी विद्यालयों की 136 से घटकर 112 हो गई।

वर्ष	*बालक प्रा.वि.*	*बालिका प्रा.वि.*	*कुल*
1912–13			22448
1936–37	18763	2027	20790
1946–47	18296	1964	20260
1950–51	21574	2125	23699
1960–61	33094	4229	37323
1970–71	45879	5065	50934
1976–77	46576	4668	51244
1977–78	–	–	50934
2001–02	1213000	715000	1928000

1946–47 में प्राथमिक विद्यालयों की जो संख्या थी उसमें स्वतंत्रता प्राप्ति के बाद बड़ा विस्तार हुआ। 1977–78 तक यह 153 प्रतिशत था। मगर लड़कियों की संस्था में 138 प्रतिशत ही विस्तार हो पाया। संस्थाओं में सबसे अधिक वृद्धि (57 प्रतिशत) पाँचवें दशक में हुई। छठे दशक में थोड़ा कम (25.45 प्रतिशत) वृद्धि दर्ज हुई।

पाँचवें दशक में बालिका संस्थाओं में 99 प्रतिशत की वृद्धि हुई। मगर छठे दशक में केवल 20 प्रतिशत ही वृद्धि दर्ज हुई। 1977–78 में ह्रास हुआ।

बालिकाओं के नामांकन की संख्या 1950–51 में 1,25,435, 1960–61 में 7,38,866 तथा 1970–71 में 10,68,336 रही। और बालकों के नामांकन की संख्या इन वर्षों में क्रमशः 8,84,259 , 24,45,627 तथा 31,44,430 रही। लड़के, लड़कियों दोनों के नामांकन में पाँचवें दशक में काफी वृद्धि हुई। लड़कों में 177 प्रतिशत तथा लड़कियों में 500 प्रतिशत। छठे दशक में नामांकन वृद्धि 44.59 प्रतिशत ही हुई।

1977–78 में प्राथमिक स्तर पर बालकों तथा बालिकाओं के नामांकन की संख्या क्रमशः 44,82,292 एवं 18,25,716 रही। इस तरह सातवें दशक के प्रथम सात वर्षों में क्रमशः 42.55 प्रतिशत और 70.89 प्रतिशत की वृद्धि हुई।

2000–01 में बालकों की नामांकन संख्या 52,60,132 तथा बालिकाओं की 39,60,634 हो गई। 2005–06 आते–आते ये संख्याएँ क्रमशः 74,67,364 तथा 58,94,735 हो गईं।

शिक्षा की प्रगति के लिए शिक्षक भी महत्त्वपूर्ण हैं। 1946–47 में शिक्षकों की कुल संख्या 33,548 (31,411 पुरुष + 2,137 महिलाएँ) थी। 1977–78 आते–आते यह संख्या 1,08,662 (92,995 पुरुष + 15,667 महिलाएँ) हो गई। पुरुष शिक्षकों में 196 प्रतिशत तथा महिला शिक्षकों में 133 प्रतिशत बढ़ोत्तरी हुई। दशक के हिसाब से देखें तो पाँचवें दशक के शुरू में 40,512 (पुरुष 37,942 + महिला 2,570) शिक्षक थे। छठे दशक के शुरू में ये बढ़कर 59,663 (पुरुष 54,539 + महिलाएँ 5,124) हो गये और सातवें दशक के आरम्भ में यह संख्या 82,639 (पुरुष 73,590 + महिलाएँ 9,049) हो गई। 2001–02 आते–आते यह संख्या 19.28 लाख हो गई जिसमें महिलाएँ 7.15 लाख शामिल हैं।

1946–47 की अपेक्षा पाँचवें दशक के आरम्भ में शिक्षकों की संख्या में बिल्कुल सामान्य 20.76 प्रतिशत वृद्धि दर्ज हुई। मगर पाँचवें दशक के दौरान सर्वाधिक यानि 47.27 प्रतिशत वृद्धि हुई। छठे दशक में थोड़ी कम (38.51 प्रतिशत) वृद्धि हुई।

1950–51 में मध्य विद्यालयों में 0.86 लाख शिक्षक थे जिनकी संख्या 2001–02 में 14.68 लाख हो गई। इनमें महिला शिक्षकों की संख्या 0.13 लाख से बढ़कर 5.47 लाख हो गई।

1977–78 में संपादित चतुर्थ शिक्षा सर्वेक्षण के अनुसार 31 मार्च 1978 को राज्य में 50,934 प्राथमिक विद्यालय थे। इसके अलावा मध्य विद्यालयों और सेकेन्डरी तथा हायर सेकेन्डरी विद्यालयों में 9,902 प्राथमिक इकाइयाँ चलती थीं। इस प्रकार कुल प्राथमिक इकाइयाँ 60,836 थीं जिनमें 57,525 (94.6 प्रतिशत) ग्रामीण क्षेत्र में तथा 3,311 (5.4 प्रतिशत) शहरी क्षेत्रों में थीं। राज्य के कुल 1,04,004 टोलों में मात्र 51,882 टोलों में यानि आधे में ही शिक्षा सुविधा उपलब्ध थी।

यह भी ध्यान देने योग्य है कि 1977–78 में 15,912 विद्यालय एकल शिक्षक विद्यालय थे।

छीजन

छीजन की जानकारी भी महत्त्वपूर्ण है। पहले वर्ग में जितने बच्चे दाखिल होते हैं उनमें पाँचवें वर्ग तक आते–आते लगभग 80 प्रतिशत पढ़ना छोड़ देते हैं। सिर्फ पाँचवाँ भाग ही प्राथमिक शिक्षा प्राप्त कर पाता है। लड़कियों में छीजन और ज्यादा है। 1960–61 में पहले वर्ग में नामांकित कुल छात्रों में से पाँचवाँ वर्ग तक पहुँचते–पहुँचते 74.54 प्रतिशत लड़कों ने या तो पढ़ना छोड़ दिया या पीछे छूट गये। सिर्फ 25.46 प्रतिशत लड़के ही प्राथमिक शिक्षा पूरी कर पाये। इनमें से 49.24 प्रतिशत का दूसरे वर्ष में ही छीजन हो गया। तीसरे वर्ष में 28.13 प्रतिशत, चौथे वर्ष में 17.62 प्रतिशत तथा पाँचवें वर्ष में 15.28 प्रतिशत लड़के इसके शिकार हुए।

लड़कियों की हालत और भी शोचनीय रही। पाँचवें वर्ग तक पहुँचने में 83. 9 प्रतिशत का छीजन हो गया। सिर्फ 16.10 प्रतिशत लड़कियाँ ही प्राथमिक स्तर पास कर सकीं। यानि 1960–61 में पहले वर्ग में नामांकित 100 लड़कियों में से सिर्फ 16 लड़कियों ने प्राथमिक का अवरोध पार किया। दूसरे वर्ष में 55.57 प्रतिशत, तीसरे में 33.70 प्रतिशत, चौथे में 34.41 प्रतिशत तथा पाँचवें वर्ष में 16.76 प्रतिशत छीजन रहा। लड़कियों में छठे से आठवें वर्ग के बीच छीजन 58.9 प्रतिशत था जो लड़कों से दुगुना था।

1970–71 में प्राथमिक स्तर पर बालिकाओं का 77.82 प्रतिशत तथा बालकों का 72.15 प्रतिशत छीजन दर्ज हुआ। 1998–99 में प्राथमिक स्तर पर बालिकाओं का 62.06 प्रतिशत तथा बालकों का 58.28 प्रतिशत छीजन दर्ज हुआ।

अनुसूचित जाति तथा जनजाति सम्बंधी आँकड़े

1971 की जनगणना के अनुसार बिहार में अनुसूचित जाति की जनसंख्या 79,50,700 थी और अनुसूचित जनजाति की आबादी 49,32,800 थी।

प्राथमिक स्तर पर अनुसूचित जाति के पढ़ने वाले लड़के–लड़कियों की संख्या 1964–65 में क्रमशः 3,28,147 एवं 51,428 थी। 1977–78 में इनकी संख्या क्रमशः 5,07,622 तथा 1,26,936 हो गई। लड़कियों के नामांकन में कुछ ज्यादा वृद्धि हुई।

1964–65 में अनुसूचित जनजाति के लड़के–लड़कियों का प्राथमिक स्तर पर नामांकन 2,69,924 एवं 83,147 था जो 1977–78 में क्रमशः 4,12,393 तथा 1,79,719 हो गया। इन 13 वर्षों में नामांकन वृद्धि क्रमशः 52.78 प्रतिशत तथा 116.15 प्रतिशत हुई। 2005–06 आते--आते अनुसूचित जातियों में लड़कियों की नामांकन संख्या 8,78,651 तथा लड़कों में 11,94,361 हो गई। अनुसूचित जनजातियों में यह संख्या क्रमशः 54,363 तथा 72,920 रही।

साक्षरता

1961 में अनुसूचित जाति की साक्षरता 6 प्रतिशत तथा जनजाति की 9.2 प्रतिशत थी। एक दशक के बाद यह 1971 में क्रमशः 6.4 प्रतिशत और 11.6 प्रतिशत ही हो पाई। बिहार की सकल साक्षरता का प्रतिशत 19.94 था।

सबसे अधिक साक्षरता दबगर तथा धोबी जाति में थी जो 15.2 प्रतिशत थी। सबसे कम भुईंया तथा मुसहरों में थी जो लगभग 1.3 प्रतिशत थी।

चालीस वर्ष पहले 1931 में बिहार में साक्षरता दर 4.3 प्रतिशत थी (पुरुषों की 7.9 प्रतिशत तथा महिलाओं की 0.7 प्रतिशत)। 1971 में यह 19.94 प्रतिशत हो पाई। पुरुषों की 30.64 प्रतिशत और स्त्रियों की 8.72 प्रतिशत। तुलना करें तो 1971 में भारत की साक्षरता दर 29.46 प्रतिशत थी। इसमें पुरुषों की 39.45 प्रतिशत तथा स्त्रियों की 18.72 प्रतिशत थी।

1951 से 1971 के बीच देश में साक्षरता के प्रतिशत में 12.7 प्रतिशत वृद्धि हुई जबकि उस अवधि में बिहार में मात्र 7 प्रतिशत हुई। 1971 में केरल राज्य की साक्षरता 60.42 प्रतिशत थी (पुरुषों की 66.62 प्रतिशत तथा महिलाओं की 54.3 प्रतिशत)। 2001 में बिहार में केरल की 1971 वाली साक्षरता दर भी नहीं प्राप्त हो सकी। 2001 में अनुसूचित जाति साक्षरता दर 28.5 प्रतिशत तथा महादलितों में 10.54 प्रतिशत तक ही पहुँच पाई। बिहार सरकार ने अनुसूचित जाति में से पासी, धोबी, दुसाध एवं चमार को निकालकर शेष को महादलित श्रेणी में रखा है। महादलित में सबसे प्रमुख मुसहर हैं।

अनुसूचित जाति साक्षरता प्रतिशत (1961 एवं 2001)

जाति	*1961*			*2001*		
	पु.	*म.*	*कुल*	*पु.*	*म.*	*कुल*
बौरी			5.8	66.3	37.4	52.3
बांतर				29.4	7	18.6
भोग्ता				28.9	8.7	19.5
भूमिज				45.6	19.8	33.0
हलालखोर				59.4	28.7	44.7
कुररियार				33.9	10.7	22.6
लालबेगी				48.3	12.1	31.6
पान				71.9	43.5	58.7
मोची / चमार			6.3	46.2	16.8	32.1
चौपाल			7.5	34.9	9.3	22.6
दबगर			15.2	61.5	31.4	46.7
धोबी			10.0	58.6	27.9	43.9
डोम			4.8	23.4	16.2	19.2
दुसाध			7.1	46.1	18.5	33.0
घासी			9.1	47.2	20.4	35.2
मेहतर			10.5	40.6	19.7	30.5
कंजर			9.0	26.1	10.6	18.8
मुसहर			2.1	13.7	3.9	9.0
नट			5.4	30.5	13.7	22.4
पासी			10.0	54.5	25.3	40.6
राजवार			4.9	34.2	9.7	22.4
तुरी			4.7	28.3	8.4	18.8
भुंइया			1.3	19.6	6.5	13.3
अनु. जाति			6.0	40.2	15.6	28.5
महादलित*			—	15.6	5.3	10.5

* (बिहार में शिक्षा में प्रगति, महादलित आयोग रिपोर्ट, 2007; जनगणना 2001)
महादलित' से तात्पर्य है अनुसूचित जाति की जातियाँ धोबी, मोची, चमार, दुसाध एवं पासी को छोड़कर।

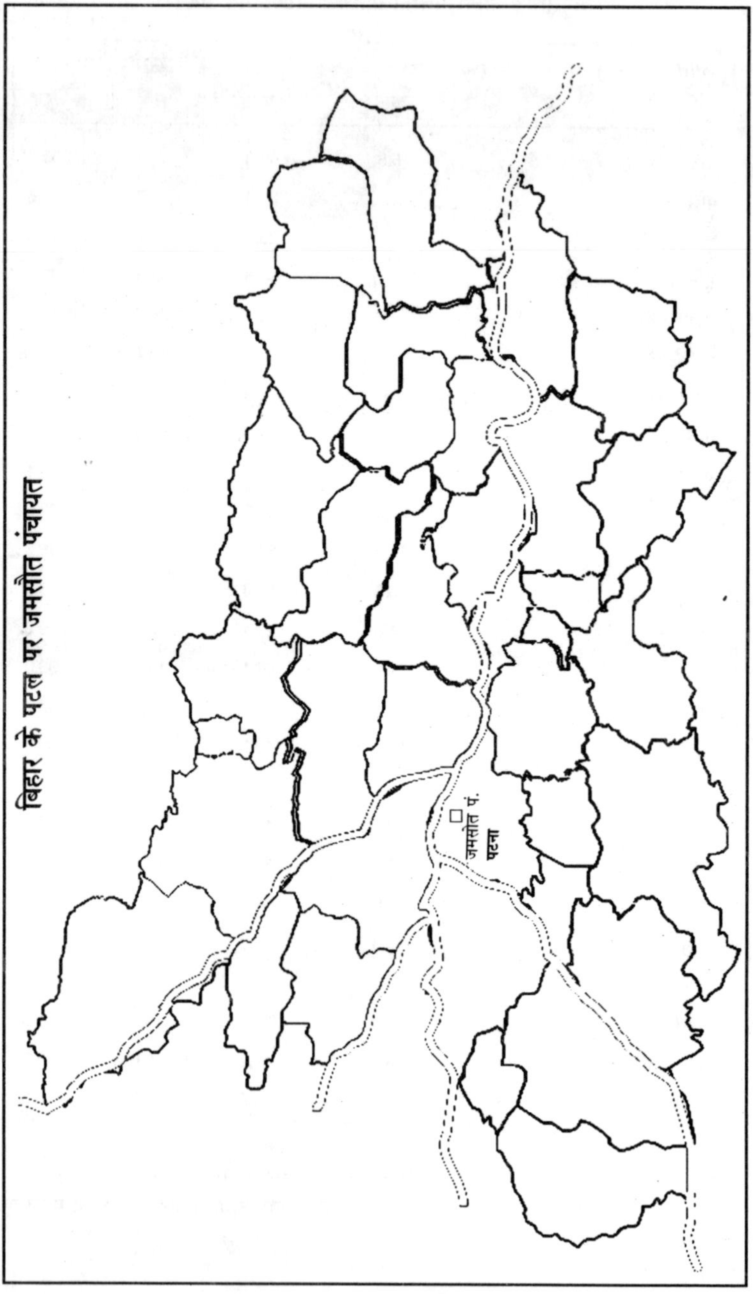

बिहार के पटल पर जमसौत पंचायत

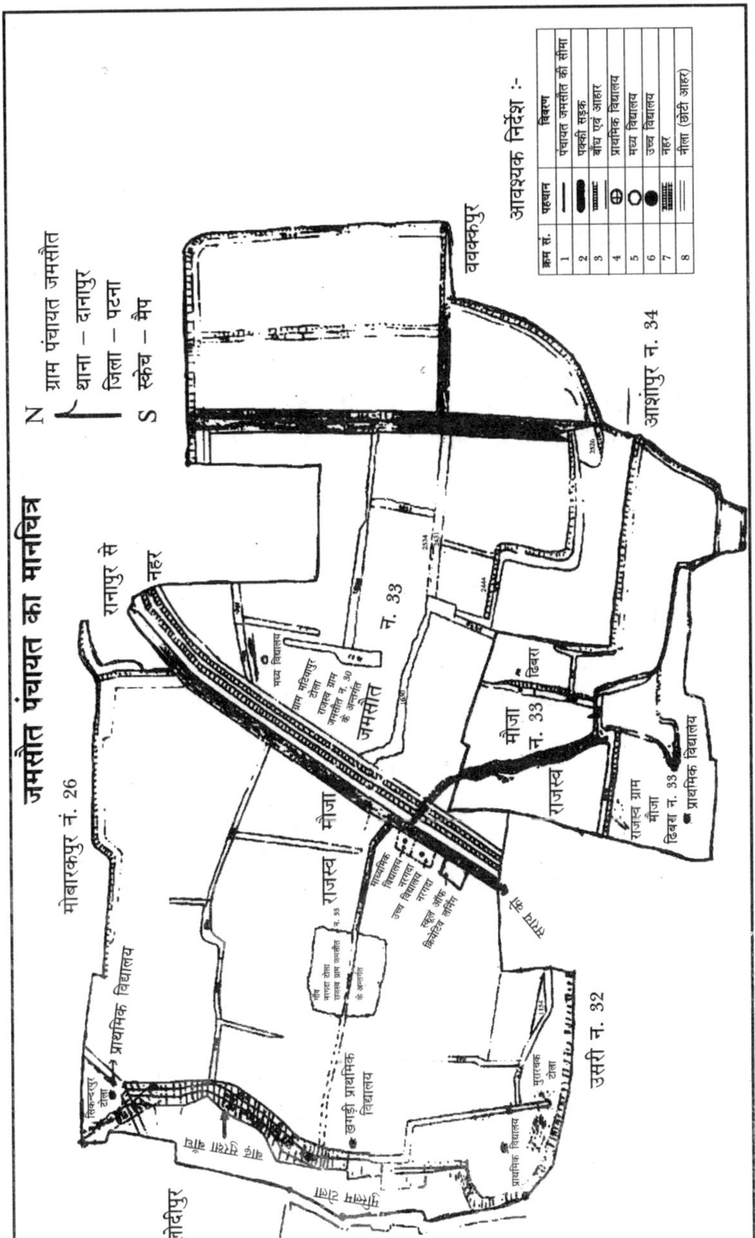

जमसौत पंचायत का मानचित्र
N
S
ग्राम पंचायत जमसौत
थाना – दानापुर
जिला – पटना
स्केच – मैप
मोबारकपुर नं. 26
रानापुर से
नहर
आशोपुर न. 34
उसरी न. 32
लोदीपुर
राजस्व मौजा
न. 33
जमसौत
मौजा न. 33
डिबरा
राजस्व
राजस्व ग्राम मौजा डिबरा न. 33
प्राथमिक विद्यालय
मध्य विद्यालय
खगड़ी प्राथमिक विद्यालय
आवश्यक निर्देश :-
क्रम सं. | पहचान | विवरण
1 | | पंचायत जमसौत की सीमा
2 | | पक्की सड़क
3 | | बाँध एवं आहार
4 | | प्राथमिक विद्यालय
5 | | मध्य विद्यालय
6 | | उच्च विद्यालय
7 | | नहर
8 | | पीला (छोटी आहर)

बिहार के पटल पर जमसौत पंचायत

बिहार की बुनियाद

बिहार की पहचान बहुत प्राचीन नहीं है। मिथिला, मगध, अंग तथा अटवी प्रदेश काफी पहले अपनी पहचान बना चुके थे। इन्हीं से कालांतर में बिहार की रचना हुई। मुस्लिम राजाओं ने बिहार सूबे को राजनीतिक प्रशासन का हिस्सा बनाया। अंग्रेजी राज में इसे प्रांत की पहचान मिली। अंग्रेजी सल्तनत के आरंभिक दौर में बिहार, बंगाल, उड़ीसा एक साथ थे। कोलकाता तो भारत की राजधानी ही थी। 1 अप्रैल 1912 को बिहार प्रांत की बुनियाद पड़ी। इसमें उड़ीसा शामिल था। तब यहाँ 5 कमिश्नरियाँ और 21 जिले थे। 1 अप्रैल 1936 को उड़ीसा बिहार से अलग हुआ। 1947 को भारत आजाद हुआ। तब बिहार में 4 कमिश्नरियाँ और 16 जिले थे। 15 नवम्बर 2000 को झारखंड बना। इसके बाद आज के बिहार की शक्ल आई।

अभी बिहार में 9 प्रमंडल, 38 जिले, 101 अनुमंडल, 533 प्रखंड, 8561 पंचायतें, 45103 राजस्व गाँव तथा 79139 टोले हैं। वर्त्तमान बिहार 24^0 24′ 10′′ उत्तरी अक्षांश से 27^0 35′ 15′′ उत्तरी अक्षांश तक तथा 80^0 40′ 50′′ पूर्वी देशान्तर से 88^0 17′ 40′′ पूर्वी देशांतर तक फैला है। इसकी पूर्व से पश्चिम तक लम्बाई 483 किमी. है और उत्तर से दक्षिण तक चौड़ाई 345 किमी. है। इसका क्षेत्रफल 94,163 वर्ग किमी. है। इसमें 2001 जनगणना के अनुसार कुल 92,36,753 गृह इकाइयाँ और 1,02,03,710 परिवार हैं।

वर्ष 2001 की जनगणना के अनुसार इसकी 8,28,78,796 की आबादी में 4.31 करोड़ पुरुष तथा 3.97 करोड़ महिलाएँ हैं। जनसंख्या घनत्व 880 व्यक्ति प्रति वर्ग किमी. है तथा साक्षरता दर 47.53 प्रतिशत है जिसमें पुरुष साक्षरता दर 60.32 प्रतिशत तथा स्त्री साक्षरता दर 33.57 प्रतिशत है।

जमसौत पंचायत

जमसौत पंचायत पटना जिले के दानापुर प्रखंड में दानापुर नगर के समीपवर्त्ती ग्रामीण अंचल में अवस्थित है। यह अपेक्षतया नया पंचायत है। 2001 के पहले यह

इलाका रघुराजपुर नरगदा पंचायत में था। 2001 में जमसौत तथा ढिबरा राजस्व गाँवों को लेकर जमसौत पंचायत की बुनियाद पड़ी। पंचायत में मुख्य रूप से खेती की जमीन है। इसके पश्चिमी भाग में बाढ़ सुरक्षा बाँध है, जो दक्षिण से उत्तर को जाती है। पंचायत के बीच से पक्की सड़क गुजरती है, जो नौबतपुर को जाती है। पक्की सड़क के सटे हुए पूर्व की ओर नहर है। इसमें कई छोटे नाले जुड़े हैं, जिनसे पंचायत के पूर्वी हिस्से में सिंचाई होती हैं।

जमसौत पंचायत के विभिन्न राजस्व ग्राम तथा वार्ड

जमसौत पंचायत में मुख्य रूप से दो राजस्व ग्राम हैं–जमसौत तथा ढिबरा। ढिबरा ढाब से बना है जिसका अर्थ होता है नीची जमीन। नीची जमीन के क्षेत्र में बसा गाँव ढिबरा कहलाया। 1975 में गंगा में आई बाढ़ ने सारे इलाके को प्रभावित किया। पहले नरगदा और मठियापुर के ऊँचे हिस्से ही बाढ़ की परेशानी से बच पाते थे, जहाँ लोगों की बसावट थी। 1975 की बाढ़ ने बाढ़ से सुरक्षा के लिए व्यवस्था को मजबूर किया। 1977 में बाढ़ सुरक्षा बाँध बनी। बाँध बनने के बाद पंचायत के चरित्र में काफी परिवर्त्तन हुआ।

पूरा पंचायत 12 वार्डों में बँटा है। वार्डों का वर्णन इस प्रकार है :

वार्ड नं.	*टोला*	*वार्ड नं.*	*टोला*
1.	सिकन्दरपुर, सिकन्दरपुर मुसहरी	7.	मठियापुर
2.	जमसौत, जमसौत मुसहरी	8.	मठियापुर
3.	नरगदा खगड़ी, खगड़ी मुसहरी	9.	मठियापुर
4.	नरगदा चमरटोली	10.	मठियापुर
5.	नरगदा	11.	ढिबरा
6.	नरगदा	12.	ढिबरा चमरटोली

2001 की जनगणना के अनुसार इन ग्रामों के प्रमुख आँकड़े निम्न हैं :

ग्राम	*थाना नं.*	*जनसंख्या*			*अनु. जाति*	*साक्षर*	
		कुल	*पुरुष*	*महिला*		*पुरुष*	*महिला*
जमसौत	30	8696	4606	4090	2203	3557	1089
ढिबरा	33	1179	651	528	295	596	185

जमसौत पंचायत : तथ्यगत आँकड़े एक नजर में

निर्देशक		*जमसौत*	*बिहार*	*भारत*
सेक्स अनुपात सामान्य	(2001 जनगणना)	876.54	919	933
	(2007 सर्वेक्षण)	874.50		
सेक्स अनुपात (0–6)	(2001 जनगणना)	913.77	942	925
	(2007 सर्वेक्षण)	918.07		
साक्षरता दर	(2001 जनगणना)	52.23%	47%	62.38%
	(2007 सर्वेक्षण)	54.92%		
पुरुष साक्षरता दर	(2001 जनगणना)	63.85%	59.7%	75.85%
	(2007 सर्वेक्षण)	62.53%		
महिला साक्षरता दर	(2001 जनगणना)	38.85%	33.1%	54.16%
	(2007 सर्वेक्षण)	46.18%		
जेन्डर अन्तर	(2001 जनगणना)	25%	26.6%	21.69%
	(2007 सर्वेक्षण)	16.35%		
आबादी	(2007 सर्वेक्षण)	11142	82,998,509	
महिला आबादी	(2007 सर्वेक्षण)	5198	39,754,714	
पुरुष आबादी	(2007 सर्वेक्षण)	5944	43,243,795	
0–6 आयुवर्ग महिला	(2007 सर्वेक्षण)	874		
0–6 आयुवर्ग पुरुष	(2007 सर्वेक्षण)	952		
0–6 आयुवर्ग कुल आबादी	(2007 सर्वेक्षण)	1826		
कुल परिवार		2015		
सदस्य प्रति परिवार (पंचायत औसत)		5.53		
दलित	सदस्य/परिवार	5.01		
अति पिछड़ा	सदस्य/परिवार	5.7		
पिछड़ा	सदस्य/परिवार	5.78		
मुस्लिम	सदस्य/परिवार	5.83		
महिला परिवार प्रमुख		119		
पुरुष परिवार प्रमुख		1896		
विकलांग		114		
वर्ग 1 से 8 तक स्कूली शिक्षु (6–14 आयुवर्ग)		2100		
प्रति व्यक्ति औसत स्कूली समय (वर्ष)				
	दलित	4.37		
	मुस्लिम	4.69		
	अति पिछड़ा	5.10		
	पिछड़ा	5.39		

औपचारिक शिक्षा से लगाव (वर्ष)

दलित	1.62
मुस्लिम	2.02
अति पिछड़ा	3.22
पिछड़ा	3.29

मुसहर परिवारों का प्रमुख पेशा	
मजदूरी+खेत मजदूरी	90%
सीमान्त किसान तथा पशुपालन	10%
पहली पीढ़ी के पढ़ाक	
परिवार (मुसहरों में)	193 (79.42%)
मड़िला पुरुष मजदूर अनुपात	40:60

जमसौत पंचायत में मुसहरों के लिए विभिन्न सामाजिक शैक्षिक निर्देशक

(स्रोत– 2007 एपीसीएल सर्वेक्षण)

(1) आबादी

- पूरा आयुवर्ग → म0 520, पु0 570
- 6–14 आयुवर्ग → म0 130, पु0 147
- 0–6 आयुवर्ग → म0 100, पु0 125

(2) परिवार 243

(3) सदस्य/परिवार 4.53

(4) परिवार प्रमुख

- महिला → साक्षर 2(10%), गैर साक्षर 19
- पुरुष → साक्षर 36(16%), गैर साक्षर 186

(5) सेक्स अनुपात

पूरा आयु वर्ग–912.28
(0–6) आयु वर्ग–800

(6) साक्षरता दर	म0 23% जेन्डर अन्तर 11.31% पु0 34.31%
(7) पहली पीढ़ी पढ़ाक परिवार	80%
(8) प्रति शिक्षु औसत स्कूल समय (वर्ष)	3.09
(9) औपचारिक शिक्षा से लगाव (वर्ष) (प्रति व्यक्ति औसत स्कूल वर्ष)	म0 0.49 पु0 0.92
(10) साक्षरों में शैक्षिक स्तर (प्राथमिक से कम)	72.80%
(11) 6–14 आयुवर्ग में नास्कूलन	38.6%
(12) जमसौत पंचायत में दलित आबादी	25.42%
(13) मुसहर आबादी	9.79%
(14) पेशे के पैमाने पर वयस्क मुसहरों का सर्वाधिक प्रचलित पेशा मजदूरी (खेत मजदूरी ज्यादातर)	90%
(15) जमसौत की कुल आबादी	11142
(16) अति पिछड़ों की आबादी	16.26%
(17) पिछड़ों की आबादी	54.15%
(18) दलितों की आबादी	25.42%

जमसौत पंचायत की शिक्षा यात्रा

जमसौत पंचायत के अभिवंचित शिक्षाधिकार के मार्ग पर कितने क़दम रख पाये हैं, इसे जानने और इस सिलसिले में उन्हें कितना प्रगतिसक्षम बनाया जा सकता है, इस दृष्टि से प्रयोग करने की दिशा में हमारी बहुत उत्कंठा थी। इसे संतुष्ट करने के लिए हम आगे बढ़ने को तैयार हुए। परन्तु इस प्रायोगिक अनुष्ठान को आरम्भ करने के पूर्व हमारे मन में काफी ऊहापोह था। हमारा निश्चय था कि जो भी किया जा चुका है उससे हमें आगे क़दम बढ़ाना होगा। 'चर्बित चर्बनम्' से कोई काम नहीं बनने का। उदाहरण के तौर पर मुसहर बच्चे स्कूल नहीं जा रहे हैं, इसका पता लगाने में श्रम और संसाधन लगाने का कोई लाभ नहीं, क्योंकि विभिन्न शोधकर्त्ताओं ने पहले ही इसे सिद्ध कर दिया है। अब यह पता लगाना जरूरी है कि उनमें इस प्रवृत्ति के ठहराव के कारण क्या हैं, जबकि अन्य अनुसूचित जातियों में इस प्रवृत्ति में कमी आई है। यह भी जानना उपादेय है कि उनकी तरह की स्थिति अन्य पिछड़ी जातियों में भी है क्या ? इसलिए सर्वेक्षण, फोकस समूहचर्चा तथा जानने के अन्य तरीकों के द्वारा हमने अपने अध्ययन के एजेन्डा में यह भी रखा कि शिक्षा के सन्दर्भ में :

- दलितों विशेष कर मुसहर बच्चों की तमन्नाएँ क्या हैं ?
- दलित परिवारों की तमन्नाएँ क्या हैं ?
- दलित बच्चों के मेधा–परकोटे में कौन सी क्षमताएँ ज्यादा सबल हैं ?
- कौन से गहन कारण हैं, जो दलित बच्चों विशेष कर मुसहर बच्चों में स्कूल जाने से तथा पढ़ाई से विरक्ति पैदा करते हैं?
- पहली पीढ़ी के शिक्षुओं की क्या विशेष कठिनाइयाँ हैं ?
- दलित परिवार और बच्चे किन–किन कामों में लगे हैं ?
- हमजोली समूह किस प्रकार संगठित है, कितना प्रभावकारी है, कितना प्रेरक है ?

सर्वेक्षण के विभिन्न तरीकों को हमने औजार बनाया, इन समुदायों के साथ रैपो (rapport) स्थापित करने के लिए, उनको समझने के लिए, अब तक वहाँ क्या किया जा चुका है उसका आकलन करने के लिए और जो कुछ हुआ है उससे वांछित फल नहीं मिलने के कारणों को जानने के लिए। फिर इन्हीं

समुदायों के बीच से कार्यकर्त्ता ढूँढ़ने तथा समुदाय एवं बच्चों के साथ तालमेल बनाने के लिए।

पहले क़दम के तौर पर सबसे पहले हम पंचायत के क्षेत्र भ्रमण पर निकले। हम क्षेत्र की भौगोलिक स्थिति, वहाँ के रहनेवालों, उनके वासस्थल के स्वरूप का सही अनुभव करना चाहते थे। इसी प्रक्रिया में क्षेत्र के लोगों से, भागीदारों से भी परिचित होना चाहते थे। वहाँ के विचारकों, पंचायत के प्रतिनिधियों से भी रूबरू होना चाहते थे। क्षेत्र की संस्थाओं (सरकारी तथा गैरसरकारी) को देखना चाहते थे। विद्यालय के स्वरूप तथा शिक्षकों से परिचित होना चाहते थे। शिक्षा समितियों की जानकारी करना चाहते थे। हम चाहते थे कि इस दौरान कुछ उत्साही स्वयंसेवकों की भी पहचान कर लें।

हमने 20 जनवरी '07 से प्रारम्भ कर करीब 15 दिनों तक क्षेत्र भ्रमण किया। प्रो0 शैलेन्द्र कुमार श्रीवास्तव, डा0 मृदुला प्रकाश, श्रीमती विद्या सिन्हा, सुश्री मोना सिंह, श्री मनोज कुमार, शिक्षक इस दल में थे। इस यात्रा के प्रारम्भिक दौर में श्री विजय प्रकाश भी साथ रहे। समय–समय पर श्री मिहिर रंजन, भारतीय सीमा शुल्क एवं उत्पाद सेवा, श्री अनिल कुमार सिन्हा, अनुमंडल कल्याण पदाधिकारी, दानापुर, डा0 रश्मि सिंह, बाल कल्याण परियोजना पदाधिकारी, दानापुर ने भी हमारा साथ दिया। श्रीमती बिंदु सिंह, प्रखंड शिक्षा पदाधिकारी, दानापुर भी शुरुआती दौर में हमारे साथ रहीं। श्री मनोज कुमार तथा श्री दुर्गेश कुमार दास तो हमेशा साथ थे ही।

नरगदा चमरटोली से शिक्षा यात्रा प्रारम्भ हुई। यहाँ एक आँगनबाड़ी चलती है। सेविका श्रीमती रीता देवी काफी उत्साही हैं। वे खिचड़ी बनाकर बच्चों को उत्साह से खिला रही थीं। उन्होंने अपनी जमीन पर एक सब्जी गार्डेन भी बना रखा है। उससे उपजी सब्जियाँ खिचड़ी में डालती हैं। इससे सटे नरगदा में मुख्यतः कुर्मी लोगों की बस्ती है। ये लोग खेतिहर हैं। टोले के पश्चिम में नदी का छाड़न है।

फिर हम खगड़ी मुसहरी आए। यहाँ मूल रूप से मुसहर जाति के लोग रहते हैं। उनके अलावा धोबी और यादव लोग भी रहते हैं। यहाँ एक प्राथमिक विद्यालय भी है। पर बच्चे स्कूल में पढ़ते नहीं मिले। वे बाहर घूमते मिले। गाँव के बीच में एक मैदान है। इसमें पानी जमा था। चारो तरफ गंदगी फैली थी। इसी में कुछ जमीन खाली थी। वहीं बच्चे खेल रहे थे। एक पेड़ के नीचे कुछ पत्थर सीमेंट के प्लेटफॉर्म पर लगे थे। इनमें सिंदूर भी लगा था। यह उनका पूजनस्थल है। विभिन्न पर्वों, उत्सवों, शादी–ब्याह आदि में यहाँ पूजन की परम्परा है।

खगड़ी मुसहरी से करीब 2 किलोमीटर पर सिकन्दरपुर मुसहरी है। खगड़ी के बाद हम सिकन्दरपुर मुसहरी आए। यहाँ भी मूल रूप से मुसहर जाति के लोग ही रहते हैं, बल्कि जमसौत पंचायत में मुसहरों की यही सबसे बड़ी बस्ती है। यहाँ भी एक प्राथमिक विद्यालय है। बगल के सिकन्दरपुर टोले में कई जातियों के लोग रहते हैं। बिन्द, मल्लाह तथा लोहार लोगों के अलावा कुछ घर कुम्हार एवं

बनिया लोगों के भी हैं। इस टोले में तरह–तरह के शिल्पकार तथा कारीगर भी रहते हैं। इनमें दर्जी, धुनिया, हलवाई, मूर्त्तिकार, मिट्टी के खिलौने बनाने वाले आदि हैं। टोले के पूर्व में फैले हुए खेत हैं। सिकन्दरपुर मुसहरी में भी मुसहर बच्चों का स्कूल से कोई घना रिश्ता नहीं बन सका है। नास्कूली बच्चों में से इस टोले के अनेक बच्चे हैं। सिकन्दरपुर में ईंट सोलिंग की गली हैं, मगर मुसहरटोली में गली की हालत खस्ता है।

इस पंचायत में भी जाति के आधार पर बने टोलों में ही लोगों की रिहाइश है। मुसहरी में मुख्यतः मुसहर हैं तो चमरटोली में चमार, और इसी तरह विभिन्न जातियों के नाम से टोले जाने जाते हैं। पिछड़े वर्ग के लोगों के टोले हैं तो दलितों के और मुस्लिमों के भी। जमसौत पंचायत में बाढ़ सुरक्षा बाँध उत्तर से दक्षिण की ओर जाती है। बाँध से सटे पूर्व की तरफ इस पंचायत के तीनों मुसहर टोले बसे हुए हैं–खगड़ी मुसहरी, सिकन्दरपुर मुसहरी और जमसौत मुसहरी।

पंचायत में आधी आबादी यादवों की है। ज्यादातर यादव लोग गंगा से कटाव वाले हिस्से के हैं। कटाव के बाद इस पंचायत के विभिन्न टोलों में बसे हैं। ये अधिकांश वार्डों में बसे हैं, मगर नरगदा और मठियापुर में इनकी ज़्यादा आबादी ने घर बनाया है। मठियापुर चाट पर तो मुख्यतः यादव लोग ही हैं। ये पशुपालन से विशेषकर जुड़े हैं।

फिर हम लोग मठियापुर आए। मठियापुर काफी बड़ी बस्ती है। शिवालारोड के पूरब मठियापुर बसा है। यहाँ चाट पर यादव बसे हैं, तो मुख्य मठियापुर में अन्य पिछड़े और अति पिछड़े। पिछड़ों में कुर्मी बड़ी तादाद में हैं। इसके अलावा बेलदार, कुम्हार, लोहार और कुछ घर बनिया लोगों के भी हैं। यहाँ थोड़े बहुत पासी, दुसाध और चमार लोग भी बसे हैं। इस बड़ी बस्ती में केवल एक प्राथमिक विद्यालय है। इस टोले के दक्षिणी भाग में पहले एक मठ हुआ करता था, जिससे टोले का नाम मठियापुर पड़ा। सिकन्दरपुर की तरह यहाँ भी कई हुनर के लोग रहते हैं। यहाँ के स्कूल में भी बच्चों की उपस्थिति कम ही देखी गई। यहाँ दो आँगनबाड़ियाँ हैं, एक सड़क के समीप और दूसरी टोले के बीच में। ईंट सोलिंग की गलियाँ हैं और साथ ही किसी–किसी गली में नाली भी है। भ्रमण के दौरान टोले के लोगों से, बच्चे बच्चियों से चर्चा हुई, कई प्रकार की जानकारी मिली।

मठियापुर के बाद हमने ढिबरा क्षेत्र का भ्रमण किया। शिवालारोड के पूरब स्थित ढिबरा, राजस्व गाँव है। यहाँ दो चमरटोलियाँ हैं–पूरब और पश्चिम। चमार लोगों के अलावा कुम्हार, बढ़ई, तेली, बेलदार, दुसाध, कुशवाहा और कुर्मी लोग भी बसे हुए हैं। काफी पुराना गाँव है। पक्की गलियाँ हैं। एक उत्क्रमित मध्य विद्यालय भी है। इस गाँव से पंचायत की मुखिया और उपमुखिया दोनों हैं।

इसके बाद जमसौत गाँव के अन्य टोलों की बारी आयी। इनमें मुख्यतः जमसौत मुसहरी, मुरारचक और मुस्लिम टोला है। जमसौत मुसहरी भी बड़ी बस्ती

है। बड़ी संख्या में मुसहर बसे हैं। बाँध के सटे पूर्व में यह बस्ती है और बाँध के पश्चिम मुस्लिम टोला है।

इसमें मुस्लिम आबादी अच्छी खासी है। पहले इस पंचायत में मुस्लिम समुदाय की और बड़ी आबादी थी। पिछली सदी के पचास के दशक में इनमें से काफी लोग बाहर चले गए। अभी भी 72 परिवारों का मुस्लिम टोला कारीगरों तथा कमकरों से आबाद है। बीड़ी बनाने से लेकर रिपेयर बनाने का काम करने में ये माहिर हैं। यहाँ एक बड़ा मदरसा भी है। पंचायत की सरपंच इसी टोले की निवासी हैं। मुसहरी में प्राथमिक विद्यालय भी है। पर यहाँ भी मुसहर बच्चों का स्कूल से छत्तीस का रिश्ता है।

भ्रमण के दौरान हमने विद्यालयों को भी देखा। गाँव के लोगों से भी मिले। पंचायत के प्रतिनिधियों तथा पदाधिकारियों से चर्चा की।

पंचायत में 6 आँगनबाड़ी केन्द्र हैं। ये मठियापुर चाट, मठियापुर पंचगना, मुरारचक, जमसौत चमरटोली, ढिबरा चमरटोली, तथा सिकन्दरपुर मुसहरी में अवस्थित हैं।

हमने पाया कि इस क्षेत्र के ज़्यादातर लोग विशेषकर मुसहर पूरी तरह भूमिहीन हैं। वे काफी गरीब हैं। उनके बीच दारू पीने की आदत काफी प्रचलित है। बच्चे स्कूल में नामांकित तो हैं पर वे वहाँ जाते नहीं । वे घर या बाहर समय बिताते हैं। विद्यालय जाते भी हैं तो केवल मध्याह्न भोजन के समय। उसके बाद वे विद्यालय से बाहर ही रहते हैं। उनकी सही स्थिति को जानने के लिए पूर्ण सर्वेक्षण और अध्ययन की आवश्यकता जान पड़ी।

सर्वेक्षण की तैयारी तथा सर्वेक्षण

अतः अपने क्षेत्र की सही जानकारी लेने के लिए पंचायत का पूर्ण सर्वेक्षण किया गया। सबसे पहले कार्यशाला के जरिए सर्वेक्षण हेतु एक प्रपत्र का विकास किया गया। फिर उस प्रपत्र पर विस्तार से कार्यकर्त्ताओं के साथ चर्चा हुई। उसे अंतिम रूप देने के पश्चात् 10 सर्वेक्षण कार्यकर्त्ताओं का प्रशिक्षण आयोजित किया गया। फिर घर–घर घूमकर सर्वेक्षण का कार्य किया गया। सर्वेक्षण से प्राप्त आँकड़ों (डाटा) को कम्प्यूटर में चढ़ाकर विस्तार से समीक्षा की गयी।

सर्वेक्षण के परिणाम

पंचायत में शिक्षाधिकार की स्थिति की जानकारी की दृष्टि से हमने तीन स्तरों पर कार्य किया : पारिवारिक स्थिति की जानकारी के लिए पारिवारिक सर्वेक्षण, विद्यालयी स्थिति की जानकारी के लिए विद्यालयी सर्वेक्षण तथा शैक्षिक स्थिति

की जानकारी के लिए शैक्षिक सर्वेक्षण एवं अध्ययन किया। शैक्षिक अध्ययन के लिहाज से कुछ प्रचलित निर्देशकों पर काम किया तथा जरूरत के मुताबिक नए निर्देशकों को स्थापित भी किया।

विभिन्न समुदाय

जमसौत पंचायत में मुख्यतः पिछड़ा, अति पिछड़ा, दलित तथा मुस्लिम समुदाय बसे हैं। इनका विवरण इस प्रकार है :

पिछड़ा	54.15 प्रतिशत
अति पिछड़ा	16.26 प्रतिशत
दलित	25.42 प्रतिशत
मुस्लिम	3.60 प्रतिशत
अन्य	0.57 प्रतिशत

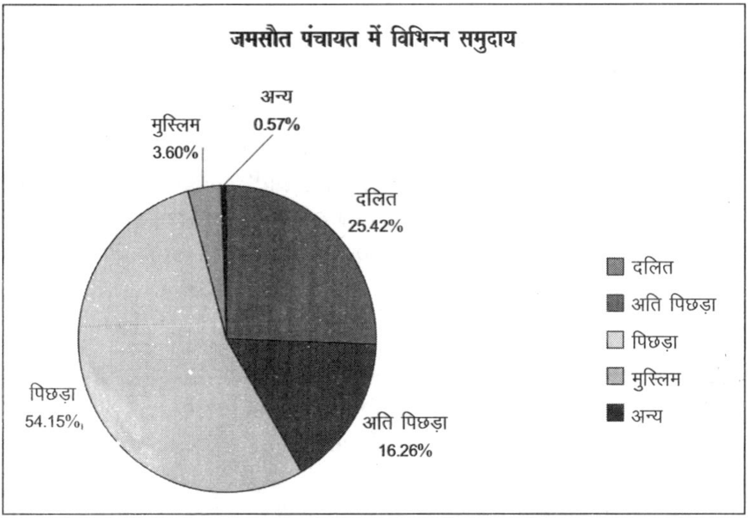

पारिवारिक परिदृश्य

जमसौत पंचायत में 2015 परिवार हैं। चार मुख्य समुदाय हैं—दलित, अति पिछड़े, पिछड़े तथा मुस्लिम। अन्य वर्ग के परिवार नहीं के बराबर हैं। मुख्य समुदायों में काफी बड़ी संख्या एकल परिवारों की है। दलित समुदाय में ज्यादातर परिवार प्रमुख पुरुष हैं तथा कुछ महिलाएँ भी हैं।

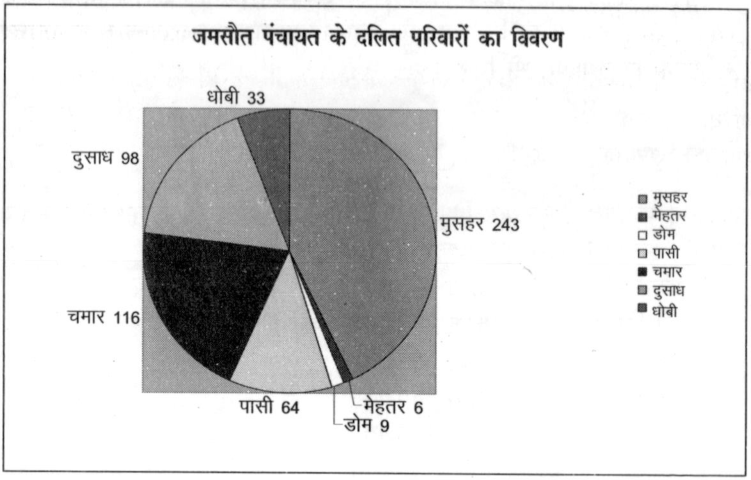

दलित समुदाय

दलित समुदाय में 7 समूह तथा 569 परिवार हैं। इस समुदाय में 6 तथा 9 परिवारों के साथ मेहतर तथा डोम समूहों की 2 छोटी इकाइयाँ हैं। चमार (116), दुसाध (98), पासी (64) और धोबी (33) कुछ बड़े समूह हैं। सर्वाधिक परिवार वाले मुसहर समूह में कुल 243 परिवार (ऊपर का पाई ग्राफ देखें) हैं, जिनमें 21 परिवार प्रमुख महिलाएँ हैं। इनमें 2 साक्षर हैं शेष गैर–साक्षर। पुरुष परिवार प्रमुखों में 36 साक्षर हैं तथा 186 गैर–साक्षर।

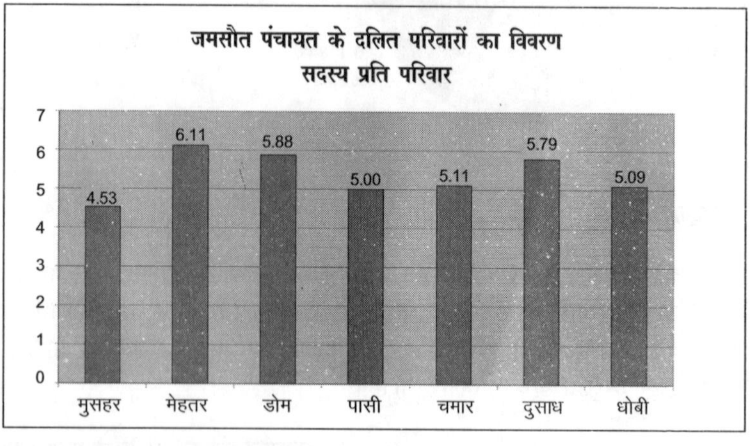

प्रति परिवार सदस्यों की संख्या महत्त्वपूर्ण निर्देशक है। दलित समुदाय में यह संख्या 5.01 है। यानि जमसौत का औसत दलित परिवार 5 सदस्यों का है। दलितों में पासवान लोगों का औसत परिवार 6 के करीब (5.79) पहुँचता है। परिवार सदस्यों की दृष्टि से यही सबसे बड़ा है। मेहतर और डोम छोटे समूह हैं। शेष का औसत 5 के करीब है (पृष्ठ 40 का ग्राफ देखें)।

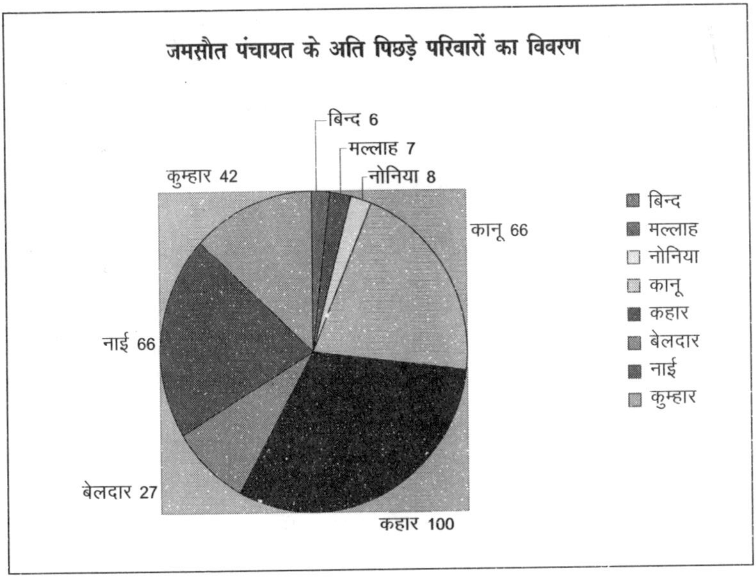

अति पिछड़ा समुदाय

जमसौत पंचायत में अति पिछड़े समुदाय के 7 समूह (322 परिवार) हैं। इनमें 100 परिवारों तथा 554 व्यक्तियों के साथ कहारों की सबसे बड़ी संख्या है

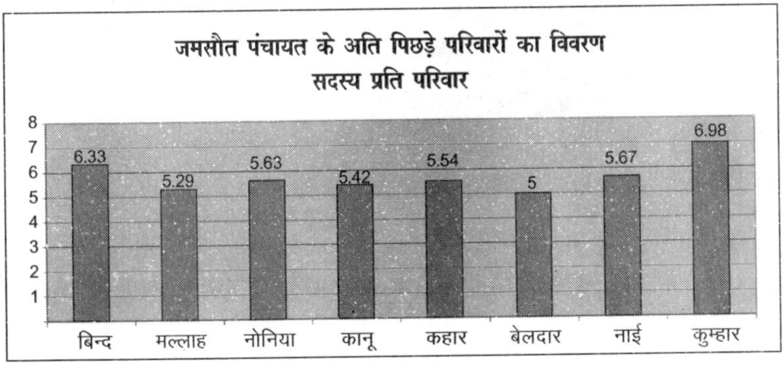

(ऊपर का पाई ग्राफ देखें)। नाई और कानू में परिवार संख्या बराबर है (हर एक 66 परिवार), हालाँकि आबादी के लिहाज से नाई, कानू से थोड़ी ज्यादा तादाद में हैं। कुम्हार (42 परिवार) भी अच्छी संख्या (293) में हैं। कुल 27 परिवारों वाले बेलदार कुल 135 हैं। बाकी बचते हैं बिन्द, मल्लाह और नोनिया। इनकी संख्या काफी कम है।

प्रति परिवार सदस्यों की औसत संख्या इस समुदाय में 5.7 है, (पृष्ठ 41 का ग्राफ देखें)। यह दलितों से कुछ ज्यादा है। इस समूह में कुम्हारों के लिए यह संख्या अधिकतम (6.98) है। यानि 7 व्यक्ति प्रति परिवार। 5 के साथ बेलदार न्यूनतम औसत पर हैं। शेष जातियों के लिए औसत 5.25 से लेकर 5.67 के बीच है।

पिछड़ा समुदाय

पिछड़े समुदाय के परिवारों की संख्या इस पंचायत में अधिकतम (1042 परिवार) है। पिछड़ों में यादव आधे से तनिक ज्यादा (564) हैं। दोयम नम्बर पर कुर्मियों की तादाद है (252)। शेष उपजातियाँ ज्यादा नहीं हैं, (नीचे का पाई ग्राफ देखें)।

जमसौत पंचायत के पिछड़े परिवारों का विवरण

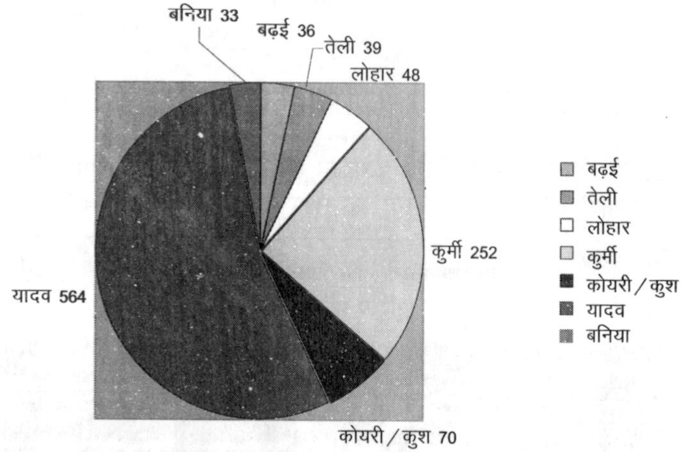

प्रति परिवार सदस्यों की औसत संख्या पिछड़े समुदाय में 5.78 है जो अति पिछड़ों से थोड़ा ज्यादा है। औसतन हर घर में 6 व्यक्ति हैं, (पृष्ठ 43 का बार

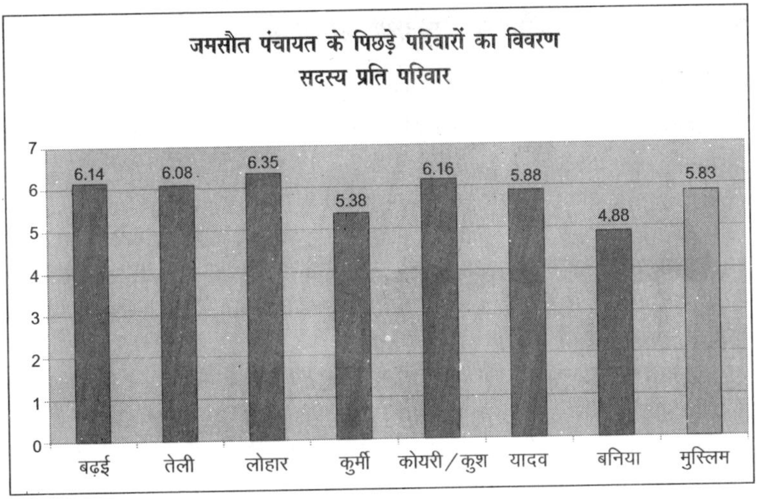

ग्राफ देखें)। इस समुदाय में बनिया लोगों के लिए यह राशि न्यूनतम (4.88) है। 4 जातियों (तेली, बढ़ई, कोयरी/कुशवाहा तथा लोहार) के लिए यह 6 से थोड़ा ऊपर है और 2 जातियों (कुर्मी तथा यादव) के लिए 5 से थोड़ा ज्यादा।

मुस्लिम समुदाय

72 परिवारों के साथ मुस्लिम उपागण्य स्थिति में हैं। प्रति परिवार सदस्यों की औसत संख्या 5.83, पिछड़ों, दलितों, अति पिछड़ों, पिछड़ों सभी से ज्यादा है।

कुल मिला जुलाकर दलितों का औसत परिवार सभी समुदायों में सबसे छोटा है। मुसहर तो सबसे कम संख्या वाले हैं। यह इनके कुपोषण का भी सूचक है। लिंग अनुपात को देखेंगे तो यह औरतों के पक्ष में नहीं है। बच्चियों की गिनती भी कम है। ये निर्देशक (indicator) पूरे समुदाय की बदहाली को प्रदर्शित करते हैं। इसका शिक्षा पर गहरा प्रभाव पड़ता है। (परिशिष्ट–एक)

जमसौत पंचायत में विद्यालय

पंचायत में तीन मुसहरियाँ यानि मुसहर टोले हैं–जमसौत मुसहरी, नरगदा खगड़ी मुसहरी तथा सिकन्दरपुर मुसहरी। इन तीनों टोलों में प्राथमिक विद्यालय हैं। ढिबरा में 2 वार्ड हैं, मगर एक मध्य विद्यालय है। मठियापुर में 4 वार्ड हैं, मगर केवल वार्ड नं0 9 में प्राथमिक विद्यालय है। नरगदा में 4 वार्ड हैं, मगर एक माध्यमिक विद्यालय तथा एक प्राथमिक विद्यालय है।

जमसौत पंचायत में विभिन्न समुदायों की आबादी

जमसौत पंचायत में अप्रैल 2007 सर्वेक्षण के अनुसार कुल आबादी 11142 है। इसमें महिलाएँ 5198 तथा पुरुष 5944 हैं।

दलित समुदाय

पंचायत में दलित आबादी 2833 है जो कुल आबादी का 25.42% है। अति पिछड़े भी पर्याप्त संख्या में हैं। वे कुल आबादी के 16.26% हैं। पिछड़ों (54.15%) की आबादी सबसे अधिक है।

दलितों की 6 उपजातियों (समूहों) में मुसहर सबसे ज्यादा यानि 38.47% हैं। वे पूरी आबादी के 9.79% हैं। चमार समूह के लोग दूसरे स्थान पर हैं। वे 20.86% हैं। दुसाध, पासी तथा धोबी समूहों की आबादी क्रमशः 19.98%, 11.26% तथा 6.25% है।

चमार नरगदा चमरटोली, ढिबरा चमरटोली तथा मठियापुर में बसे हैं। दुसाध नरगदा तथा मठियापुर में हैं और पासी जमसौत तथा मठियापुर में। शेष दो उपजातियों डोम तथा मेहतरों की आबादी कम है जो क्रमशः 2% तथा 1.5% के करीब है।

वैसे पूरे राज्य में दलितों की आबादी को ध्यान में रखें तो 2001 की जनगणना के अनुसार बिहार में चमार 31.3% हैं और दुसाध उनके बिल्कुल करीब 30.9% हैं। शेष 28% में मुसहर, धोबी और पासी लोगों की मुख्यतः तादाद है। मुसहर ज़्यादातर पूर्व चम्पारण, मुजफ्फरपुर, पटना, गया, आरा, मुँगेर तथा पूर्णिया में बसे हैं।

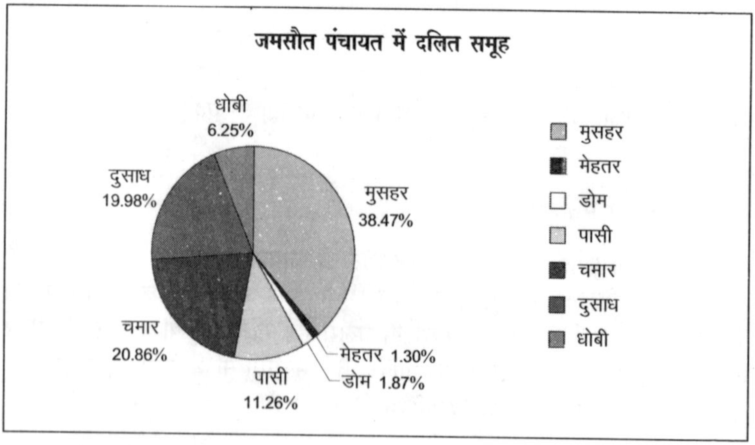

बिहार में दलित आबादी 1 करोड़ 30 लाख है जो कि राज्य की आबादी की 15.7% है (2001 की जनगणना)। उसी जनगणना के अनुसार जमसौत पंचायत में दलित आबादी 25% थी, वह इस सर्वेक्षण के दौरान अप्रैल'07 में 25.42% मिली यानि लगभग स्थिर ही रही। पटना जिले और दानापुर प्रखण्ड में दलित आबादी क्रमशः 19.6% तथा 14.2% के मुकाबले जमसौत पंचायत में दलित आबादी निश्चय ही काफी बड़ी कही जायेगी। जमसौत पंचायत में मुख्य दलित समूह हैं, मुसहर, दुसाध, चमार, पासी, धोबी, डोम तथा मेहतर। दलित मुख्यतः ग्रामों में बसे हैं। जमसौत पंचायत दानापुर प्रखण्ड में दानापुर टाउन के निकट ग्रामीण अंचल में स्थित है।

जमसौत पंचायत में सभी दलित समूहों का प्रतिशत निम्नलिखित है :

मुसहर	मेहतर	डोम	पासी	चमार	दुसाध	धोबी
38.47%	1.30%	1.87%	11.26%	20.86%	19.98%	6.25%

अति पिछड़ा समुदाय

इस पंचायत में अति पिछड़ों की संख्या 1812 है जो पूरी आबादी का 16.26% है। अति पिछड़ों में कहारों की तादाद सबसे ज्यादा यानि 30.52% है। नाई, कानू, कुम्हार तथा बेलदार भी काफी हैं। इनकी संख्या क्रमशः 20.47%, 19.65%, 15.29% तथा 7.4% है। नोनिया, बिन्द तथा मल्लाह भी छिटपुट हैं जो क्रमशः 2.5%, 2.15% तथा 2% हैं। ये जमसौत पंचायत के पुराने वाशिंदे हैं। कुर्मी,

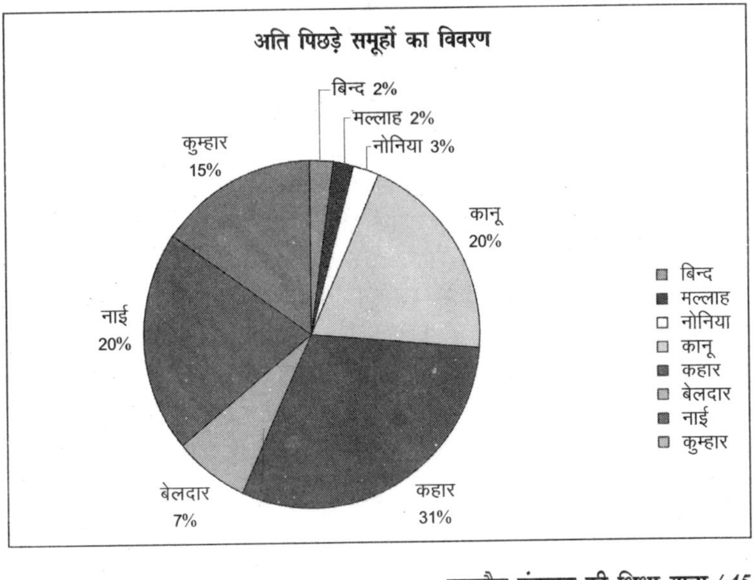

कोयरी जमीन मालिक रहे हैं तथा जमीनी कृषि के शिल्पी। कहार सेवा देने वाले तथा जमीन पर काम करने वाले रहे हैं। इनकी यथेष्ट आबादी संतुलित बसावट की दृष्टि से महत्त्वपूर्ण है। बेलदार भी जमीनी कार्य में माहिर होते हैं तथा दलित हिस्से के मुसहर तो मिट्टी के विज्ञानी होते ही है। इस प्रकार जमसौत पंचायत में अति पिछड़े मुख्यतः सेवा और जमीनी काम में मदद की दृष्टि से उपयोगी पाये जाने के कारण बसे। वर्त्तमान में इनकी भूमिकाओं में कुछ परिवर्तन आया है।

पिछड़ा समुदाय

जमसौत पंचायत में आधी से ज्यादा आबादी यानि 54.15% पिछड़ों की है। पिछड़ों में यादव 54.96% हैं। पूरी आबादी में इनकी संख्या 29.76% है। ये सभी वार्डों में

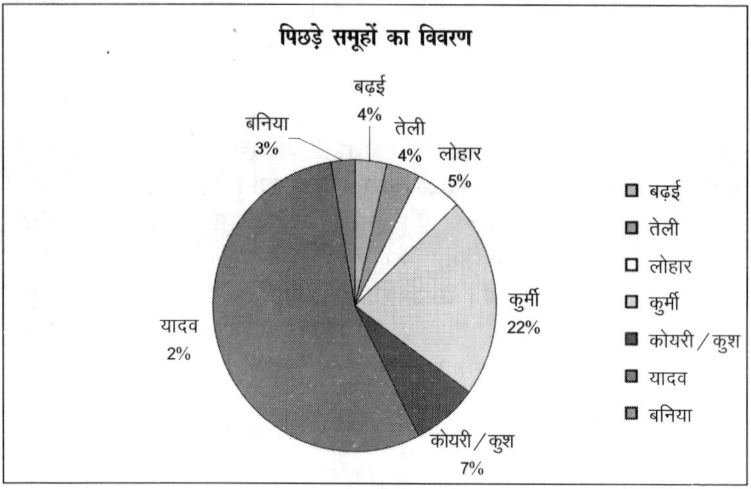

छितराये हुए हैं, मगर सबसे ज्यादा नरगदा और मठियापुर में हैं। दूसरी बड़ी आबादी कुर्मियों (22.43%) की है। उसके बाद क्रमशः कोयरी / कुशवाहा (7.28%), लोहार (5.09%), तेली (3.93%), बढ़ई (3.66%) और बनिया (2.65%) हैं। पिछड़ों में कुर्मी, कुशवाहा पुराने समय से बसे हुए हैं। दियारा से आये यादवों की तादाद विस्थापित होकर नई बसावट के कारण तेजी से बढ़ी है। अन्य समूह ग्रामीण कृषि संरचना में मदद की दृष्टि से बसे हुए हैं।

मुस्लिम समुदाय

जमसौत गाँव में बाढ़ सुरक्षा बाँध उत्तर से दक्षिण को जाती है। इस बाँध के पश्चिम मुसलमानों की बस्ती है। इनकी आबादी 401 है जो पंचायत की पूरी

आबादी का 3.6% है। जमसौत पंचायत में 1947 के पहले मुस्लिम समुदाय की काफी बड़ी आबादी थी। ढिबरा और जमसौत दोनों राजस्व गाँवों में इस समुदाय के लोग बसे हुए थे। 1947 के बाद काफी लोग यहाँ से चले गये। ढिबरा गाँव से करीब–करीब अधिकांश। जमसौत गाँव में अभी भी इनकी अच्छी खासी आबादी है। ये लोग विभिन्न कामों में लगे हैं जिनमें मजदूरी और शिल्पकर्म शामिल हैं।

सेक्स अनुपात

2001 जनगणना के मुताबिक बिहार में दलितों के बीच 1000 पुरुषों पर 923 महिलाएँ हैं, जो दलितों के राष्ट्रीय औसत 936 से निम्नतर है। 0–6 आयुवर्ग में दलितों का राष्ट्रीय औसत 938 है जो दलितों के बिहार औसत (963) से काफी नीचे है।

वर्त्तमान सर्वेक्षण के अनुसार जमसौत पंचायत में 1000 दलित पुरुषों पर 895 महिलाएँ हैं। 0–6 आयुवर्ग में यह अनुपात और भी निम्नतर यानि 881 है। विभिन्न समूहों में सेक्स अनुपात नीचे की सारणी में उल्लिखित है।

दलित समुदाय में सेक्स अनुपात (महिलाएँ प्रति हजार पुरुष)

	सभी आयु समूह	*0–6 वर्ष*
सभी दलित (भारत)	936	938
सभी दलित (बिहार)	923	963
सभी दलित (जमसौत)	894.98	881.19
मुसहर	912.28	800
चमार	912.62	936.51
दुसाध	892.98	1000
पासी	910.18	1120
धोबी	735.29	650
मेहतर	681.82	333.33
डोम	1038.46	857.14

(स्रोत : बिहार और भारत के आँकड़े 2001 जनगणना।
शेष वर्त्तमान सर्वेक्षण, अप्रैल 2007)

सेक्स अनुपात के आँकड़े मुसहरों में औरत मर्द के बीच गहरी खाई का बयान करते हैं। यह खाई कम की जा सके इसके लिए तत्काल पहल की जरूरत है। 0–6 आयु समूह के आँकड़े भी इस पंचायत में जोरदार पेशकश की जरूरत

महसूसते हैं। दुसाध और पासी समूह में 0–6 के आँकड़े उत्तम हैं, मगर सभी आयु समूह के आँकड़ों को देखें तो इन समूहों में भी बच्चियों को जिन्दा रखने की कोशिश कारगर नहीं दिखती।

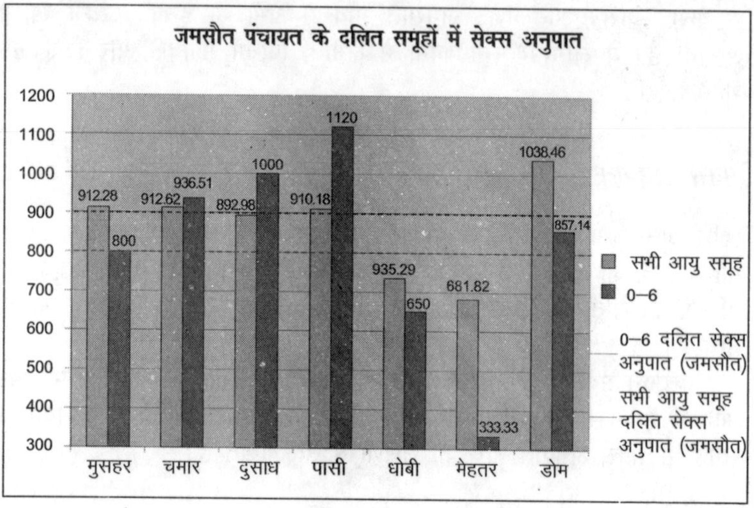

सभी सामाजिक समुदायों में सेक्स अनुपात इस प्रकार है :

सभी समुदायों में सेक्स अनुपात

आयु वर्ग	*दलित*	*पिछड़े*	*अति पिछड़े*	*मुस्लिम*	*जमसौत पंचायत*
सभी आयु वर्ग	894.98	873.02	850.87	882.63	874.50
0–6 आयु वर्ग	881.19	923.91	949.37	1115.38	918.07

(स्रोत : वर्त्तमान सर्वेक्षण, अप्रैल 2007)

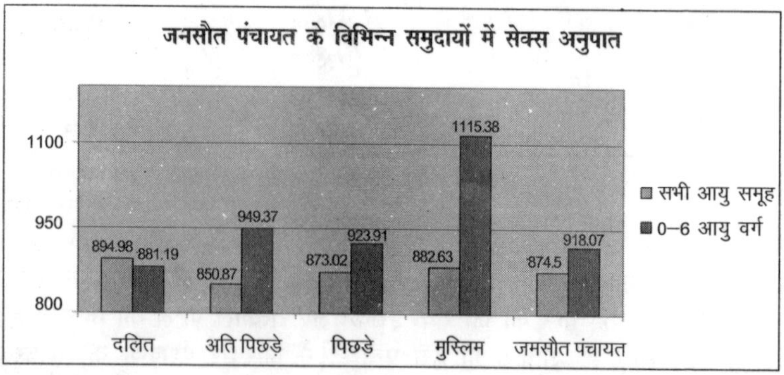

ग्राफ के अनुसार गैर दलितों में 0–6 का ट्रेन्ड बेहतर है। जमसौत पंचायत के लिए जो सेक्स अनुपात है, 0–6 वर्ग में दलितों का उससे कम है। पिछड़ों, अति पिछड़ों और मुस्लिमों का ज्यादा है। मुस्लिमों में आँकड़े तो काफी उत्तम हैं। मगर ये सभी समुदाय पैदा हुई बच्चियों को ठहरा नहीं पा रहे हैं। यह सभी आयु वर्ग के आँकड़े से स्पष्ट है। ठहराव का संकट गहरा है। इसके लिए तत्काल पहल की जरूरत है।

सभी आयु वर्ग के लिए जमसौत पंचायत के सेक्स अनुपात की तुलना में दलितों और मुस्लिमों में यह ज्यादा है मगर अति पिछड़ों में काफी कम और पिछड़ों में बिल्कुल करीब मगर कम है। ये आँकड़े महिला सहायक नहीं हैं। अतः कारगर कार्रवाई अपेक्षित है। (परिशिष्ट–दो)

साक्षरता दर

शिक्षा से मूल्यों का संधान होता है। इसका कार्यकारी मूल्य महत्त्वपूर्ण है। यह न केवल अच्छा आदमी बनाने के लिए सशक्त करती है बल्कि किसी देश की मानवीय पूँजी बनने के लिए व्यक्ति को विकसित भी करती है। शिक्षा सामाजिक परिवर्त्तन की वाहक है। यह दलितों, अभिवंचितों को देश के राजनीतिक विकास में प्रतिभागिता हेतु आवाज प्रदान करने के साथ सौदेबाजी करने की ताकत भी देती है। शिक्षा के सम्बन्ध में जानने हेतु साक्षरता की दर सबसे प्राथमिक निर्देशक मानी जाती रही है। अतएव सबसे पहले साक्षरता की दर का अध्ययन करना आवश्यक है।

साक्षरता दर $L_{(r)}$ **= कुल साक्षर व्यक्तियों की संख्या × 100 / 6^+ आयुसमूह के सभी व्यक्तियों की संख्या**

या $L_{(r)} = N_L \times 100 / N$

जहाँ N_L = कुल साक्षर व्यक्तियों की संख्या

N = 6^+ आयुसमूह के सभी व्यक्तियों की संख्या

इसी प्रकार महिला

साक्षरता दर $L_{(rf)} = N_{lf} \times 100 / N_f$

जहाँ N_{lf} = कुल साक्षर महिलाओं की संख्या

N_f = 6^+ आयुसमूह के सभी महिलाओं की संख्या

पुरुष साक्षरता दर $L_{(rm)} = N_{lm} \times 100 / N_m$

जहाँ N_{lm} = कुल साक्षर पुरुषों की संख्या

N_m = 6^+ आयुसमूह के सभी पुरुषों की संख्या

जेन्डर अन्तर (%) $G_D = L_{rm} - L_{rf}$

जेन्डर अनुपात $G_R = L_{rf} / L_{rm}$

जेन्डर अन्तर किसी समाज में शैक्षिक क्रियाओं में जेन्डर भेदभाव चिन्हित करता है। जेन्डर अनुपात जेन्डर भेदभाव के पैनापन को प्रदर्शित करता है।

बिहार के विभिन्न सामाजिक समुदायों में साक्षरता दर में काफी भिन्नता है।

बिहार साक्षरता दर (2001 जनगणना)

सामाजिक समुदाय	*साक्षरता दर*
दलित	28.47%
गैर दलित	50.58%
सभी	48.00%

राज्य के दलित समुदाय में साक्षरता दर, गैर दलितों की लगभग आधी है।

जमसौत पंचायत में सामाजिक समुदाय चार हैं, दलित, मुस्लिम, अति पिछड़े तथा पिछड़े। सामाजिक विकास को समझने के लिए इन समुदायों में साक्षरता दर का अध्ययन आवश्यक है।

जमसौत पंचायत की औसत साक्षरता दर 54.92% (वर्त्तमान सर्वेक्षण 2007) है। पुरुषों की साक्षरता दर 62.53% है और महिलाओं की 66.18% है। भारत की साक्षरता दर (2001 जनगणना) से तुलना करें तो पुरुषों की 75.85% साक्षरता दर के मुकाबले 60 वर्ष बीतने पर भी जमसौत पंचायत की पुरुष साक्षरता दर 13% कम है तथा महिलाओं में 8% कम है। यह हमारी आजादी की 60वीं वर्षगाँठ के लिहाज से अच्छी स्थिति नहीं कही जा सकती। यदि हम समुदायवार स्थिति को निहारें तो तस्वीर और साफ होती है।

समुदायवार साक्षरता दर

2007 के सर्वेक्षण में जमसौत पंचायत में समुदायवार साक्षरता दर निम्न है।

समुदायवार साक्षरता दर

समुदाय	*महिला*	*पुरुष*	*कुल*	*जेन्डर अन्तर*	*जेन्डर अनुपात*
दलित	36.55	52.93	44.74	16.38	0.69
अतिपिछड़ा	51.75	71.97	62.3	20.22	0.72
पिछड़ा	50.35	65.58	58.51	15.23	0.77
मुस्लिम	58.60	51.88	55.49	6.72	0.89
कुल	46.18	62.53	54.92	16.35	0.74

2007 में जमसौत के दलितों की साक्षरता दर 44.74% है जबकि 2001 में दलितों की राष्ट्रीय साक्षरता दर 54.7% थी। 60 वर्ष बाद भी 10% कमी परेशान करने वाली है। दलित महिलाओं की स्थिति इससे भी बदतर है।

अति पिछड़ों की साक्षरता दर 62.30% और पिछड़ों की 58.51% चुनौतियों में इजाफा ही करती है। खासतौर से अतिपिछड़ों में 20% का जेन्डर अन्तर ज्वलंत प्रश्नचिन्ह खड़ा करता है।

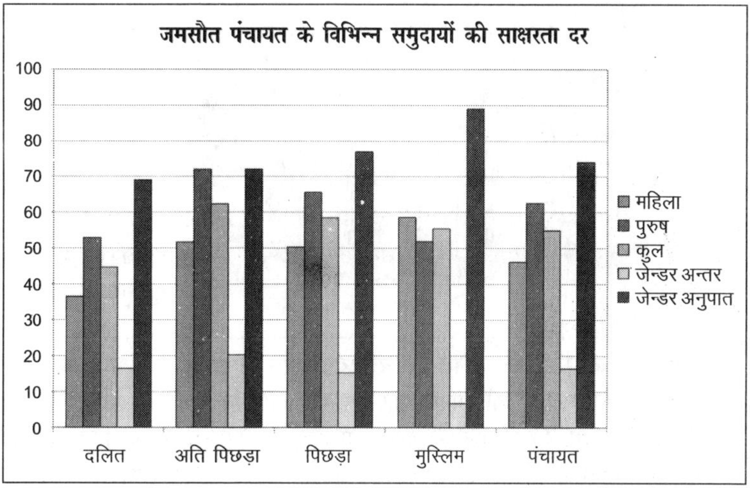

अब हम विभिन्न समुदायों में साक्षरता दर की स्थिति को देखें।

दलित समुदाय में साक्षरता दर

दलितों में भी विभिन्न समूहों में साक्षरता दर भिन्न–भिन्न है। जैसा कि नीचे की सारणी से स्पष्ट है, मुसहरों में साक्षरता दर बिल्कुल निचले पायदान पर है। धोबियों में अपेक्षाकृत अधिक है।

दलित समुदाय में साक्षरता दर (%)

	बिहार 2001	*जमसौत 2001*	*जमसौत 2007*	*मुसहर (जमसौत)*	*डोम (जम.)*	*पासी (जम.)*	*चमार (जम.)*	*दुसाध (जम.)*	*मेहतर (जम.)*	*धोबी (जम.)*
महिला	15.6	38.85	46.18	23	47.62	46.83	35.56	32.2	85.71	33.9
पुरुष	40.2	63.85	62.53	34.31	47.37	65.49	54.88	54.58	100.00	60.98
कुल	28.5	51.35	54.92	28.80	47.50	56.72	45.65	43.39	93.94	47.44
जेन्डर अन्तर	12.9	25	16.35	11.31	–0.25	18.66	19.32	22.38	14.29	27.08
जेन्डर अनुपात	0.5	0.6	0.7	0.7	1.0	0.7	0.6	0.6	0.9	0.6

स्रोत : राष्ट्रीय स्तर पर औसत साक्षरता दर 54.7% (जनगणना 2001), बिहार के आँकड़े (जनगणना 2001), जमसौत साक्षरता दर (जनगणना 2001), जमसौत के आँकड़े (सर्वेक्षण–अप्रैल 2007)

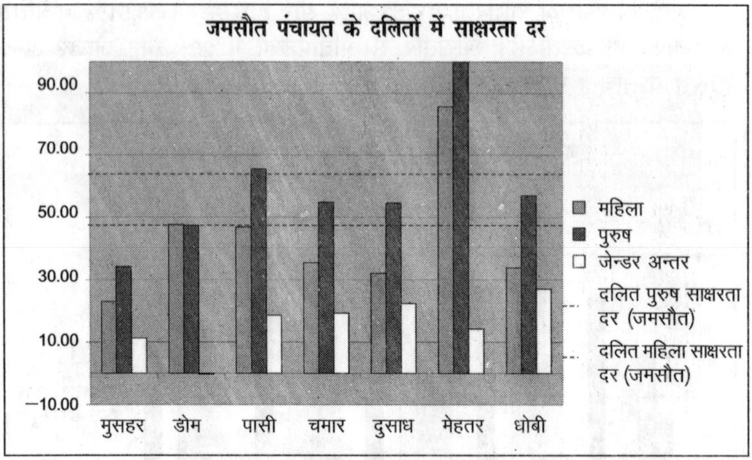

2007 में जमसौत की दलित साक्षरता दर भारत के 2001 के आँकड़े की तुलना में 10% कम है। महिला और पुरुष साक्षरता दर स्वाभाविक रूप से भारत के 2001 के आँकड़े से कम हैं। मुसहरों में पुरुष साक्षरता दर अत्यंत निम्न यानि 34.31% है, मुसहर महिलाओं में तो और भी कम (23%) है। पुरुषों में साक्षरता दर सबसे ज्यादा पासी समुदाय (65.49%) में, उसके बाद धोबी (60.98%), फिर दुसाध (54.58%) और तब चमार समुदाय (54.88%) में है। डोम समुदाय का निम्नतम है, फिर भी मुसहरों से ऊपर। मेहतरों की तादाद काफी कम है, अतः इनके आँकड़े उस प्रकार स्वाभाविक नहीं। महिलाओं में डोम समूह की साक्षरता दर सबसे ऊँची 47.62%, पासी में थोड़ा ही कम 46.83% है। अन्यों में यह दर 33 से 35% के बीच है। ये आँकड़े दलितों के विभिन्न समूहों के लिए साक्षरता के सिलसिले में जो काम 60 वर्ष में हुए हैं और उसके जो नतीजे निकले हैं उसकी कहानी कहते हैं।

अति पिछड़ा समुदाय में साक्षरता

अति पिछड़ा समुदाय में साक्षरता दर की स्थिति निम्न तालिका से स्पष्ट होती है।

अति पिछड़ा समुदाय में साक्षरता

	पंचायत	*मल्लाह*	*नोनिया*	*कानू*	*कहार*	*बेलदार*	*नाई*	*कुम्हार*
महिला	51.75	37.5	50	41.46	55.76	47.17	55.22	60.36
पुरुष	71.97	57	86.96	58.43	76.10	78.85	71.26	78.69
कुल	62.3	46.60	72.47	51.2	66.67	62.86	64.29	69.96
जेन्डर अन्तर	20.22	19.50	36.96	16.97	20.34	31.68	16.04	18.33
जेन्डर अनुपात	0.72	0.66	0.57	0.71	0.73	0.60	0.77	0.77

जमसौत पंचायत के अति पिछड़े समूहों में साक्षरता दर

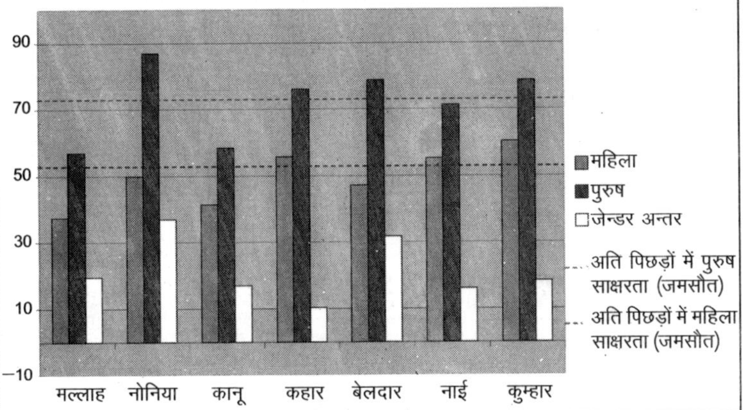

अति पिछड़ों में पुरुष साक्षरता दर सबसे कम मल्लाहों (57%) में है। इन्हीं के निकट कानू लोगों में (58.43%) है। कहारों (76.10%), बेलदारों (78.85%) और कुम्हारों (78.69%) में करीब–करीब बराबर है। नाई में इनसे थोड़ा कम 71.26% है तो नोनिया में इन सबों से काफी अधिक 86.96% है। मल्लाह और नोनिया के बीच लगभग 30% का अन्तर महत्त्वपूर्ण है।

जहाँ तक औरतों का सवाल है, मल्लाह (37.5%) और कानू (41.46%) एक दूसरे के करीब हैं। सबसे अधिक महिला साक्षरता कुम्हारों (60.36%) में है तो सबसे कम मल्लाहों में। नाई और कहार 55% के आसपास लगभग बराबर है। बेलदारों में (47.17%) थोड़ा कम है। इतना स्पष्ट है कि इन जातियों ने शहराती जीवन की विशिष्टताओं को अपने जीवन में थोड़ा ढाला है। साक्षरता दर का बढ़ाव 70% तक होना इस बात का परिचायक है। मगर जेन्डर अन्तर इनमें से कई के शहरातीपन की कलई खोलता भी है। नोनिया और बेलदार में 31% तथा उससे अधिक का जेन्डर अन्तर इन जातियों में जेन्डर भेदभाव की परिपाटी को उजागर करता है। मल्लाहों, कहारों और कुम्हारों में 20% का जेन्डर अन्तर इसी परिपाटी को दिखाता है, यद्यपि तीव्रता थोड़ा कम है।

इसके लिए साक्षरता दर का महिला–पुरुष अनुपात बड़ा सटीक निर्देशक है। यह जेन्डर अन्तर के पैनापन को साफ–साफ दिखला देता है। यह अनुपात एक के जितना करीब होगा, शैक्षिक जेन्डर भेदभाव उतना कम होगा। इस लिहाज से नाई और कुम्हार बराबर हैं (0.77)। उनसे नीचे ढालू सीढ़ी पर कहार, कानू और मल्लाह उतरते जाते हैं। बेलदारों और नोनिया में तो काफी जेन्डर भेदभाव परिलक्षित है। इन परिवारों में अन्य निर्देशकों के अध्ययन से इसका जायजा लिया जा सकता है।

अगर हम दलितों में मिलान करें तो यह अनुपात मेहतर समुदाय में 0.86 है जो काफी ऊँचा है। उस समुदाय में औरतें विभिन्न कामों में आगे बढ़कर हिस्सा ले रही हैं। कभी–कभी पुरुषों से भी आगे।

पिछड़ा समुदाय तथा मुस्लिमों में साक्षरता

पिछड़ा समुदाय तथा मुस्लिमों में साक्षरता की स्थिति निम्न तालिका से स्पष्ट होती है।

पिछड़ा समुदाय तथा मुस्लिमों में साक्षरता (%)

	पंचायत	*बढ़ई*	*लोहार*	*कुर्मी*	*कुशवाहा कोयरी*	*तेली*	*यादव*	*बनिया*	*मुस्लिम*
महिला	50.35	60.64	68.1	65.39	67.89	54.26	37.06	71.88	51.88
पुरुष	65.58	75	83.67	75.67	83.09	81.05	54.72	82.19	58.60
कुल	58.51	68.04	76.81	70.78	75.82	67.72	46.71	77.37	55.49
जेन्डर अन्तर	15.23	14.36	15.57	10.28	15.20	26.79	17.66	10.31	6.72
जेन्डर अनुपात	0.77	0.81	0.81	0.86	0.82	0.67	0.68	0.87	0.89

जमसौत पंचायत के पिछड़े समूहों में साक्षरता दर

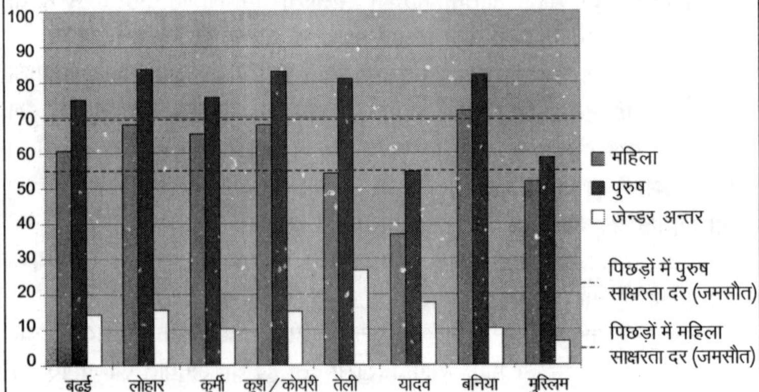

साक्षरता की दृष्टि से पुरुषों में 80% से ऊपर की जातियाँ हैं लोहार (83.69), कुशवाहा (83.09%), तेली (81.05%) और बनिया (82.19%)। बढ़ई (75%) और कुर्मी (75.67%) 75% के आसपास हैं। यादव सबसे कम 54.72% पर हैं।

सबसे ज्यादा साक्षर लोहार और यादव समूह के बीच का अन्तर 29% है जो काफी अधिक है।

यही बात औरतों की साक्षरता दर से दिखती है। यादवों के लिए सबसे कम 37.06% और बनिया के लिए सबसे अधिक (71.88%)। यह 35% का फर्क महत्त्वपूर्ण है। यानि यादव समुदाय में साक्षरता की दृष्टि से जमसौत पंचायत में, हस्तक्षेप आवश्यक है।

शैक्षिक जेन्डर भेदभाव परिवार में जेन्डर की स्थिति का पूरा खाका खोलकर रख देता है। महिला, पुरुष साक्षरता के अनुपात को देखें। इस लिहाज से कुर्मी (0.86) और बनिया (0.87) सर्वोत्तम हैं। कोयरी, लोहार और बढ़ई 0.80 के आसपास बढ़िया हैं। तेली और यादव 0.67 अनुपात के साथ जेन्डर भेदभाव ज्यादा ही दिखला रहे हैं। एक बात और भी स्पष्ट है जेन्डर साक्षरता अनुपात के लिहाज से पिछड़े, अति पिछड़ों से बेहतर हैं।

मुस्लिम समुदाय को अलग से देखें तो प्राइमरी स्कूल के दायरे में उतनी गिनती नहीं है। फिर भी औरत मर्द दोनों की साक्षरता जमसौत में 50% से ज्यादा है। इसका अर्थ है कि जेन्डर अनुपात बेहतर (0.89) है। 1 से जितना क़रीब अनुपात है वह उतना बेहतर है। इन सबके निहितार्थ को देखें तो यह उम्मीद बनती है कि जमसौत पंचायत में मुस्लिम औरतें काम धन्धा की दृष्टि से खुदमुख्तार होने की कोशिश कर रही हैं। यह बात क्षेत्र भ्रमण से भी स्पष्ट हुई थी। उदाहरणस्वरूप एक महिला बीड़ी बनाकर परिवार को चला रही थी।

साक्षरता दर विभिन्न समूहों के बीच साक्षरता स्थिति के अन्तर को दिखलाती है। साक्षरता दर की कसौटी पर जमसौत पंचायत के विभिन्न समूहों को कसें तो नीचे की तालिका स्पष्ट श्रेणीकरण कर देती है।

जमसौत पंचायत में साक्षरता के आधार पर विभिन्न समूह

प्रतिशत	*पुरुष*	*महिला*
30 से कम		मुसहर
30–40	मुसहर	चमार, दुसाध, धोबी, मल्लाह, यादव
40–50	डोम,	डोम, पासी, कानू, बेलदार
50–60	चमार, दुसाध, मल्लाह, कानू, मुस्लिम	नाई, नोनिया, कहार, बढ़ई, तेली, मुस्लिम
60–70	पासी, धोबी, नाई	लोहार, कुर्मी, कुशवाहा, कोयरी, बनिया
70–80	कुम्हार, कुर्मी, कोयरी, बनिया, कहार, बेलदार, मेहतर	मेहतर

यदि 60 % से कम साक्षरता दर को महिलाओं के लिए हस्तक्षेप हेतु उपयुक्त मानें तो तस्वीर इस प्रकार बनती है :

मुसहर (< 30%)
चमार, दुसाध, धोबी, यादव, मल्लाह (< 40%)
डोम, पासी, कानू, बेलदार, नाई (< 50%) तथा
नोनिया, कहार, बढ़ई, लोहार, तेली, मुस्लिम (< 60%)

'साक्षरता जेन्डर अनुपात' समूह के अन्दर साक्षरता–भेदभाव की स्थिति को ज़्यादा स्पष्ट करता है। जैसे मुस्लिम मर्द औरत दोनों में साक्षरता दर 50% से 60% के बीच है यानि दोनों के बीच की खाई ज़्यादा नहीं है, अतः जेन्डर अनुपात 0.89 है जो 1 के करीब है। जमसौत में मुस्लिम समुदाय में साक्षरता की दृष्टि से फर्क ज़्यादा नहीं है मगर साक्षरता दर 60% से कम है। अतः बेहतर अनुपात के बावजूद मर्द औरत दोनों के लिए हस्तक्षेप की ज़रूरत है।

जेन्डर अनुपात के आधार पर विभिन्न समूहों में महिलाएँ

जेन्डर अनुपात	*विभिन्न समूहों की महिलाएँ*
0.70 तथा इससे कम	मुसहर, पासी, चमार, दुसाध, धोबी, मल्लाह, नोनिया, बेलदार, तेली, यादव

यदि 0.70 अनुपात को संक्रमण रेखा मानें तो इससे नीचे वाले समूहों में महिलाओं पर साक्षरता के लिए ज़्यादा प्रयास की ज़रूरत है। ये समूह हैं–

मुसहर, पासी, चमार, दुसाध, धोबी, मल्लाह, नोनिया, बेलदार, तेली, यादव। इन समूहों में मर्द–औरत में साक्षरता का अन्तर सामान्य से ज़्यादा है।

सामुदायिक/सामूहिक शैक्षिक स्तर

साक्षरता दर को किसी समुदाय/समूह की शैक्षिक परिस्थिति बयान करने के लिए इस्तेमाल किया जाता रहा है। पर यह इतना ही बता सकता है कि समुदाय/समूह शिक्षा के औजार को व्यवहार करने के लिए किस हद तक तैयार है। इससे यह स्पष्ट नहीं होता कि इस औजार को इस्तेमाल करने के लिए वह कितने हद तक सक्षम हो पाया है। किसी समुदाय/समूह द्वारा शिक्षा के औजार को व्यवहार करने की सक्षमता की जाँच के लिए *सामुदायिक/सामूहिक शैक्षिक स्तर* की जानकारी एक अच्छा निर्देशक हो सकता है। इसके अन्तर्गत समुदाय/समूह के कितने प्रतिशत लोगों ने शिक्षा के कितने स्तर तक (साक्षर/पूर्व प्राथमिक/प्राथमिक/प्रारम्भिक/सेकेन्डरी/हायर सेकेन्डरी/स्नातक/परा–स्नातक) की सक्षमता हासिल की, इसकी जानकारी प्राप्त की जाती है। इसके माध्यम से किसी समुदाय/समूह ने जीवन सँवारने के लिए शैक्षिक पूँजी में किस हद तक गुणवत्ता हासिल की है, इसे जाना जा सकता है। *सामुदायिक/सामूहिक शैक्षिक स्तर*

किसी समुदाय/समूह के ड्रॉप आउट की स्थिति जानने का भी एक उत्तम औजार हो सकता है। इसकी परिभाषा निम्न प्रकार से दी जा सकती है।

सामुदायिक/सामूहिक शैक्षिक स्तर (प्रतिशत में) = अभीष्ट समुदाय (समूह) में शिक्षा के विभिन्न स्तरों (साक्षर, पूर्व प्राथमिक, प्राथमिक, प्रारम्भिक, सेकेन्डरी, हायर सेकेन्डरी, स्नातक, परा–स्नातक) को हासिल करने वाले व्यक्तियों की संख्या ×100/अभीष्ट समुदाय (समूह) में शिक्षित व्यक्तियों की कुल संख्या

यदि N_l = समुदाय (समूह) में कुल शिक्षित व्यक्तियों की संख्या

n_l = समुदाय (समूह) में सामान्य साक्षर (साक्षर तथा पूर्व प्राथमिक) स्तर प्राप्त व्यक्तियों की संख्या

n_p = समुदाय (समूह) में प्राथमिक स्तर प्राप्त व्यक्तियों की संख्या

n_{el} = समुदाय (समूह) में प्रारम्भिक स्तर प्राप्त व्यक्तियों की संख्या

n_s = समुदाय (समूह) में सेकेन्डरी स्तर प्राप्त व्यक्तियों की संख्या

n_{hs} = समुदाय (समूह) में हायर सेकेन्डरी स्तर प्राप्त व्यक्तियों की संख्या

n_g = समुदाय (समूह) में स्नातक स्तर प्राप्त व्यक्तियों की संख्या

n_{pg} = समुदाय (समूह) में परास्नातक स्तर प्राप्त व्यक्तियों की संख्या

$N_l = n_l + n_p + n_{el} + n_s + n_{hs} + n_g + n_{pg}$

E_l = समुदाय (समूह) में सामान्य साक्षर (साक्षर तथा पूर्व प्राथमिक) स्तर प्राप्त व्यक्तियों का शैक्षिक पैमाने पर शैक्षिक स्तर

अर्थात् समुदाय (समूह) में सामान्य साक्षर (साक्षर तथा पूर्व प्राथमिक) स्तर प्राप्त व्यक्तियों का प्रतिशत

$= n_l*100/N_l$

इसी प्रकार

E_p = समुदाय (समूह) में प्राथमिक स्तर प्राप्त व्यक्तियों का शैक्षिक पैमाने पर शैक्षिक स्तर

$= n_p*100/N_l$

E_{el} = समुदाय (समूह) में प्रारम्भिक स्तर प्राप्त व्यक्तियों का शैक्षिक पैमाने पर शैक्षिक स्तर

$= n_{el}*100/N_l$

E_s = समुदाय (समूह) में सेकेन्डरी स्तर प्राप्त व्यक्तियों का शैक्षिक पैमाने पर शैक्षिक स्तर

$= n_s*100/N_l$

E_{hs} = समुदाय (समूह) में हायर सेकेन्डरी स्तर प्राप्त व्यक्तियों का शैक्षिक पैमाने पर शैक्षिक स्तर

$= n_{hs}*100/N_l$

E_g = समुदाय (समूह) में स्नातक स्तर प्राप्त व्यक्तियों का शैक्षिक पैमाने पर शैक्षिक स्तर

$= n_g*100/N_l$

E_{pg} = समुदाय (समूह) में परास्नातक स्तर प्राप्त व्यक्तियों का शैक्षिक पैमाने पर शैक्षिक स्तर

$= n_{pg}*100/N_l$

{सामान्य साक्षर = साक्षर + पूर्व प्राथमिक (1,2,3 कक्षा); प्राथमिक = (4, 5 कक्षा); प्रारम्भिक = (6, 7, 8 कक्षा); सेकन्डरी = (9, 10 कक्षा)},

शैक्षिक स्तर का ज्ञान किसी समुदाय (समूह) के विभिन्न जेन्डरों के बीच शैक्षिक सक्षमता के तुलनात्मक अध्ययन मे भी सहायक सिद्ध हो सकता है।

विभिन्न समुदायों में सामुदायिक शैक्षिक स्तर

जमसौत पंचायत में विभिन्न समुदायों के साक्षर व्यक्तियों के बीच शैक्षिक स्तर की जानकारी नीचे की सारणी से प्राप्त होती है।

विभिन्न समुदायों में सामुदायिक शैक्षिक स्तर

समुदाय	*सामान्य साक्षर*	*प्राथमिक*	*प्राथमिक*	*सेकेन्डरी*	*हायर सेकेन्डरी*	*स्नातक*	*परास्नातक तथा अन्य*
	(%)	(%)	(%)	(%)	(%)	(%)	(%)
दलित	49.65	17.08	15.98	11.69	3.80	1.20	0.60
अति पिछड़ा	34.88	13.99	19.69	18.69	7.89	3.32	1.59
पिछड़ा	34.76	12.05	17.62	18.76	9.80	5.60	1.40
मुस्लिम	58.17	6.73	16.83	12.98	2.88	1.92	0.48

सारणी से स्पष्ट है कि पिछड़े साक्षरों में 34.76% सामान्य साक्षर यानि बिना सनदवाले साक्षर हैं। जमसौत पंचायत में यह अति पिछड़ों (34.88%) से तुलनीय है। प्राथमिक स्तरीय भाग 12.05% तथा प्रारम्भिक स्तरीय भाग 17.62% है। सेकेन्डरी स्तरीय भाग 18.76% जो अति पिछड़ों से लगभग 2% ज्यादा है। यानि इस पंचायत में अति पिछड़ों की अपेक्षा पिछड़ों में मैट्रिक ज्यादा हैं, हायर

सेकेन्डरी और स्नातकों में भी पिछड़ों की तादाद थोड़ी ज़्यादा है। मगर परास्नातक स्तर पर अति पिछड़ों का भाग तनिक ज्यादा हो गया है जो कोई ट्रेन्ड नहीं प्रदर्शित करता। संयोगवश सम्भव है। अति पिछड़े और पिछड़े दोनों ही समुदायों में सेकेन्डरी के बाद तेजी से ह्रास चालू हो जाता है। यह बात दलितों में प्राथमिक स्तर से ही शुरू है जो मौजूदा शिक्षा व्यवस्था से उनके बेगानापन को सिद्ध करता है। मुस्लिमों में भी प्रारम्भिक स्तर से ही ह्रास काफी तेज हो गया है।

पिछड़ा, अति पिछड़ा दोनों ही समुदायों में प्राथमिक से प्रारम्भिक में ज्यादा तादाद है। मुस्लिमों में भी प्राथमिक से प्रारम्भिक में थोड़ी ज्यादा संख्या है। यह भी ग़ौरतलब है कि केवल कुर्मी और कोयरी लोगों में ही 10% से ज्यादा पढ़े–लिखे लोग हायर सेकेन्डरी हैं और स्नातक में तो केवल कुर्मी समूह में 10% से थोड़ा ज्यादा हैं। (परिशिष्ट–पाँच)

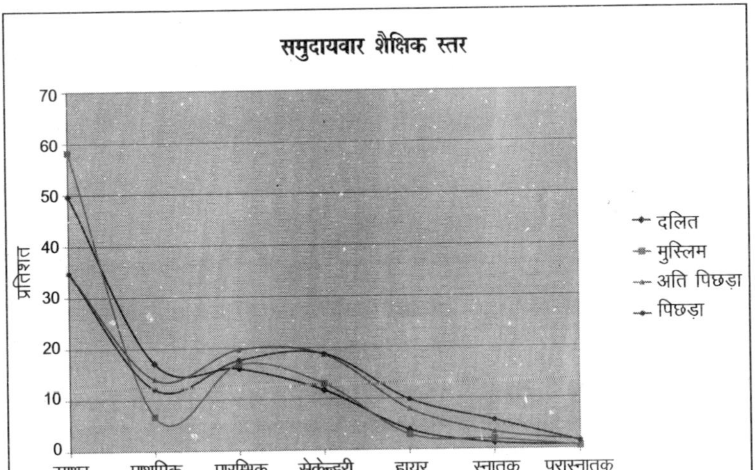

1000 साक्षरों के आधार पर परिकलित विभिन्न समुदायों में शिक्षितों की संख्या

	प्राथमिक से कम	*प्राथमिक*	*प्राथमिक*	*सेकेन्डरी*	*हायर सेकेन्डरी*	*स्नातक*	*परास्नातक तथा अन्य*
दलित	496	171	160	117	38	12	6
मुस्लिम	582	67	168	130	29	20	05
अति पिछड़ा	349	140	197	186	79	33	16
पिछड़ा	348	120	176	188	98	56	14

उपर्युक्त सारणी में 1000 साक्षरों के लिए विभिन्न समुदायों में विभिन्न शैक्षिक स्तर तक पहुँचने वाले व्यक्तियों का परिकलन किया गया है, जो काफी दिलचस्प है। इसमें प्राथमिक से परास्नातक तक पहुँचने के अवसर का इस्तेमाल मुस्लिमों ने सबसे कम (582) किया है तथा सबसे ज्यादा (348) पिछड़ों ने किया है। जमसौत के अति पिछड़े, पिछड़ों के बिल्कुल करीब (349) हैं तो दलित समुदाय काफी पीछे (496) हैं। दलित साक्षरों में मात्र आधे ने ही साक्षरता से आगे बढ़ने की कोशिश की है। ग्राफ में विभिन्न समुदायों का लगातार गिरता ट्रेन्ड यह दिखलाता है कि गाँव में रहने वालों का शैक्षिक ट्रेन्ड काफी हद तक समान है। छीजन का ट्रेन्ड लगभग एक ही किस्म का है। *इस ट्रेन्ड को बदलने के लिए मौजूदा धारा से अलग किस्म का उपाय खोजना होगा।*

(जैसे, 1000 मुस्लिम साक्षर लोगों में 582 लोग तीसरे दर्जे के नीचे रह गए हैं। केवल 418 लोगों ने तीसरे दर्जे से ऊपर जाने की कोशिश की है।)

दलित समुदाय में सामुदायिक शैक्षिक स्तर

अब हम जमसौत पंचायत में दलित समुदाय के साक्षर व्यक्तियों के बीच शैक्षिक स्तर पर नज़र डालें।

दलित समुदाय में सामुदायिक शैक्षिक स्तर

समूह	सामान्य साक्षर (%)	प्राथमिक से कम (%)	प्राथमिक (%)	प्राथमिक (%)	सेकेन्डरी (%)	हायर सेकेन्डरी (%)	स्नातक (%)	परास्नातक तथा अन्य (%)
मुसहर	10.73	62.07	13.79	9.58	1.53	1.53	0.38	0.38
मेहतर	0	29.17	41.67	20.83	8.33	0	0	0
डोम	0	55.00	20.00	15.00	10.00	0	0	0
पासी	5.03	30.19	18.87	15.09	23.27	5.03	1.89	0.63
चमार	7.53	34.73	18.83	16.74	12.97	5.86	1.67	1.67
दुसाध	6.05	36.28	16.74	19.53	15.81	3.72	1.86	0
धोबी	4.82	44.58	12.05	25.30	8.43	4.82	0	0
दलित समुदाय	7.09	42.56	17.08	15.98	11.69	3.80	1.20	0.60

(प्राथमिक से कम–कक्षा 1, 2, 3; प्राथमिक–कक्षा 4, 5; प्रारम्भिक–कक्षा 6, 7, 8; सेकेन्डरी–कक्षा 9, 10)

सारणी से स्पष्ट है कि दलित समुदाय में जो साक्षर हैं उनमें 49.65% ने या तो कोई शैक्षिक स्तर हासिल नहीं किया है या प्राथमिक स्तर से कम की योग्यता हासिल की है। यह दलित समुदाय के आधे साक्षरों का हाल है। शेष आधे में ही शैक्षिक सनद का जिक्र हो सकता है। यानि 50.35% दलित साक्षरों को इस

शैक्षिक व्यवस्था ने थोड़ी मानक शैक्षिक क्षमता देने की कृपा की है। प्राइमरी और प्रारम्भिक स्तर तक जिन दलितों की पहुँच हो सकी है उनकी संख्या क्रमशः 17.08% और 15.98% है। सेकेन्डरी तक शिक्षित दलितों की संख्या 11.69% तथा हायर सेकेन्डरी तक 3.80% है। स्नातक स्तरीय 1.20% तथा परास्नातक और तकनीकी स्तर के पायदान पर पैर रखने वाले मात्र 0.6% हैं।

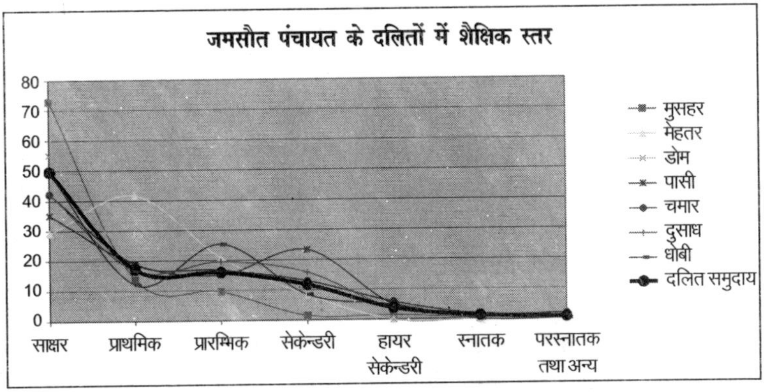

इस सूरतेहाल को ऊपर के ग्राफ में देखने पर लगातार नीचे गिरते वक्र से सब कुछ आइने की तरह साफ नजर आएगा। ग्राफ देखने से लगता है कि पहाड़ी लैंडस्लाइड हो रहा है। मुसहरों में यह स्लाइड और तीखा है। साक्षर और पूर्व प्राथमिक से तीखे ढलान में गिरते हुए प्राथमिक पर पहुँचते है और तेज ह्रास से उबड़–खाबड़ मैदानी भाग में बहते हुए शून्य के क्षैतिज समुद्र में विलीन हो जाते हैं, कहीं भी रुकने का नाम नहीं लेते। स्नातक, परास्नातक के सामने दलित समुदाय की रेखा लगभग शून्य रेखा से मिल जाती है।

इसे यों देखें, जमसौत पंचायत के पैमाने पर 1000 साक्षर दलितों के समूह में आपको खोजने पर केवल 6 परास्नातक या तकनीकी जानकार मिल सकेंगे, 12 स्नातक, 38 हायर सेकेन्डरी तथा 117 सेकेन्डरी सर्टिफिकेट पाए लोगों से मुलाकात हो सकेगी। यह भी स्पष्ट है कि दलित समुदाय के 1000 व्यक्ति प्राइमरी में दाखिल होते हैं उनमें 71 पहला वर्ग भी पार नहीं करते, 426 तीसरा दर्जा आते–आते भाग चलते हैं, 170 पाँचवें दर्जे तक टिकने की हिम्मत जुटा पाते हैं, 160 आठवीं सीढ़ी तक चढ़ पाते हैं, केवल 117 मैट्रिक के दुर्ग में पहुँचते हैं, 38 हायर सेकेन्डरी का किला फतह करते हैं। केवल 18 लोग स्नातक तथा परास्नातक के एवरेस्ट पर चढ़ने का साहस कर पाते हैं। उपलब्धता आधारित (और प्रकारान्तर से समय आधारित भी) ड्राप आउट की इतनी साफ तस्वीर अन्यत्र नहीं मिलेगी।

जमसौत में बसी दलित जातियों में पासी लोग (23.27%) सेकेन्डरी तक पहुँचने में सबसे आगे हैं, जबकि मुसहर सबसे निचले पायदान (1.53%) पर हैं।

यानि हर 5 पासी साक्षरों में से 1 मैट्रिक है जबकि हर 66 साक्षर मुसहरों में से मात्र एक मैट्रिक है। हर 12 साक्षर धोबी समूह में 1 मैट्रिक है, जबकि 6 साक्षर दुसाध समूह में से तथा 8 साक्षर चमार समूह में एक–एक मैट्रिक है। इससे यह भी पता चलता है कि प्राइमरी स्तर के बाद छीजन की दर तेज हो जाती है, क्योंकि प्रारम्भिक स्तर के साक्षरों का प्रतिशत प्राइमरी स्तर के साक्षरों के प्रतिशत से कम है। मुसहरों में, मेहतरों में, छीजन की दर काफी तेज है। सेकेन्डरी स्तर के बाद तो शिक्षुओं की संख्या में तीव्र ह्रास होता है।

अति पिछड़ा समुदाय में शैक्षिक स्तर

जमसौत पंचायत में अति पिछड़ा समुदाय में शैक्षिक स्तर की स्थिति निम्न तालिका से स्पष्ट होती है।

अति पिछड़ा समुदाय में सामुदायिक शैक्षिक स्तर

	सामान्य साक्षर	*प्राथमिक से कम*	*प्राथमिक*	*प्रारम्भिक*	*सेकेन्डरी*	*हायर सेकेन्डरी*	*स्नातक*	*परास्नातक तथा अन्य*
समूह.	(%)	(%)	(%)	(%)	(%)	(%)	(%)	(%)
मुसहर	10.73	62.07	13.79	9.58	1.53	1.53	0.38	0.38
बिन्द	0	44.44	22.22	22.22	11.11	0	0	0
मल्लाह	22.22	38.89	11.11	22.22	5.56	0	0	0
नोनिया	0	37.04	22.22	25.93	14.81	0	0	0
कानू	4.46	37.58	14.01	19.75	12.74	3.82	4.46	3.18
कहार	3.66	27.13	13.41	24.39	20.12	6.10	3.66	1.52
बेलदार	12.05	42.17	8.43	16.87	14.46	4.82	1.20	0
नाई	6.98	27.44	11.63	12.09	20.47	12.09	5.58	3.72
कुम्हार	2.31	34.10	16.76	20.23	14.45	8.67	2.31	1.16
अति पिछड़ा समुदाय	5.64	29.24	13.99	19.69	18.69	7.89	3.32	1.59

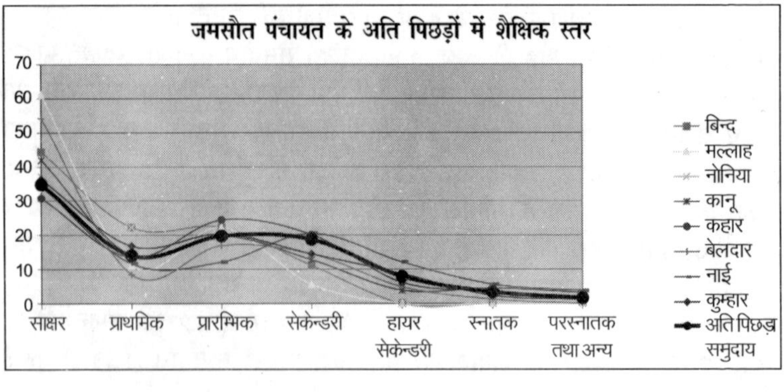

ऊपर की सारणी से स्पष्ट है कि अति पिछड़े साक्षरों में 34.88% सामान्य साक्षर या बिना शैक्षिक स्तर वाले हैं। प्राथमिक में 14% तथा प्रारम्भिक में 19.69% हिस्सा है। सेकेन्डरी स्तर के बाद तेजी से ह्रास होता है। अति पिछड़ों में सबसे कम स्तर पर मल्लाह हैं जिनमें मैट्रिक स्तर तक केवल 5.56% व्यक्ति ही हैं। कहार और नाई 20% के इर्दगिर्द हैं। कानू, बेलदार, कुम्हार, नोनिया थोड़ा नीचे हैं, उनमें मैट्रिक स्तर के व्यक्ति 12.74% से 14.81% के बीच हैं। बिन्द का स्तर भी कम ही है। बिना सनदवाले साक्षरों की दृष्टि से मल्लाह, बिन्द तथा बेलदार लोगों का स्तर मुसहरों से थोड़ा ही बेहतर है।

पिछडा समुदाय तथा मुस्लिमों में सामुदायिक शैक्षिक स्तर

अब हम जमसौत पंचायत में पिछड़ा समुदाय तथा मुस्लिमों में सामुदायिक शैक्षिक स्तर की जानकारी हेतु निम्न तालिका देखें।

पिछड़ा समुदाय तथा मुस्लिमों में सामुदायिक शैक्षिक स्तर

समूह	*सामान्य साक्षर* (%)	*प्राथमिक से कम* (%)	*प्राथमिक* (%)	*प्राथमिक.* (%)	*सेकेन्डरी* (%)	*हायर सेकेन्डरी* (%)	*स्नातक* (%)	*परास्नातक तथा अन्य* (%)
मुसहर	10.73	62.07	13.79	9.58	1.53	1.53	0.38	0.38
बढ़ई	1.47	23.53	14.71	19.85	27.21	8.82	2.21	2.21
तेली	9.42	23.19	11.59	14.49	23.91	13.04	3.62	0.72
लोहार	8.04	24.55	16.96	22.77	16.96	8.04	2.68	0
कुर्मी	3.79	19.60	9.02	18.04	23.16	13.70	10.58	2.12
कोयरी/कुशवाहा	13.75	19.06	6.88	19.38	18.44	16.56	5.31	0.63
यादव	5.06	36.7	15.10	17.12	15.90	6.14	2.75	1.23
बनिया	18.02	27.03	13.51	15.32	19.82	4.50	1.80	0
पिछड़ा समुदाय	6.19	28.57	12.05	17.62	18.76	9.80	5.60	1.40
मुस्लिम	25.48	32.69	6.73	16.83	12.98	2.88	1.92	0.48

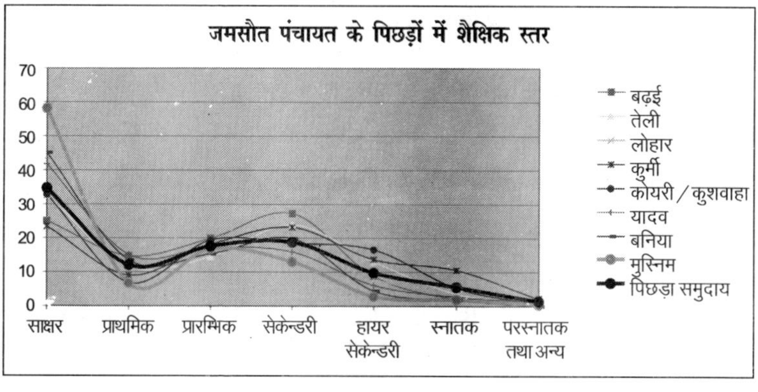

यदि पिछड़े समुदाय के विभिन्न समूहों पर निगाह डालें तो बिना सनदवाले साक्षरों (सामान्य साक्षर + प्राथमिक से कम) की तादाद सबसे ज्यादा बनिया लोगों (45.05%) में तथा सबसे कम कुर्मी लोगों (23.39%) में है। यादव समुदाय सबसे ज्यादा की तरफ (41.76%) है तो कोयरी/कुशवाहा (32.81%) लगभग बीचोबीच है। सेकेन्डरी के बाद सभी समूहों में तेजी से ह्रास होता है। पिछड़ों में बढ़ई लोगों में 27.21% मैट्रिक स्तर तक हैं। सबसे कम पर यादव (15.90%) और लोहार (16.96%) हैं। कुशवाहा, बनिया थोड़ा ऊपर हैं तथा कुर्मी, तेली 23% के इर्दगिर्द हैं।

मुस्लिमों में बिना सनदवाले साक्षरों की संख्या 58.17% है जो दलितों से भी ज्यादा है। सेकेन्डरी स्तर तक केवल 12.98% व्यक्ति ही पहुँचते हैं जो काफी नीचे है। सेकेन्डरी के आगे अत्यन्त तेजी से ह्रास होता है। कुल मिला–जुलाकर इनका स्तर दलितों के ही कुछ समूहों के बराबर है।

ग्राफ से विभिन्न समूहों में छीजन स्पष्ट जाहिर होता है। जितने लोग प्राथमिक से यात्रा आरम्भ करते हैं, हायर सेकेन्डरी आते–आते बहुत कम समूहों में 10% के आसपास लोग बचते हैं। शेष का शैक्षिक जीवन समाप्त हो जाता है।

विद्यालय में व्यतीत प्रति व्यक्ति औसत स्कूली समय

आधुनिक मान्यता है कि शिक्षा अहर्निश आजीवन चलने वाली प्रक्रिया है। इसमें विद्यालयों में हुए शिक्षण के अलावा पारिवारिक एवं सामाजिक स्तर पर अनौपचारिक तथा औपचारिकेतर ढंग से हुई शिक्षा का भी काफी महत्त्व है। जहाँ परिवार एवं समाज के स्तर पर होने वाले शिक्षण कार्य व्यक्ति के लिए विद्यालय की शिक्षा हेतु पृष्ठभूमि तैयार करते हैं, वहीं विद्यालयी शिक्षा व्यक्ति को अनौपचारिक तथा औपचारिकेतर शिक्षण के अवसरों का पूर्ण लाभ लेने के लिए दक्ष बनाती है। इस लिहाज से अध्ययन हेतु किसी समुदाय में शिक्षाधिकार की स्थिति जानने के लिए विद्यालय में व्यतीत प्रति व्यक्ति औसत स्कूली समय एक अच्छा निर्देशक हो सकता है।

इसकी निम्न प्रकार से परिभाषा की जा सकती है :

विद्यालय में व्यतीत प्रति व्यक्ति औसत स्कूली समय

T= समुदाय (समूह) के व्यक्तियों द्वारा स्कूल में व्यतीत कुल समय/समुदाय (समूह) के स्कूलित व्यक्तियों की कुल संख्या

यहाँ स्कूली समय को सेकेन्डरी स्कूल समय माना गया है। यह औपचारिक शिक्षा के पहले पड़ाव का अन्तक बिन्दु (Terminal point) है।

यदि n_1= कक्षा 1 में शिक्षु संख्या

n_2= कक्षा 2 में शिक्षु संख्या

....

....

n_{10}= कक्षा 10 में शिक्षु संख्या

और t_1= कक्षा 1 में व्यतीत वर्ष = 1 वर्ष

t_2= कक्षा 2 में व्यतीत वर्ष = 2 वर्ष

....

....

t_{10}= कक्षा 10 में व्यतीत वर्ष = 10 वर्ष

तो समुदाय(समूह) के व्यक्तियों द्वारा विद्यालय में व्यतीत कुल समय =

$$n_1t_1 + n_2t_2 + n_3t_3 + \ldots\ldots + n_{10}t_{10} = nt$$

समुदाय(समूह) के विद्यालय जाने वाले व्यक्तियों की कुल संख्या =

$$n_1 + n_2 + n_3 + \ldots\ldots + n_{10} = N$$

विद्यालय में व्यतीत प्रति व्यक्ति औसत स्कूली समय

$$T = (n_1t_1 + n_2t_2 + n_3t_3 + \ldots\ldots + n_{10}t_{10}) / (n_1 + n_2 + n_3 + \ldots\ldots + n_{10})$$

अतः $T = nt/N$

यह निर्देशक सामूहिक/सामुदायिक रूप से व्यक्ति की रोज़ाना ज़िन्दगी में संघर्ष के दौरान सफलता के लिए अर्जित अर्हता की व्याख्या और अभिव्यक्ति के लिए अच्छा निर्देशक है। पूरे राज्य की स्कूली शिक्षा की स्थिति उजागर करने के लिए भी यह एक अच्छा निर्देशक है। कोई व्यक्ति जो पढ़ने के लिए चला, उसने विद्याालय में कितने वर्ष बिताए, उससे उसके द्वारा अर्जित अर्हता का अन्दाजा लगाया जा सकता है। ज्यादा दिन स्कूल में टिके व्यक्ति को बोलने–चालने, सामाजिक पैमाने पर सौदेबाजी करने का प्रायः अभ्यास हो जाता है। अपने लायक कुशलता की तस्वीर भी दिमाग में उभरने लगती है। इससे आजीविका की सीढ़ी पर चलने में शक्ति हासिल होती है। मगर संतोषजनक, नियमित टिकाव के बिना यह सब सम्भव नहीं हो सकता। जिस समुदाय/समूह में यह जितना ज्यादा सम्भव हो पाता है, सम्भव हो पाने के लिए जितना प्रेरक, उत्साहवर्द्धक वातावरण होता है उस समुदाय/समूह के लोग आधुनिक जिन्दगी के संघर्ष में उतनी सफलता पाने की सम्भावना से लैस होते हैं। अतः नियमित संतोषजनक टिकाव और अनुकूल वातावरण समुदाय/समूह की जिन्दगी के संघर्ष की तैयारी को मापने का अच्छा पैमाना हो सकता है। इसे यह निर्देशक अच्छी रीति से व्यक्त करता है। 8 से अधिक मान वाले समुदाय (समूह) शैक्षिक सशक्तिकरण के मार्ग से स्वाभाविक रूप से गुजरने की पहल करने लगते हैं।

प्रति व्यक्ति व्यतीत औसत स्कूली समय (वर्ष)

		पुरुष	*महिला*	*कुल*
समुदाय	दलित	4.59	4.03	4.37
	मुस्लिम	4.85	4.51	4.69
	अति पिछड़ा	4.74	5.34	5.10
	पिछड़ा	5.53	5.19	5.39
दलित	मुसहर	3.34	2.70	3.08
	पासी	5.35	5.40	5.37
	चमार	5.26	3.83	4.68
	दुसाध	4.98	4.57	4.83
	धोबी	4.02	4.78	4.25
अति पिछड़ा	कहार	5.97	5.04	5.59
	कानू	4.46	4.31	4.41
	बेलदार	4.81	3.93	4.46
	नाई	5.37	5.17	5.30
	कुम्हार	5.18	4.60	4.93
पिछड़ा	कुर्मी	6.17	6.05	6.11
	यादव	5.09	4.30	4.78
	जमसौत पंचायत			4.73

जमसौत पंचायत के सभी शिक्षुओं के लिए यह निर्देशक 4.73 आया। इसका अर्थ यह है कि जमसौत पंचायत के शिक्षु औसतन 5 वर्षों की पढ़ाई तक टिके नहीं रहते हैं यानि वे प्राथमिक की रेखा भी पार नहीं करते। जमसौत पंचायत के

जमसौत पंचायत के समुदायों में प्रति व्यक्ति औसत व्यतीत स्कूली समय (वर्ष)

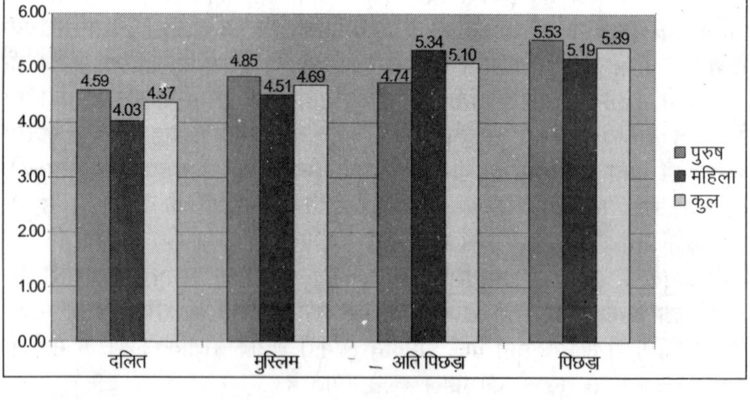

औसत शिक्षु पर बेसनद पढ़ाई का ठप्पा लगा है। यह खोजना बड़ा दिलचस्प होगा कि बिहार के लगभग 8500 पंचायतों में से कितने गिने चुने पंचायत ऐसे हैं जिनके माथे पर बेसनद पढ़ाई का ठप्पा नहीं लगा है। राज्य की शिक्षा के ही लिए नहीं बल्कि देश के लिए भी यह निर्देशक महत्त्वपूर्ण होना चाहिए। इससे स्कूली शिक्षा सम्बन्धी सारे कारोबार की माप हो जाएगी।

दलित शिक्षुओं के सम्बन्ध में इस निर्देशक की जब गणना की गई तो दलित समुदाय के लिए यह निर्देशक 4.37 आया। यानि दलित शिक्षु औसतन 4.37 वर्ष स्कूली शिक्षा में व्यतीत करते हैं। इसका सीधा मतलब है कि पढ़ाई में लगा दलित समुदाय प्राथमिक से ऊपर पहुँचता ही नहीं। ''दलित की दौड़ प्राथमिक तक'' यही उक्ति चरितार्थ होती है। ऐसे दलित जब काम के लिए जाते हैं तो अच्छी आजीविका की परिस्थिति नहीं बनती। यह पूरे समुदाय को निष्प्रेरक वातावरण में डाले रखती है। हमारी स्कूली व्यवस्था में इस बात की या तो समझ नहीं है या समझने की तमन्ना नहीं है। मौजूदा हालत को बदलने के लिए यथार्थ नामांकन तथा बेहतर ठहराव के लिए कौशलपूर्ण शिक्षा तथा उचित प्रविधि, जिसे दलित ग्रहण करने में दिलचस्पी लें, जरूरी है। औसत व्यतीत स्कूल समय वाले निर्देशक को 8 वर्ष से ऊपर तत्काल ले जाने की जरूरत है। जहाँ तक मौजूदा स्कूली व्यवस्था की बात है वह दलितों को इस स्तर तक तबतक नहीं ले जा सकती जबतक उनके लिए समीचीन परिपूरक इन्तजाम की गारंटी नहीं की जाए। वैसे मुस्लिम समुदाय भी वैसी ही हालत में है। पिछड़े, अति पिछड़े थोड़ा ही बेहतर हैं।

औसत दलित से थोड़ा अलग हटकर मुसहर तथा चमार समूह के लिए इस निर्देशक की कसौटी का इस्तेमाल करें (जमसौत पंचायत में मुसहर तथा चमार, दलितों की पहली तथा दूसरी बड़ी जमात हैं) तो इसके सम्बन्ध में हम पाते हैं कि

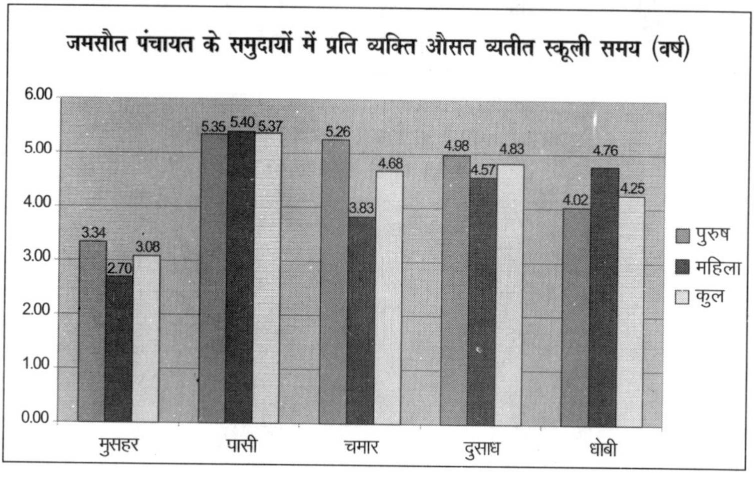

मुसहरों के लिए यह निर्देशक 3.08 वर्ष प्रति व्यक्ति है तथा चमारों के लिए 4.68 वर्ष प्रति व्यक्ति है।

इसका मतलब है कि जमसौत का औसत मुसहर जीवन में 3 वर्ष की शिक्षा तथा औसत चमार 4.68 वर्ष की शिक्षा पा रहे हैं। यह तो प्राथमिक की रेखा से भी नीचे है। इससे साफ है कि पढ़ाई–लिखाई की मौजूदा व्यवस्था में हम इन्हें मात्र बेसनद पढ़ाई में प्रवीण बनाने का प्रयास मात्र कर रहे हैं। बासनद पढ़ाई तो प्राथमिक से शुरू होती है। यह शिक्षा नहीं, साक्षरता की कोशिश मात्र है जिसमें सनद की जरूरत नहीं। मुसहरों के सम्बन्ध में जब हम शिक्षाधिकार की बात करते हैं तो यह निर्देशक सारी स्थिति का पर्दाफाश कर देता है। (परिशिष्ट–तीन)

इसलिए हमने आभासी नामांकन के नतीजों से समुदाय के बड़े–बूढ़ों, माँ–बाप को परिचित कराने में प्रयास लगाया, बच्चों को हर रोज स्कूल पहुँचाने में योगदान किया। प्रतिदिन इसकी मानीटरी की तथा शबरी आश्रम (क्रियेटिव लर्निंग सेन्टरों) में परिपूरक तैयारी कराई। स्कूली व्यवस्था से जुड़ने में क्या कठिनाइयाँ हैं और उसका सामना कैसे कर सकते हैं, इसको पता लगाया और

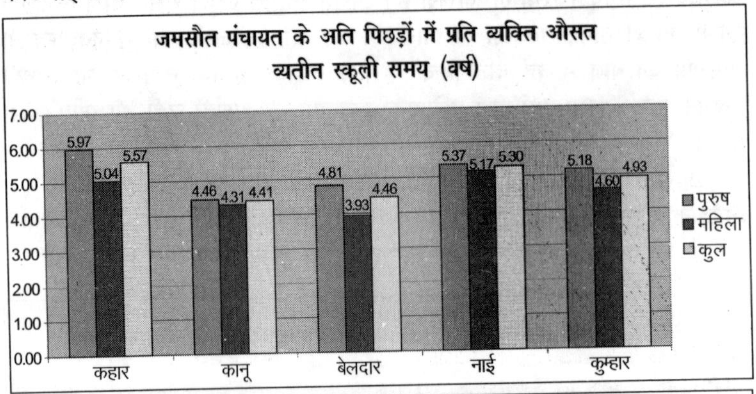

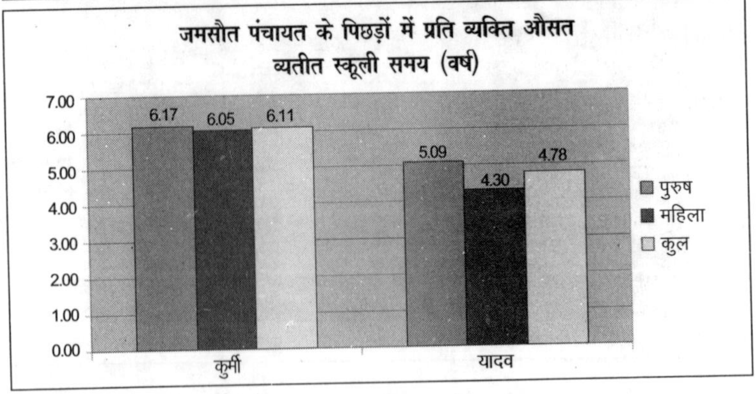

जो सम्भव है उसे करने की कोशिश की। जमसौत पंचायत के अन्य तीन समुदायों की हालत के बारे में भी इस निर्देशक की रोशनी में देखने से तुलनात्मक जायजा मिलता है।

अति पिछड़े समुदाय के लिए यह निर्देशक 5.09 वर्ष तथा पिछड़े समुदाय के लिए 5.11 वर्ष एवं मुस्लिमों के लिए 4.69 वर्ष है। यानि जमसौत पंचायत में औसत मुस्लिम दर्जा पाँच तक नहीं पहुँचता, अति पिछड़े एवं पिछड़े प्राथमिक पार करने की रेखा पर हैं।

तस्वीर के पूरे रुख को देखें तो केवल सरकारी कोशिश से 6 से 14 आयुवर्ग के दलित और मुस्लिम बच्चे साक्षर तक बन पाएँगे इससे ज्यादा नहीं। इसलिए केवल सरकारी कोशिश तक निर्भर रहने पर प्राथमिक तक भी पहुँचना नामुमकिन है। माँ–बाप की कोशिश जोड़ दें तो प्राथमिक और थोड़ा उससे आगे जा सकते हैं। अतः आगे बढ़ने के लिए तय है कि सामाजिक कोशिश भी जुड़नी होगी। सभी हितग्राहियों को लगना होगा तभी हितपूर्ति हो सकेगी। *यह स्कूली जागरण के अलावा पूरे सामाजिक जागरण की माँग करता है।*

इस निर्देशक को आधार मान कर अगर हम अन्य समूहों का अध्ययन करें तो पाते हैं कि 8 वर्ष प्रति व्यक्ति से ऊपर जाने पर समुदाय का शैक्षणिक सशक्तिकरण होने लगता है, परिवार बच्चे को शैक्षणिक रूप से आगे बढ़ाने के लिए रिस्क लेने, कुर्बानी करने तक तैयार हो जाता है। ऐसे समुदाय के लोगों को शिक्षा से ऐसे नतीजे मिलने लगते हैं जो प्रेरणा का मजबूत सम्बल प्रदान करते हैं।

वैयक्तिक शिक्षाधिकार सूचकांक

संविधान में हमने 6 से 14 वर्ष के बच्चों के लिए शिक्षा को मौलिक अधिकार माना है अर्थात् प्रत्येक बच्चे के लिए 8 वर्षों की शिक्षा का मौलिक अधिकार है। इसलिए यह देखना आवश्यक है कि समुदाय में स्कूल जाने वाले बच्चे को इस अधिकार की तुलना में कितने वर्ष की शिक्षा हासिल हो रही है। इसे वैयक्तिक शिक्षाधिकार सूचकांक के माध्यम से आसानी से जाना जा सकता है। इस सूचकांक को निम्न प्रकार परिभाषित किया जा सकता है।

वैयक्तिक शिक्षाधिकार सूचकांक I = प्रति व्यक्ति व्यतीत औसत स्कूली समय (वर्ष) / 8(वर्ष)

$$I = T/8 = [(n_1t_1 + n_2t_2 + n_3t_3 + \ldots\ldots + n_{10}t_{10})/$$
$$(n_1 + n_2 + n_3 + \ldots\ldots + n_{10})]/\ 8 = nt/8N$$

प्रति व्यक्ति व्यतीत औसत स्कूली समय (वर्ष) (T)
= समुदाय के सभी व्यक्ति द्वारा स्कूल में व्यतीत समय / समुदाय के कुल व्यक्तियों की संख्या = nt/N

इस निर्देशक की गणना हेतु जो बच्चे जिस कक्षा में पढ़ रहे हैं उनके द्वारा उतने वर्ष स्कूली शिक्षा में व्यतीत किया गया माना गया है।

वैयक्तिक शिक्षाधिकार सूचकांक किसी भी समुदाय या समूह के शिक्षाधिकार हासिल करने की स्थिति को नापने का उत्तम औजार है।

शिक्षाधिकार के दृष्टिकोण से आदर्श वैयक्तिक शिक्षाधिकार सूचकांक 1 से अधिक होना चाहिए। जिस समुदाय या समूह में यह सूचकांक 1 से कम है, उस समुदाय/समूह में इसे 1 तक पहुँचाना अत्यावश्यक है। तभी उस समुदाय/समूह को शिक्षाधिकार हासिल हो सकेगा। इसके लिए तत्काल हस्तेक्षप अनिवार्य है।

वैयक्तिक शिक्षाधिकार सूचकांक

समुदाय	*औसत व्यतीत स्कूली वर्ष/शिक्षु*	*वैयक्तिक शिक्षाधिकार सूचकांक*
दलित	4.37	0.55
मुसहर	3.08	0.39
पासी	5.37	0.67
चमार	4.68	0.58
दुसाध	4.83	0.6
धोबी	4.25	0.6
मुस्लिम	4.69	0.59
अति पिछड़ा	5.10	0.64
पिछड़ा	5.39	0.67
जमसौत	4.73	0.59

जमसौत पंचायत के लिए इस सूचकांक का मान 0.59 है। ग्राफ से इस मान के नजदीक दुसाध धोबी और मुस्लिम हैं। चमार थोड़ा नीचे हैं। औसत दलित कुछ ज्यादा ही नीचे हैं। मुसहर सबसे नीचे 0.4 पर हैं। 0.5 तथा 0.6 के बीच

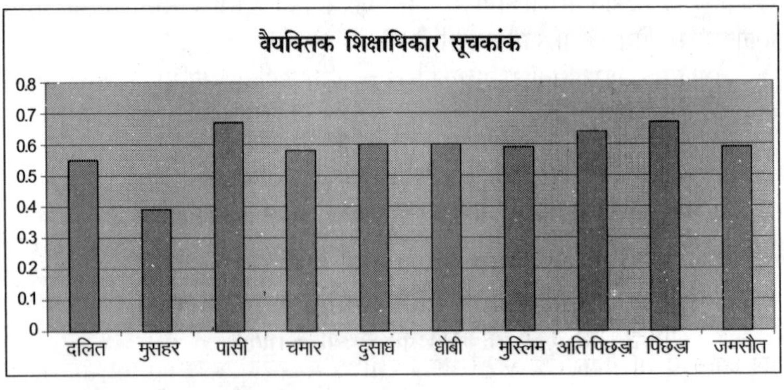

दलित, चमार, दुसाध, धोबी और मुस्लिम हैं। 0.6 से ऊपर अति पिछड़ा, पिछड़ा और पासी हैं। कोई भी 0.7 के करीब नहीं पहुँच सका है, 1 तक पहुँचना तो दूर रहा यानि इस पंचायत में किसी भी समुदाय का वैयक्तिक शिक्षाधिकार सूचकांक 1 नहीं है। अधिकतम पासी समूह तथा पिछड़ा समुदाय का 0.67 है।

शिक्षा के अधिकार के लिए सभी समुदायों में इस दृष्टिकोण से काफी काम करने की आवश्यकता है।

सामुदायिक स्कूली शिक्षा निर्देशक (औपचारिक शिक्षा से लगाव)

औपचारिक शिक्षा से लगाव या सामुदायिक स्कूली शिक्षा निर्देशक पूरे समुदाय की शैक्षिक जागरूकता तथा शैक्षिक सूरतेहाल को व्यक्त करने के लिए सबसे अच्छा निर्देशक है। इसे समुदाय के लिए औपचारिक या स्कूली शिक्षा से लगाव का परिचायक भी माना जा सकता है। इसे निम्न प्रकार से पारिभाषित किया जा सकता है।

सामुदायिक स्कूली शिक्षा निर्देशक = समुदायों के सभी सदस्यों द्वारा वर्ग 1 से 10 तक व्यतीत स्कूली समय / समुदाय के सदस्यों (6^+) की संख्या

सामुदायिक स्कूली शिक्षा निर्देशक (वर्ष / व्यक्ति)

$$C = (n_1t_1 + n_2t_2 + n_3t_3 + \ldots\ldots.. + n_{10}t_{10})/N$$

जहाँ N = समुदाय के सदस्यों (6^+) की संख्या

n_1 = कक्षा 1 तक पढ़े सदस्य

n_2 = कक्षा 2 में पढ़े सदस्य

....

....

n_{10} = कक्षा 10 में पढ़े सदस्य

और t_1 = कक्षा 1 में व्यतीत वर्ष = 1 वर्ष

t_2 = कक्षा 2 में व्यतीत वर्ष = 2 वर्ष

....

....

t_{10} = कक्षा 10 में व्यतीत वर्ष = 10 वर्ष

इस निर्देशक को महिला तथा पुरुष के लिए अलग–अलग रखा जा सकता है।

C_f = सामुदायिक स्कूली शिक्षा निर्देशक (महिला)

C_m = सामुदायिक स्कूली शिक्षा निर्देशक (पुरुष)

इसे महिला तथा पुरुष दोनों के लिए परिकलित किया गया। ग्राफ क,ख,ग,घ पर ध्यान दें तो ग्राफ (क) में जमसौत पंचायत के सभी समुदायों का औपचारिक

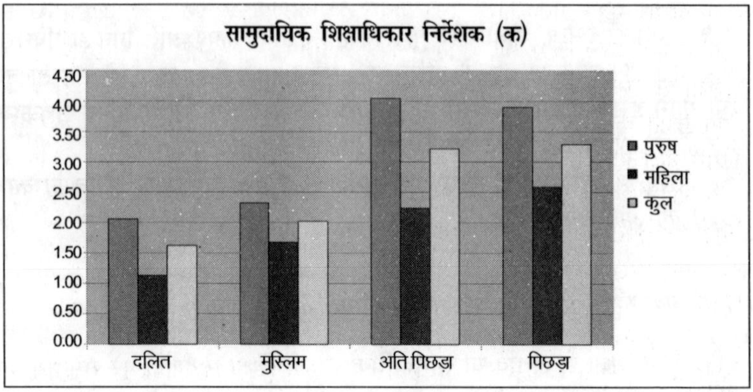

शिक्षा से लगाव दिखलाया गया है। इससे सभी समुदायों की औपचारिक शिक्षा में लगाव की तुलनात्मक स्थिति स्पष्ट हो जाती है।

इसमें पिछड़ा वर्ग (कुल) का सबसे अधिक लगाव प्रदर्शित है जो 3.29 है। अति पिछड़ा (कुल) में थोड़ा कम 3.22, मुस्लिम (कुल) में 2.02 तथा दलित में गिरकर पिछड़ा वर्ग से लगभग आधा यानि 1.62 हो जाता है। महिलाओं को देखते हैं तो सीढ़ीदार स्थिति बनती है। दलित, मुस्लिम, अति पिछड़ा तथा पिछड़ा तक।

वैसे तो सम्पूर्णता की दृष्टि से इस निर्देशक की नजर में दलित और मुस्लिम पुरुष एक दूसरे के काफी नजदीक दिखते हैं। 2.32 के बीच ही दोनों सिमट जाते हैं। यह प्राथमिक स्कूल के तीसरे दर्जे तक जाने की जागरूकता से भी नीचे है।

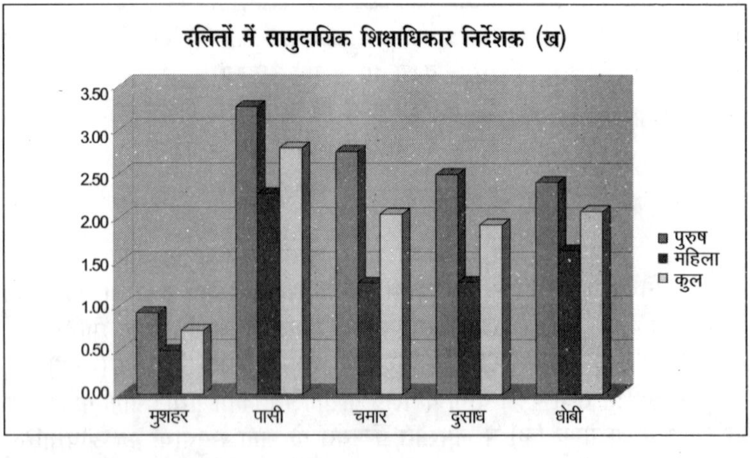

भारत की प्याज जैसी छिलकेदार सामाजिक व्यवस्था को यह निर्देशक अभिव्यक्त करने में काफी समर्थ है। पुरुषवादी समाज में पुरुष को औपचारिक शिक्षा से लगाव ज्यादा दिखता है। महिलाओं का सभी समुदायों में सबसे कम। महिलाओं के लिए यह लगाव ज्यादा होता तो समग्र समुदाय, शिक्षा में अवश्य आगे बढ़ा होता।

अति पिछड़े और पिछड़े औसत के लिहाज से एक दूसरे के करीब जरूर हैं, मगर अति पिछड़े समुदाय की महिलाएँ पिछड़े समुदाय से स्पष्टतः नीचे हैं। पुरुषों मे अति पिछड़े थोड़ा ऊपर हो गए हैं। यह कोई ट्रेन्ड नहीं दिखलाता, क्योंकि अन्तर अत्यंत कम है। (परिशिष्ट–छः)

जब हम विभिन्न समुदायों के समूहों के आँकड़ों को देखते हैं तो ज्यादा दिलचस्प नतीजे दिखते हैं।

मुसहरों में औपचारिक शिक्षा से लगाव 1 से भी नीचे है (ग्राफ ख)। मुसहरों की शैक्षिक स्थिति को इतने सटीक रूप से दूसरे किसी निर्देशक ने स्पष्ट नहीं किया है। यानि मुसहरों में औपचारिक शिक्षा से लगाव की जागरूकता दर्जा 1 तक भी नहीं पहुँच पाई है। इस हालत में रहती हुई किसी समूह की स्थिति को जो जंगल या पहाड़ पर भी नहीं रह रहा हो, मैदान के विभिन्न समूहों के बीच रह रहा हो, निश्चय ही आश्चर्यजनक कहा जायगा। यह दो नतीजे साफ–साफ देती है–

– मुसहर अपने को पूर्णतः बेगाना महसूस करते हैं।

– अन्य समूहों ने इनको अपने से काफी दूर यानि बिल्कुल बिलगा कर रखा है।

यह तो अस्पृश्यता से भी ज्यादा भीषण है जिसे व्यक्त करने लिए कोई उपयुक्त शब्द नहीं मिलता।

ऐसा भी नहीं है कि इनकी आबादी हजार में है, बिहार में ये 21 लाख (स्रोत महादलित आयोग) से ज्यादा ही हैं। इतने लोगों को ऐसी स्थिति में रखकर बिहारी समाज तरक्की कर ले, असम्भव है।

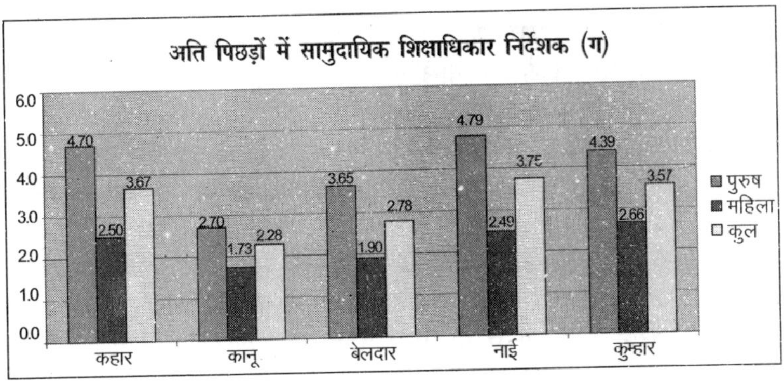

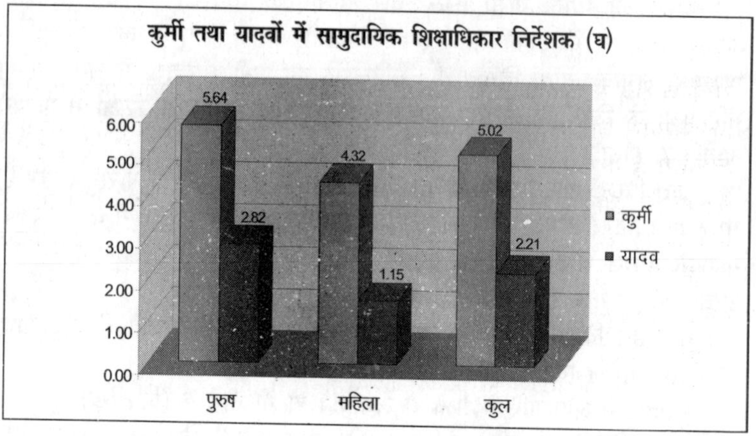

मुसहर महिलाओं के लिए निर्देशक 0.49 पर टिका (ग्राफ ख) है, जो अपनी कहानी खुद कहता है। इसके लिए शाब्दिक व्याख्या की जरूरत नहीं। दलित महिलाओं में भी अन्य सभी समूहों के लिए यह निर्देशक एक से ऊपर है। पुरुषों में सभी 2 से ऊपर हैं।

अति पिछड़ों में महिलाओं में लगाव, कानू तथा बेलदार में 2 से नीचे है। 2 से ऊपर मगर 3 से नीचे कहार, नाई और कुम्हार में है। किसी समूह में 3 से ऊपर नहीं है। पुरुषों में 4 से ऊपर कहार, नाई और कुम्हार हैं। 3 से ऊपर बेलदार हैं जबकि कानू के लिए सबसे कम यानि 2.70 है (ग्राफ ग)।

पिछड़ों में पुरुषों में लगाव अधिकतम 5.64 है जो कुर्मी समूह का है और न्यूनतम यादव समूह का है जो 2.82 है। महिलाओं के लिए भी यही ट्रेन्ड है। कुर्मी समूह का 4.32 तथा यादव का 1.51 है (ग्राफ घ)।

अब सभी समूहों की तुलना करें तो महिलाओं के लिए दो से नीचे वाले समूह हैं :

मुसहर, चमार, दुसाध, धोबी, कानू, बेलदार और यादव।

पुरुषों के लिए 3 से कम वाले में हैं :

मुसहर, चमार, दुसाध, धोबी, कानू और यादव।

शैक्षिक पैमाने पर मुसहर को विशिष्ट मान लें तो बचे हुए समूह, चमार, दुसाध, धोबी, कानू, बेलदार और यादव जमसौत पंचायत में समान श्रेणी में हैं।

कम से कम जमसौत पंचायत को निगाह में रखें तो स्पष्ट है कि सीमान्त किसान, जानवर पालने वाले, खेतिहर कामगार, शिल्पी, मजदूर इन सबको स्कूलों से, शिक्षा व्यवस्था से वह लाभ नहीं मिला जिसके लिए ये अधिकारित हैं।

शिक्षा का घटिया सामुदायिक अर्जन स्तर तथा जमीन पर स्वामित्व का अभाव किसी कामगार को अच्छा काम पाने में बाधक बनता है खास तौर से संगठित क्षेत्र में, जबकि इसी क्षेत्र में पगार नियमित और निश्चित मिल पाता है। जिन्हें सबसे घटिया स्तर की शिक्षा मिली है तथा जमीनी संसाधन तक पहुँच भी निम्नतम है वे केवल शारीरिक श्रम वाले अनियमित कामों के लिए निर्दिष्ट होते हैं। हमारे पेचीदे समाज में दलित काम के इसी मुकाम के लिए अभिशप्त हैं। जमीनी सम्पदा से हीन लोगों को दिहाड़ी मजदूरी के रूप में ही आजीविका मिलती है। वह भी यदा–कदा। इसलिए वे साल भर काम नहीं मिलने की इस दुष्चक्र की हालत में ही जीते हैं। इस दुष्चक्र को तोड़ने की कवायद शुरू से ही करनी अपेक्षित है।

शिक्षा के अधिकार की बिसात पर इन तथ्यों की महत्त्वपूर्ण भूमिका है।

पहली पीढ़ी के पढ़ाक परिवार

किसी व्यक्ति के पठन–पाठन पर उसके पारिवारिक तथा पड़ोस के माहौल का काफी गहरा प्रभाव पड़ता है। परिवार में किसी शिक्षित व्यक्ति की उपलब्धता परिवार के सभी व्यक्ति के लिए प्रेरणा का कार्य तो करती ही है, विद्यालयी शिक्षा के लिए आवश्यक पूरक शिक्षण का कार्य भी करती है। ऐसे शिक्षित व्यक्ति बच्चे को विद्यालय के लिए मानसिक रूप से तैयार करते हैं तथा विद्यालय के द्वारा दिए गए गृह कार्य एवं अन्य शिक्षण क्रियाकलापों में मदद भी करते हैं। इससे बच्चे के विद्यालय में पठन–पाठन में सफलता की संभावना बढ़ जाती है, जिससे बच्चे का शिक्षण प्रणाली में ठहराव बढ़ता है। जिस समुदाय या समूह में शिक्षित व्यक्तियों की उपलब्धता अधिक रहती है वहाँ बच्चे स्वाभाविक रूप से पठन–पाठन क्रिया के लिए मानसिक रूप से तैयार होते हैं। उनमें शिक्षण की प्रक्रिया में ठहराव एवं सफलता अच्छी होती है।

जिन घरों में ऐसे व्यक्ति उपलब्ध नहीं होते या जिस समूह या समुदाय में शिक्षितों की संख्या कम होती है वहाँ सफलता और ठहराव दोनों में कठिनाई आ जाती है। ऐसे परिवार या समूह की समस्याएँ अलग किस्म की होती हैं। अतएव इनके लिए अलग समाधान भी होगा। ऐसे समुदाय या समूह में शिक्षित कार्यकर्त्ता की उपलब्धता शिक्षाधिकार को हासिल कराने की दिशा में महत्त्वपूर्ण कदम होगा।

पहली पीढ़ी के वे परिवार हैं जिनमें पहली बार कोई व्यक्ति औपचारिक शिक्षा में दाखिला कराता है। पारिभाषिक दृष्टि से यहाँ वैसे परिवार को पहली पीढ़ी का पढ़ाक परिवार माना गया है जिसमें 24 वर्ष से ऊपर कोई व्यक्ति साक्षर न हो।

24 वर्ष से ऊपर के व्यक्ति के साक्षर होने से उस परिवार में माँ–बाप साक्षर मिल सकते हैं। ऐसे परिवार दूसरी पीढ़ी के साक्षर कहे जाएँगे।

अतः

पहली पीढ़ी का पढ़ाक परिवार = ऐसा परिवार जिसमें 24 वर्ष से ऊपर कोई साक्षर न हो।

जमसौत पंचायत में विभिन्न जातियों में पहली पीढ़ी के परिवारों की प्रतिशत उपस्थिति से कुछ महत्त्वपूर्ण फीडबैक मिलता है। नीचे दिए ग्राफ के अनुसार दलितों में मुसहर ऐसा समूह है जिनमें लगभग 80% परिवार पहली पीढ़ी के पढ़ाक हैं। पहली पीढ़ी के पढ़ाक परिवारों में शिक्षा के प्रति स्वाभाविक जागरण नहीं होता क्योंकि उनमें इसके अनुभव का अभाव होता है। अतः ऐसे परिवार में बच्चे के साथ–साथ परिवार को भी प्रेरित तथा प्रोत्साहित करने की अतिशय जरूरत पड़ती है। यही नहीं, उसके अगल–बगल के वातावरण में बदलाव लाने की जरूरत होती है। जिस समूह में 80% पहली पीढ़ी के पढ़ाक परिवार हों उसमें प्रेरणा का अतिरिक्त हस्तक्षेप अपरिहार्य है। ऐसे समूह में किसी टोले में 10% तथा किसी टोले में केवल 20% परिवारों में ही दूसरी पीढ़ी के साक्षर मिले हैं। (परिशिष्ट–चार)

यदि 50% को संक्रमण बिन्दु मानें, यानि जिस समूह में 50% या उससे कम परिवार पहली पीढ़ी के पढ़ाक हैं, उसमें शिक्षा के प्रति जागरण औसत है और थोड़ी मेहनत से शैक्षिक प्रगति की ओर समूह को मुखातिब किया जा सकता है, तो अन्य समूहों (50% से ज्यादा पहली पीढ़ी वाले) पर ज्यादा प्रयास की जरूरत होगी ; वह भी तीन आयामों में–बच्चा, परिवार और परिवार का नजदीकी पड़ोस।

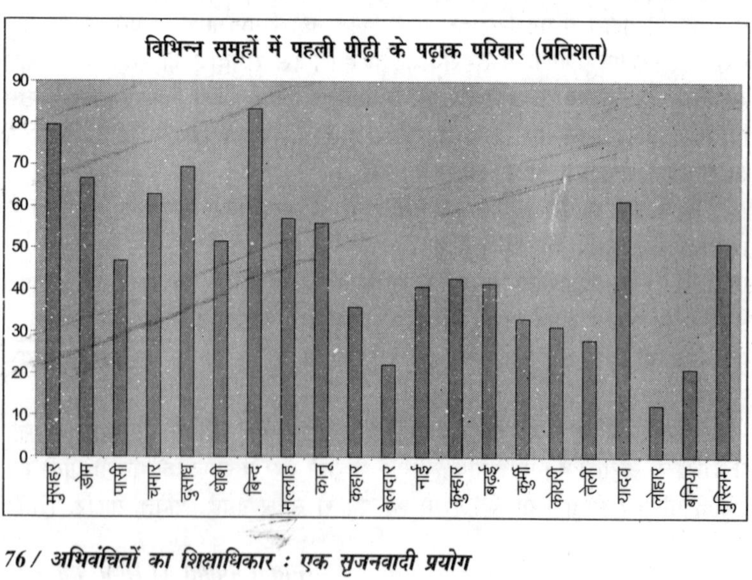

इसके साथ ऐसे बच्चों को जिस स्कूल में जोड़ा जाता है, वहाँ विद्यालय के परिवेश को भी पहली पीढ़ी के पढ़ने वालों के अनुकूल बनाने की जरूरत होगी।

दलितों में 50% से कम की स्थिति केवल पासी लोगों में है (ग्राफ देखें)। अति पिछड़ों में मल्लाह तथा कानू को छोड़कर सभी 50% की रेखा से नीचे हैं। पिछड़ों में केवल यादव इसके ऊपर हैं और मुस्लिम भी 50% की रेखा से ऊपर हैं।

अतः इस शर्त के अनुसार लगभग सभी दलित समूहों अति पिछड़ों में मल्लाह तथा कानू, पिछड़ों में यादव और मुस्लिम समुदायों पर जिसमें 50% से ज्यादा पहली पीढ़ी वाले परिवार हैं, थोड़ा ज्यादा फोकस की जरूरत है; विशेषकर इन परिवारों पर प्रेरणा के झोंके देने की। 60% की रेखा से ऊपर डोम, चमार, दुसाध तथा यादव हैं और 70% से ऊपर केवल मुसहर तथा बिन्द हैं। स्पष्टतः परिवारों पर फोकस की दृष्टि से प्रमुख हैं :

मुसहर, डोम तथा बिन्द और चमार, दुसाध तथा यादव।

इन समूहों में बच्चों पर तो ध्यान अधिकतम देना ही चाहिए, परिवार भी शैक्षिक बदहाली के दायरे में हैं अतः उनपर भी नज़र जानी चाहिए। परिवारों के सम्बन्ध में हस्तक्षेप स्कूल द्वारा होना सम्भव नहीं। अतः ऐसे परिवारों में स्वैच्छिक कार्यकर्त्ता की मदद आवश्यक है यानि सामुदायिक प्रेरकों की भूमिका महत्त्वपूर्ण है। ऐसे परिवारों की एक खुसूसियत यह भी है कि इनके यहाँ शैक्षिक वातावरण नहीं होता। अतः इन परिवारों के बच्चों का स्कूल से अनियमित होना स्वाभाविक है। पिछड़े समुदाय के यादव समूह में 60% से ऊपर पहली पीढ़ी के परिवारों का होना इस बात का द्योतक है कि शैक्षिक पिछड़ापन का पैमाना खुद में महत्त्वपूर्ण पैमाना है जो हस्तक्षेप के चरित्र को पारिभाषित करता है। इस पंचायत में दियारा के यादव लोग बड़ी संख्या में बसाए गए हैं। इनकी जड़ दियारा के ग्रामों में है। दियारा की स्थिति सामान्यतः असामान्य होती ही है। उसपर विस्थापन का असर। ये कारण इन्हें शैक्षिक रूप से असामान्य स्थिति में रखे हुए हैं। उनके बच्चों विशेषकर लड़कियों पर ज्यादा कारगर फोकस की जरूरत है।

विभिन्न निर्देशकों की कसौटी पर मुसहर ऐसा समूह उभरा है जो हर निर्देशक की निगाह में विशिष्ट है इसलिए एक बार फिर मुसहर समूह पर आएँ। इनके साथ काम करना और रैपो बनाना थोड़ा कठिन इसलिए भी है कि इनके मौजूदा वातावरण में 80% प्रथम पीढ़ी की पारिवारिकता का प्रभाव बहुत ज्यादा है। इसके अतिरिक्त अनेक अन्य कारण भी हैं। एक उदाहरण के जरिए इस बात पर भी नजर डालें तो देखेंगे की माताओं की साक्षरता मुसहरों में सबसे कम है। यह परिवार में शैक्षिक प्रोत्साहन का वातावरण नहीं बनने देती। महत्त्वपूर्ण है कि

प्रथम पीढ़ी के पढ़ाक परिवारों का केन्द्रण ऐसे टोलों में है जहाँ दूसरी पीढ़ी के पढ़ाक परिवार नहीं के बराबर हैं। जैसे मुसहर तीन टोलों में केन्द्रित हैं। ये टोले मुसहरी कहलाते हैं। इन टोलों में शिक्षा के प्रारम्भ का वातावरण ही नहीं बनता। कोई बच्चा नहीं पढ़ता, नहीं पढ़ने जाता तो अगल बगल पड़ोस के लोग भी उसे प्रोत्साहित नहीं करते। इसके बदले विद्यालय न जाने वाले बच्चे विद्यालय जाने वाले बच्चों को खेलने या घूमने के लिए आकर्षित करते हैं। इससे विद्यालय न जाने वाले बच्चों की तादाद में कमी होने के बदले बढ़ोत्तरी होती जाती है यानि हमजोली समूह प्रेरणाभंजक है। इस स्थिति को बदलने की कोशिश होनी चाहिए। समुदाय में प्रेरकों की सहायता इस दृष्टि से और महत्त्वपूर्ण हो जाती है। महिला संगठन बनाकर उनकी सहायता से बदल लाने की कोशिश भी जरूरी है। गृहिणियों की ऊर्जा का इस्तेमाल फलदायक हो सकता है। इसके अलावा सही पाठ्यचर्या, सटीक प्रविधि और व्यूह रचना तथा सृजनवादी वातावरण लागू होना आवश्यक है। इन हस्तक्षेपों से सामयिक आरम्भ, आवश्यक ठहराव, सभी हितग्राहियों में प्रेरणा तथा उचित उपलब्धि की ओर बढ़ने का प्रयास किया जा सकता है।

पहली पीढ़ी के परिवारों का जहाँ भी केन्द्रण है उन्हें बदहाली के समूह के रूप में प्राथमिकता देकर पहचानित किया जा सकता है। इनसे ही विषमता पुष्पित पल्लवित होती है। ये ही बाल मजदूरी के स्रोत हैं। यही स्थिति इन लोगों को समाज से तीव्र बेगानेपन की ओर ले जाती है जिसके अनेक दुष्परिणाम देश झेल रहा है जिसमें कुछ का ही जिक्र ऊपर करना सम्भव हो सका है।

यह कठोर वास्तविकता है कि बच्चा अपने घर में जीवन के सुगबुगाते वातावरण से निकलकर स्कूल में प्रवेश करते ही बचपन और सामाजिक जीवन को एक दूसरे से अलग रखने वाली हदबन्दी के भीतर कैद जैसा हो जाता है और अपने आस–पास की वास्तविकता से अपना रिश्ता नहीं समझ पानेवाला बनकर लगातार बेगाना होता जाता है। स्कूल की सारी परिस्थितियाँ अभिवंचितों के लिए खासतौर से समाज और जीवन से अलग–थलग कर देने वाली हैं। स्कूल की चहारदिवारी में पाठ्यक्रम का मार्ग खेलों से होकर नहीं जाता। तीती, सतघरवा, पिट्टो आदि बहुत सारे खेल वास्तव में सामूहिक स्थितियों के रूपक जैसे हैं जिनके सहारे बच्चा समूह को समाज के रूप में देखता है। इन सामूहिक खेलों में सीखने का राज छिपा है। मगर सामूहिकता को उजागर करना, समाज के सरोकारों से अपने को चेतन रखना और जनतांत्रिक जीवन की तैयारी करना शायद हमारा उद्देश्य नहीं बन पाया है। इसलिए हमारे बच्चे शिक्षा पाकर आज प्रभुतावादी बन रहे हैं।

इस संदर्भ में कृष्ण कुमार को उद्धृत करना समीचीन होगा।

"हमें इस बात पर गौर करना होगा कि मध्यम वर्ग अभी तक भारत को सामन्ती संस्कारों से मुक्त क्यों नहीं कर पाया।"

बड़ी संख्या में टोले में लोग पहली पीढ़ी वाले हैं। बच्चे स्कूल नहीं जाते हैं तो कोई टोकता नहीं। दूसरे के घर से भी नहीं जाते हैं। अतः मैं क्यों भेजूँ ? क्या लाभ है ? घर में कुछ काम करा लेता हूँ। बच्चा मछली मारना, खेलना, इधर–उधर घूमना, कुछ काम करना इसी में समय बिताता है। जैसे अन्य बच्चे कर रहे हैं। अतः टोले में प्रेरक उदाहरण की कमी है। इससे एक ऐसी परिस्थिति बन गई है जिसे अपसारी प्रवृत्ति कहेंगे। इस प्रवृत्ति में आदमी स्कूल भेजने के बदले स्कूल नहीं जाने देने की मनोवृत्ति अख़्तियार करता है।

ऐसी स्थिति में टोले में प्रेरक वातावरण पैदा करने की अत्यंत जरूरत है। विशेष किस्म की साक्षरता विधा के जरिए अभिभावकों में भी साक्षरता के प्रति जागरूकता लाना आवश्यक है।

नीति, कार्यक्रम और संचालन इन तीनों दृष्टिकोणों से शिक्षा पर उस वर्ग का नियंत्रण है जिसके हाथ में शासन है। उसी नीति के अनुसार वास्तव में हम अभिवंचित वर्ग को शिक्षा की दहलीज पर लाते रहे हैं पर उन्हें शिक्षा के बदले में साक्षरता से भेंट कराते रहे हैं।

बकौल कृष्ण कुमार, निदेशक एन0सी0ई0आर0टी0, "ऐसी साक्षरता जो शब्दों के अलावा परिस्थिति का बोध कराती है, शिक्षा बन जाती है। इसके विपरीत जब शिक्षा जीवन और समाज की परिस्थिति से कट जाती है तब वह साक्षरता बन कर रह जाती है। भारत के बच्चों की शिक्षा वस्तुतः साक्षरता से भिन्न नहीं है क्योंकि वह बच्चों को समाज की सांस्कृतिक चेतना से जोड़ने की जगह बेगाना बनाने का साधन बना दी गई है।"

6-14 आयु समूह के बच्चों की शैक्षिक स्थिति

6–14 आयु समूह शिक्षाधिकार की दृष्टि से अत्यंत महत्त्वपूर्ण है। कार्यकारी दृष्टि से ना–स्कूलन, छीजन आदि के विराट दर्शन इसी आयु संवर्ग में मिलते हैं। हालांकि आँकड़े आभासी नामांकन तथा यथार्थ नामांकन को बताने में समर्थ नहीं हैं। वह तो फोकस–ग्रुप चर्चा, समक्षकारिता आदि के माध्यम से ही सम्भव है, जिसका उल्लेख बाद में किया जायगा। फिर भी विभिन्न समुदायों में नामांकन, छीजन, ना–स्कूलन आदि का उल्लेख नीचे की सारणी में किया गया है। सबसे पहले तुलना की दृष्टि से बिहार में स्कूली दलित बच्चों का प्रतिशत देखते हैं।

बिहार में स्कूल जानेवाले दलित बच्चों का प्रतिशत

आयु समूह	*दलित समुदाय*	*मुसहर*	*पासी*	*चमार*	*दुसाध*	*धोबी*
6–14	29.4%	9.8%	39.4%	33.7%	34.1%	45.6%

(जनगणना 2001)

अब हम जमसौत पंचायत के लिए नास्कूलन की स्थिति को देखें।

नास्कूलन की स्थिति (जमसौत पंचायत)

	6–14 आयु वर्गीय दलित समुदाय									
	नामांकित (%)			छीजित (%)			ना–स्कूलीय (%)			6–14
समुदाय	म०	पु०	कुल	म०	पु०	कुल	म०	पु०	कुल	कुल बच्चे
दलित समुदाय	30.66	43.04	73.70	1.69	1.27	2.95	13.08	10.27	23.35	707
मुसहर	27.44	33.94	61.37	1.81	2.53	4.33	17.69	16.61	34.30	277
पासी	37.93	50.57	88.51	0	0	0	5.75	5.75	11.49	87
चमार	34.40	40.80	75.20	4.00	1.60	5.60	12.00	7.20	19.20	125
दुसाध	30.94	48.20	79.14	1.44	0	1.44	12.95	6.47	19.42	139
धोबी	23.21	62.50	85.71	0	0	0	7.14	7.14	14.28	54
6–14 आयु वर्गीय मुस्लिम समुदाय										
मुस्लिम	35.58	38.46	74.04	0.96	0.96	1.92	11.54	12.50	24.04	104
6–14 आयु वर्गीय अति पिछड़ा समुदाय										
अति पिछड़ा	35.25	46.17	81.42	1.15	1.34	2.49	9.58	7.28	16.86	526
बिन्द	17.65	17.65	35.29	0	0	0	35.29	29.41	64.71	17
मल्लाह	37.50	37.50	75	0	0	0	18.75	6.25	25.00	16
नोनिया	21.43	42.86	64.29	7.14	0	7.14	28.57	0	28.57	14
कानू	29.21	48.31	77.53	0	3.37	3.37	5.62	13.48	19.10	89
कहार	35.06	47.40	82.47	0.65	1.95	2.60	9.09	5.84	14.94	154
बेलदार	43.59	41.03	84.62	0	2.56	2.56	12.82	0	12.82	39
नाई	31.78	48.60	80.37	0.93	0	0.93	9.35	9.35	18.70	107
कुम्हार	45.56	46.67	92.22	3.33	0	3.33	3.33	1.11	4.44	90
6–14 आयु वर्गीय पिछड़ा समुदाय										
पिछड़ा	38.76	43.30	82.05	1.33	1.68	3.00	7.47	7.47	14.94	1432
बढ़ई	32.76	43.10	75.86	5.17	6.90	12.07	3.45	8.62	12.07	58
तेली	36.84	43.86	80.70	0	3.51	3.51	12.28	3.51	15.79	57
लोहार	49.32	46.58	95.89	0	1.37	1.37	2.74	0	2.74	73
कुर्मी	47.95	43.49	91.44	1.03	0.68	1.71	3.77	3.08	6.85	292
कुशवाहा / कोयरी	43.30	46.39	89.69	0	1.03	1.03	7.22	2.06	9.28	97
यादव	34.07	42.37	76.43	1.47	1.71	3.17	9.52	10.87	20.39	819
बनिया	50.00	47.22	97.22	2.78	0	2.78	0	0	0	36

सारणी से स्पष्ट है कि 6–14 आयुवर्ग के 707 दलित बच्चों में से 166 ना–स्कूलित हैं तथा 21 छीजित हैं। इस तरह जमसौत पंचायत में 187 दलित बच्चे स्कूल से बाहर हैं। इनमें 105 बच्चियाँ हैं तथा 82 बच्चे हैं। यानि लगभग 26% बच्चे–बच्चियाँ स्कूल की बाट जोह रहे हैं। बच्चियाँ 56.15% तथा बच्चे 43.85%, जेन्डर फर्क 12.3% है। इन्हें स्कूल में दाखिला कराना हमने अपना उद्देश्य रखा। लड़कियों पर ज्यादा फोकस रखा, क्योंकि 12.3% जेन्डर फर्क कम नहीं है। चूँकि दलितों में मुसहर सबसे ज्यादा यानि 38.96% हैं, अतः उनकी हालत की जानकारी ज्यादा महत्त्वपूर्ण है। 277 मुसहर बच्चे–बच्चियों में 95 ना–स्कूलित हैं, यानि 34.3% हैं। इनमें छीजित को जोड़ दें तो कुल 107 यानि (38.63%) ना–स्कूलित हो जाते हैं। 107 में बच्चियाँ 54 हैं तथा बच्चे 53, जो लगभग बराबर हैं। अतः पूरे फोकस के साथ दोनों पर ध्यान दिया गया।

दलित समुदाय की सारणी पर निगाह डालें तो स्पष्ट है कि जमसौत पंचायत में सबसे ज्यादा पासी बच्चे (88.71%) स्कूलित हैं, दोयम नम्बर पर धोबी बच्चे (85.71%) हैं। दुसाध (79.14%) तथा चमार बच्चे (75.20%) क्रमशः तीसरे तथा चौथे नम्बर पर हैं और मुसहर बच्चे तो सबसे निचले पायदान पर हैं ही। यानि पासी और धोबी ही 80% की स्वर्ण रेखा को पार करते हैं।

अति पिछड़ों में कुम्हार (92.22%) सबसे ज्यादा स्कूलित हैं और बिन्द सबसे कम (35.29%) । इस लिहाज से बेलदार (84.62%), कहार (82.47%), नाई (80.37%), कानू (77.53%), मल्लाह (75%) बच्चों का स्कूलन क्रमशः कमतर है। इनमें नोनिया (64.29%) सबसे नीचे हैं, मगर बिन्द से लगभग 30% ऊपर। इनमें 80% की स्वर्ण रेखा को पार करनेवाले केवल बेलदार, कहार तथा नाई हैं।

पिछड़ों में 90% स्कूलन के ऊपर केवल बनिया, लोहार तथा कुर्मी परिवारों के बच्चे हैं। कोयरी/कुशवाहा ठीक पीछे (89.69%) और बढ़ई (75.86%) तथा यादव (76.43%) सबसे निचले स्थान पर हैं।

सामाजिक समुदायों में स्कूलन की दृष्टि से अति पिछड़े (81.42%) तथा पिछड़े (82.05%) दोनों ही करीब हैं, अति पिछड़े थोड़ा ही कम है। दोनों ही स्कूलन में 80% की रेखा से ऊपर हैं। मगर शेष दो समुदाय दलित (73.70%) तथा मुस्लिम (74.04%) आपस में बिल्कुल करीब हैं और 80% की रेखा से 10% नीचे हैं।

ग्रामीण प्राइमरी स्कूलों में शिक्षुओं का स्पेक्ट्रम इन आँकड़ों से स्पष्ट होता है। इसका स्कूली वातावरण से गहरा सम्बन्ध है। स्कूलों में किस प्रकार का

हमजोली समूह है और सीखनेवालों पर वह किस प्रकार का प्रभाव डाल रहा है, इसका आकलन इन आँकड़ों की सहायता से हो सकता है। पढ़ाई पर स्कूल के संज्ञानात्मक भाग (cognitive area) का केवल 15–20% असर होता है, 80–85% तो गैर संज्ञानात्मक वातावरण से उपजता है। जिन समूहों में हमजोली ग्रुप स्कूल जाने वाले बच्चों का होता है वह अन्य बच्चों पर भी स्कूल में खींचने का प्रभाव डालता है। पर जहाँ नास्कूलन अधिक होता है वहाँ नास्कूलीय हमजोली समूह प्रभावी हो जाता है। अतः जहाँ नास्कूलन अधिक हो, वहाँ इस दिशा में भी अतिरिक्त उत्प्रेरक हस्तक्षेप की भरपूर आवश्यकता है।

यह तो नामांकन की कहानी है। हालाँकि इसे भी पूरा करने के लिए काफी कुछ मशक्कत की जरूरत है। जबकि यह नामांकन का शोर मात्र आभासी है। बच्चों के ठहराव तथा स्कूल से सीखने का यथार्थ कुछ और है। इसमें अनेक घटकों की प्रेरणा, दखल और असर के बिना ढाक के तीन पात से ज्यादा कुछ होना सचमुच कठिन है। समस्या सुलझाव के अब तक जो तरीके अपनाए गए हैं, उनमें समुदाय और समाज की शैक्षिक अहमियत पर ध्यान नहीं दिया जा सका है। केवल सरसरी नजर डाली गई है। इसमें वास्तविक परिवर्त्तन की जरूरत है।

विभिन्न समूहों में नास्कूलन की तीव्रता

नास्कूलन से तात्पर्य है गैर नामांकन तथा छीजन का समेकित प्रभाव। शिक्षा के अधिकार के सम्बन्ध में यह एक अच्छा सूचक (indicator) है।

दलितों में नास्कूलन

दलितों में मुसहर समूह के बच्चों के नास्कूलन की तीव्रता का प्रभाव नीचे की सारणी और ग्राफ से स्पष्ट होता है।

समूह	*संख्या*	*प्रतिशत*
मुसहर	107	38.63
पासी	10	11.49
चमार	31	24.80
दुसाध	29	20.86
धोबी	8	14.28

दलितों में आधा से ज्यादा यानि 58 प्रतिशत नास्कूलन मुसहरों के ही बीच है।

20 प्रतिशत या उससे अधिक नास्कूलन वाले समूहों को नीचे के ग्राफ में जाहिर किया गया है।

समूह	*प्रतिशत*
मुसहर	38.6
चमार	24.8
दुसाध	20.86
बिन्द	64.71
मल्लाह	25
कानू	22.47
नाई	19.59
बढ़ई	24.1
यादव	23.46
मुस्लिम	25.94

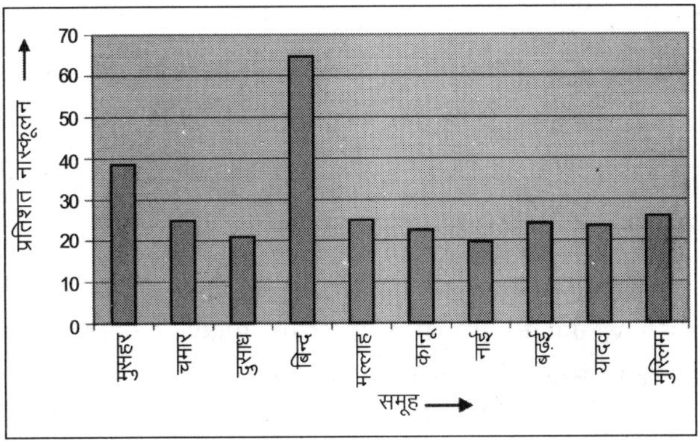

अति पिछड़ों में नास्कूलन

अति पिछड़ों में नास्कूलन इस प्रकार है :

समूह	*संख्या*	*प्रतिशत*
बिन्द	11	64.71
मल्लाह	4	25
कानू	20	22.47
कहार	27	17.58
बेलदार	6	15.3
नाई	21	19.59
कुम्हार	7	7.77

कानू, नाई और मल्लाह दलितों की ही रेखा पर हैं। बिन्द तो मुसहरों से भी नीचे हैं।

पिछड़ों एवं मुस्लिमों में नास्कूलन

नास्कूलन की दृष्टि से पिछड़ों में बढ़ई, यादव, तेली, अति पिछड़े कानू, मल्लाह, नाई के तुल्य हैं, उधर दलितों में चमार और दुसाध के तुल्य हैं। इसलिए नास्कूलन हेतु अति पिछड़ों और पिछड़ों के बीच तीव्रता देखते हुए ज्यादा फोकस की जरूरत है।

समूह	संख्या	प्रतिशत
बढ़ई	14	24.14
तेली	11	19.3
लोहार	3	4
कुर्मी	25	8.65
कोयरी	10	10.31
यादव	193	23.46
मुस्लिम	27	25.94

मुस्लिमों में नास्कूलन की समस्या को देखें तो यह दलितों में भी केवल मुसहरों से कम है, अन्यथा अन्य दलित समूहों से ज्यादा ही बड़ी है। उनपर फोकस भी उतना ही तीव्र होना आवश्यक है।

नास्कूलन के पैमाने पर विभिन्न समूहों को विशेष हस्तक्षेप के दृष्टिकोण से दो श्रेणियों में बाँट सकते हैं।

ऊँचा	*सामान्य*
>19% मुसहर, चमार, दुसाध, बिन्द, नाई कानू, मल्लाह, बढ़ई, यादव, तेली, मुस्लिम	8-19% पासी, धोबी, कहार, बेलदार, कोयरी, कुर्मी

0-6 आयुवर्ग के बच्चों की स्थिति

0–6 आयुवर्ग कई दृष्टिकोणों से महत्त्वपूर्ण आयुवर्ग होता है। इस आयुवर्ग के साथ हम कैसा बर्ताव करते हैं उस पर शेष जीवन कैसा व्यतीत होगा, यह निर्भर करता है। जमसौत पंचायत में कुल 1826 बच्चे इस आयुवर्ग में हैं जो पूरी आबादी के 16.4% हैं।

पंचायत में इस आयुवर्ग की कुल बालिकाएँ 874 हैं तथा इस आयुवर्ग में औसत सेक्स अनुपात 918.07 है। पंचायत में कुल 15 समूह है जिनकी संख्या उपागण्य (considerable) है, उनमें से 7 में सेक्स अनुपात 900 के नीचे है और 8 में 900 के ऊपर है। इसलिए सेक्स अनुपात किसी तरह स्वस्थ नहीं कहा जा सकता। दलितों में सेक्स अनुपात सबसे कम 881.9 है, अति पिछड़ों में थोड़ा बेहतर 949.37, पिछड़ों में इससे खराब 923.91 और मुस्लिमों में सबसे बेहतर 1115.38 है। पर सेक्स अनुपात जमसौत के पैमाने पर बेहतर नहीं है, इसके लिए भी हस्तक्षेप की जरूरत होगी, क्योंकि लड़कियाँ कम होंगी तो स्कूली शिक्षा में

उनका अनुपात और भी कम होगा और तब शैक्षिक भेदभाव और तीखा होने की सम्भावना रहेगी।

0–6 आयुवर्ग को बालपूर्व शैक्षिक तैयारी की दृष्टि से तीन श्रेणियों में बाँट सकते हैं। एक वर्ग है शिक्षुओं का। इसका दायरा 3 से 6 आयुवर्ग है। इस वर्ग में शिशु नर्सरी, केजी, बालवर्ग में प्राथमिक पूर्व शिक्षा की तैयारी करते हैं जिससे वे प्राइमरी शिक्षा में टिक सकें और बेहतर उपलब्धि हासिल कर सकें। 'बच्चे' श्रेणी में वे शिशु हैं जो किसी भी प्रकार की पूर्व प्राइमरी तैयारी में दाखिल नहीं हैं। ये अपना स्वतंत्र बचपन बिता रहे हैं। आँगनबाड़ी में इन्हीं शिशुओं के लिए बालपूर्व शिक्षा की व्यवस्था की गई है। जमसौत पंचायत में आँगनबाड़ी से जुड़े कुल 173 शिशु हैं जो 0–6 आयुवर्ग के कुल शिशुओं का लगभग 9% है। इसमें सबसे ज्यादा दलित समुदाय के यानि 109 शिशु हैं। पिछड़े समुदाय के 40, अति पिछड़े के 18 और मुस्लिमों के 6 शिशु भी इस समूह में शामिल हैं।

आँगनबाड़ी भी उसी तरह की पूर्व प्राथमिक तैयारी के लिए है। फर्क यह है कि आँगनबाड़ी में पोषण और प्रतिरक्षा के उपायों को भी करने की व्यवस्था है। मगर आँगनबाड़ी की पहुँच अभी तक सभी के लिए नहीं हो पायी है। प्राइमरी में दाखिले की दृष्टि से आँगनबाड़ी के शिशुओं को सीधे प्राइमरी स्कूल ले जाने की बात सोची जा सकती है, जब वे 6 वर्ष के हो जाएँ।

शिक्षुवर्ग के शिशुओं की कुल संख्या 318 है जो कुल शिशुओं का 17.4% है। शहर के नजदीक होने से बालवर्ग, नर्सरी, केजी के लिए काफी आकर्षण है। पंचायत में कई गैर–सरकारी स्कूल भी कार्यशील हैं जो इस दिशा में कार्य कर रहे हैं। यदि पूर्व प्राइमरी की तैयारी वाले सभी शिशुओं को मिला दें तो वे 491 हो जाते हैं जो कुल शिशुओं का 26.4% होता है। अभी की स्थिति में यह संख्या बहुत खराब नहीं है। मगर यह संख्या जितनी अधिक होगी प्राइमरी में ठहराव उतने ही ज्यादा बच्चों का होगा क्योंकि अभी भी ऐसे 73.6% बच्चे किसी ऐसी संस्था से नहीं जुड़े हैं जो शैक्षिक तैयारी के कार्यक्रम से जुड़ी हो। *इस लिहाज से ऐसे हस्तक्षेप करने होंगे कि ज्यादा से ज्यादा बच्चे पूर्व प्राइमरी तैयारी के कार्यक्रम से जुड़ें। इसके लिए उचित व्यूहरचना की जरूरत है जिसमें सरकार को भी प्रभावकारी ढंग से भाग लेना चाहिए। इससे बालश्रम की समस्या का भी सकारात्मक हल निकलेगा। इस सम्बन्ध में सभी बच्चों का निबंधन सुनिश्चित कर चाइल्ड ट्रैकिंग की व्यवस्था भी किया जाना एक व्यावहारिक तथा महत्त्वपूर्ण कदम होगा।*

आँगनबाड़ी का दायरा बढ़ाना पहला हस्तक्षेप सोचा जा सकता है। मगर उचित कार्यनीति के साथ। क्योंकि बच्चों के लिए शैक्षिक निवेश प्राइमरी की अपेक्षा ज्यादा विशेषज्ञता खोजेगा।

उच्चतम न्यायालय ने भी समेकित बाल विकास सेवाओं के सर्वव्यापीकरण का निदेश दिया है। इसे पूर्ण गंभीरता तथा निष्ठा से लागू किया जाना चाहिए, क्योंकि ये बच्चे ही भारत के भविष्य हैं।

ऐसा करने से हम अनिवार्य प्राइमरी शिक्षा के रास्ते पर बढ़ने में कामयाब हो सकते हैं जो कि शिक्षाधिकार की दृष्टि से अत्यंत महत्त्वपूर्ण है।

0 से 6 आयुवर्ग को ज़्यादा बारीकी से देखें तो आयु के पैमाने पर इसे कम से कम दो भागों में बाँट सकते हैं–0 से 3 आयु वर्ग और 3 से 6 आयुवर्ग। अभी तक 3 से 6 आयुवर्ग के लिए ही बातें हुईं। 0 से 3 आयुवर्ग कई मामलों में और भी महत्त्वपूर्ण है। संपूर्ण पोषण और ज्ञान विकास इसके महत्त्वपूर्ण आयाम हैं। इसी उम्र में न्यूरॉन नेटवर्की का अधिकांश टास्क पूरा हो जाता है। यह नेटवर्की ज्ञान संयोजन एवं निवेश दोनों दृष्टियों से महत्त्वपूर्ण है।

जमसौत पंचायत में हमने देखा कि माँ–बाप के साथ शिशुओं का आपसी आलाप–संलाप का समय काफी कम है। इसलिए न्यूरॉन नेटवर्की का मौका इन शिशुओं को कम मिल पाता है और ज्ञान के भरपूर विकास से ये शिशु महरूम रह जाते हैं। ज्ञान के विकास के लिए अपेक्षित आधार तैयार नहीं होने के कारण ये जीवन भर पिछड़े रह जाते हैं। इस आयुवर्ग के लिए विशेष प्रयास की ज़रूरत है जिसमें माँ–बाप, परिवार का उन्मुखीकरण विशेष फोकस के विषय होंगे।

विभिन्न समुदायों की पेशागत स्थिति

जमसौत पंचायत दानापुर प्रखण्ड मुख्यालय के काफी करीब है। साथ ही ग्रामीणता का आवरण भी है। इस प्रकार पंचायत में ग्रामीण और शहरी वातावरण का खुशनुमा मिश्रण है। विभिन्न समुदायों के पेशों पर भी इस मिश्रित वातावरण का अच्छा प्रभाव है।

पंचायत में औसतन लगभग 20% लोगों का पेशा खेत मजदूरी/मजदूरी है। दलितों में 42.80%, मुस्लिमों में 30.82%, अति पिछड़ों में 22.78% तथा पिछड़ों में 14.58% लोग खेत मजदूरी/ मजदूरी के काम से जुड़े हैं। यह आशानुरूप है। दलितों में लगभग सभी भूमिहीन हैं। मजदूरी इस लिहाज से सर्वसम्भावित पेशा है। मुसहरों में तो 66% वयस्क मजदूरी पेशे से जुड़े हैं, क्योंकि वास की जमीन के अलावा खेतों के लिए जमीन तो है नहीं। हाँ गैर दलितों में जिसके पास जमीन है, उनसे बटइया लेकर खेती करने वाले एक दर्जन के लगभग मुसहर परिवार हैं, मगर उनको भी साल के अधिकांश समय में मजदूरी ही करनी पड़ती है। मुसहर समूह में ज्यादातर मर्द और औरत खेत मजदूर हैं। इनके यहाँ पेशागत चरित्र के अनुसार माँ, बाप दोनों मजदूरी करने चले जाते हैं तो अधिकांश परिवारों में बच्चे ही परिवार के सामान्य कामों की जवाबदेही निभाते हैं क्योंकि इनके

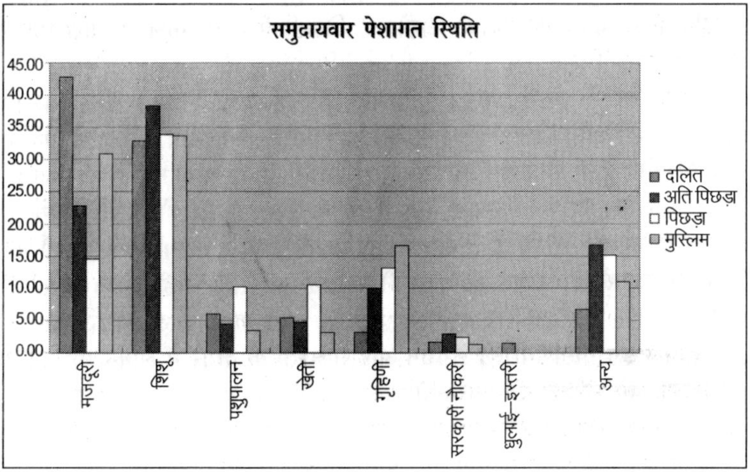

अधिकांश परिवार एकल परिवार हैं। इसलिए स्कूल जाने और पढ़ने–लिखने में दिक्कत होती है। फिर काफी समय तक माँ–बाप किसी का साया नहीं होने से शीघ्र ही बेगानापन की अनुभूति अन्य व्यसनों की ओर भी ले जाती है। दलित और मुस्लिम ही बड़े पैमाने पर तथा अति पिछड़े कुछ हद तक दानापुर पटना के आसपास क्षेत्रों में दैनिक मजदूरी की ज़रूरतें पूरी करते हैं। पिछड़े बहुत थोड़ी संख्या में यह काम करते हैं।

पशुपालन भी महत्त्वपूर्ण घरेलू रोजगार है जिसमें पिछड़े ज्यादा लगे हैं। वे बड़े जानवर पालते हैं। थोड़ा बहुत दलित, अति पिछड़े तथा मुस्लिम भी जानवर पालते हैं, लेकिन ये लोग ज्यादातर मुर्गी, सूअर, बकरी आदि छोटे जानवरों के पालने में लगे हैं। बड़े जानवर, आदतन पालनेवाले तथा जिनको जमीन है वैसे लोग इस काम में लगे हैं। इसलिए इस समूह में 71 महिलाएँ गोईंठा पाथने में लगी हैं। स्कूलन की उम्र वाले बच्चों की बड़ी संख्या का समय जानवर पालने में लगता है।

इस पंचायत में 5% से ज्यादा आबादी समेटने वाले कुछ ही पेशे हैं, यथा मजदूरी, पशुपालन तथा खेती। यही ग्रामीण रोजगार का सामान्य चरित्र भी है। यह भी उल्लेखनीय है कि जो समूह मजदूरी, कृषि मजदूरी या पशुपालन के पेशा में लगे हैं वे शिक्षा में अपनी सहभागिता प्रमुखता से दर्ज नहीं करा पाए हैं।

गृहिणी भी महत्त्वपूर्ण पेशा है, मगर उसके पेशे की इज्जत समाज नहीं देता। गृहिणी भी अपने को निठल्ला मानती है और समाज के दूसरे लोग भी। औरतों का सबसे कम प्रतिशत गृहिणी के रूप में दलित परिवारों में देखने को मिलता है, कुल 3.18%। क्योंकि अधिकांश दलित औरतें शुरू से ही काम–धाम में जुट

जाती हैं। मेहनत–मजदूरी ही उनका शगल है। इसका फल है कि दलितों में लड़कियों पर काम की ज्यादा जिम्मेवारी मिलती है और स्कूल के पास पहुँचने के कम मौके मिलते हैं।

मुस्लिमों में सबसे ज्यादा गृहिणियाँ हैं, 16.67%, पिछड़ों में उनसे कम 13.21% और अति पिछड़ों में उनसे भी कम 10% । भारतीय समाज में अबतक जो पिरामिड बना है उसमें जो समुदाय जितना ऊपर माने गये हैं या जिन्होंने ताकत के बल से उच्च स्थान बना लिया है उस समुदाय में औरतें अपने को उतना ही ज्यादा गृहिणियों के रूप में दर्ज करती हैं (दर्ज करना पसंद करती हैं)। इस लिहाज से ये आँकड़े अबतक की सच्चाई को सही–सही बयान करते हैं। मगर शिक्षा और टोला संस्थानीकरण में इस तथ्य का सकारात्मक उपयोग हो सकता है। इन गृहिणियों को संगठन और साक्षरता के दायरे में लाकर पारिवारिक वातावरण को शैक्षिक एवं सांस्कृतिक रूप से माकूल बनाया जा सकता है।

सबसे ज्यादा व्यावसायिक विविधता पिछड़ों और अति पिछड़ों में देखी गई। ये लोग 25 व्यवसायों में लगे हैं। इनमें कुछ तो परम्परागत हैं जैसे लोहारी (0.55%), कुम्हारी (1.18%), हजामी (2.17%) जो वर्त्तमान काल में गिनती में कम हुए हैं मगर अभी भी कुछ लोग इसमें लगे हैं। धुलाई के पेशे वाले भी 1.48% हैं। मुस्लिमों में विविधता कम है। वे 13 व्यवसायों में ही लगे हैं। एक व्यवसाय पढ़ना है। यह भी महत्त्वपूर्ण है। अति पिछड़ों में 38.31% को विशेष मानें तो शेष तीनों समुदायों में लगभग 33% लोग पढ़ने लिखने में लगे हैं। यह संख्या और बड़ी होनी चाहिए। खासकर दलितों में। तभी उनकी सही पहचान होगी। श्रम में इनकी भागीदारी महत्त्वपूर्ण है। मगर समाज श्रम को इज्जत नहीं देता। इसका असर बच्चों पर भी पड़ रहा है। उनका बेगानापन बढ़ रहा है। उनको श्रम का काम हीन लगने लगा है। जो लोग श्रम के काम से नहीं जुड़े हैं उनमें प्रभुत्ववादिता बढ़ रही है तथा आम जीवन में नए पहचान बना रही है जो स्वस्थ समाज के विकास के लिए घातक है। विभिन्न पेशों में पढ़े–लिखे लोगों की भागीदारी और सम्मान भी शिक्षा की ओर ऐसे लोगों को खींच सकता है जो पारम्परिक रूप से शिक्षा से जुड़े रहे हैं।

शिक्षा के माहौल की समझ

शिक्षा के अधिकार को कई दृष्टिकोणों से देखा जा सकता है। आम तौर पर ज़्यादातर लोग इसे विद्यालय आधारित गतिविधि के रूप में देखते हैं। वे बताते हैं कि यदि विद्यालय उपलब्ध करा दिया जाय, भवन बना दिया जाय, शिक्षक की नियुक्ति हो जाय, वे उपस्थित रहें, पुस्तकें उपलब्ध रहें, तो शिक्षा के अधिकार की प्राप्ति हो जाएगी; क्योंकि उनका यह मानना है कि बच्चे विद्यालय में नामांकित हो जाएँ तथा विद्यालय में आठ वर्ष रह जाएँ, तो वे शिक्षित हो जाएँगे। दूसरी ओर कई अन्य का यह मानना है कि शिक्षा का मुख्य प्रयोजन सीखना है तथा सीखना मुख्य रूप से व्यक्ति आधारित क्रिया है। सीखने की क्रिया निरंतर चलने वाली क्रिया है। इस दृष्टि से किसी व्यक्ति की शिक्षा में उसके विद्यालयी तथा विद्यालय से बाहर के शैक्षिक अनुभव सम्पूर्ण शिक्षा के महत्त्वपूर्ण घटक बनते हैं। अतः शिक्षा के अधिकार के दृष्टिकोण से बच्चे द्वारा व्यतीत सम्पूर्ण माहौल का अध्ययन आवश्यक है। बच्चों की समग्र शिक्षा के लिए हमने दोनों दृष्टिकोणों के उचित समन्वय को आधार बनाया और जमसौत पंचायत में विद्यालयों की स्थिति जानने के साथ–साथ घर एवं परिवेश को भी जानने की चेष्टा की।

विद्यालयों की स्थिति

पूरे पंचायत में 6 सरकारी विद्यालय हैं : चार प्राथमिक विद्यालय, एक मध्य विद्यालय तथा एक माध्यमिक (सेकेन्डरी) विद्यालय। नरगदा विद्यालय माध्यमिक स्तर का है।

विद्यालय	*टोला*
प्राथमिक विद्यालय	जमसौत मुसहरी (वार्ड नं0 2)
प्राथमिक विद्यालय	मठियापुर (वार्ड नं0 9)
माध्यमिक विद्यालय	नरगदा (वार्ड नं0 5,6)
मध्य विद्यालय	ढिबरा (वार्ड नं0 11,12)
प्राथमिक विद्यालय	नरगदा खगड़ी मुसहरी (वार्ड नं0 3,4)
प्राथमिक विद्यालय	सिकन्दरपुर मुसहरी (वार्ड नं0 1)

हमने इन विद्यालयों का अवलोकन किया तथा इनका प्रोफाइल (अ, ब) भी बनाया (देखें पृष्ठ 90–91 पर)।

वैसे तो सभी विद्यालयों का गंभीरता से अध्ययन किया गया, मगर मुसहरियों में अवस्थित विद्यालयों पर ज्यादा फोकस किया गया।

मुसहरियों में ही अभिवंचित वर्ग की अधिकांश आबादी रहती है।

तीन मुसहरियों में प्रत्येक में एक–एक प्राथमिक विद्यालय हैं। प्रोफाइल 'ब' देखें, तो इन मुसहरी स्थित स्कूलों के आँकड़े अपनी कहानी खुद कहते नज़र आएँगे। जमसौत (मुसहरी) तथा सिकन्दरपुर (मुसहरी) विद्यालयों में मात्र एक–एक कक्ष है। केवल खगड़ी (मुसहरी) विद्यालय में तीन कक्ष हैं। किसी प्राथमिक स्कूल में खेल का मैदान नहीं है, चहारदिवारी नहीं है, पुस्तकालय नहीं है। शौचालय एक स्कूल में मात्र एक है। खगड़ी (मुसहरी) विद्यालय में पानी पीने का स्रोत भी नहीं है।

अगर सभी 6 स्कूलों पर नजर डालें, तो 2 में चापाकल टूटा हुआ है। चहारदिवारी, पुस्तकालय, केवल नरगदा मध्य विद्यालय में है। खेल मैदान केवल ढिबरा और नरगदा मध्य विद्यालय में है।

एक अन्य मुद्दा भी महत्त्वपूर्ण है। 12 वार्ड हैं और केवल 6 स्कूल ही हैं। चमरटोली नरगदा में पहले स्कूल चलता था, तो उस टोले के अधिकांश बच्चे–बच्चियाँ भाग लेती थीं। वहाँ से स्कूल दूर चला गया। अब छोटे बच्चे और बच्चियाँ स्कूल के दायरे से बाहर हो गई हैं। इस प्रकार के स्कूल स्थानान्तरण का प्रायः खराब असर देखा गया है। चमरटोली नरगदा में भी प्राइमरी विद्यालय चालू रहता तो इन बच्चों को अधिक सुविधा होती।

इन विद्यालयों में नामांकित बच्चों की संख्या की जानकारी नीचे की तालिका में दी गई है।

विद्यालय प्रोफाइल (अ) (नवम्बर,2007)

क्रम	*स्कूल*	*किस वर्ग तक*	*शिशु*											
			कुल संख्या			*दलित*			*मुस्लिम*			*पिछड़ा*		
			म0	*पु0*	*कुल*	*म0*	*पु0*	*कुल*	*म0*	*पु0*	*कुल*	*म0*	*पु0*	*कुल*
1	2	3	4	5	6	7	8	9	10	11	12	13	14	15
1	प्रा0वि0, जमसौत	1–5	88	70	158	17	15	32	28	24	52	43	31	74
2	म0वि0, नरगदा	1–7	434	482	916	47	64	111	7	3	10	380	415	795
3	प्रा0वि0, मठियापुर	1–5	54	37	91	11	13	24	0	0	0	43	24	67
4	प्रा0वि0, खगड़ी	1–5	65	72	137	60	58	118	0	0	0	5	14	19
5	उ0म0वि0, ढिबरा	1–8	158	189	347	43	61	104	5	1	6	110	127	237
6	प्रा.वि.,सिकन्दरपुर	1–5	57	66	123	45	58	103	0	0	0	12	8	20

[नोट : म0–महिला पु0–पुरुष]

इस पंचायत में 8 गैर सरकारी विद्यालय भी हैं–नरगदा में वार्ड संख्या 5 में 2, जमसौत में वार्ड संख्या 6 में 2, मठियापुर में वार्ड संख्या 7 में 1 और जमसौत

स्कूल प्रोफाइल (ब) *(नवम्बर 2007)*

क्रम	स्कूल	स्थापना वर्ष	वार्ड	फोन	शिक्षक			पंचायत शिक्षक			संख्या			कक्षा	शौचालय				पानी स्रोत	चहार–दिवारी	बरामदा	खेल मैदान	पुस्तकालय	प्रिंसिपल
					म.	पु.	कुल	म.	पु.	कुल	म.	पु.	कुल		म.	पु.	संयुक्त	कुल						
1	**2**	**3**	**4**	**5**	**6**	**7**	**8**	**9**	**10**	**11**	**12**	**13**	**14**	**15**	**16**	**17**	**18**	**19**	**20**	**21**	**22**	**23**	**24**	**25**
1	जमसौत		3	नहीं	1	1	2	1	1	2	2	2	4	1	0	0	0	0	नल	नहीं	है	नहीं	नहीं	लक्ष्मी देवी
2	नरगदा	1994	5,6	नहीं	3	4	7	2	2	4	5	6	11	7	0	0	1	1	नल टूटा हुआ	है	है	है	है	म. पंडित
3	मठियापुर	1951	10	नहीं	1	1	2				1	1	2	4	0	0	1	1	नल टूटा हुआ	नहीं	है	नहीं	नहीं	म. कुमार
4	खगाड़ी	1999	2	नहीं	1	1	2	1	1	2	2	2	4	3	0	0	0	0	नहीं	नहीं	है	नहीं	नहीं	उर्मिला पुरी
5	ढ़िबरा	1965	11,12	नहीं	2	2	4	1	1	2	3	3	6	5	1	1	0	2	नल	नहीं	है	है	नहीं	निभा रानी
6	सिकन्दरपुर	1998	1	नहीं			1						2	1			1	1	नल	नहीं	है	नहीं	नहीं	मीना देवी

में 3 हैं। पंचायत में एक सी0 बी0 एस0 ई0 से सम्बद्ध गैर सरकारी विद्यालय, स्कूल ऑफ क्रिएटिव लर्निंग भी है। इसमें कक्षा 12 तक पढ़ाई होती है। जमसौत मुस्लिम टोला में एक मदरसा भी है।

पंचायत में 6 आँगनबाड़ी केन्द्र हैं। ये मठियापुर चाट, मठियापुर पंचगना, मुरारचक (जमसौत मुसहरी), जमसौत चमरटोली, ढिबरा चमरटोली तथा सिकन्दरपुर मुसहरी में अवस्थित हैं।

जमसौत पंचायत में प्राथमिक एवं मध्य विद्यालयों में नवम्बर'07 में 223 दलित लड़कियाँ तथा 269 लड़के यानि कुल 492 बच्चे नामांकित थे। 40 मुस्लिम लड़कियाँ तथा 28 लड़के यानि कुल 68 मुस्लिम बच्चे और पिछड़े समुदाय की 593 लड़कियाँ और 619 लड़के यानि पिछड़े समुदाय के 1212 बच्चे नामांकित थे। इनमें से अनेक बच्चों से तथा सामुदायिक उत्प्रेरकों से व्यक्तिगत तथा सामूहिक बातचीत हुई। बातचीत के दौरान स्कूली वातावरण के सम्बन्ध में अनेक बिन्दु उभरे।

बच्चे नामांकित तो हैं पर उनमें से ज्यादातर विद्यालय नहीं जाते। वे घर या बाहर समय बिताते हैं। वे विद्यालय जाते भी हैं तो केवल मध्याह्न भोजन के समय। उसके बाद वे विद्यालय छोड़ देते हैं। उनकी सही स्थिति को जानने के लिए हमने उनके वातावरण के उन प्रोत्साहक तत्त्वों को जानने का प्रयास किया जो किसी बच्चे को पढ़ने में पूरी तरह मनोवैज्ञानिक रूप से तैयार करवाते हैं । इसके लिए फोकस ग्रुप चर्चाओं एवं समक्षकारिता का भी सहारा लिया गया।

स्कूली दूरी बनाम भौगोलिक तथा सामाजिक दूरी

जमसौत में स्कूली दूरी का भौगोलिक भाग एक हद तक ठीक–ठाक कर लिया गया है। हालाँकि 12 वार्डों में से केवल 6 में ही सरकारी स्कूल स्थापित हो पाये हैं। इतने स्कूलों के बावजूद वर्त्तमान नास्कूलन की तीव्रता अत्यंत जोखिम भरी है। इसके अन्य कई कारण हैं। एक कारण सामाजिक और मनोवैज्ञानिक दूरी है और साथ ही हाशिया स्थित जीवनक्रम की दूरी भी है जिसमें पलायन का दुष्चक्रीय भाग सम्मिलित है।

दलित समुदाय के लोग अलग–अलग टोलों में रहते हैं। जमसौत में मुसहर लोग तीन मुसहरियों में ही रहते हैं। इस पंचायत में उत्तर दक्षिण की दिशा में बाँध है, बाँध के पश्चिम मुस्लिमों की बस्ती है, बाँध से सटे हुए पूर्व में मुसहरों की बस्ती है। सबसे दक्षिण वाले हिस्से में जमसौत मुसहरी है, सबसे उत्तर वाले हिस्से में सिकन्दरपुर मुसहरी है और दोनों के बीच खगड़ी मुसहरी है। एक तरह से मुसहरों का बसाव काफी हद तक मुख्य बसाव से अलग है। मुसहरों के बच्चे भी ज्यादातर अपने टोले के दायरे में ही रहते हैं। खगड़ी के पास नरगदा जो मुख्य टोला है वहाँ यदा–कदा ही मुसहर बच्चे आते–ज़ाते हैं। गैर दलित समुदायों के बच्चों से

दोस्ती भी नहीं के बराबर है। इसलिए इनकी शिक्षा के प्रसंग में कोई रणनीति बनाते समय सामाजिक और मनोवैज्ञानिक दूरी को भी ध्यान में रखना अति आवश्यक है।

खगड़ी मुसहरी, सिकन्दरपुर मुसहरी, जमसौत मुसहरी, ढिबरा चमरटोली, नरगदा चमरटोली या मठियापुर के स्कूलों में ज्यादातर बच्चे ऐसे परिवारों से आते हैं जो फेरी, दैनिक मजदूरी, खेत मजदूरी, सफाई कार्य, रिक्शा चलाना, जानवर चराना, सूअर पालना जैसे काम करते हैं। बच्चे टूटी–फूटी झोपड़ियों में रहते हैं जो चारों तरफ गन्दगी के वातावरण में मशरूफ हैं। वे घर के कामकाज में हाथ बटाते हैं। भोजन इकट्ठा करने, खेती में मदद करने से लेकर बच्चा खेलाने तक के घरेलू काम में हिस्सा लेते हैं। अगर वे पढ़ाई में लगते हैं तो पढ़ाई के सिलसिले में उन्हें माँ–बाप की कोई मदद नहीं मिलती। यह भी महत्त्वपूर्ण है कि अगल बगल के लोग इनके बारे में बिल्कुल बेखबर रहते हैं। उनको इससे कोई मतलब नहीं कि ये बच्चे पढ़ते हैं, पढ़ने जाते हैं या नहीं।

विद्यालय के भीतर व्यवहार

चर्चा में अनेक बिन्दु शामिल थे। स्कूल में बच्चे किस प्रकार बैठते हैं, आगे पीछे बैठने में तरजीह देने की बात तो नहीं होती, दंड देने की आदत किस हद तक है, बच्चों से सवाल पूछने की आदत है या नहीं, सवाल ज्यादातर कैसे बच्चों से पूछते हैं, नाम पुकारने का क्या तरीका है, पुरस्कार देने की कैसी परम्परा है, आदि बिन्दुओं पर चर्चा से वहाँ के लोगों के कथनानुसार निम्न बातें उभरकर आयीं।

स्कूलों में दलित बच्चे ग़ैर दलित बच्चों के साथ बैठते हैं।

विद्यालय के शिक्षक बच्चों को वर्गवार आगे पीछे पंक्ति में बैठाते हैं।

एसेम्बली की परम्परा नहीं है।

आरम्भ में प्रार्थना के साथ शुरुआत होती है।

छड़ी का उपयोग कभी–कभी ही होता है।

बच्चों से पूछताछ के अवसर कम होते हैं। अगर पूछताछ होती है तो तेज़ बच्चों को ज़्यादा अवसर मिलते हैं।

दलित बच्चों को जातिनाम लेकर पुकारने की आदत नहीं है।

वर्ग कक्ष को बारी–बारी से सभी झाड़ू से साफ करते हैं। प्रायः लड़कियाँ साफ करती हैं। पानी पीने के लिए प्रायः ग़ैर दलित बच्चों से माँगते हैं। मुसहर से पानी नहीं लेते।

स्कूल में दण्ड प्रक्रिया

कभी–कभी दण्ड मिलता है।

मगर दलित–ग़ैरदलित के बीच भेदभाव नहीं होता।

पुरस्कार प्रक्रिया

पुरस्कार प्रक्रिया का अभाव है।

स्कूल में खेल

स्कूलों में दलित ग़ैर दलित साथ–साथ खेलते हैं। खेलने के सम्बन्ध में भेदभाव की बात नहीं देखी गई।

छोटे लड़के–लड़कियाँ साथ–साथ खेलती हैं। मगर बड़े लड़के–लड़कियाँ अलग–अलग खेलती हैं।

खेल प्रतियोगिता का प्रचलन नहीं है।

स्कूल में शौचालय और पेयजल

खगड़ी, जमसौत और सिकन्दरपुर तीनों मुसहरी विद्यालयों में शौचालय नहीं हैं।

ढिबरा और नरगदा विद्यालयों में शौचालय है। ढिबरा में तो दो शौचालय हैं। एक शौचालय नया बना है। इसमें मध्याह्न भोजन का सामान रखा जाता है। दूसरा पुराना है। वह काफी गन्दा रहता है। उसे बच्चों से पानी डलवाकर साफ कराकर केवल शिक्षक लोग व्यवहार में लाते हैं।

नरगदा विद्यालय में नल टूटा हुआ है। इसलिए पीने तथा शौचालय को साफ करने के लिए पानी का अभाव रहता है।

खगड़ी, मठियापुर और सिकन्दरपुर के विद्यालयों में नल नहीं हैं।

ढिबरा में नल तो है मगर पानी पीने लायक नहीं है।

जमसौत स्कूल में चापाकल है।

पानी पीने में भेदभाव का कोई उदाहरण नहीं मिला।

पाठ्यपुस्तकों का वितरण

मई '07 में दलित बच्चों को पाठ्यपुस्तकें मिली। अन्य बच्चों को नहीं मिली। बाजार में भी उपलब्ध नहीं थी।

स्कूलों में मध्याह्न भोजन

स्कूल में बच्चों के लिए मध्याह्न भोजन पोषण के दृष्टिकोण से आवश्यक कार्यकलाप है। बच्चों को स्कूल तक खींचने में भी इसकी महत्त्वपूर्ण भूमिका है। वर्ष 2005 से राज्य में मध्याह्न भोजन योजना प्रारम्भ हुई है।

मठियापुर विद्यालय में जनवरी 2007 से ही मध्याह्न भोजन नहीं मिल रहा है।

खगड़ी विद्यालय में लालती देवी (दलित), सिकन्दरपुर विद्यालय में सिताबो देवी (धोबी) और ढिबरा विद्यालय में मीना देवी (दलित) खाना बनाती हैं।

जमसौत में पहले सोनी देवी (यादव) बनाती थीं। अभी पूनम माँझी (मुसहर) तथा राजमणि माँझी (मुसहर) का चुनाव हुआ है। मगर अभी मध्याह्न भोजन मिलना शुरू नहीं हुआ है। (यह सितम्बर–अक्टूबर' 2007 की बात है)

खाना बच्चे साथ–साथ खाते हैं। खाने का अपना–अपना बर्त्तन बच्चे घर से लाते हैं। खाना बनाने का बर्त्तन बनानेवाली धोती हैं।

छुआछूत के खिलाफ मुखर जनविरोध

जमसौत में प्राथमिक विद्यालय में खाना बनाने वाली के चयन की कहानी महत्त्वपूर्ण है। जमसौत मुसहरी में बच्चों के लिए मध्याह्न भोजना योजना हेतु खिचड़ी पकाने वाली का चुनाव करने के लिए बैठक की गई। उसमें विद्यालय शिक्षा समिति के अध्यक्ष सचिव तथा अन्य सदस्यों ने भाग लिया। जमसौत मुसहरी के लोगों ने भी हिस्सा लिया। सर्वसम्मति से मुसहर समुदाय की पूनम माँझी तथा राजमणि माँझी चुनी गयी। बाद में सचिव एक अन्य खिचड़ी पकाने वाली को ले आई। सचिव ने कहा कि बच्चे मुसहर के हाथ से पकाई हुई खिचड़ी नहीं खाएँगे। इसका जमसौत मुसहरी में पूरा विरोध हुआ। प्रबल विरोध के आगे सचिव को पहले चुनी गई खिचड़ी पकानेवाली को इस काम की जिम्मेदारी देनी पड़ी। अभी भी छुआ–छूत की बात कुछ लोगों के मन में घुसी हुई है। मगर इसके खिलाफ जनविरोध मुखर हो गया है। इसका ही परिणाम है कि जमसौत मुसहरी में मुसहर समूह की महिलाओं को खिचड़ी पकाने के लिए स्वीकारना पड़ा।

जमसौत मुसहरी में सितम्बर 2007 से खिचड़ी बनना बन्द हो गया था। मार्च 2008 से फिर चालू हुआ है। खिचड़ी बारी–बारी से पूनम माँझी तथा राजमणि माँझी पकाती हैं।

स्कूल में बच्चों की उपस्थिति

स्कूल में बच्चों का पहुँचना आवश्यक है। इसके लिए बच्चों के निकट स्कूल को लाने की कोशिश हुई है। स्कूल और बच्चों के बीच जो भौगोलिक दूरी थी स्कूल को निकट लाकर उस दूरी को कम करने का प्रयास हुआ है। बच्चे स्कूल में कितनी देर टिकते हैं इसपर काफी चर्चा हुई। चर्चा से उनके स्कूल में टिकने के सम्बन्ध में कई बातें उजागर हुईं।

मध्याह्न भोजन के बाद काफी बच्चे विद्यालय से चले जाते हैं। कुछ बच्चे मध्याह्न भोजन के समय ही स्कूल में आते हैं।

ज्यादातर बच्चे टिफिन के समय ही निकल जाते हैं।

मुसहर बच्चे प्रायः 2 घंटा से ज्यादा नहीं टिकते।

मुसहर बच्चे प्रकृति प्रेमी होते हैं। प्रकृति से बचपन से ही उनका घनिष्ठ लगाव होता है। घर में भी बँधकर वे बहुत कम समय रहते हैं। उनका जीवन ज़्यादातर घर के बाहर ही बीतता है। साल के अधिकांश महीनों में वे बाहर ही सोते भी हैं। वे मानसिक रूप से स्वतंत्र होते हैं। उनको खुले आकाश के नीचे जीवन बिताने की आदत पड़ जाती है। कक्षा का वातावरण उन्हें थोड़ी ही देर में उबाऊ तथा बोझिल लगता है। दीवारें काटने को दौड़ती हैं। अतः अधिक देर तक दीवारों के भीतर बँधकर रहने में दिक्कत होती है। थोड़ा भी मौका मिलते ही इस कैद से वे भागना चाहते हैं। उनकी बातचीत से इसका अंदाजा लगता है।

इन टोलों में शबरी आश्रम के स्थापित होने के बाद आश्रम के खुले आसमानी कार्यकलाप से उनका मन लगने लगा है। शबरी आश्रम के चलने के बाद स्कूलों में बच्चों का टिकना बढ़ा है।

ढिबरा में तो अधिकांश बच्चे 3 बजे तक टिक रहे हैं। यह हालत अभी सिकन्दरपुर, जमसौत और खगड़ी में नहीं हुई है, थोड़ी बात आगे बढ़ी है।

शिक्षकों के ग़ैर हाजिर रहने पर बच्चे खेलते हैं, हंगामा करते हैं, मारपीट करते हैं, कुछ बच्चे घर भी लौट आते हैं। मठियापुर और ढिबरा में बच्चे हंगामा करते हैं, पर टिके हुए बच्चे घर कम ही लौटते हैं।

उपलब्धि की रिपोर्ट

बच्चे की कक्षा में जो उपलब्धि होती है उसकी रिपोर्ट देने की कोई परम्परा जमसौत के सरकारी विद्यालयों में नहीं दिखती।

विद्यालय के बाहरी जीवन का शैक्षिक अनुभव पर असर

विद्यालय के वातावरण के विषय में प्राप्त जानकारियों को दर्ज करने के साथ–साथ विद्यालय के बाहर के वातावरण का आकलन भी उतना ही आवश्यक है। इस दृष्टि से घर परिवार के वातावरण का सर्वेक्षण, फोकस समूह चर्चा तथा समक्षकारिता से उभरे बिन्दु इस प्रकार हैं।

पारिवारिक चरित्र

परिवार की प्रकृति पर नजर डालते हैं तो पाते हैं कि जमसौत पंचायत में दलित समुदाय के 80 से 90 प्रतिशत परिवार एकल हैं। मुसहरों में तो 90 प्रतिशत से

अधिक परिवार एकल ही हैं। सिकन्दरपुर मुसहरी के लगभग सारे परिवार एकल हैं जबकि खगड़ी तथा जमसौत मुसहरी में 90 प्रतिशत एकलता है।

नरगदा चमरटोली, ढिबरा चमरटोली तथा ढिबरा, नरगदा और मठियापुर की अन्य दलित बस्तियों में 80–90 प्रतिशत तक एकल परिवार हैं।

मठियापुर और नरगदा में अति पिछड़ों तथा पिछड़ों की आबादी ज्यादा है। यहाँ 60 प्रतिशत संयुक्त परिवार हैं।

एकल परिवार में बच्चे की देखभाल की स्थिति प्रायः संतोषजनक नहीं हो पाती, विशेषकर वैसे परिवारों में जहाँ महिलाओं को भी काम करने के लिए निकलना पड़ता है।

पारिवारिक चरित्र के सम्बन्ध में प्रथम पीढी का पढ़ाक होना भी एक महत्त्वपूर्ण अभिलक्षण है।

प्रथम पीढ़ी के पढ़ाक सिकन्दरपुर मुसहरी में करीब करीब शत प्रतिशत हैं, जमसौत तथा खगड़ी मुसहरी में 80 प्रतिशत हैं। चमरटोली में इससे कम हैं तथा मठियापुर चाट पर यादव केन्द्रित हिस्से में भी थोड़ा ही कम हैं।

प्रथम पीढ़ी के पढ़ाक परिवारों में शैक्षिक वातावरण का स्तर उपयुक्त नहीं होता।

परिवारों में शैक्षिक वातावरण

घरों में पुस्तकों/अखबारों की मौजूदगी

प्रेस के आने के पहले बड़े पैमाने पर छपी सामग्री का होना सम्भव नहीं था। प्रेस ने पुस्तकों/अख़बारों/पत्रिकाओं को पैदा किया। इनके ज़रिए शैक्षिक वातावरण का बनना आसान हुआ। ज्ञान का प्रसार भी सुगम हुआ। यदि घर में पुस्तकें मौजूद हैं तो उन्हें पढ़ने के लिए लोग उद्यत होते हैं और वे शैक्षिक परिवेश बनाते हैं। जो बच्चा बचपन से ही पुस्तकों/पत्रिकाओं/अख़बारों को देखता है, छूता है या खेलता है, मनोवैज्ञानिक रूप से उसकी पढ़ाई के लिए तैयारी अधिक आसान हो जाती है। इनकी उपस्थिति से स्कूल जाने वाले बच्चों को अपनी पढ़ाई के कौशल का व्यवहार करने, पढ़ाई का पुष्टिकरण करने तथा ज्ञान का विस्तार करने में मदद मिलती है।

इसे दूसरी तरह से भी देखें। अलग–अलग वर्गों के बच्चों के अनुभव अलग–अलग होते हैं। आमतौर से सम्पत्तिशील (assetful) समुदायों तथा मध्यमवर्ग के बच्चों के अनुभव स्कूली शिक्षा के अनुरूप होते हैं। इस वजह से उनकी शिक्षा में विभिन्न अनुभवों का योगदान रहता है। पाठ्यपुस्तकों के अलावा, पत्र–पत्रिकाएँ, देश–विदेश का साहित्य, सैर–सपाटा, नाटक, चित्रकारी, संगीत से सम्पर्क आदि भी इसमें जुड़ते हैं। सामाजिक वर्ग के अनुरूप टी0वी0 कार्यक्रम–शिक्षा में

सफलता दिलाने में सहायक होते हैं। यानि स्कूल से बाहर के शैक्षिक अनुशीलन की जीवन–शिक्षा में कम से कम 75% भूमिका है। समाज की मौजूदा सूरत में मजदूरों, किसानों, अभिवंचितों, उपेक्षितों, दलितों के बच्चों का इससे कुछ खास लेना–देना नहीं होता, चाहे उनके अनुभव कितने ही महत्त्वपूर्ण क्यों न हों।

अख़बार/पत्रिकाएँ रोजाना शिक्षाप्रद परिवेश बनाने में मदद करती हैं। इन सूचकों की रोशनी में जमसौत पंचायत के परिवारों का आकलन किया गया।

इसके अनुसार नरगदा टोले में आधे के कम ही घरों में पुस्तकें मौज़ूद हैं। मठियापुर में 20 प्रतिशत से कम ही घरों में पुस्तकें उपलब्ध हैं। बच्चों की पाठ्यपुस्तकों के अलावा पुस्तकें नहीं मिलतीं। सिकन्दरपुर मुसहरी में तो पुस्तकों की मौज़ूदगी शून्य है। जमसौत और खगड़ी में करीब 5 से 8 प्रतिशत घरों में ही पुस्तकें दिखती हैं। ढिबरा में 15 घरों में पुस्तकों की मौज़ूदगी पायी गयी।

अखबार दलित बस्तियों में कहीं नहीं मिला। करीब 20 प्रतिशत ग़ैर दलित घरों में अखबार दिखे।

इस प्रकार हमने पाया कि पूरे टोले में किसी भी घर में कोई अखबार नहीं आता। किसी घर में कोई पुस्तक नहीं हैं। यहाँ तक कि कोई धार्मिक या सामाजिक पुस्तक भी नहीं। अतः पढ़ने लिखने की कोई प्रेरणा नहीं। यों कह सकते हैं कि अभिवंचित घरों में पठन पाठन योग्य सामग्रियों का अभाव साफ दिखता है।

लेखन प्रतिरूपों की मौज़ूदगी

अल्पना बनाना, दीवारों पर आकृतियाँ बनाना, चित्र उकेरना आदि लेखन परम्पराएँ हैं। विभिन्न समाजों में पीढ़ी–दर–पीढ़ी ये परम्पराएँ चली आ रही हैं। इनसे समाजों की पहचान बनती है। जिन समाजों में ऐसी परम्परा है वहाँ लिखना सीखना सहज और सुगम होता है। उँगलियाँ विभिन्न आकृतियों को स्मरण रखती हैं।

जमसौत पंचायत में अरिपन रचने, चित्र उकेरने आदि की परम्परा का अभाव है।

सजावट के लिए चित्रांकन या शुभ लेखन के केवल तीन ही अवसर दिखे– तिलक, शादी तथा दिवाली। स्वागत, शुभ विवाह, शुभ लाभ ही सामान्यतया लिखा जाता है। इनको लिखते भी दूसरे ही लोग हैं।

श्रवण प्रतिरूपों की मौज़ूदगी

ज़िन्दगी के अनेक पड़ाव गीतों और कथ्यों में गुथे होते हैं। विभिन्न अवसरों पर गाए जाने वाले गीतों और सुनी जाने वाली कथाओं द्वारा उन अवसरों की महत्ता व्यक्त होती है। प्रायः महिलाएँ इन गीतों को पीढ़ी–दर–पीढ़ी शेयर करती हैं। ये हमारे विकास के क्रम को जोड़ती हैं।

इतनी महत्त्वपूर्ण है लोकगीतों, कथा–कहानियों की भूमिका। ये गौरव देती हैं, पहचान बनाती हैं तथा ऊँचे उद्देश्यों के लिए एकजुट करती हैं।

इन परम्पराओं की मज़बूत मौज़ूदगी का इस पंचायत में अभाव दिखा।

गीत गाने के चार–पाँच अवसर मिले–शादी, तीज, करमा, जिउतिया तथा छठ पूजा।

कहानी सुनने सुनाने के मात्र दो–तीन अवसर मिले–करमा, अनन्त आदि।

मठियापुर में कुछ परिवारों में नानी–दादी बच्चों को कहानी सुनाती हैं। इनकी संख्या इतनी कम थी कि यह अपवाद स्वरूप ही लगा।

लोरी गीतों का तो नितान्त अभाव मिला।

इस प्रकार फोकस ग्रुप चर्चा के माध्यम से यह स्पष्ट हुआ कि जमसौत पंचायत के अभिवंचित समुदाय में कहानी कहने सुनने की परम्परा का अभाव है। अपने सामुदायिक लोकगीतों का भी अभाव है। स्पष्टतः शाब्दिक तथा तार्किक वातावरण जिस समाज में सबल नहीं होगा, जहाँ मजबूत मौखिक परम्पराएँ नहीं होंगी, वहाँ शाब्दिक सामग्रियाँ भी कम ही पैदा होंगी। इसलिए कल्पना, गीत, कहानी, अपने देवी–देवताओं के बारे में भी पुरानी जानकारियाँ उस पैमाने पर नहीं हो पातीं जैसा अन्य समाजों में होता है। अपने पुराण व्यक्तियों (archetypes) की वह गौरव–पहचान नहीं होती, जैसा अन्य समाजों में होता है।

इस प्रकार इस समुदाय में कथा कहानी का अभाव स्पष्ट दिखा।

माँ-बाप के साथ अन्तरक्रिया

बच्चे के मस्तिष्क का विकास तीन वर्ष तक काफी हो जाता है। इस अवधि में बच्चे के माँ–बाप के साथ ही बच्चे की सर्वाधिक अन्तरक्रिया होती है। बच्चे के बढ़ने के दौरान माँ–बाप अपने अनुभवों के आधार पर बच्चे के साथ अनेक बातें शेयर करते हैं। सबेरे शाम बातें करते हैं, लोरी सुनाते हैं, कहानी सुनाते हैं, तरह तरह की बातें करते हैं। इन बातों में घर परिवार तथा जीविका के खट्टे–मीठे तजुर्बे होते हैं। इससे बच्चे का दिमागी तथा शारीरिक विकास होता है। जिस बच्चे को यह अन्तरक्रिया नहीं मिलती या कम मिलती है उसके विकास का आयाम संकुचित हो जाता है तथा विकास की गति धीमी हो जाती है। अतः बच्चे के शैक्षिक विकास की दृष्टि से माँ–बाप के साथ होने वाली अन्तरक्रियाओं का आकलन महत्त्वपूर्ण हो जाता है।

जमसौत पंचायत में माँ–बाप से, बच्चों से, अन्य लोगों से चर्चा की गई और जो जानकारी मिली, उसके अनुसार पता चलता है कि किसी भी मुसहरी में बच्चों के साथ माँ–बाप की अन्तरक्रिया अत्यन्त कम है। सुबह–शाम कहानी–लोरी का वातावरण तो बनता ही नहीं। काम का रूटीन ऐसा है कि एक साथ खाने की परिस्थिति भी नहीं बनती। अन्य टोलों में भी लगभग इससे मिलती जुलती स्थिति है।

बच्चों से संपर्क का अभाव

अभिवंचित समुदायों में माँ–बाप बच्चों के साथ शाम–सबेरा कैसा गुजारते हैं, क्या बात करते हैं, क्या करते हैं। इसपर उनके साथ विमर्श किया गया। उनपर गोष्ठियों में चर्चा हुई। महत्त्वपूर्ण तथ्य यह उभरा कि ज्यादातर मामलों में माँ– बाप को बच्चों के साथ समय गुजारने की फुर्सत नहीं होती। अनेक प्रकार के काम जिनमें वे लोग लगते हैं उनपर ही बच्चों से ज्यादातर बातें होती हैं। जबकि अन्य समाजों में शाम सबेरा बच्चों से आपसी बातचीत, कहानी, गीत, कथोपकथन, चुटकुला आदि का समय होता है। रात में बड़ी उम्र की महिलाएँ अभी भी किस्से सुनाती हैं। इस प्रकार शाब्दिक वातावरण का लाभ अभिवंचित बच्चों को नहीं मिल पाता और इस क्षमता से वे महरूम रहते हैं। पाँच वर्ष के पहले बच्चे का काफी मानसिक विकास हो जाता है। जिस किस्म का परिवेश उसे मिलता है उस किस्म की क्षमता में बढ़ोत्तरी होती है। सबल मौखिक तथा तार्किक परिवेश के अभाव में यह क्षमता अभिवंचित बच्चों में नहीं विकसित हो पाती और वे जीवनभर इसके अभाव से पीड़ित रहते हैं जबकि हमारी शिक्षा प्रणाली पूर्णतः शाब्दिक तथा तार्किक वातावरण में जीती है।

हमारी स्कूली व्यवस्था केवल बोलना–सुनना–पढ़ना–लिखना, गणित के जाल में ग्रस्त है। यानि वहाँ शाब्दिक और तार्किक क्षमता का वातावरण व्याप्त रहता है। इस वातावरण में अभिवंचित बच्चे अपने को हीन और असफल पाते हैं।

दैनिकी

यह पता किया गया कि आपस में स्त्रियाँ कब मिलती हैं जबकि वे आपसी बातें करती हों।

पता चला कि शौच के लिए जाते समय बच्चियाँ महिलाएँ झुंड में जाती हैं। इस अवसर पर आपसी बातें होती हैं, मगर अत्यंत घरेलू। ज्यादातर एक दूसरे की शिकायतें ही इन बातों का अंग होती हैं।

इनका दैनिक कार्यकलाप बहुत सामान्य होता है। दिन में 85 प्रतिशत मुसहर महिलाएँ घर से बाहर चली जाती हैं। उनके बड़े बच्चे–बच्चियाँ भी बाहर ही चले जाते हैं। बाहर जाने का मुख्य उद्देश्य अर्थ–प्राप्ति, भोजन–संग्रह, जलावन–संग्रह तथा घर के सम्बन्ध में अन्य कार्य भी होता है।

अन्य दलित समूहों की महिलाएँ भी बड़े पैमाने पर बाहर जाती हैं। यह 50 से 65 प्रतिशत के बीच होता है। बच्चे जो घर रह जाते हैं वे घर के काम–काज में मदद करते हैं। कुछ मछली मारते हैं। छोटी उम्र के बच्चे खेलते हैं। बच्चियाँ ज़्यादातर छोटे बच्चों की देखभाल करती हैं। कुछ खाना भी बनाती हैं।

शबरी आश्रम में लड़कियों को साढ़े तीन बजे से चार बजे तक छोड़ देना पड़ता है क्योंकि उन्हें घर जाकर खाना बनाने की जल्दी रहती है।

मुसहरी में 15 प्रतिशत महिलाएँ ही दिन में घर पर रह पाती हैं। उनमें से कई दारू बनाती हैं।

चमरटोली तथा अन्य दलित टोलों में 35 से 40 प्रतिशत तक महिलाएँ घर में रहती हैं जो घर का काम काज देखती हैं। गैर दलित महिलाओं का काफी बड़ा हिस्सा बोअनी तथा कटनी के समय खेत में काम–काज करता है। अन्यथा 60 से 70 प्रतिशत महिलाएँ घर के काम–काज, जानवर पालने, गोईंठा पाथने, बच्चा पालने आदि में व्यस्त रहती हैं।

शौच के लिए दलित तथा ग़ैर दलित दोनों वर्गों की महिलाएँ बाहर जाती हैं, रास्ते में भी बातें करती हैं और बैठ कर भी।

बच्चों के शाम का समय

शाम का समय बहुत महत्त्वपूर्ण है। स्कूल जाने वाले बच्चे शाम को घर लौटते हैं। काम पर गए बच्चे भी इसी समय घर लौटते हैं। यह समय आपसी सम्पर्क का अच्छा मौका हो सकता है। इसपर अच्छी चर्चा हुई और ये बातें उभरीं।

मुसहरी में 5 बजे शाम से लड़कियाँ खाना बनाने में जुट जाती हैं।

बच्चों में कुछ का खेल में समय बीतता है, कुछ का घरेलू काम में। ज्यादा बच्चों का समय घरेलू काम में बीतता है।

बड़े बच्चे–बच्चियाँ घरेलू काम, खाना बनाने, जानवरों की देखभाल, छोटे बच्चों की देखभाल जैसे कामों में लगते हैं।

सभी के खाने–सोने का समय बँधा हुआ है। सबेरे सभी खाकर चल देते हैं। शाम को लौटकर सात–आठ बजे के बीच खाते हैं। नौ बजे सो जाते हैं। सोने के समय में भी माँ–बाप को बच्चों से बातें करने का समय नहीं रहता। वे काफी थके रहते हैं।

सामान्यतः घर के भीतर स्पेस का अभाव रहता है। अतः बच्चे बाहर ही सो जाते हैं।

स्कूली गतिविधियों में माँ-बाप की दिलचस्पी

जो बच्चे स्कूल जाते हैं उनके स्कूल जाने, स्कूली कार्यक्रम के बारे में पूछताछ करने में माँ–बाप दिलचस्पी लेते हैं तो बच्चों को स्कूल जाने, वहाँ नियमित रहने, पढ़ने लिखने में उत्साह मिलता है। 'स्कूल में आज क्या किया?' माँ–बाप का इतना छोटा सा प्रश्न बच्चे को होशियार बना देता है। स्कूल के लिए साफ–सुथरा करने, तैयारी करने, और स्कूल पहुँचाने में माँ–बाप की भागीदारी का बड़ा असर होता है। इन बातों पर माँ–बाप से, बच्चों से, पड़ोसियों से, शबरी आश्रम की स्वयंसेविकाओं से काफी चर्चा हुई। चर्चा के फलस्वरूप अनेक बिन्दु उभरे।

मुसहरियों में माँ–बाप की इन कार्यों में दिलचस्पी नहीं के बराबर है।

चमरटोली में थोड़ी बहुत दिलचस्पी देखी गई। बच्चों को तैयार करने तथा पूछताछ के मामले में कुछ माँ–बाप भाग लेते हैं।

अन्य दलित समूहों में भी थोड़ी बहुत दिलचस्पी ज़ाहिर हुई। 20 प्रतिशत माँ–बाप बच्चों की पढ़ाई में सामान्य दिलचस्पी लेते हैं। मगर इनमें भी बच्चों को स्कूल पहुँचाने या स्कूल से ले आने में माँ–बाप की दिलचस्पी नहीं पायी गयी।

ग़ैर–दलित समूहों में खासकर कुर्मी–कोइरी, कुशवाहा, बनिया आदि समूहों में बच्चों की पढ़ाई–लिखाई आदि के सम्बन्ध में ज्यादा जागरूकता मिली। मठियापुर और नरगदा में 25 से 30 प्रतिशत माँ–बाप बच्चों की पढ़ाई लिखाई पर ध्यान देते हैं। मठियापुर में 10 परिवार तथा ढिबरा में 5 परिवार बच्चों को स्कूल पहुँचाते हैं।

माँ–बाप की दिलचस्पी का एक पैमाना है बच्चों की उपलब्धि पर माँ–बाप की प्रतिक्रिया। मुसहरियों में शैक्षिक उपलब्धि पर माँ–बाप की सामान्य प्रतिक्रिया भी नहीं होती। खराब उपलब्धि से दुख और अच्छी उपलब्धि से हर्ष ऐसा कुछ नहीं होता। पूरे शैक्षणिक माहौल से यह बिलगााव का द्योतक है।

मठियापुर, नरगदा और ढिबरा के 20 से 25 प्रतिशत परिवारों में अच्छी–बुरी उपलब्धियों से हर्ष और विषाद का वातावरण बनता है।

आजकल अनेक परिवारों में बच्चों को शैक्षिक मदद के लिए ट्यूशन का रिवाज चल पड़ा है। मठियापुर के 18 परिवारों में और ढिबरा के 30 परिवारों मे बच्चों के लिए ट्यूशन की व्यवस्था पायी गयी।

समुदाय में प्रतियोगिता के अवसर

सभी बच्चों में टैलेन्ट होता है और यह लैटेन्ट होता है। जरूरी नहीं कि एक ही क्षेत्र में सभी का टैलेन्ट हो। किसमें क्या टैलेन्ट है इसकी पहचान किसी सार्वजनिक जगह पर उचित कार्यक्रम के माध्यम से हो सकती है। इसके लिए विद्यालय में तरह–तरह की प्रतियोगिताएँ होती हैं। जमसौत पंचायत के सरकारी विद्यालयों में ऐसे अवसरों का अभाव है। इसके लिए दूसरा महत्त्वपूर्ण विकल्प समुदाय है। समुदाय में भी तरह–तरह के आयोजन–उत्सव होते हैं जहाँ बच्चों किशोरों नवयुवाओं को विभिन आयोजनों में भाग लेकर अपने अन्दर की प्रतिभा को दिखलाने का मौका मिलता है। खेल, गीत, नाटक, भाषण आदि का आयोजन या उनकी प्रतियोगिताएँ आदि अनेक अवसर हो सकते हैं। इस बारे में जमसौत पंचायत में खालीपन है। समुदाय में प्रतियोगिता या संगठित आयोजन के अवसर नहीं के बराबर हैं। यहाँ होली में गाना बजाना करते हैं पर संगठित तौर पर नहीं।

ढिबरा में कभी–कभी नाटक होता है। मगर नियमित तौर पर नहीं।

इस प्रकार यह महत्त्वपूर्ण मौका हो सकता था मगर इसे समुदाय इस्तेमाल नहीं कर पाता।

दशहरे के मौके का माँ–बाप काफी इस्तेमाल करते हैं। वे अपने बच्चों को दशहरे का मेला दिखाने ले जाते हैं। इसमें भी ज्यादातर लड़कों को।

विभिन्न कामों में लगे बच्चे

जमसौत पंचायत में बच्चे किस प्रकार से विभिन्न कामों में लगे हैं, यह हमारी जानकारी के लिए महत्त्वपूर्ण था। इसके लिए सर्वेक्षण में भी किस काम के कारण वे गैरहाजिर होते हैं पूछा गया था। बाद में और गहन रूप से बच्चों से जानकारी ली गयी।

ज्यादातर बच्चे घर के विभिन्न कार्यों में मदद करते हैं। कुछ परिवारों में परिवार के लोग और बच्चे रद्दी चुनने में भी लगे हैं, मगर उनकी संख्या कम है। खेती के काम की प्रधानता है। उनसे जानकारी के अनुसार बच्चों की संलग्नता स्पष्ट हुई।

खेती के कामों में लगे बच्चे

सभी मुसहरियों में माँ–बाप प्रायः खेत मजदूर हैं। वास की जमीन के अलावा उनके पास दूसरी जमीन नहीं है। माँ–बाप बच्चों को अपने साथ खेत पर ले जाते हैं। कटनी के वक्त अवश्य। बच्चे पूला ढोते हैं। बच्चों को भी पूला मिलता है। यह परिवार को भी मदद करता है।

सिकन्दरपुर और खगड़ी में लगभग सभी परिवारों से, जमसौत में 30 परिवारों से मठियापुर में 50 परिवारों से तथा ढिबरा में 25 परिवारों से बच्चे खेत के विभिन्न कामों में मदद करते हैं।

बच्चे खेत में अगोरिया करते हैं, निकौनी, बोअनी, कटनी करते हैं, खेत में खाना पहुँचाते हैं।

ग़ैर दलितों के भी बच्चे बोअनी और कटनी के समय खेत के काम में अवश्य लगते हैं।

घर के काम-काज में लगे बच्चे

घर का काम काज बच्चों का सबसे ज्यादा समय लेता है। इसमें रोजाना लगना होता है। इसमें मुख्य कार्य खाना बनाना, जलावन चुनना, पानी इकट्ठा करना, भोजन संग्रह करना, जानवर चराना, जानवर को खाना खिलाना, सँभालना, दूध बाँटना,

कपड़े धोना, छोटे भाई बहनों को सँभालना, बाजार जाना, बिमारों की तिमारदारी करना, आदि शामिल हैं। खाना बनाने में थोड़ी बड़ी लड़कियाँ लगती हैं।

60 प्रतिशत लड़कियाँ इस काम में सालों भर समय देती हैं।

कपड़े धोने में, पानी लाने में लड़कियाँ सालों भर लगती हैं। अधिकांश लड़कियों का समय इसमें लगता है।

जलावन चुनने में आधी से ज्यादा लड़कियों को लगना पड़ता है। मुख्यतः लड़कियाँ ही ज्यादा काम करती हैं। लड़के भी थोड़ा बहुत लगते हैं। यह काम भी सालों भर लगा रहता है।

जमसौत में अब जलावन की कमी हो जाने के कारण जलावन चुनने के लिए दानापुर तक जाना पड़ता है।

भोजन संग्रह (मछली, घोंघा, सितुआ, केंकड़ा, भेट, सिरकी आदि) में 75 से 80 प्रतिशत लड़के समय देते हैं।

कई लड़के मेढक पकड़ते हैं। मेढक की अच्छी बिक्री होती है।

मठियापुर में चाट पर अधिकांश बच्चे दूध पहुँचाते हैं। कुछ दूध दुहते भी हैं। बच्चियाँ महिलाओं के साथ गोइँठा पाथने में लगती है।

जानवर चराने में (गाय, भैंस, बकरी, सूअर आदि) लगभग 25 प्रतिशत बच्चे लगे हैं। जानवर पालने–पोसने में (मुर्गी भी शामिल है) तकरीबन 25 प्रतिशत लगे हैं।

लगभग 40 प्रतिशत बच्चियाँ छोटे बच्चे सँभालने में लगी हैं। शबरी आश्रमों की जानकारी के अनुसार शिक्षुओं में 150 बच्चियाँ छोटे भाई बहनों की देखभाल में लगी हैं।

शबरी आश्रम के शिक्षुओं में ही 49 बच्चे बच्चियाँ बिमारों की देख भाल में लगी हैं। इस कारण वे औपचारिक स्कूलन से बाहर हैं।

बालकों/किशोरों द्वारा श्रम

खेत मजदूर परिवार जीवन निर्वाह के यज्ञ में लगा है। पूरी मजदूरी न मिलना, सालों भर काम न मिलना, आदि के कारण केवल माँ–बाप के श्रम से काम नहीं चलता। बच्चे भी कई घरों में अर्जन के लिए श्रम बेचते हैं। जमसौत के बच्चे सबसे ज़्यादा ईंट पाथने में अपना समय देते हैं। ईंट पाथने में 15–20 प्रतिशत बच्चे लगे हैं। नवम्बर दिसम्बर जनवरी में इसकी तीव्रता अधिक होती है।

10 लड़के–लड़कियाँ रद्दी चुनने में लगी हैं।

जीने के लिए संघर्ष

शिक्षा का व्यक्ति के समूचे वातावरण से सरोकार है और इसलिए इस पूरे वातावरण को शिक्षा के दृष्टिकोण से बदलने की जरूरत है। उदाहरण के तौर पर

मुसहर समुदाय को लें। उनके बीच इसे स्पष्ट करना मुफीद होगा कि उनकी आज की खराब स्थिति के लिए केवल वे ही जिम्मेदार नहीं हैं। उनपर लाद दी गई आर्थिक–सामाजिक–सांस्कृतिक परेशानी ने उन्हें यहाँ तक पहुँचा दिया है। हमं बराबर उछालते हैं कि वे घोंघा–सितुआ खाकर जी रहे हैं। घोंघा–सितुआ चुनने में जो समय लगता है, वह महत्त्वपूर्ण है। लोग मछली खाते हैं। खरीद लेते हैं। उनका समय उसे पकड़ने में बर्बाद नहीं होता। मगर मुसहर बच्चों का समय जो पढ़ने में लगता, वह भोजन संग्रह में लग जाता है। यह उनकी मजबूरी है। एक तो मजबूरी और ऊपर से दूसरे लोग इसको कहकर उन्हें लांछित करें यह दुहरा सांस्कृतिक प्रहार उनकी हीनावस्था को बढ़ाता है। वैसे घोंघा–सितुआ का लाभ भी अपनी जगह है, इसे याद रखना चाहिए। इस उदाहरण से समझा जा सकता है कि हीन मनोभावना का मजबूत घटाटोप इनके इर्द–गिर्द बना दिया गया है, जिसमें ये फँस कर रह गए हैं। शिक्षा पर इसका बुरा असर होता है। इससे यह सिद्ध होता है कि इस वातावरण को दूर करने, इस घटाटोप को तोड़ने की बुलन्द कोशिश जरूरी है। वर्त्तमान अध्ययन में इसके लिए ही प्रशस्तीयन का इस्तेमाल करने की कोशिश हुई। अभिवंचितों के सबल सांस्कृतिक पक्ष को उजागर करने, उनके जीवन–शैली को महत्त्वपूर्ण बताने तथा उससे बिलगाव न हो, इस दिशा में आरम्भिक प्रयास किए गए। मगर दीर्घ काल तक निरंतर प्रयास की जरूरत है।

हमजोली समूह की प्रकृति

विद्यालय के भीतर और बाहर बच्चों के दोस्तों की प्रकृति बच्चे की शिक्षा पर काफी प्रभाव डालती हैं। स्कूल के बाहर यह और भी महत्त्वपूर्ण होता है। यदि दोस्तों में विविध समूहों के बच्चे होते हैं तो अपने समूह के गुणों को शेयर करते हैं (अवगुणों को भी)। दूसरी पीढ़ी के पढ़ाक परिवारों के बच्चों के साथ दोस्ती शिक्षा के लिए सहायक वातावरण बनाती है। मगर पहली पीढ़ी के पढ़ाक की उसी पीढ़ी के पढ़ाकों से दोस्ती कभी–कभी उलटा वातावरण बनाती है। पहली पीढ़ी वाले बच्चों को स्कूलों से कम निकटता होती है। इस प्रकार का जो बच्चा स्कूल की ओर जाता है। उसे वे अपनी ओर आकर्षित कर खेलने आदि में लगा देते हैं।

जमसौत पंचायत में प्रातः जातिगत बस्तियाँ हैं। अतः दोस्ती ज्यादातर अपने ही समूह में होती है। समावेशी समूह का अभाव है। अतः विद्यालय के बाहर समावेशी दोस्ती नहीं होने से दोस्ती का सहिक असर कम पड़ता है। विद्यालय में ही दूसरे समूह के लोगों से अन्तरक्रिया हो पाती है। इससे हमजोली समूह का कारगर सकारात्मक प्रभाव नहीं पड़ पाता।

नशा की आदत

परिवार में नशे की आदत का बच्चों पर बुरा प्रभाव पड़ता है। इस दृष्टि से देखने पर पता चला कि

मुसहरी में करीब–करीब सभी वयस्क नशे के शिकार हैं।

अन्य दलित तथा ग़ैर दलित समूहों के वयस्कों में भी 60 प्रतिशत से भी ज्यादा नशे की आदत से ग्रस्त हैं।

पलायन का असर

भूमिहीन खेत मजदूर परिवार को पूरे साल के लायक भोजन नहीं जुट पाता। काम भी लगातार नहीं मिल पाता कि आजीविका निरंतर संयोजित की जा सके। ऐसी हालत में जहाँ काम उपलब्ध है, वहाँ जाकर जीविका ढूँढ़ने की मजबूरी हो जाती है। यही पलायन है। जमसौत में प्रायः कृषि कार्य के लिए पलायन होता है। यह अक्सर छोटी अवधि के लिए और साल में कई बार होता है। बोअनी, रोपनी, कटनी आदि के समय पलायन की तीव्रता बढ़ जाती है। यहाँ के मजदूर प्रायः पूरे परिवार के साथ बाहर जाते हैं। ऐसे परिवारों में बच्चों की पढ़ाई छूट जाती है। कई मजदूर अकेले जाते हैं। वे धनकटनी के समय वापस लौटते हैं।

जहाँ पिता काम के लिए बाहर जाता है, वहाँ माँ, बड़े भाई, बड़ी बहन बच्चे–बच्चियों की देखरेख करती हैं। पिता की अनुपस्थिति में बच्चों पर काम का बोझ बढ़ जाता है। बच्चे भोजन जलावन आदि का संग्रह करते हैं। छोटे बच्चों की देखभाल करते हैं। जानवरों को सँभालते हैं। कभी–कभी श्रम के जरिए आर्थिक उपार्जन से परिवार की जीविका चलाते हैं। जिम्मेदारी बढ़ जाने से पढ़ाई–लिखाई ठीक से नहीं हो पाती।

जो बच्चे माँ–बाप के साथ बाहर चले जाते हैं, उनकी पढ़ाई–लिखाई की निरंतरता में बाधा आती है। पढ़ाई में गैप को पूरा करने के लिए बाहर की मदद की जरूरत पड़ती है।

जमसौत पंचायत के सिकन्दरपुर मुसहरी, खगड़ी मुसहरी और जमसौत मुसहरी से अनेक दलित वयस्क मौसमी पलायन से लेकर अल्पकालीन पलायन तक में भाग लेते हैं। पलायन राज्य के भीतर से लेकर राज्य के बाहर दिल्ली, पंजाब से गुजरात तक होता है। उनकी खोज खबर लेने वाली सरकारी या गैर सरकारी कोई एजेन्सी भी नहीं है। स्वयं उनके सौदेबाजी की ताकत अत्यंत क्षीण है। ऐसे दलित पलायन कार्य से वह लाभ नहीं पाते जो अन्य वर्ग के लोग ले पाते हैं। बल्कि वे अनेक परेशानियों में फँस जाते हैं। जमसौत पंचायत के अनेक दलित ऐसी उलझनों में फँसकर लौटे हैं। इनके बाल–बच्चों की स्थिति अजीब होती है। घर में माथ–मालिक नहीं होने से सारी जिम्मेदारी इनपर पड़ जाती है। ऐसे बच्चों

के साथ काम करने के लिए सामान्यतः प्रचलित तरीका फलदायी नहीं होने को। इनक बीच शैक्षिक कार्य करने के लिए अलग व्यूह रचना की जरूरत है।

जमसौत पंचायत में लगभग 5 प्रतिशत परिवार पलायन करते हैं।

टोले में शादी-ब्याह, पूजा-पाठ, श्राद्ध, अन्य उत्सव आदि का असर

ग्रामीण समाज में शादी–ब्याह, पूजा–पाठ, श्राद्ध, अन्य उत्सव आदि काफी बड़ी भूमिका अदा करते हैं। उनमें सभी लोग लगते हैं। बच्चे भी शामिल होते हैं। उस समय स्कूल में अनुपस्थिति बढ़ जाती है। कभी–कभी अपनी शादी में भी लगना होता है। इससे स्कूल से ज्यादातर छीजन हो जाता है।

जमसौत पंचायत में इस प्रकार के उत्सवों के समय प्रायः स्कूल से बच्चों की अनुपस्थिति दर्ज की गई है।

क्या शिक्षा सचमुच मुफ्त है?

जमसौत पंचायत में ज्यादातर रहने वाले ऐसे हैं जिनके ऊपर पढ़ाई का थोड़ा भी खर्च भार बढ़ता है तो वे बच्चों की पढ़ाई छुड़ाने को तैयार हो जाते हैं। प्रथमदृष्ट्या ऐसा लगता है कि स्कूली पढ़ाई में परिवार को खर्च नहीं करना पड़ता। सरकार ने इसके लिए उचित व्यवस्था कर रखी है। पर वास्तविकता यह है कि शिक्षु पर पढ़ाई के लिए परिवार को अनेक छिपे खर्च वहन करने पड़ते हैं और इन खर्चों का काफी असर होता है।

ये खर्च इस प्रकार के हैं :

परीक्षा फीस लगती है,

सरस्वती पूजा का चंदा लगता है,

5 सितम्बर (शिक्षक दिवस), 26 जनवरी, 15 अगस्त को चंदा लगता है,

किताबें लाने में लगा खर्च बच्चों को देना पड़ता है,

कॉपी खरीदने में खर्च लगता है,

कभी कभार नाम लिखाई भी लगती है तथा

स्कूल लिविंग सर्टिफिकेट लेने में खर्च लगता है।

माँ–बाप से कई मौकों पर विशेष रूप से बातें हुई जिसमें उन्होंने बताया कि माँ–बाप बच्चों को किताबें कापियाँ उचित कपड़े देने में समर्थ नहीं हैं। वे सबेरे बच्चों को स्कूल भेजने के लिए तैयार करने में समय नहीं दे पाते। स्कूल जाते समय छोटे बच्चे भी साथ लगा दिए जाते हैं। कभी–कभी जानवर भी साथ लगा दिए जाते हैं, चरवाही के लिए। माँ–बाप की समझदारी है कि बच्चों को पढ़ाने के लिए उनके पास उचित आमदनी नहीं है। फिर आई0ए0 तक पढ़ने के बाद

भी खेत मजदूरी ही करनी पड़ती है तो पढ़ने की क्या जरूरत? माँ–बाप को इन शिक्षित, अर्द्धशिक्षित बच्चों को सँभालने में भी कठिनाई होती है, उनकी माँगों का पूरा करना कठिन होता है। अधिकांश माँ–बाप नहीं जानते कि विद्यालय शिक्षा समिति भी होती है।

स्कूली दलित बच्चों ने चर्चा के दौरान बताया कि उनकी मुख्य आवश्यकताएँ निम्न हैं :

– अतिरिक्त सुविधा की जरूरत, जैसे समय पर किताब, कॉपी, उपलब्ध होना
– गृह कार्य करने में होने वाली कठिनाई में मदद
– पूरी छात्रवृत्ति
– कपड़े, खास तौर से जाड़े में
– लड़कियों को कपड़े के अभाव में विद्यालय जाने में कठिनाई,
– पढ़ने–लिखने, तैयार होकर स्कूल जाने आदि में माँ–बाप की पूरी मदद का मिलना,
– माँ–बाप कॉपी उलटकर नहीं देखते, न पता लगाते हैं कि क्या पढ़ाई हुई, क्या प्रगति हुई, उनकी देखभाल की जरूरत
– घर पर पढ़ने में रोशनी की सुविधा।

स्पष्टतः विद्यालय की फीस के माफ़ होने के बावजूद घर पर कई प्रकार के व्यय होते हैं जिनका वहन अभिवंचित वर्ग के सदस्यों के द्वारा कठिन होता है।

बच्चों की पढ़ाई से तमन्ना

बच्चे पढ़ाई–लिखाई से कैसा भविष्य संजोना चाहते हैं। यह उनकी शैक्षिक संलग्नता में मनोदशा को ज़ाहिर करता है। इस दृष्टि से पढ़ाई से बच्चे क्या पाना चाहते हैं। इसपर चर्चा हुई। चर्चा में काफी दिलचस्प बातें उभरीं।

जमसौत के बगल में दानापुर छावनी है। शिवाला रोड पर सेना के जवान मार्च करते यदा–कदा दिख जाते हैं। जमसौत के बच्चों पर वर्दी, अनुशासन, मार्च का दृश्य काफी असर डालता है।

'पढ़ाई से क्या बनना चाहेंगे ?' इस प्रश्न के जवाब में 40 प्रतिशत बच्चों ने सैनिक तथा सिपाही बनने की तमन्ना जाहिर की। उनकी और भी तमन्नाएँ हैं :

डॉक्टर
नर्स
मास्टर
वकील
पेन्टर

चित्रकार
व्यापारी
मिस्त्री
ड्राइवर
क्रिकेटर
मालिक

आखिरी तमन्ना बहुत दिलचस्प है। जमसौत में ज्यादातर लोग 'मालिक' कहकर सामने वाले को संबोधित करते हैं।

यह काम हो जाएगा, मालिक !

मालिक, 2 रुपये और दे दीजिए !

मालिक, आप की कृपा से ही सबकुछ ठीक हो गया, वगैरह।

बच्चे भी 'मालिक' कहलाने की तमन्ना रखते हैं। बातचीत के दौरान किसी ने नेता, मंत्री, मुख्यमंत्री बनने की तमन्ना नहीं दर्शाई।

माता-पिता की तमन्ना

माता–पिता की औसत तमन्ना और भी निर्दोष है। अधिकांश चाहते हैं कि बच्चा अपने पैर पर खड़ा हो जाये। आत्मनिर्भरता बेहद पवित्र तमन्ना है।

कुछ माँ–बाप चाहते हैं कि बच्चा 'बुढ़ापे की लाठी' बने।

जमसौत में लोगों की औसत उम्र ज्यादा नहीं है। 55 वर्ष के आसपास। इसलिए बुढ़ापा जल्दी जेहन में आ जाता है।

लड़के-लड़कियों की मुख्य दिक्कतें

यह पता लगाने की कोशिश की गई कि बच्चों को शिक्षा की राह में क्या–क्या मुख्य दिक्कतें आती हैं और सामाजिक कार्यकर्त्ता उन दिक्कतों को किस प्रकार, किस हद तक सुलझा सकते हैं। इसे दिक्कतें, संलग्नता और सुलझाव के सुझाव–तीन स्तम्भों में रखने की कोशिश की गई हैं।

मुख्य दिक्कतें	*संलग्नता*	*सुलझाव के उपाय*
1. पारिवारिक समस्याएँ परिवार के लोग	माता–पिता	उत्प्रेरक द्वारा परामर्श
2. पारिवारिक लापरवाही (तैयार नहीं करना, स्कूल के बारे में दिलचस्पी नहीं लेना)	माता–पिता परिवार के लोग	उत्प्रेरक द्वारा परामर्श

3. अनुत्साही वातावरण	परिवार के लोग, दोस्तों की टोली, कभी–कभी शिक्षक भी	उत्प्रेरक द्वारा परामर्श, विभिन्न सकारात्मक गतिविधियाँ तथा परामर्श शिक्षकों की कार्यशाला, अनुत्साहित करनेवाले बिन्दुओं पर परामर्श
4. स्कूल से दूरी– छोटे बच्चे तथा बड़ी लड़कियों को विशेष दिक्कत	सरकारी शिक्षा विभाग	जनवकालत की सहायत से स्कूल स्थापित कराना
5. दलित लड़कियों को रास्ते में डर (कोई छेड़खानी न करे)	रास्ते में जानेवाले किशोर तथा युवा	सामुदायिक जिम्मेदारी सामाजिक घेराबन्दी का प्रयास
6. बड़ी होने पर लड़की को स्कूल जाने से रोका जाना	परिवार के लोग के द्वारा बाधा पैदा करना	जागरूकता पैदा करने के लिए कोशिश– स्वैच्छिक प्रयास, उत्प्रेरक
7. बोलने में झिझक	शिक्षु	शबरी आश्रम में तैयारी
8. स्कूली पढ़ाई अनाकर्षक	शिक्षक समूह	उत्प्रेरणा तथा शिक्षकों की ट्रेनिंग और उचित सामग्री तथा प्रविधि का इस्तेमाल
9. पढ़ने में दिक्कत	शिक्षु	उत्प्रेरणा तथा शिक्षकों की ट्रेनिंग, शबरी आश्रम में तैयारी, पठन कार्ड
10. लिखने में दिक्कत	शिक्षु	उत्प्रेरणा तथा शिक्षकों की ट्रेनिंग, शबरी आश्रम मे तैयारी, उंगलियों का अभ्यास
11. शिक्षक से डाँट फटकार का डर	शिक्षु–शिक्षक	उत्प्रेरणा तथा शिक्षकों की ट्रेनिंग, उत्प्रेरणा

12. समस्याग्रस्त शिक्षु	शिक्षु	अधिगम दिक्कत सम्बन्धी सुझाव, मनोवैज्ञानिक मदद
13. पढ़ाई में गैप (पलायित शिक्षु)	शिक्षु	उत्प्रेरक की मदद
14. बच्चों में आलस्य	शिक्षु	मनोवैज्ञानिक मदद
15. घर पर पढ़ाई में मदद का अभाव	शिक्षु	उत्प्रेरक द्वारा गृह भ्रमण के दौरान मदद तथा शबरी आश्रम में मदद
16. पहनने के कपड़े का अभाव	बच्चे खास तौर से लड़कियाँ	बदहाल परिवारों में 5 वर्ष से ऊपर पोशाक का प्रबंध, जाड़े में अवश्य
17. घर में रोशनी का न होना	शिक्षु	सौर लालटेन का प्रबंध

विभिन्न कामों में लगे बच्चों के लिए शैक्षिक परिस्थिति रचना हेतु उपाय

दैनिक कार्यकलाप	*संलग्नता*	*सुलझाव के उपाय*
खाना बनाना	60 प्रतिशत लड़कियाँ, सालोभर	मध्याह्न भोजन, सामूहिक–साझा जिम्मेवारी
बच्चा सँभालना	40 प्रतिशत लड़कियाँ	पालना घर (नरेगा का इस्तेमाल)
पानी लाना कपड़े धोना	60 प्रतिशत लड़कियाँ लगती हैं, सालोभर	टोले में नल की व्यवस्था (पानी लाने में कम समय लगेगा तो समय की बचत होगी)
जलावन चुनना	75 प्रतिशत मुख्यतः लड़कियाँ, सालोभर	तेजी से उपजने वाले वृक्षों की बागबानी
जानवरों को सँभालना	25–35 प्रतिशत	सामुदायिक जिम्मेदारी, चक्रानुक्रम

जानवर चराना	मुख्यतः लड़के लगे हैं	वयस्कों की जवाबदेही
दूध बाँटना	मठियापुर चाटपर के सभी लड़के लगे हैं	चक्रानुक्रम, सामुदायिक जिम्मेदारी
गोइँठा पाथना	मठियापुर चाटपर की सभी लड़कियाँ लगी हैं	चक्रानुक्रम, सामुदायिक जिम्मेदारी
खेत में काम करना अगोरिया करना निकौनी, बोअनी, कटनी करना	जुलाई,अगस्त,अक्तूबर से दिसम्बर, फरवरी–मार्च की अवधि में लगभग 45 प्रतिशत बच्चे–बच्चियाँ लगते हैं	पाठ्यचर्या का समयानुकूलन, जनवरी, अप्रैल, मई, जून, सितम्बर तथा खाली समय का समुचित व्यवहार, रूटीन का अनुकूलन
भोजन संग्रह (मछली, घोंघा, सितुहा, केंकड़ा, भेंट, सिरकी आदि))	75 प्रतिशत मुसहर बच्चे लगते हैं, अन्य दलितों के भी थोड़े बच्चे लगते हैं	स्कूल में दिन का नियमित भोजन, बालघर, फोस्टर केयर घर
ईंट पाथना	15–20 प्रतिशत लड़के लगते हैं। (नवम्बर, दिसम्बर, जनवरी)	(1) कमाऊ वयस्कों के अभाव वाले परिवारों हेतु विशेष व्यवस्था (2) कमाऊ वयस्कों वाले परिवारों में जागरूकता से बालश्रम की रोक (3) पाठ्यचर्चा का समयानुकूलन
रद्दी चुनना	10 लड़के, लड़कियाँ लगी हैं (बदहाल परिवार)	विशेष व्यवस्था (बदहाली व्यवस्था), बालघर

दलित बच्चा अपने परिवार की आर्थिक मदद करता है। स्कूल जितना दूर जायगा, उसको उतना ही कम समय पढ़ने को मिलेगा। उसके दैनिक कार्य जितना अधिक समय लेंगे उतने ही स्कूल जाने के अवसर कम मिलेंगे। सम्पन्न वर्गों के बच्चे ये भूमिका अदा नहीं करते, इसलिए उन्हें दूर होस्टलों तक में भेजा जाता है। वे सारे उपाय करने होंगे जो बच्चों को स्कूल जाने के लिए और पढ़ाई के लिए ज़्यादा समय पैदा कर सकें, परिणाम के प्रति आशान्वित कर सकें और परिणामों का सार्थक इस्तेमाल कर सकें।

विशेषकर 5–6 वर्ष तक के बच्चे भी अनेक कामों में लगाए जाते हैं। सभी ग्रामीण बच्चों के लिए आँगनबाड़ी की सुविधा का विस्तार तथा एक वक्त के भोजन की व्यवस्था, इनको आँगनबाड़ी में समेटेगी। आँगनबाड़ी के सभी बच्चे

प्राइमरी में जाएँ, इसके लिए आँगनबाड़ी में विशेषज्ञता लायी जाये। विशेषज्ञता के लिए आँगनबाड़ी का समूहीकरण (क्लस्टरीकरण) उपादेय होगा। हर क्लस्टर में मनोवैज्ञानिक परामर्श की व्यवस्था।

बदहाली के शिकार

जमसौत पंचायत में अनेक बच्चे ऐसे हैं जो जीवन के व्यवहार में बिल्कुल अशक्त हैं। वे स्कूल तक आने में भी समर्थ नहीं हैं। कौन से कारक हैं जो बच्चों को घोर अशक्त बनाते हैं ? इनकी जानकारी ली गयी। कुछ कारणों की पहचान की गई तथा ऐसे बच्चों को पता लगाया गया।

कारक	*बच्चे (जीवन वृत्त का क्रम)*
माँ दिवंगत	खगड़ी मुसहरी (तीन बच्चे)
पिता दिवंगत	खगड़ी मुसहरी (चार बच्चे)
	सिकन्दपुर मुसहरी (एक बच्चा)
पलायन	खगड़ी मुसहरी (चार बच्चे)
माँ रद्दी चुननेवाली	खगड़ी मुसहरी (तीन बच्चे)
भोजन संग्रह में कठिनाई	खगड़ी मुसहरी (एक बच्चा)
विकलांग (माँ चली गई तथा पिता दिवंगत)	जमसौत मुसहरी (अंधा बच्चा तथा अन्य)
	पारिवारिक समस्या
	ढिबरा (तीन बच्चे)
अभिभावक काम करने में असमर्थ	ढिबरा (दो बच्चे)

बबिता कुमारी की माँ कोशनी देवी परित्यक्ता हैं। जमसौत की हैं।

बदहाली के शिकार अवधेश

जमसौत मुसहरी के 15 वर्षीय अवधेश कुमार माँझी तीन भाई हैं। ये सबसे बड़े हैं। दोनों भाई सुबोध कुमार (13 वर्ष) तथा प्रमोद कुमार (11 वर्ष) इनसे छोटे हैं। इनको न माँ, न पिताजी। पिताजी दिवंगत हो चुके तथा माँ घर छोड़कर चली गईं। अवधेश दोनों आँखों से अंधे हैं। ये अपने मामा के साथ रहते हैं। मामा जी की उम्र 65 वर्ष से अधिक हो गई है और शारीरिक रूप से लाचार हैं। अवधेश की आँखें 11 वर्ष की उम्र के बाद बिल्कुल खराब हो गई। अभाव के कारण उचित उपचार सम्भव नहीं हो सका। सुबोध तथा प्रमोद थोड़ी स्कूली शिक्षा के बाद नास्कूली हो गए। इस परिवार में भरण पोषण की सारी जिम्मेवारी सुबोध तथा प्रमोद ही उठाते हैं। प्रतिदिन भोजन

संग्रह में अधिकांश समय लगाते हैं। बरसात के समय मछली, घोंघा, केंकड़ा प्रचुर मिलता है जिसे बेंचकर भोजन का प्रबन्ध होता है। भेंट पौधा (सिरकी) के फूल सुखाकर बेचते हैं (दवा के काम आता है) और जड़ उबालकर खाते हैं। अन्य मौसमों में मजदूरी का सहारा लेते हैं। अवधेश अच्छा गाते हैं। ढोलक भी बजा लेते हैं। शबरी आश्रम के जरिए इन तीनों भाइयों को शिक्षा की धारा में जोड़ा गया। अपनी सारी दिक्कतों के बावजूद, इन लोगों ने फिर से पढ़ाई–लिखाई शुरू की है। ये स्कूल जाने के लिए भी आगे बढ़े हैं। मगर बदहाली की विशेष स्थिति के अनुसार इनकी मदद आवश्यक है।

बदहाल यात्रा के पथिक मुन्ना

13 वर्षीय मुन्ना माँझी भी जमसौत मुसहरी के ही मुसहर तरुण हैं। पिता बिमार हैं, पैर से लाचार हैं। दादाजी 70 वर्ष के हैं। यही इनका परिवार है। मुन्ना का हाथ जला हुआ है। वह प्रतिदिन खुद भोजन संग्रह कर परिवार के चलाने की जिम्मेदारी निभा रहे हैं। शबरी आश्रम की स्वयंसेविका ने उत्प्रेरित कर पढ़ाई की तरफ खींचा है, मगर पूरी ऊर्जा जिन्दगी बचाव से अलग कर शिक्षा में कैसे लगाई जाए ? अनिवार्य प्राइमरी शिक्षा का कानून इस पेंच को कैसे सुलझाए ?

शिक्षुओं की अभिरुचि

शबरी आश्रमों के शिक्षुओं की अभिरुचि का पता लगाया गया। वास्तव में हम इस बात को जानना चाहते थे कि बच्चे स्कूल से निकलकर किस काम में लगते हैं, उनको किस काम में मन लगता है। उनके मन के अनुसार, उनकी रुचि के अनुसार अगर शैक्षिक गतिविधियाँ और पाठ्यचर्या ढाली जाय तो सहिक प्रभाव पड़ सकता है। हमलोगों ने पाया कि उनकी अभिरुचियाँ इस प्रकार है :

खेलना	76 प्रतिशत लड़के	50 प्रतिशत लड़कियाँ
गीत गाना	50 प्रतिशत लड़के	35 प्रतिशत लड़कियाँ
अभिनय करना	35 प्रतिशत लड़के	35 प्रतिशत लड़कियाँ
मछली मारना	25 प्रतिशत लड़के	
मिट्टी का कार्य	30 प्रतिशत लड़के	25 प्रतिशत लड़कियाँ
चित्र बनाना	35 प्रतिशत लड़के	25 प्रतिशत लड़कियाँ
पत्तियों से सजावट	20 प्रतिशत लड़के	15 प्रतिशत लड़कियाँ

(**शिक्षण विधि :** शिक्षुकेन्द्रित, खेल आधारित, गीत आधारित, नाटक कहानी का इस्तेमाल, मिट्टी कार्य, चित्र, पत्तियों का इस्तेमाल)

विशिष्ट मेधा कोटि

बच्चों की मेधा कोटि का अनुमान लगाने का प्रयास किया गया। हमने अपने अवलोकन में इस बात को देखने का प्रयास किया कि मुसहर तथा अन्य अभिवंचित वर्ग के बच्चे क्या–क्या करते हैं? उन्हें क्या–क्या अच्छा लगता है? हमने पाया कि अभिवंचितो के बच्चों में पेड़–पौधे, जानवर काफी प्रिय हैं। खेत खलिहानों में उन्हें दौड़ना अच्छा लगता है। पेड़ पर चढ़ने उतरने में कोई कठिनाई नहीं होती। जानवरों के पीछे भागना इन्हें अच्छा लगता है। उन्हें पकड़कर गोद में रखना अच्छा लगता है। मिट्टी के साथ खेलना अच्छा लगता है। मिट्टी के खिलौने बनाने में दिन भर भी लगा दिया जाय, तो कोई कठिनाई नहीं। इन बच्चों को घर में रहने की आदत नहीं। एक तो इनके पास घर नहीं है, यदि है भी तो इतना छोटा है कि उसमें सिवा सोने और खाने के और कोई कार्य नहीं होता। सामान्यतया वे घर के बाहर ही सोते हैं। अतः उन्हें घर की चहारदीवारी के भीतर रहना अच्छा नहीं लगता। वे मौका मिलते ही घर से बाहर निकल जाते हैं। यही प्रवृत्ति उन्हें विद्यालय की चहारदीवारी के भीतर रख नहीं पाती। वे विद्यालय से भी तुरन्त भागने के लिए उद्यत रहते हैं। वे सामान्यतया समूह में रहना पसन्द करते हैं। जब भी मौका मिलता हैं वे गाना या खेल में समय बिताना पसन्द करते हैं।

स्पष्टतः अभिवंचितों में प्राकृतिक, शारीरिक तथा रागात्मक एवं सामाजिक मेधा का बाहुल्य है। इसकी समझ इन बच्चों के लिए शिक्षण प्रक्रिया के निर्धारण में मददगार हो सकती है। इनको ही प्रवेश बिन्दु मानकर सामग्री तथा प्रक्रिया का विकास किया गया। बच्चों को गीत, खेल की विधा गें लगाया गया। इसका बहुत अच्छा फल मिला। इससे उनकी शाब्दिक तथा तार्किक क्षमता में भी बढ़ोत्तरी हुई।हमने पाया कि मध्यम वर्ग के बच्चों से अलग दलित वर्ग के बच्चों की मेधा कोटि ज़्यादातर प्राकृतिक किस्म की है जो मध्यमवर्गीय बच्चों में उतनी नहीं है। मेधा कोटि के अनुसार इन बच्चों को इस प्रकार का पाया गया :

अवरोही क्रम

प्राकृतिक	ज्यादातर बच्चे सहज प्राकृतिक मेधा वाले
शारीरिक	गतिपरक कार्यों से सफलता की सम्भावना
सामाजिक	सभी शिक्षु समूह में कार्य करने में संलग्नता प्रदर्शित करते हैं
रागात्मक	गीत गाना, अभिनय, शिक्षुओं के लिए विकासपरक

चित्र बनाना	बालू, कंकड़, पत्ते, रंग, रेखा आदि के इस्तेमाल से वर्णन की विधा में प्रवीणता
भाषिक तार्किक	इसमें कमी, बोलने में झिझक, पढ़ने–लिखने में झिझक, परिवार में शब्द के वातावरण का अभाव, आपसी अंतर्क्रिया की कमी।

बच्चे स्कूल क्यों नहीं आते?

माता–पिता, बच्चे, उसी समुदाय की स्वयंसेविकाओं आदि से फोकस समूह चर्चा में विभिन्न दलित समुदायों के बच्चों से, जो बिल्कुल नास्कूली हैं, जो कभी स्कूली हुए मगर बाद में स्कूल से निकल गए, जो अभी भी नामांकित हैं मगर यदा–कदा ही दर्जे से जुड़ते हैं, के सम्बन्ध में विमर्श किया गया। माँ–बाप से भी चर्चा हुई। विद्यालय शिक्षा समितियों के दलित सदस्यों से भी गोष्ठी हुई। स्कूल में नहीं नाम लिखाने, स्कूल छोड़ने, स्कूल में अनियमित रूप से जाने आदि के कारण, चर्चा के मुख्य विषय थे।

ग़ैरनामांकन के कारण

- माँ–बाप कभी बच्चों को स्कूल जाने को नहीं कहते।
- माँ–बाप बच्चों को स्कूल जाने के लिए प्रोत्साहित नहीं करते हैं।
- परिवार में बच्चों को स्कूल भेजने के सम्बन्ध में कभी चर्चा नहीं होती।
- बच्चे को उनके माँ–बाप नाम लिखाने नहीं ले जाते।
- बच्चे घर के दैनिक कामकाज में जुड़े रहते हैं।
- परिवार के घरेलू जानवरों की बच्चे देखभाल–अगोरिया करते हैं।
- बच्चों को पढ़ने–लिखने में मन नहीं लगता।
- स्कूल अक्सर बन्द रहता है।
- बच्चों की शिक्षा को चलाने के लायक माँ–बाप के पास यथेष्ट संसाधन नहीं है।
- आस–पास के पढ़े–लिखे लोगों को उचित काम नहीं मिलता, दिहाड़ी मजदूरी ही करनी पड़ती है तो पढ़ाने–लिखाने का क्या औचित्य है ?
- परिवार में जीवन टिकाये रखने के लिए बच्चे दैनिक मजदूरी ज्यादा सही मानते हैं।
- परिवारिक आमदनी में योगदान के लिए बच्चे अपनी जिम्मेवारी मानते हैं।

- बच्चे बताते हैं कि स्कूल जाने लायक उनके पास कपड़े नहीं है। किसी भी प्रकार के कपड़ों मे जाने पर दूसरे बच्चे चिढ़ाते हैं।
- छोटे बच्चों को सँभालना पड़ता है।
- खेती के विभिन्न क्रियाकलापों में भाग लेना पड़ता है।
- माँ–बाप काम पर चले जाते हैं तो घर का अगोरिया करते हैं।

स्कूल बीच में छोड़ देने के कारण

- कभी–कभी दूसरे बच्चे साथ नहीं बैठने देते।
- शिक्षकों से मार पिटाई होती है।
- दूसरे बच्चों से मार पिटाई होती है।
- स्कूल छोड़ने पर अभिभावक फिर स्कूल जाने के लिए आग्रह नहीं करते।
- दोपहर का भोजन नियमित नहीं मिलता।
- छात्रवृत्ति नहीं मिलती/समय पर नहीं मिलती।
- समय पर किताबें नहीं मिलतीं/किताबें नहीं मिलतीं।
- स्कूल छोड़ने के बाद काम में लग गए और उसी में रम गए।
- माँ–बाप पढ़ने का आग्रह नहीं करते ।
- शिक्षकों का व्यवहार अनुत्साहजनक है।
- दूसरे बच्चों का व्यवहार अनुत्साही है।
- पढ़ लेने पर लड़की को योग्य वर आसानी से नहीं मिलता।
- स्कूल नियमित रूप से नहीं खुलते।
- शिक्षक पढ़ाते नहीं।
- घर पर छोटे बच्चों की देखभाल आवश्यक है।
- शिक्षक बच्चों की पढ़ाई–लिखाई पर ध्यान नहीं देते।
- बरसात में स्कूल का रास्ता जाने लायक नहीं रहता।
- बार–बार बिमार पड़ने से अनियमितता हुई, फिर छोड़ दिया।

अनियमित स्कूलन

- मध्याह्न भोजन के बाद स्कूल से गमन,
- खेती के काम में खासतौर से बोअनी और कटनी के समय बच्चे इसी काम में व्यस्त,
- अनेक बच्चों को भोजन संग्रह हेतु व्यस्तता,
- जलावन चुनने, पानी लाने में व्यस्तता,

– जानवर चराने में लगना,
– पलायन वाले परिवार में बच्चों की जिम्मेदारी बढ़ जाती है, उसके निर्वाह में–स्कूल जाना अनियमित हो जाता है,
– असाध्य रोगों से ग्रस्त परिवार सदस्यों की सेवा–सुश्रूषा में व्यस्तता,
– टोले में शादी, ब्याह, उत्सव आदि के समय स्कूल जाने में अनियमितता।

अभिवंचित वर्ग : मकमौचु के आइने में

(म-मजबूती, क-कमजोरी, मौ-मौके, चु-चुनौतियाँ)

कुछ लोगों को कभी–कभी लगता है कि अभिवंचित वर्ग आधुनिक दुनिया की विकासधारा से मेल नहीं खाने लायक हैं, इसका समुचित जवाब ढूँढ़ने के लिए इस वर्ग के सबल एवं निर्बल पक्ष का आकलन किया गया। आकलन से यह स्पष्ट हुआ कि अभिवंचित वर्ग का सबल पक्ष किसी भी वर्ग के सबल पक्ष के तुलनात्मक है। निर्बल पक्ष बहुत अवरोधी नहीं है। अतः उचित परिष्कार तथा गरिमामय पद्धति के इस्तेमाल से जिसे दूसरे शब्दों में अधिकार संप्राप्ति कहेंगे समुचित और तेज विकास हो सकता है। ख़ास तौर से मौके और चुनौतियों की सहायता से सुनियोजित विकास का मॉडल खड़ा किया जा सकता है।

मजबूती

– मेहनत करने में आगे,
– मिट्टी के साथ काम करने में प्रवीण,
– खेती में प्रवीण,
– परम्परागत खेलों में प्रवीण,
– पेड़ चढ़ना, खोदना, निकौनी, रोपनी, कटनी, बोअनी, गोइँठा पाथना, पिसनी आदि में कुशल यानि विभिन्न श्रमसाध्य जमीनी दक्षताओं में कुशल,
– राग से अनुराग, गाने में रुचि,
– फिल्मी धुनों को गुनगुनाने में रुचि,
– ऐक्टिंग में रुचि,
– नाटकीयता में मजा,
– समूह में काम करने में सहजता,
– फोटो तथा चित्र के विश्लेषण, समझदारी, बातचीत करने की अपूर्व प्रवीणता,

– अपने बनाए गए, किए गए काम के प्रति पूरा लगाव तथा उस पर अपनापन, खुद की रचना पर स्वामित्व का अहसास,
– बर्दाश्त करने की अच्छी क्षमता,
– थोड़ा रैपो बनने पर सीखने में काफी अभिरुचि,
– यथेष्ट ऊर्जा,
– छागल न्याय की समझ,
– अच्छी सामाजिक मेधा,
– अच्छी प्राकृतिक मेधा,
– अच्छी शारीरिक मेधा।

कमजोरी

– बच्चे पहली पीढ़ी के सीखनेवाले,
– जीवंत मौखिक तथा वाचिक परम्परा (oral traditions) का अभाव,
– जल्दी रैपो (rapport) बनाने में दिक्कत,
– लगातार वादे किए गए, पूरे नहीं किए गए, इस कारण किसी भी सामाजिक कार्यकर्ता के साथ रैपो (rapport) जल्दी नहीं बन पाता,
– अविश्वास की खाई पैदा हो जाना,
– औपचारिक रूप से सीखना प्राप्त करने के लिए आवश्यक औपचारिकेतर आधार का अभाव,
– घर में पुस्तकें, पत्र पत्रिकाओं या लिखित सामग्रियों का अभाव,
– हमजोली समूह की कमी,
– दूसरी जातिवाले हमजोलियों का अनुचित–गैर प्रेरक व्यवहार,
– अगल–बगल के समुदायों द्वारा उदासीनता, उपेक्षा, नामधरना–जिससे उत्साहहीनता का परिवेश,
– वे जिन कामों में दक्ष हैं उनका सामाजिक महत्त्व नहीं,
– उनके पुराण पुरुषों की मान्यता नहीं,
– उनके अर्जित ज्ञान की मान्यता नहीं,
– स्कूली किताबों, में पाठ्यचर्या में इनका जिक्र नहीं और उनपर जोर नहीं,
– उनके देवी–देवताओं, पर्व–त्योहारों, उत्सवों आदि पर ध्यान नहीं,
– नशा की लत,
– सम्पत्तिविहीन मुख्यतः भूमिहीन खेत मजदूर परिवार,
– बोलने में कमजोरी, हकलाना,
– रुक–रुककर बोलना, मंचों पर ठिठकना, अपनी बात रखने में हिचक,

- परिवारों में बच्चों को जकड़ कर रखने की प्रवृत्ति, थोड़ी भी आजादी देने में संकोच। इस सिलसिले में कोई सामाजिक कार्यकर्त्ता मदद करता है तो आशंका, प्रतिरोध,
- मन कुछ ज्यादा चंचल, ज्ञानात्मक कामों में यह ज्यादा परिलक्षित।

मौके

- प्राकृतिक क्षेत्रों में कौशल विकसित करने का विशेष अवसर,
- शारीरिक कौशल यथा खेलकूद, नृत्य एवं अभिनय में आगे बढ़ने के मौके,
- कृषि आधारित कौशलों को शिक्षा से जोड़ने का मौका,
- पशुपालन तथा पशु चिकित्सा के क्षेत्र में काम करने के अवसर,
- नए एवं कठिन परिस्थितियों में कार्य करने के अवसर,
- अभिवंचित समुदाय में साक्षरता अभियान चलाने के अवसर।

चुनौतियाँ

- विद्यालय की पाठ्यचर्या को बाल केन्द्रित बनाने की चुनौती,
- अभिवंचित वर्ग के लिए विद्यालय के वातावरण को अधिक प्रोत्साहक बनाने की आवश्यकता,
- अभिवंचित समुदाय में साक्षरता अभियान चलाने की आवश्यकता,
- समुदाय में पढ़ने तथा लिखने की गतिविधियों को सांस्कृतिक परम्पराओं से जोड़ने की चुनौती,
- परिवार के स्तर पर बच्चों को शिक्षण हेतु प्रेरक वातावरण बनाने की चुनौती,
- परिवार के स्तर पर अखबार, पत्र–पत्रिकाएँ, पुस्तकें उपलब्ध कराने की जरूरत,
- समुदाय में अभिवंचित वर्ग के कौशल के अनुरूप नए रोजगार के सृजन की चुनौती,
- सामाजिक मान्यताएँ,
- सरकारी नीतियाँ,
- राजकर्मियों की उपेक्षा,
- शिक्षकों की अप्रवीणता, उनकी उदासीनता,
- वामपंथी, दक्षिणपंथी भटकावों का भँवर।

सृजनवाद तथा सृजनवादी शिक्षा

सृजनवाद

सृजनशीलता का विकास इस जगत में जीवन के क्रमिक विकास का आधार है।

आनन्दानुभूति हर व्यक्ति की नैसर्गिक इच्छा है। प्रत्येक क्रिया से वह आनन्दानुभूति प्राप्त करना चाहता है। सृजनशीलता आनन्द की अधिप्राप्ति का अन्यतम स्रोत है।

सृजनवाद एक ऐसे समाज के निर्माण का नज़रिया पेश करता है, जिसमें सभी व्यक्तियों की नैसर्गिक सृजनशीलता का संपूर्ण विकास हो। सामाजिक, पारिवारिक, आर्थिक, सांस्कृतिक तथा राजनीतिक प्रक्रियाएँ व्यक्ति की नैसर्गिक सृजनशीलता के संपूर्ण विकास हेतु समर्पित हों। रंग, लिंग, जाति या धर्म के आधार पर किसी प्रकार का भेदभाव न हो। सभी की सृजनशील प्रवृत्तियों की पहचान हो तथा उन्हें उचित सम्मान दिया जाय।

सृजनवाद एक लर्निंग समाज बनाने के लिए प्रवृत्त है, जिसमें समाज के सभी व्यक्ति तथा संस्थाएँ सीखने–सिखाने की ओर समर्पित रहेंगी।

पृथ्वी को एक धरोहर के रूप में समझा जाएगा जिसको बेहतर रूप में छोड़ जाने की प्रत्येक व्यक्ति की जिम्मेदारी होगी।

सभी जीव बराबर हैं। इस जगत में जीने का सभी को बराबर हक़ है।

प्राकृतिक संसाधनों का उपयोग जीवन की बेहतरी के लिए इस प्रकार किया जाएगा ताकि प्राकृतिक संतुलन बना रहे। मानव प्रकृति का एक अंग है, नियंता नहीं, यही मानते हुए सभी मानवीय व्यवहार संचालित किए जाएँगे।

पूरा जगत एक है। यह जागतिक समाज एक ऐसा समाज होगा जिसमें जीवों के बीच कोई भेदभाव न हो। हम दूसरे के साथ वही करेंगे, जो हम उन्हें अपने साथ करने देना चाहते हैं।

जीवन का संचालन प्रतिस्पर्द्धा नहीं, सहयोग के आधार पर किया जाएगा।

सभी जीव स्वतंत्र हैं। प्रत्येक व्यक्ति स्वायत्त है। इसके आधार पर ही विकसित जनतांत्रिक जीवन पद्धति के द्वारा समाज की सही उन्नति सम्भव है।

सृजनवाद इस प्रकार की जीवन पद्धति के विकास हेतु जनतांत्रिक मूल्यों की स्थापना के लिए समर्पित है।

सामाजिक, आर्थिक एवं राजनीतिक न्याय ही आपसी सम्बन्धों के आधार होंगे।

प्रत्येक व्यक्ति को स्वतंत्र एवं सृजनात्मक चिंतन के लिए विकसित करने के अवसर पैदा किए जाएँगे।

सभी प्रकार की अभिवंचना से मुक्ति ही सृजनवाद का मुख्य उद्देश्य है।

अभिवंचना से मुक्ति का आधार है समाज में सभी प्रकार के श्रम की महत्ता स्थापित करना। सम्मान से ही खुलता है समानता का द्वार।

सभी प्रकार के श्रम का सम्मान सृजनवादी समाज के मूल में है।

इस प्रकार सृजनवाद के चार स्तम्भ हैं :

स्नेह, सम्मान, सहयोग, सौहार्द।

इन स्तम्भों पर टिकी 'वसुधैव कुटुम्बकम' की इमारत शैक्षिक प्रतिभा से प्रकाशित हो, इसके लिए है सृजनवादी शिक्षण विधा।

सृजनवादी शिक्षा

सृजनवादी शिक्षा से तात्पर्य है ऐसी शिक्षा जो किसी व्यक्ति को सृजनशील बनाने में मदद करती है, अर्थात विचार, प्रकिया या सामग्री के स्तर पर कुछ नया करने की ताक़त देती है। यह शिक्षा सृजनवादी समाज के निर्माण का वाहक है।

इसके विपरीत 'रोट (रट्टू) शिक्षा' से तात्पर्य है ऐसी शिक्षा जो किसी व्यक्ति को सीखी गयी सामग्री को दुहराने मात्र की क्षमता देती है।

सृजनवादी शिक्षा जीवनपर्यन्त स्वाध्याय की ओर प्रवृत्त करती है।

प्रकृति में हर बच्चा प्रकृति के साहचर्य से अपने अंश का भागीदार बनता है। समाज से, सरकार से, व्यापार से अपने हक को हासिल करने के लिए उसे सृजनवादी शिक्षा की जरूरत है।

सृजनवादी शिक्षा के माध्यम से ही वह प्रगति की काँटों भरी राह का धैर्यवान पथिक बन सकता है जहाँ उसकी यात्रा के सम्बल के रूप में होंगी—सृजनशीलता, सहकार, भावात्मक प्रबन्धन और संवादशीलता।

प्रत्येक बच्चा प्रकृति की अनूठी कृति है। इस बच्चे में विलक्षण प्रतिभा, अपूर्व क्षमता, नायाब कौशल छिपा है। इनको पूरा उभारना ही शिक्षा का मुख्य उद्देश्य है। इससे ही बच्चे का सर्वांगीण विकास होगा और वह सृजनवादी विश्व मानव के रूप में विकसेगा।

मुख्यधारायन नहीं, प्रशस्तधारायन

सृजनवादी शिक्षा प्रशस्तीयन के सिद्धान्त पर आधारित है जिसमें बच्चे की वैयक्तिक, पारिवारिक, सामाजिक तथा सांस्कृतिक विशिष्टता को उचित सम्मान देते हुए समानता के आधार पर शिक्षण प्रक्रिया में सम्मिलित किया जाता है। इसमें सभी की भाषा, पेशा एवं संस्कृति को भी सम्मान दिया जाता है।

आज की प्रचलित स्कूल प्रणाली बच्चों को मुख्यधारा में लाने के सिद्धान्त पर संचालित है। यह सिद्धान्त अभिवंचितों को शिक्षा का पूर्ण लाभ मिले, इसके लिए नहीं समर्थ है। मुख्यधारा मूलतः मध्यमवर्गीय मानसिकता है, अतः उससे अनुप्राणित शिक्षा प्रणाली मानसिक श्रम में लगे लोगों की अपेक्षाओं के अनुरूप होती है तथा उनकी जीवनशैली, सामाजिक मान्यताओं, पारिवारिक दक्षताओं तथा सांस्कृतिक परम्पराओं से पोषित होती है। अभिवंचित वर्ग की जीवनशैली, पारिवारिक दक्षताएँ, आर्थिक अपेक्षाएँ तथा सामाजिक एवं सांस्कृतिक परम्परायें इनसे मेल नहीं खाती हैं। अतः इस शिक्षा प्रणाली से उनका बिलगाव हो गया है। साम्प्रतिक शिक्षा प्रणाली द्वारा पारिभाषित जीवनप्रणाली में श्रम आधारित जीवन सम्मानित होने के बदले तिरस्कृत होता है। जो लोग वर्त्तमान शिक्षा प्रणाली का लाभ उठा पाते हैं वे मध्यमवर्गीय जीवनशैली और संस्कृति अपना लेते हैं तथा अपनी जड़ों से कट जाते हैं। अभिवंचित वर्ग का विशाल तबका इसका पूर्ण लाभ नहीं उठा पाता और शिक्षा में अपेक्षित सफलता नहीं मिलने के कारण सामाजिक, आर्थिक और सांस्कृतिक रूप में सशक्त नहीं बन पाता है। स्वभावतः इसका मौजूदा शिक्षा प्रणाली से बिलगाव हो जाता है और वैसा उदाहरण अभिवंचितों को इस शिक्षा प्रणाली के साथ जुड़ने से आशंकित करता है।

संक्षेप में यह कहा जा सकता है कि दलित समुदाय शैक्षिक क्षेत्र में अवश्य ही बिलगावकारी हिंसा (alienating violence) का शिकार हो गया है। मौजूदा सर्वेक्षण, फोकससमूह चर्चा, अभिभावकों, अध्यापकों, हितधारक समूहों से विचार के उपरान्त हम इस निष्कर्ष पर पहुँचे कि शिक्षा में आमूल परिवर्तन के लिए तो नीतिगत मौलिक बदलाव अपेक्षित है, मगर सकारात्मक क्रियान्वयन और पेशकदमी के लिए मुख्यधारायन के पूरक के रूप में प्रशस्तधारायन (broadstreaming) के प्रयोगन की दिशा में प्रयास किया जा सकता है। प्रशस्तीयन का मतलब समाज के सभी वर्गों के लोगों की जीवन पद्धति अर्थात्, भाषा, जीविका, सामाजिक एवं सांस्कृतिक परम्पराएँ आदि को समान रूप से मान्यता देने तथा संपोषित कराने वाली शिक्षा धारा है। यह बहुमेधावाद पर आधारित व्यवस्था है जिसमें सभी प्रकार की मेधा के व्यक्तियों को समान मान्यता देने की व्यवस्था है। यथार्थवादी दृष्टिकोण से यही समतामूलक व्यवस्था का आधार हो सकती है।

अभिवंचित वर्ग के ज्ञान के सृजन की पहचान नहीं

उत्साह का वातावरण तब बनता है जब अपने समाज में सफलता के उदाहरण मिलते हैं। अपने तजुर्बों का सम्मान होता है। अनुभव बताते हैं कि ज्ञान का सृजन सभी समाजों में महत्त्वपूर्ण है। नया ज्ञान पुराने ज्ञान के आधार पर ही सृजित होता है। हर समाज अपने ज्ञान की थाती पर गौरव करता है और कोशिश करता है कि दूसरों पर अपने ज्ञान के एकाधिकार को थोपे। साथ ही दूसरों के समाज में सृजित ज्ञान को नीचा दिखाए या उसपर ध्यान न दे। इसी आधार पर औपनिवेशिक गुलामी हमारे देश में फली–फूली। आजादी के बाद भी इससे मुक्ति नहीं मिल पाई।

हमारे यहाँ की यही मान्यता रही है कि ज्ञान की जन्मस्थली ग़ैर दलित समुदायों में है और ज्ञान का प्रवाह ग़ैर दलितों से दलितों की ओर होता है। कभी भी दलित समुदाय ग़ैर दलित समुदाय को कुछ सिखाते नजर नहीं आते। यह बात सभी सामग्रियों से जाहिर होती है चाहे वह पाठ्य पुस्तकें हो या पाठ्य सामग्री या इस तरह की अन्य चीजें।

यथार्थ यही है कि अभिवंचित समाजों में भी ज्ञान का उतना ही सृजन होता है। अभिवंचित समाज की मेधाओं से जुड़ी गतिविधियों के आधार पर सृजित ज्ञान की इनकी थाती को कम महत्त्वपूर्ण आँकना नाइन्साफी होगी। इसे सृजनशील विधा में जोड़ने और आगे बढ़ाने की आवश्यकता है।

श्रम तथा बुद्धि की समानता

अगर इसकी तह में जाएँ तो देखेंगे कि ज्ञान की उपज के दो प्रमुख स्रोत हैं : श्रम तथा बुद्धि। हमारी परम्परा के अनुसार श्रम के खेत में उपजे ज्ञान को ज्ञान की मान्यता नहीं दी गई। दलित पूरे–पूरे श्रम के खेत में अपने को लगाए रहे। इसलिए उनकी उपज को मान्यता नहीं मिली और वे अकुशल के ठप्पों से पीड़ित रहे। जो दलित, बुद्धि के खेत में फसल काटने लगे उन्हें तो मान्यता मिली। बाल्मीकि और व्यास ने रामायण और महाभारत की रचना की। उनके ज्ञान से ग़ैर दलित भी सींचे गए। मगर समाज के बौद्धिक तामझाम ने उनको ऋषि में तब्दील किया, तब उनको मान्यता दी। उनके उद्‌गम की कहानी को छिपाया नहीं। तब ज़माना और था। धीरे–धीरे वर्जनाएँ बद्धमूल हुईं। बाद में इस रूपान्तरण की प्रक्रिया कमजोर पड़ी और आज की वस्तुस्थिति सामने है जबकि बुद्धिजीवी जानते हैं कि खेत में दलितों के कुशल श्रम के बिना सभी बुद्धिवादियों के पेट में लाले पड़ जाएँगे। इसके बावजूद यथार्थतः जमीनी श्रम को गरिमा नहीं दी जाती।

इस वस्तुस्थिति को स्वीकारते हुए श्रम और बुद्धि को समान वजूद देने की प्रणाली विकसित करनी होगी। गाँधी और मार्क्स दोनों ने इसी की वक़ालत की। मगर इसे ज़मीन पर लागू करने की जरूरत नहीं समझी गयी है। लोकतांत्रिक व्यवस्था अगर इतना भी नहीं कर सके तो लोकतंत्र और लोकराज्य की प्रतिष्ठा कहाँ? यह तो लोकलाज के लिए भी करने की जरूरत है।

सारे दलित इसी मानसिकता के शिकार हैं। इस मानसिकता को जितना बदल पायेंगे अभिवंचितों का शिक्षाधिकार उतना ही लक्ष्यगत होगा। *इसका पहला कार्यकारी कदम विभिन्न श्रमों को कुशल मजदूरी के दायरे में लाकर पूरा किया जा सकता है।*

अवसर की समानता बनाम समानता का अवसर

हम अवसर देने की समानता पर जोर लगा रहे हैं, मगर इससे अभिवंचितों का क्या होगा? जो अवसर भँजाना जानता है, केवल वही उसका फायदा उठा सकता है। अभिवंचितों के लिए तो सफलता के अवसरों की समानता का कुछ मतलब है, जिसका चरित्र पूर्णतः जनतांत्रिक है। *केवल अवसर की समानता बाधा दौड़ की तरह है जो ज्यादातर लोगों को किसी न किसी बाधा पर रोक लेती है। जिस बाधा पर रुके, वहाँ रुक गए, इसके बाद अयोग्य घोषित हुए। अतः हमें अवसर की समानता से आगे समानता के अवसर प्रदान करने की बात करनी चाहिए। हमें इस प्रकार का वातावरण तैयार करना चाहिए जो लोगों को समानता की ओर ले जाए।*

यहाँ यह पुनः कहना होगा कि इन प्रश्नों का हल केवल स्कूल के संदर्भ में नहीं हो सकता, मगर इसकी सही समझदारी अगर हो तो उचित दिशा में सामग्री और प्रक्रिया की दृष्टि से सटीक पेशकदमी ली जा सकती है।

हमारे स्कूल बच्चों में आत्मविश्वास नहीं पैदा करते

एक अन्य सन्दर्भ भी बहुत महत्त्वपूर्ण है। हमारे स्कूल बच्चों में आत्मविश्वास नहीं पैदा करते। बच्चों को प्रश्न करने, समस्या के सुलझाव में खुद निर्णय लेने यानि उनकी निर्णय क्षमता बढ़ाने आदि पर बिल्कुल ध्यान नहीं दिया जाता। समस्या के वैकल्पिक सुलझाव बताकर बच्चे को खुद कोशिश करने की जिम्मेदारी देने से बच्चों में आत्मविश्वास पैदा होता है, विवेक जागृत होता है और वह जवाबदेही लेने की तैयारी करता है। नए सुलझावों के बारे में सोचता है। इससे कल्पनाशीलता, चिन्तनशीलता, तार्किकशक्ति बढ़ती है। यह सर्वांगीण शिक्षा के लिए आवश्यक है जो इन्सान बनाने के लिए जरूरी है।

मौजूदा शिक्षा पद्धति ग़ैर शहरी आबादी के प्रतिकूल

जो बच्चे स्कूल से बाहर हैं वे उस श्रेणी के हैं जिन पर ध्यान नहीं दिया गया। वास्तव में स्कूल में दाखिला नहीं होना या स्कूल से ग़ैर हाज़िर रहना इस बात के सूचक हैं कि ऐसे बच्चों की परवाह नहीं की गई या ये हाशिए वाली स्थिति के हैं। जमसौत पंचायत में इस प्रकार के बच्चे या तो दलित या अतिपिछड़े हैं या मुस्लिम हैं। दलितों में भी ज्यादातर मुसहरों के हैं। अब तक मुसहरों पर अन्य दलितों की अपेक्षा कम ध्यान दिया गया है–वे अपेक्षाकृत ज्यादा वंचित हैं। फिर गरीबी रेखा से नीचेवाले घरों का अनुपात भी पंचायत में अपेक्षाकृत ज्यादा है। इन घरों के बच्चों को अभिवंचना की दुहरी मार झेलनी पड़ती है। एक तो गरीबी दूसरी गँवई पृष्ठभूमि। बिहार में शहरीकरण 10.47% से ज्यादा नहीं है, जबकि राष्ट्रीय परिप्रेक्ष्य में यह 27% है। मौजूदा शिक्षा पद्धति इन शहरी तबकों की सेवा करती है। जहाँ 27% या ज्यादा है वहाँ तो इसमें कुछ सार्थकता समझ में आ सकती है। मगर गँवईपन के आवरण में ढँके बिहार में इस पद्धति का नकारापन आँकड़ों की रोशनी में उघार हो रहा है। स्पष्ट है कि यह पद्धति ग़ैर शहरी आबादी, ग़ैर मध्यवर्गीय आबादी की जरूरतों को पूरा करने में तो बिल्कुल असमर्थ है। यह बात फोकस ग्रुप चर्चा में भी स्पष्ट हुई।

अभिवंचित बच्चों के शिक्षाधिकार प्राप्ति हेतु कार्यक्रम जमसौत पंचायत में जनवरी 2007 में प्रारम्भ किया गया। टोला भ्रमण के दौरान ही यह प्रश्न कौंधने लगा था कि स्कूलों में बच्चों के छीजन और उनके नास्कूलन के लिए स्कूली व्यवस्था की मौजूदा कार्य पद्धति की अप्रासंगिकता की ज़िम्मेदारी भी कुछ है क्या? प्राथमिक स्तर पर सामाजिक–सामुदायिक जरूरतों और शिक्षा जो कुछ दे सकती है उसके बीच मेल का अभाव तो साफ–साफ खटकता ही है। नास्कूली बच्चों में या तो पूरी तरह नास्कूली बच्चे हैं या स्कूल जाकर लौटे हुए या स्कूल में नामांकित मगर नियमित स्कूल नहीं जा रहे बच्चे हैं। इनमें से तीसरी कोटि के बच्चों को *आभासी नामांकन* वाले बच्चे कहने की रीति चल पड़ी है।

जमसौत पंचायत में प्राइमरी की बालपंजी को देखा, तो नास्कूली बच्चों की कम संख्या से खुशी जरूर हुई। छीजन की संख्या भी कम ही थी। खुशी और हुई। मगर नामांकित बच्चों के लगातार ग़ैर हाजिर रहने से काफी दुःख हुआ। इनके ठहराव के लिए क्या किया जाय इसकी चिन्ता से व्याकुलता बढ़ी। यह तादाद 60–70% से ज्यादा है। अतः ठहराव और शिक्षा की गुणवत्ता का मामला हस्तक्षेप के लिए दरपेश है। इसमें सुलझाव के लिए विचार हेतु सबसे बड़ा मुद्दा है शिक्षा की वितरण व्यवस्था की दक्षता और कुशलता। 'वितरण व्यवस्था' के ही स्तर पर शिक्षा की गुणवत्ता हेतु जवाबदेही तय करना इस मुद्दे का सबसे

महत्त्वपूर्ण भाग है। सवाल है कि क्या परिणाम आधारित जवाबदेही बन पाई है? इस जबाबदेही को तय करने के लिए कैसे कार्यकारी कदम उठाए जाएँ ?

सृजनवादी विधा के मुख्य बिंदु

1. बच्चे की सीखने की विशिष्ट शैली

प्रत्येक बच्चे की सीखने की अलग शैली होती है। विश्व प्रसिद्ध मनोवैज्ञानिक डॉ. हावर्ड गार्डनर के अनुसार लोग बहुल मेधा के ज़रिए सीखते हैं। ये बहुल मेधा हैं :

शाब्दिक	तार्किक	शारीरिक
चित्रात्मक	लयात्मक / रागात्मक	सामाजिक
प्राकृतिक	चिन्तनात्मक (अंतर्मुखी)	

ये मेधाएँ अलग–अलग बच्चों में अलग–अलग परिमाण में विकसती हैं। इसलिए हर बच्चे के सीखने की शैली अनूठी हो जाती है। ज़्यादातर स्कूलों के पाठ्यक्रम तथा पाठ्यचर्या शाब्दिक और तार्किक मेधा की जरूरतों के अनुकूल ही सीमित होती हैं। इसलिए शाब्दिक तथा तार्किक मेधा वाले बच्चों को ही सफलता के मौक़े रहते हैं। दूसरों को उतनी सफलता नहीं मिलती। फिर स्कूलों में 'बोर्ड और खल्ली का राशन, मास्टर जी का रोज–रोज भाषण' रही सही कसर पूरी कर देता है। सीखने वालों को केवल शाब्दिक और तार्किक मेधा विकास के ही मौके मिलते हैं। ऐसे में अभिवंचित बच्चों की कहाँ दाल गलने वाली ? इसलिए सृजनवादी शिक्षा के तहत शिक्षण विधि में सभी मेधाओं की समन्वित तकनीक विकसित की गई है जिससे कि सभी शैलियों के बच्चों को अपनी शैली के द्वारा अपनी प्रतिभा के पूर्ण विकास का मौका मिले।

सृजनवादी शिक्षा के तहत दिमाग के दायें और बायें दोनों भागों के क्रियाकलापों के उचित समन्वय द्वारा सर्वांगीण विकास के मार्ग को अपनाया गया है जिससे सभी अधिगम शैलियों के बच्चे उचित रीति से सीख–पढ़ सकें।

2. प्रत्येक बच्चे के सीखने का वातावरण अनन्य होता है

सृजनवादी धारणा के अनुसार हर बच्चे के सीखने का वातावरण अलग–अलग होता है, एक बच्चे के सीखने का वातावरण प्रायः दूसरे के जैसा नहीं होता। सीखने का वातावरण सीखने की प्रक्रिया में महत्त्वपूर्ण भूमिका अदा करता है। अतः सीखने के कार्यकलाप पूर्णतः बाल–केन्द्रित होने चाहिए। साथ ही प्रासंगिक

भी होने चाहिए। स्कूल में दाखिले के पूर्व बच्चे का बचपन अपने माँ–बाप, रिश्तेदारों के साथ अपने घर में बीतता है। स्कूल में दाखिला लेने के बाद भी बच्चे का ज़्यादातर समय अपने माँ–बाप के साथ अपने ही घर में बीतता है। इसलिए सिखाने–पढ़ाने के कार्यकलापों में बच्चों के सामाजिक, आर्थिक तथा सांस्कृतिक कारकों का ख्याल रखना जरूरी है। नैतिक तो यही है कि सीखने की प्रक्रिया में माँ–बाप, शिक्षक, हमजोली समूह सभी की प्रभावी भागीदारी की व्यवस्था होनी चाहिए।

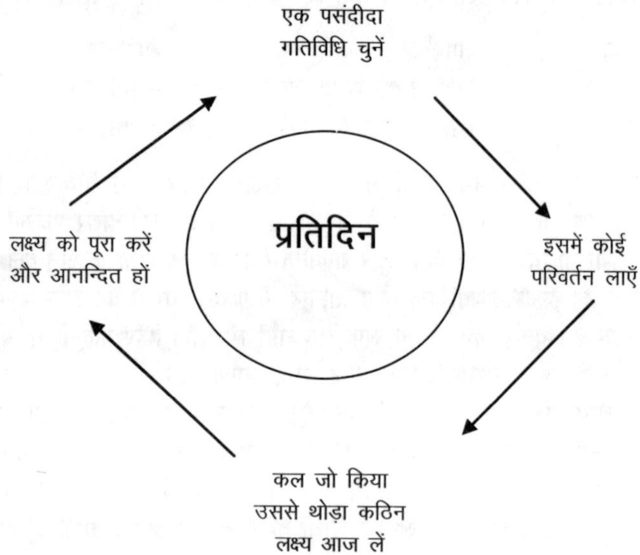

3. सीखने के लिए उल्लास का परिवेश सर्वोत्तम

हर्ष और उल्लास का वातावरण सृजनवादी अधिगम के लिए प्रेरक परिवेश प्रदान करता है। प्रयोगों से यह सिद्ध हो चुका है कि बच्चे के सीखने का वातावरण यदि प्यार और उल्लास से भरा हो तो तनाव और बलाघात के वातावरण की अपेक्षा बच्चे के दिमाग में 25 प्रतिशत से ज्यादा बढ़ोत्तरी होती है। अतः मुख्य जरूरत इस बात की है कि एक ऐसी प्रणाली विकसित की जाय जिसमें हर्षोल्लास के साथ पढ़ा–लिखा जा सके। ऐसी परिस्थिति कैसे पैदा की जा सकती है ? इसके लिए हमने अपने पुराने अनुभवों से सीखा है कि खेलों की सहायता से सीखने के मौकों को बढ़ाया जा सकता है। इसके लिए किस प्रकार के कार्यकलाप हों

इसका सुराग खेलों में मिलता है। सृजनवादी शिक्षा के तहत सीखने के कार्यकलापों को खेल की शक्ल में यथासम्भव रूपायित किया जा सकता है।

4. सीखना माँ के गर्भ से चालू हो जाता है और यह जीवन पर्यन्त चलता है

यह निर्विवाद है कि सीखना समूचे जीवन का कार्य व्यापार है। इसलिए हर शिक्षु में ऐसी क्षमता विकसित करनी चाहिए कि वह इस निरन्तर शिक्षा यात्रा का जिज्ञासु यात्री बना रहे।

5. कमतर प्रतियोगिता और वर्द्धमान सहयोग

मौजूदा शिक्षा व्यवस्था केवल व्यष्टिकरण (individualization) को बढ़ावा देती है। लोकशाही की दृष्टि से यह एक महत्त्वपूर्ण खामी है। प्रत्येक सीखनेवाले को अलग इकाई के रूप में मानते हैं, दूसरों से कुछ भी समवर्ती नहीं होता। लेकिन वास्तविक ज़िन्दगी में शायद ही कोई कार्य अकेले सम्पन्न हो पाता है। आज ज़िन्दगी के हर आयाम में परिष्कारों की बाढ़ आ रही है। समय के साथ जटिलताएँ और बढ़ेंगी। ऐसी जटिलताओं का सुलझाव समूहों में ही सम्भव है, अकेले कदापि नहीं। यह भी स्थापित तथ्य है कि समूह में सहयोगी कौशल वैयक्तिक कौशल से अलग होते हैं और दोनों को अलग–अलग देखना समझना चाहिए। प्रतियोगिता को प्रवेश कराने के पूर्व यह समझना चाहिए कि अत्यधिक प्रतियोगिता बेगानापन पैदा करती है जो कि सामूहिक ओज के विकास में बाधा बन जाती है। सृजनवादी शिक्षा टीम रचना, टीम स्फूर्ति तथा टीम कार्य विकसित करने वाले कौशलों को महत्त्व देती है।

6. जिज्ञासा सृजनशीलता की जननी है

जिज्ञासा सृजनवादी शिक्षा का आधार है। जिज्ञासा ही व्यक्ति को नई विधियाँ तलाश करने, नए सुलझाव खोजने और नए उत्पाद पैदा करने के लिए प्रवृत्त करती है।

बच्चे में जिज्ञासा का, उत्कंठा का पैदा होना स्वाभाविक है। जो भी चीज रहस्यमय है ध्यान खींचने लायक है बच्चा वैसी चीज से जुड़ता है। वह चीज हो सकता है उपयोगी न हो, आकर्षक या कीमती भी न हो, मगर जब तक वह अनोखी है बच्चे की निगाह उस पर गड़ी रहेगी। जैसे–जैसे उम्र बढ़ती है हममें से अधिकतर लोग अचरज का भाव, बड़ी चीजों को देखकर डर का भाव और

संसार की विविधता से आश्चर्य का भाव खो बैठते हैं। सृजनवादी व्यक्ति अपनी दिलचस्पी के क्षेत्र में बचपन का कुतूहल कायम रखते हैं। वे विचित्र तथा अज्ञात चीजों में दिलचस्पी लेते रहते हैं, लम्बी उम्र तक। अज्ञात तो सीमा से परे है, अतः उनकी जिज्ञासा का अन्त नहीं होता।

सीखने सिखाने की विधि

हर बच्चे की अनूठी अधिगम शैली पर आधारित एक स्वाभाविक (सहज) अधिगम प्रक्रिया होती है। इस प्रक्रिया के द्वारा ही उनके सीखने की कला को अधिक प्रभावकारी और सीखने की गति को अधिक तेज बनाया जा सकता है। सृजनवादी शिक्षा का मुख्य लक्ष्य सीखने की इसी सहज (स्वाभाविक) प्रक्रिया का विकास करना है। इस संदर्भ में सात बीज सृजक अधिगम दक्षताएँ पहचानी गई हैं जिनके विकास के द्वारा स्वाभाविक अधिगम प्रक्रिया को विकसित किया जा सकता है।

1. बीज सृजनवादी दक्षताएँ विकसित करें

हमारा शरीर एक कम्प्यूटर की तरह है। हम ज्ञानेन्द्रियों के माध्यम से जो देखते, सुनते, सूँघते, छूते या चखते हैं उससे विभिन्न सूचनाएँ (उद्दीपन) मस्तिष्क में पहुँचती हैं। मस्तिष्क में वे संग्रहित होती हैं, उसका भावनात्मक या तार्किक दृष्टिकोण से प्रसंस्करण होता है। तत्पश्चात विभिन्न कर्मेन्द्रियों को बोलने, लिखने, करने, चलने आदि के सम्बन्ध में निर्देश जारी किये जाते हैं। एकाग्रता की दक्षता द्वारा सूचनाओं के प्रवाह की दिशा तय होती है। इसी के द्वारा यह तय होता है कि मस्तिष्क के द्वारा किस प्रकार की सूचना का ग्रहण किया जाएगा, किस प्रकार उसका प्रसंस्करण किया जाएगा तथा किस प्रकार की गतिविधियों के लिए निदेश भेजा जाएगा। इसके आलोक में बच्चे में अंतर्निहित सृजनकारी क्षमता उभारने के लिए सात बीज सृजनवादी दक्षताओं की पहचान की गई है जो किसी स्वाभाविक अधिगम प्रक्रिया के लिए अत्यावश्यक हैं :

अवलोकन क्षमता
एकाग्रता
स्मृति
चिन्तन
कल्पना
भावनात्मक नियंत्रण
अभिव्यक्ति की क्षमता / संवाद संचार,

ये दक्षताएँ सृजनवादी अधिगम प्रक्रिया के आधार हैं। ये दक्षताएँ सिखाने (अधिगम) की स्वाभाविक प्रक्रिया से सम्बन्धित हैं। इन दक्षताओं के विकास में किसी व्यक्ति की इन्द्रियों के भौतिक विकास की भी महत्त्वपूर्ण भूमिका रहती है। साथ ही प्रारम्भिक जीवन में पारिवेशिक अन्तः क्रियाएँ भी इन पर प्रभाव डालती हैं। इस प्रकार विकसित दक्षताएँ बच्चे को सीखने के दृष्टिकोण से विशिष्ट बना देती हैं। इसको ध्यान में रखकर ही किसी भी व्यक्ति की सृजनशीलता की क्षमताएँ विकसित की जा सकती हैं।

(नोट : यह उल्लेखनीय है कि कम्प्यूटर क्रांति के दौर में आज सूचनाएँ सर्वसुलभ हो गयी हैं। अतः अब सूचनाओं के संग्रहण, परिष्करण तथा संचरण से सम्बन्धित उपर्युक्त दक्षताएँ महत्त्वपूर्ण हो जाती हैं। आजकल सभी बड़े नियोक्ता इन्हीं दक्षताओं में से एक या अधिक के परीक्षण के आधार पर नियुक्ति का निर्णय करते हैं। अब डिग्रियाँ नहीं, बीज सृजनवादी दक्षताएँ नियुक्ति आदि से सम्बन्धित निर्णयों में महत्त्वपूर्ण भूमिका निभा रही हैं।)

2. सीखने की प्रतीकात्मक विधि को सीखें और पारंगत बनें

बहुल मेधाओं के संदर्भ में प्रत्येक मेधा के विकास के लिए समाज में प्रतीकों तथा प्रतिरूपों का सेट विकसित किया गया है। इन्हीं के माध्यम से उस मेधा के लिए सूचनाओं का संग्रहण, प्रसंस्करण तथा संचरण होता है। उदाहरण के तौर पर शाब्दिक (वाचिक) मेधा के परकोटे में शब्दों को प्रतीक के रूप में तथा वाक्य, पैराग्राफ, कथा–कहानियों, निबंध, कविताओं आदि प्रतिरूपों का इस्तेमाल किया जाता है। अतः सृजनवादी शिक्षा के लिए इन प्रतीकों तथा प्रतिरूपों का ज्ञान प्राप्त करना तथा उनमें पारंगतता हासिल करना आवश्यक हो जाता है। विभिन्न मेधाओं के लिए प्रतीकों के रूप निम्न प्रकार होंगे :

मेधा	*प्रतीक (संकेत समूह)*
शाब्दिक	शब्द
तार्किक	अंक, तर्क
शारीरिक	चेहरे के भाव, मुद्रा, खेलों की क्रियाएँ
चित्रात्मक	चित्र संकेत
लयात्मक/रागात्मक	राग, सरगम
सामाजिक	सामाजिक, पारस्परिक पारम्परिक क्रियाएँ
प्राकृतिक	खेत खलिहान के सांकेतिक रूप, जानवरों के संकेत
चिन्तनात्मक (अंतर्मुखी)	आन्तरिक आदृष्टि

विभिन्न प्रकार के लोग अपनी अपनी मेधा के अनुरूप ही सत्य का अवलोकन करने की क्षमता रखते हैं। इनके माध्यम से ही विशिष्ट मेधा के व्यक्ति सीखने के क्षेत्र में आगे बढ़ते हैं। अतएव, विविध मेधा के प्रतीकों की जानकारी और प्रभावी संवाद के लिए उन्हें प्रतिरूपों में सजाने की कला को जानना महत्त्वपूर्ण होता है।

3. सीखने की कला सीखें

सृजनवादी शिक्षा के अनुसार शिक्षण तभी प्रभावी होता है जब वह स्वाधिगम (स्वयं सीखने) की कला सिखा दे (तभी तो लर्निंग समाज बनेगा)। बच्चों को सीखने की कला में पारंगत होने का मौका मिलना चाहिए। तब वे जीवनपर्यन्त अपने समय का पूरा इस्तेमाल सीखने में लगा सकेंगे। स्कूल को सीखने की राह पर निरन्तर यात्रा के लिए बच्चों को तैयार करना चाहिए। इस दृष्टि से सभी को यह विश्वास करना चाहिए कि

- हर मौका सीखने का मौका है
- हर व्यक्ति, हर चीज जीवधारी हो या निर्जीव हो, सीखने की चीज है, और सीखने में सहायक है तथा हर व्यक्ति सीखनेवाला है।

इस तरह सृजनवादी शिक्षा सीखनेवाले समाज की रचना हेतु अग्रसर है।

4. व्यक्तिगत प्रतियोगिता कम करें, सामूहिक कार्य, सहयोगात्मक कार्य बढ़ाएँ

वैयक्तिक प्रतियोगिता से कुछ लोगों को ही सफलता की भावना से खुश होने का मौका मिलता है, अधिकांश लोगों को विफलता की भावना से ही दो–चार होना होता है। यह सुखी और उल्लासपूर्ण वातावरण के लिए ठीक नहीं। इसलिए ज्यादा से ज्यादा समूह कार्य होने चाहिए। प्रबन्धन कौशल का महत्त्व बढ़ रहा है, अतः प्रबन्धन कौशल को आरम्भिक दर्जों से पढ़ाना चाहिए। यह खेल और क्रियाशीलनों के जरिए सम्भव है। इन्हें मूल्यांकन विधियों से भी जोड़ना चाहिए।

5. खेलों के जरिए सृजनशीलता विकसित करें

उल्लास के वातावरण में गतिविधि करने के लिए खेल अच्छा मौका देते हैं। खेल हमेशा हर्ष के वातावरण में खेले जाते हैं। यह सही है कि थोड़ी प्रतिस्पर्द्धा के प्रवेश से तनिक गम्भीरता आ जाती है, मगर आनन्द और जोश का माहौल खत्म नहीं होता। जब बच्चे कोई गेम खेलते हैं तो उन्हें निरन्तर नई परिस्थितियों से

जूझना पड़ता है। इसलिए नई परिस्थितियों से निबटने का संयोग मिलता है। इस प्रकार खेलों से बच्चों में सृजनशीलता का विकास होता है।

खेलों से विभिन्न प्रयोजन सधते हैं :

- प्रयोग करना, खोज करना और आविष्कार करना सीखते हैं।
- साथ खेलना और सहयोग करना सीखते हैं।
- अपने हाथ तथा अन्य कर्मेन्द्रियों का इस्तेमाल सीखते हैं।
- अपनी कल्पना और स्मरणशक्ति को सृजनशील ढंग से उपयोग करना सीखते हैं।
- सफलता और विफलता के साथ जीने की सही आदत सीखते हैं।
- आत्मनिर्भर तथा आत्मविश्वासी होना सीखते हैं।
- भावनाओं तथा सरोकारों का बेहतर ढंग से नियंत्रण और प्रबन्धन सीखते हैं।

चूँकि बच्चे गेम खेलना पसन्द करते हैं, अच्छा होगा यदि हम खेल की शक्ल में गतिविधियों को डिजाइन करें। विभिन्न उम्र के बच्चे विभिन्न किस्म के गेम खेलते हैं। इसलिए गतिविधियों के डिजाइन भी विभिन्न प्रकार के होंगे।

हम जानते हैं कि बच्चे शारीरिक गतिविधि पसन्द करते हैं। एक छोटे बच्चे को दौड़कर बगीचे में पेड़ गिनने को कहें तो वह खुशी–खुशी इसे करना पसन्द करेगा। उम्र के साथ पसन्दगी बदल जाती है। थोड़ा बड़ी उम्र में वह दूसरों को छकाना पसन्द करेगा। वह रहस्यों को सुलझाने में मन लगाएगा। खेल की प्रकृति में बदल आएगी, मगर खेल से प्यार वैसा ही रहेगा। बच्चे खेल से कभी थकते नहीं। इसलिए सृजनशील प्रवाह लाने हेतु खेल के रूप में गतिविधि इस ढंग से डिजाइन की जानी चाहिए कि खेल ही पूरा–पूरा न हो, उसमें सीखना भी शामिल रहे। खेलने की क्रिया गतिविधि में रंजन और दिलचस्पी देती है। सोद्देश्य खेल में रंजन, दिलचस्पी और अधिगम का खुशनुमा मिश्रण रहता है।

6. मानसिक चित्र रचना विकसित करें

सृजनशील सामग्रियों का विकास पहले मानसिक चित्रों के रूप में होता है। इसके बाद वह विभिन्न गतिविधियों के रूप में रूपान्तरित होता है। एक पुल का निर्माण पहले मन में होता है। उसके बाद वह रेखाओं के रूप में कागजों पर उतरता है। तब वह धरती पर उतरता है। सृजनशीलता के विकास के लिए यह आवश्यक है कि मानसिक चित्र के निर्माण की प्रक्रिया में पारंगतता हासिल करायी जाय। मानसिक चित्र निर्माण प्रक्रिया से सम्बन्धित विकसित अभ्यास आदृष्टि क्रियाएँ शिक्षुओं में एकाग्रता स्मृति तथा कल्पना की शक्ति पैदा करती हैं। इनसे भावनात्मक नियंत्रण

भी विकसित होता है। भावनात्मक नियंत्रण ज़िन्दगी में सफलता के लिए बहुत ज़रूरी है। आदृष्टि क्रियाओं का शैक्षिक इस्तेमाल सृजनवादी शिक्षा की महत्त्वपूर्ण विशेषता है।

7. प्रश्न करने की कला सीखें

जिज्ञासा व्यक्ति में स्वाध्याय को प्रेरित करती है। बच्चा जन्म से ही जिज्ञासु होता है। इस जिज्ञासा की प्रवृत्ति को आजीवन कायम रखना आवश्यक है। इसके लिए प्रश्न करने की कला सीखना मददगार हो सकता है। अनुभव से देखा गया है कि प्रश्न करने की कला, प्रश्नों का उत्तर देने की कला से ज्यादा महत्त्वपूर्ण है। इसलिए प्रश्न करने में पारंगतता हासिल करने की आवश्यकता है। प्रश्न करना चिन्तन प्रक्रिया का मार्गदर्शक बन जाता है। दोनों प्रकार के चिन्तनों–अभिसारी और अपसारी के विकास में प्रश्न महत्त्वपूर्ण है। अपसारी का अर्थ है कई उत्तर खोजनेवाला तथा अभिसारी का अर्थ है एक उत्तर पानेवाला। इस प्रकार प्रश्न करने की कला जिज्ञासा की राह बनाती है।

सृजनवादी शिक्षा प्रश्न करने की कला को बढ़ावा देती है तथा इसमें संवृद्धि का प्रबोधन तथा मूल्यांकन करती है।

8. भावनात्मक प्रबन्धन करें

वैज्ञानिक प्रयोगों ने सिद्ध किया है कि हमारे मस्तिष्क में निर्णय दो स्तरों पर होते हैं–तार्किक स्तर और भावनात्मक स्तर पर। तार्किक स्तर पर निर्णय सोच समझकर लिया जाता है जबकि भावनात्मक स्तर पर निर्णय तुरन्त और संवेग के आधार पर लिया जाता है। जीवन के अधिकांश निर्णय भावना आधारित होते हैं। हमारे विद्यालयों में अधिकांश पढ़ाई तार्किक (विवेकी) मस्तिष्क के विकास से सम्बन्धित होती है। अतः इस पढ़ाई से जीवन के संघर्ष की तैयारी अपूर्ण रह जाती है। हमें तार्किक और भावनात्मक दोनों स्तरों पर मस्तिष्क का विकास करना है। तार्किक मस्तिष्क के विकास हेतु काफी गतिविधियाँ विद्यालय में हो जाती हैं। पर भावनात्मक प्रबंधन के लिए अपेक्षित तैयारी का अभाव रहता है। इस कारण बच्चे अपनी प्रतिभा के अनुरूप सफलता हासिल नहीं कर पाते। इस संदर्भ में भावनात्मक प्रबंधन काफी महत्त्वपूर्ण हो जाता है।

उल्लेखनीय है कि सीखना सर्वोत्तम तभी हो सकता है जब उसे भावना से जोड़ दिया जाय। इसलिए शैक्षणिक गतिविधियों को शिक्षुओं की भावनाओं से जोड़ा जाना महत्त्वपूर्ण है। हम उत्सव मनाना चाहते हैं। उससे हमारी भावनाएँ जुड़ी रहती

हैं। उत्सव की परम्पराएँ स्वतः चलती रहती हैं। इसलिए यदि सीखने के माहौल को उत्सव में तब्दील कर दिया जाय, तो सीखना निरन्तर जारी रहता है।

इसी प्रकार खेलों में भावना का उद्रेक रहता है। भावना के साथ इस संयोजन के कारण बच्चे सीखने के लिए उद्यत रहते हैं। इसी कारण बच्चे परम्परागत खेलों को स्वतः सीख जाते हैं। खेल की प्रक्रियाएँ हमें निरन्तर नई चुनौतियाँ पेश करती हैं। इसलिए गतिविधियों को खेलों से जोड़ने से हम उन गतिविधियों से जुड़े क्षेत्रों में नई चुनौतियों का सामना करने में अधिक सक्षम बनते हैं। यही कारण है कि खेलों के दौरान हम लगातार सीखते हैं। स्पष्टतः गतिविधियों को खेल के रूप में परिवर्तित कर देना उसे काफी प्रभावकारी बना दे सकता है।

9. गतिविधि आधारित सीखना

गतिविधि का अर्थ है विधि के अनुसार संचालित गतिकारी क्रियाएँ। विभिन्न गतिविधियों को करके सीखने से शिक्षण ज्यादा समय तक कायम रहता है। इसलिए सृजनवादी शिक्षा में सीखने के लिए विभिन्न मेधाओं को प्रोत्साहित करने वाली गतिविधियों का उपयोग किया जाना चाहिए। यह समझने की आवश्यकता है कि पुस्तकें पढ़ाना एक गतिविधि है, एकमात्र गतिविधि नहीं। गतिविधियाँ कई प्रकार की हो सकती हैं, यथा किताबें पढ़ना, तस्वीरों के द्वारा विचारों को अभिव्यक्त करना, गीतों या नाटकों के द्वारा प्रदर्शन, आदि। कई गतिविधियाँ समूह आधारित होती हैं। चूँकि जीवन में हम सर्वाधिक कार्य समूह में करते हैं, अतः सामूहिक गतिविधियों को अधिकाधिक प्रोत्साहित करने की ज़रूरत है।

सृजनवादी शिक्षा के अन्तर्गत ऐसे अवसर सृजित किए जाते हैं जहाँ गतिविधि आधारित क्रियाएँ सम्पन्न की जा सकें। प्रदर्शनियाँ आयोजित करना, मेला लगाना या घूमना, बालसंसद आयोजित करना, भ्रमण पर जाना, वाद विवाद का आयोजन, अंत्याक्षरी, सांस्कृतिक आयोज़न, रोल प्ले, कथा वाचन, कम्प्यूटर आधारित क्रियाएँ आदि। इस अर्थ में जीवन की विविध घटनाओं को गतिविधि में तब्दील कर परियोजनाएँ बनाने की आवश्यकता है।

10. सृजनशीलता को आदत बनाएँ

सृजनवादी शिक्षा का मूल आधार है किसी व्यक्ति की आंतरिक सृजनशीलता की क्षमता का विकास। सभी व्यक्ति सृजनशील होते हैं। इस सृजनशीलता का प्रस्फुटन कराकर ही सृजनवादी विश्व का निर्माण हो सकता है। इसलिए यह आवश्यक है कि सृजनशीलता का विकास इस प्रकार किया जाय कि यह एक आदत बन जाए। इसके लिए प्रत्येक शिक्षु को अपनी अभिरुचि तथा दक्षता के

अनुरूप एक दैनिक कार्य योजना बनाने के लिए प्रेरित किये जाने की आवश्यकता है। जिसे जिस कार्य में ज्यादा प्रवीणता हो, उसे उससे सम्बन्धित विषय पर दिलचस्प सामग्री, डिजाइन निर्माण करने को कहा जाय। जो कहानी लिख सकता हो, कहानी लिखे। जो कविता लिखना चाहता हो, कविता लिखे। खेलते हों, तो खेल में नई विविधता के साथ खेलें। फुटबॉल खेलते हों तो एक नया लक्ष्य रखकर किक मारने का निशाना बनाएँ। गीत गाते हों, तो नई विविधता के साथ गीत गाएँ। हमेशा बीते हुए कल से बेहतर। प्रत्येक दिन का यह अभ्यास ही किसी व्यक्ति को महान बना सकता है।

प्रत्येक दिन उस क्षेत्र में नया कार्य किया जाय जिसमें शिक्षु नए गेम तथा खिलौने बनाते हैं तथा कबाड़ से जुगाड़ करते हैं। शिक्षु कविता तथा कहानी लिखते हैं। असोशिसन फॉर प्रोमोशन ऑफ क्रिएटिव लर्निंग (एपीसीएल) निम्नलिखित विशिष्ट प्रोग्राम के अनुसार दैनिक सृजनशीलता को बढ़ावा देता है।

11. प्रबन्धन का गुर सीखें

आधुनिक युग में प्रबन्धन एक महत्त्वपूर्ण कौशल के रूप में उभरा है। चाहे घर का काम हो या बाहर का, सभी जगह प्रबन्धन के कौशल का सहज उपयोग देखा जा सकता है। सामान्यतया हम यह सोचते हैं कि व्यक्ति प्रबन्धन का यह कौशल या तो जीवन की सामान्य गतिविधियों के दौरान सीख जाएँगे या फिर प्रबंधन की पढ़ाई के उच्चतर स्तरों में इसे सिखाया जाएगा। पर आज के समाज में इसकी बढ़ती उपयोगिता के प्रसंग में प्रबंधन के गुर प्रारम्भिक स्तर से ही सिखाने की आवश्यकता है। प्रबन्धन का कौशल सृजनवादी शिक्षा का महत्त्वपूर्ण अंग है। इसे सिखाने की प्रक्रिया भी काफी लचीली होनी चाहिए। बच्चे जो भी कार्य करते हैं, जो भी उत्सव मनाते हैं, उसी के साथ प्रबन्धन के कौशल को जोड़ने की आवश्यकता है। वे शिक्षक दिवस मनाते हैं, बाल दिवस मनाते हैं, सरस्वती पूजा मनाते हैं। इसी के साथ योजना बनाना, बैठक करना, उसकी कार्यवाही लिखना, कार्यों की जिम्मेदारी का विभाजन करना, लेखा रखना, प्रतिवेदन लिखना आदि के कौशल सहज रूप से सीख जाते हैं।

12. शिक्षण सामग्री

सृजनवादी शिक्षा प्रशस्तीयन के सिद्धान्त पर आधारित शिक्षण सामग्रियों के विकास को प्राथमिकता देती है। प्रशस्तीयन अर्थात् सभी भागीदारों की भाषा, संस्कृति, परम्पराओं को समान इज़्जत देते हुए शिक्षण प्रक्रियाओं एवं शिक्षण सामग्रियों का विकास। इसमें कोई भाषा अच्छी या बुरी नहीं मानी जाती। सभी

भाषाएँ बराबर मानी जाती हैं। संवाद संप्रेषणीयता की आवश्यकता के अनुसार उनका सांदर्भिक उपयोग किया जा सकता है। माँ, माई, अम्मा, मदर, मम्मी, मॉम, ईया आदि सभी एक दूसरे के पर्याय माने जाते हैं। कोई भी एक दूसरे से कमतर नहीं आँका जा सकता।

सृजनवादी शिक्षा स्वयं अपने सम्बन्ध में अध्ययन से प्रारम्भ होती है। पहले अपने भौतिक, मानसिक एवं आध्यात्मिक स्वरूप का ज्ञान, फिर उन्हें नियंत्रित करने की क्षमता का विकास। बाद में अपने परिवार की समझ, उसके संचालन की पद्धतियों की समझ, पारिवारिक सांस्कृतिक परम्पराओं की गहराई में जाने की क्षमता, उनके मूल्यांकन की क्षमता, उन प्रक्रियाओं में यथानुरूप बदलाव लाने की ताकत का विकास। परिवार प्राथमिक सामाजिक समूह है। उसमें बड़ी से बड़ी संस्थाओं की प्रक्रिया के सभी सूत्र उपलब्ध रहते हैं। अतः बड़ी संस्थाओं के मौलिक कार्यों के संचालन की क्षमता के कौशल का विकास पारिवारिक प्रक्रियाओं के संचालन कौशल के विकास से हो जाता है। इसी क्रम में आगे बढ़ते हुए अपने दोस्त, रिश्तेदार, पेशेवर व्यक्ति, व्यवसायी, पदाधिकारी, अन्य सामाजिक व्यक्ति, संस्थाओं के बारे में ज्ञान, उनके महत्त्व, आदि के बारे में सीखना चलता है। यह क्रम बढ़ते–बढ़ते विश्व के स्तर तक पहुँचने की योग्यता प्रदान करता है। आशा की जाती है कि सही तमन्ना और पेस अख्तियार करने पर हम विश्व में सहिक परिवर्तन के वाहक बन सकते हैं। इसी सिद्धान्त के आधार पर शिक्षण सामग्रियों एवं गतिविधियों का विकास किया जाना चाहिए। गतिविधियाँ प्रोजेक्ट, प्रदर्शनी, खेल आदि के रूप में तय की जाती हैं।

13. मूल्यांकन (दक्षता आधारित)

सृजनवादी शिक्षा के अन्तर्गत मूल्यांकन पद्धति एक विशिष्ट सोच से संचालित होती है। इसके अन्तर्गत मूल्यांकन किसी शिक्षु के कौशल के विकास का प्रतिबिंब माना जाता है। अवलोकन क्षमता, एकाग्रता, स्मृति, चिन्तन, कल्पना, भावनात्मक नियंत्रण एवं अभिव्यक्ति की क्षमता/संवाद संचार की मौलिक दक्षता एवं उप दक्षताओं के विकास के प्रबोधन से किसी व्यक्ति के सृजनवादी शैक्षिक मापदंड पर अर्जित विकास की जानकारी मिलती है। इससे शिक्षु की इन दक्षताओं में उसकी सबलता तथा कमजोरी स्पष्ट होती है। उनके उपचारी हस्तक्षेप की जरूरत भी मालूम हो जाती है। इस मूल्यांकन पद्धति में कोई पास या फेल नहीं करता। केवल विभिन्न कौशलों पर अपने सकारात्मक एवं नकारात्मक पक्ष के बारे में जानकारी प्राप्त होती है। सकारात्मक पहलुओं को और बलवती वनाने का प्रयास किया जाता है जबकि नकारात्मक पक्षों को सुधारने का अवसर प्राप्त होता

है। आनन्दपूर्ण माहौल में ही व्यक्ति अपने कौशल का प्रदर्शन कर सकता है। अतः मूल्यांकन पद्धति तनावमुक्त वातावरण में इस प्रकार संचालित करने की आवश्यकता है ताकि तनाव के बदले यह आनन्द का एक माध्यम हो सके।

मूल्यांकन की इस पद्धति में विषय आधारित ज्ञान महत्त्वपूर्ण नहीं रहता। अधिक महत्त्वपूर्ण होता है कौशल का विकास। हिन्दी हो या गणित, विज्ञान हो या समाज विज्ञान सभी का मुख्य उद्देश्य इन कौशलों में से किसी एक या अधिक का विकास ही होता है। अतः आजकल सभी मुख्य नियोक्ता कौशल के परीक्षण के आधार पर ही नियुक्ति विषयक निर्णय लेते हैं। विषय आधारित मूल्यांकन के बदले कौशल के विकास के मूल्यांकन की पद्धति को स्थापित करना सृजनवादी शिक्षा का मुख्य उद्देश्य है।

मेधा के विविध प्रकार

मेधा से व्यक्ति के सीखने की सम्पूर्ण क्षमता का पता चलता है। पहले मेधा की माप के जो मापदंड विकसित किए गए उससे लोगों के केवल मेधावान होने एवं मेधावान न होने के रूप में वर्गीकृत किया गया। पर यह देखा गया कि कई व्यक्ति जो मेधा के मापदंड पर निम्न स्तर के थे जिन्दगी में काफी अच्छी सफलता प्राप्त कर रहे हैं। अतः यह पाया गया कि किसी व्यक्ति में एक नहीं, वरन् कई किस्म की मेधाएँ होती हैं।

डॉ. होवार्ड गार्डनर के शोध के मुताबिक किसी व्यक्ति में आठ प्रकार की मेधाएँ होती हैं :

1. शाब्दिक,
2. तार्किक,
3. चित्रात्मक,
4. रागात्मक,
5. शारीरिक (गतिक),
6. सामाजिक,
7. अंतर्मुखी (चिन्तनात्मक),
8. प्राकृतिक।

सीखने की विशिष्ट शैली

उपर्युक्त बहुमेधा सिद्धान्त के आधार पर प्रत्येक व्यक्ति में सभी मेधाएँ अलग–अलग माप के अनुसार होती हैं। इस मेधा के पैटर्न पर ही व्यक्ति के सीखने की शैली

निर्धारित होती है जो हर व्यक्ति में विशिष्ट होती है। यदि उस व्यक्ति को उसी विशिष्ट शैली में सिखाने की कोशिश हो तो सफलता उस व्यक्ति के चरण चूमेगी।

उदाहरण के तौर पर यदि किसी व्यक्ति में रागात्मक मेधा काफी महत्त्वपूर्ण है तो उसे सिखाने के लिए गाने या वाद्य यंत्र का सहारा लेना चाहिए। गणित सिखाने के लिए भी गाने या वाद्य यंत्र का सहारा लेना काफी उपयोगी होगा।

शाब्दिक/भाषिक मेधा/शैली

इसका रिश्ता भाषा और भाषा सम्बन्धी बातों से है। ऐसी मेधा के प्रवीण व्यक्ति चित्रों के बदले शब्दों में सोचते हैं। जिनके सीखने की शाब्दिक शैली सटीक होती है उनकी बोलने की क्षमता बेजोड़ होती है। शाब्दिक मेधा वाले व्यक्ति शब्दों से खेलते हैं। यदि उन्हें ऐसा वातावरण दिया जाय जिसमें अक्षरों को पढ़ने की गतिविधि, शब्द खेलों, अखबारों–पत्रिकाओं, बोलती कहानियों, शब्द पहेलियों आदि का इस्तेमाल शामिल हो तो उनके सीखने की गति तेज हो जाती है।

ऐसे लोग सुनने, पढ़ने, लिखने, बोलने, पढ़ाने, समझाने, सम्पादन करने, कहानी कहने, कविता पढ़ने, हास्य पैदा करने, संकेतीय चिन्तन करने, अवधारणात्मक प्रतिरूपण करने, शब्दों के रूप में सूचनाओं को याद रखने आदि कौशलों के जरिए सीखते हैं।

इस शैली के शिक्षुओं को सीखने में सबसे ज्यादा सुविधा होती है जब वे

→ किसी भी ढंग से वर्णों को पढ़ते हैं।
→ शब्दों से खेल खेलते हैं।
→ अंतर् क्रियात्मक कहानी की किताबों को देखते पढ़ते हैं (जैसे चित्रकथा, कॉमिक आदि)।
→ पत्र–पत्रिकाओं का उपयोग करते हैं।
→ लिखित संकेतों का इस्तेमाल करते हैं।

ऐसे लोग कवि, पत्रकार, लेखक, शिक्षक, वकील, अनुवादक, कथावाचक, ड्रामालेखक, उपन्यासकार, वक्ता, राजनीतिज्ञ आदि हो सकते हैं।

तार्किक मेधा/गणितीय मेधा

इसका वैज्ञानिक चिन्तन से जुड़ाव होता है। इसमें आगमन तर्क प्रणाली शामिल है। सीखने की इस शैली के व्यक्ति प्रमाण, तर्क तथा संख्या के इस्तेमाल की

योग्यता हासिल करते हैं। ये तार्किक तथा गणितीय प्रतिरूपों के रूप में सोचते हैं तथा इन औजारों से सूचनाओं का संयोजन करते हैं। अपने इर्द–गिर्द जो दुनिया है इसके बारे में इन्हें हमेशा जिज्ञासा रहती है और इस सम्बन्ध में प्रश्न पूछने की जीवन्त आदत होती है। ये प्रयोगों से जाँचने की कोशिश करते हैं।

इस मेधा की शैली के शिक्षु प्रयोगों में लगकर खुश होते हैं। वे हमेशा प्रतिरूपों, क्रमों तथा सम्बन्धों की खोज में लगे रहते हैं। पहेली, अनुक्रम गतिविधियों, प्रयोगों, गणितीय खेलों, तार्किक तथा रणनीतिक खेलों के रूप में जब सूचनाएँ मिलती हैं तो इनके मनोनुकूल होती हैं।

अच्छी तार्किक मेधा वाले व्यक्ति प्रतिरूपों को पहचानने, अमूर्त्त प्रतीकों के साथ काम करने (जैसे संख्याओं और ज्यामितीय शक्लों के साथ) विभिन्न सूचनाओं में सम्बन्ध स्थापित करने या सम्बन्ध ढूँढने में अच्छी निपुणता हासिल कर लेते हैं। इनके लिए समस्या सुलझाव, सूचनाओं का श्रेणीकरण, अमूर्त्त अवधारणाओं के साथ काम करना तथा उनके बीच सम्बन्ध ढूँढ़ना, तर्कों की लम्बी शृंखला को सँभालना तथा तार्किक श्रेढ़ी की रचना करना, नियंत्रित प्रयोग करना, प्राकृतिक घटनाओं को प्रेक्षण करना और सवालों के घेरे में लाना, जटिल गणितीय गणना सम्पन्न करना, ज्यामितीय शक्लों के साथ काम करना आदि मनपसन्द कार्यकलाप हैं।

यह मेधा वैज्ञानिकों, कम्प्यूटर प्रोग्रामरों, एकाउन्टेन्टों, वकीलों, इंजीनियरों, शोधकर्त्ताओं तथा गणितज्ञों में खूब दिखती है।

चित्रात्मक मेधा/शैली

इस मेधा का सम्बन्ध चाक्षुष कला, (जैसे चित्र बनाना, ड्राइंग बनाना, मूर्त्ति बनाना) स्थापत्य कला, नक्शा बनाना, जहाज या विमान के मार्ग निर्देशन आदि से है। इसका मुख्य संवेदी अंग दर्शनेन्द्रिय है मगर यह मानसिक बिम्बों की रचना तथा मानस में चित्र बनाने की योग्यता को भी समाहित करती है। इसके जरिए देखी गई चीज को महसूसने की योग्यता का विकास होता है। इस मेधा से सम्पन्न व्यक्ति तस्वीरों में चिन्तन करते हैं, रंग–रेखाओं में सोचते हैं और मानसिक चित्रों के सहारे सूचनाएँ याद रखते हैं। इन्हें नक्शे, चार्ट, तस्वीरें, वीडियो, सिनेदृश्यों के अवलोकन में आनन्द आता है। इस मेधा से सम्पन्न बच्चों को आँखों में पूरे संसार को समेटने में मजा आता है। देखने से यथार्थता का बोध होता है।

कलाकारों, पेन्टरों, मूर्त्तिकारों, नक्शानवीसों, विमान एवं जलपोतों के मार्गदर्शकों, इंजीनियरों, वास्तुकारों, आविष्कारकों आदि में इस मेधा के स्पष्ट दर्शन होते हैं।

शारीरिक/गतिक मेधा/शैली

यह शरीर के व्यवहार के जरिए भावाभिव्यक्ति की क्षमता है। नृत्य और शारीरिक भाषा के जरिए (जैसे नृत्य और भावभंगी में), खेल के जरिए (जैसे स्पोर्ट्स में) और नए उत्पाद सृजन के जरिए (जैसे हुनर और आविष्कार में) इस मेधा का व्यक्ति अपनी भावनाएँ जाहिर कर पाता है। हमारी कर्मेन्द्रियों के जरिए किए गए कामों से इस मेधा का रिश्ता है। यह शारीरिक नियंत्रण के जरिए वस्तुओं को कुशलता पूर्वक सँभालने तथा संचालित करने की योग्यता विकसित करती है। इस मेधा से सम्पन्न व्यक्तियों के पास संतुलन की पटुता होती है और आँखों तथा हाथों के बीच अच्छा समन्वय होता है। अपने चतुर्दिक वरिमा (space) के साथ अंतर्क्रिया करके ये सूचनाओं का प्रसंस्करण करते हैं और याद रखते हैं। वास्तव में हमारा शरीर बहुत सी चीजें जानता है जिससे मानस अनभिज्ञ रहता है और मानस को दूसरा कोई उपाय जानने का है भी नहीं जब तक शरीर वरिमा से अतर्क्रिया न करे, जैसे टाइप करना, साइकिल चलाना, कपड़ा सीना आदि।

इस मेधा के धनी लोग नाचने, खेलने, शारीरिक समन्वय करने, दैहिक भाषा प्रयोग करने, ऐक्टिंग करने, दूसरों की नकल करने, हाथों के जरिए सृजन करने तथा निर्माण करने और देह के माध्यम से भावना जाहिर करने में पटु होते हैं।

ऐसे बच्चों को अगर अपने हाथ–पैर तथा शरीर को सक्रिय रूप से इस्तेमाल करने का मौका मिले तो वे बड़ी तेजी से सीखते हैं। करके सीखना, शिक्षा का युगों पुराना तरीका रहा है। शारीरिक/गतिक मेधा इसी तरीके को व्यक्त करती है।

ऐसे लोग ऐक्टर, ड्रामा करने वाले, खिलाड़ी, नक्काल, हास्यकार, पेशेवर नर्तक/नर्तकी, शिल्पी आदि के रूप में प्रतिष्ठा पा सकते हैं।

रागात्मक/लयात्मक मेधा/शैली

यह मेधा लयों और सुरों के प्रतिरूपों की पहचान की कुशलता, वातावरण में ध्वनि के प्रति संवेदनशीलता, मानवीय आवाज तथा सांगीतिक यंत्रों की ध्वनियों के प्रति चेतनता प्रदान करती है। हममें बहुतों ने वर्णमाला, पहाड़ा, व्याकरण के जटिल सूत्र तथा बहुत सारे अगम्य तथ्यों को रागात्मक प्रतिरूपों, धुनों तथा गीतों के सहारे स्मृति के कोठों में सँजोया है।

मेधा के सभी रूपों में संगीत तथा लय का प्रभाव दिमाग पर सर्वाधिक होता है। यह मेधा मूल रूप से संगीत रचने तथा इसके रसास्वादन करने की क्षमता प्रदान करती है।

संगीत प्रेमी शिक्षु, ध्वनि, धुन तथा प्रतिरूपों में सोचते हैं। इनमें से बहुतेरे वातावरण की ध्वनियों के प्रति अत्यधिक संवेदनशील होते हैं (घंटी की आवाज, झींगुर की आवाज, टप–टप पानी चूने की आवाज आदि)।

इनकी दक्षताओं में गाना, सीटी बजाना, सांगीतिक उपकरणों को बजाना, सुरों के प्रतिरूपों को पहचानना, संगीत रचना, सुरों को याद रखना, संगीत तथा ध्वनि के लय तथा संरचना को पहचानना शामिल हैं। ऐसे लोग सांगीतिक वातावरण में खूब सीखते हैं। ये किसी चीज पर तबला बजा लेते हैं। ऐसे बच्चों के सीखने की सम्भावना बेहतर हो जाती है यदि इन्हें सांगीतिक स्वरूप में सीखने की सामग्री दी जाय।

हमारी परम्परा में वैदिक ज्ञान तक को श्लोकों में व्यक्त किया गया। वेद की ऋचाएँ लोगों ने सांगीतिक रूप में याद रखीं क्योंकि उन्हें संगीत की शक्ल में सृजित किया गया था।

सामाजिक मेधा/शैली

दूसरे लोगों को समझने में, उन्हें क्या प्रेरित करता है, वे कैसे काम करते हैं, उनके साथ कैसे सहयोग हो सकता है, यह मेधा मदद करती है। इस मेधा के जरिए दूसरों से सरोकार बनाने और उन्हें समझने की योग्यता विकसती है। इस मेधा से सम्पन्न लोग दूसरों के दृष्टिकोण से चीजों को देखते परखते हैं जिससे कि उनकी सोच और भावना को समझा जा सके (empathy)। ये अच्छे संगठक होते हैं। ये सामान्यतः सामूहिक कार्यों में शान्ति को प्रश्रय देते हैं और सहयोग को बढ़ावा देते हैं। संवाद स्थापित करने के लिए ये शाब्दिक और दैहिक दोनों भाषाओं का उपयोग करते हैं।

इस मेधा से लैस लोग समूह में दूसरों के साथ अच्छा सहयोग निभाते हैं तथा संवाद कायम रखते हैं। ये संवाद कुशल होते हैं। इन्हें अन्य लोगों की नीयत, मिजाज अभिप्रेरणा और मनोदशा, समझने में महारत हासिल होती है।

ये दूसरों के साथ सहयोगात्मक रूप से काम करने में, समूह चर्चा करने में, दूसरे लोगों से अतर्क्रिया करने में ज्यादा सहज महसूस करते हैं। ऐसे लोग, परामर्शी, शिक्षक, विक्रेता, राजनीतिज्ञ, धार्मिक नेता, चिकित्सक आदि के रूप में सफल होते हैं। ये अच्छे प्रेरक होते हैं।

अतर्मुखी मेधा/शैली

आत्मज्ञान की कुंजी इसी मेधा के पास है। इस दृष्टि से भावनाओं की जानकारी, भावात्मक अनुक्रियाओं का परास, चिन्तन प्रक्रियाएँ, स्वयं पर विचार आदि आत्मज्ञान

के विषयों के बारे में सशक्तीकरण इस मेधा की विशेषता है। अंतर्मुखी शैली के व्यक्ति अपनी भीतरी भावनाओं, स्वप्नों, दूसरे के साथ सरोकारों, उसकी सबलताओं, कमजोरियों को समझने का प्रयास करते हैं।

यह मेधा हमें अपनी चेतना के बारे में सचेतन रखती है। समाधि और योग आदि प्रक्रियाएँ इस मेधा के विकास पर मुनहसिर हैं।

ऐसे बच्चे स्वतंत्र ढंग से आत्मविश्लेषण के जरिए सीखते हैं। ये अपनी ही गति में काम करना पसन्द करते हैं। ऐसे शिक्षुओं के लिए ऐसी सामग्री का विकास करना चाहिए जो इन्हें अकेले सीखने में मदद करे। ऐसी सामग्रियाँ

– स्वतंत्र चिन्तन को चुनौती देने वाली,
– खुद इस्तेमाल करने लायक,
– सीखनेवाले वाले की गति (pace) से इस्तेमाल के लायक,
– शोधपरक,
– करके सीखने लायक होनी उपयुक्त होंगी।

ऐसे लोग योगी, दार्शनिक, मनोवैज्ञानिक, सिद्धान्तकार, आध्यात्मिक परामर्शी, ज्ञानालोकी शोधकर्त्ता होते हैं।

प्राकृतिक मेधा/शैली

प्राकृतिक चेतना से इसका जुड़ाव होता है। इससे प्राकृतिक वस्तुओं जैसे पेड़–पौधे, जल, मिट्टी, पशु आदि को प्रेक्षण करने, समझने और सँभालने की क्षमता विकसित होती है।

यह पशुओं की भावनाओं तथा आदतों को समझने में मदद करती है। इस मेधा से सम्पन्न लोगों को प्रकृति के साथ सहमेल की अत्यधिक क्षगता होती है। इन्हें प्राकृतिक घटनाओं को समझने की, प्राकृतिक ध्वनियों को सीखने की लालसा होती है।

प्राकृतिक मेधा वाले व्यक्ति प्राकृतिक परिवेश में आराम से जीवन बिता सकते हैं। ऐसे लोग प्रकृति के साथ अंतर्क्रिया करके सीख सकते हैं।

ये अच्छे खेतिहर, बागवान, पर्वतारोही, जल तथा वायु मार्ग के मार्गदर्शक, पशु प्रेमी, तारों के प्रेक्षक बन सकते हैं। कृषि एवं वनपरिवेशी कार्य में इन्हें काफी मन लगता है।

भावात्मक मेधा (Emotional Intelligence)

शैक्षिक क्षेत्र में जब हम मानसिक विकास की बात करते हैं तो हमारा तात्पर्य विवेकी मानस से होता है। मगर अत्याधुनिक शोधों से यह सिद्ध हो चुका है कि हमारे मानसिक जीवन में दो प्रकार के मानस का संयोग होता है। एक है विवेकी

मानस और दूसरा भावात्मक मानस। चूँकि विवेकी मानस समझने के ढंग को व्यक्त करता है (हम कैसे समझते हैं) इसलिए उसके प्रति हमारी चेतनता मुखर रहती है। इसके जरिए हम चिन्तन, मनन, ध्यान, बोध और विमर्श करते हैं। मगर जानने की जो दूसरी पद्धति है वह आवेगी तथा बहुत ताकतवर होती है। इसे भावात्मक मानस कहते हैं। यह भी काफी महत्त्वपूर्ण है।

मस्तिष्क में सूचना संचार पर थोड़ा और विचारें तो बात ज्यादा स्पष्ट होगी। हमारे दिमाग की बनावट ऐसी है कि जब हमारी आँखे देखती हैं या कान कोई ध्वनि सुनते हैं तो इनसे संवेदी सिग्नल (संकेत) पहले दिमाग में थैलामस तक जाते हैं और उसके बाद अमिगडाला तक। अमिगडाला भावात्मक मानस है। थैलेमस से दूसरा सिग्नल (संकेत) नियोकॉर्टेक्स तक जाता है जो कि विचारशील (विवेकी) मानस है। इस तरह दो शाखाओं में बँटने से अमिगडाला को नियोकॉर्टेक्स से पहले अनुक्रिया दिखलाने का मौका मिलता है। नियोकॉर्टेक्स किसी सूचना के प्रति निर्णायक अनुक्रिया दिखाए इसके पहले सूचना को दिमागी परिपथों के अनेक स्तरों से गुजरना होता है। यही कारण है कि अमिगडाला (भावात्मक मानस) तत्काल अनुक्रिया दिखलाता है जबकि नियोकॉर्टेक्स (विवेकी मानस) को अपनी अनुक्रिया दिखाने में कुछ समय लग जाता है। इस प्रकार भावात्मक मानस, विवेकी मानस की अपेक्षा बहुत तेज गति से कार्यशील होता है।

मगर शिक्षा के क्षेत्र में हम केवल विवेकी मानस के विकास पर ही जोर देते हैं जबकि जीवन में सफलता के लिए भावात्मक मानस की भूमिका काफी महत्त्वपूर्ण है। रोजमर्रा के जीवन में हम देखते हैं कि अनेक मेधावी व्यक्ति भावात्मक (संवेगात्मक) नियंत्रण के अभाव में सफलता से कोसों दूर रह जाते हैं।

इसलिए सृजनवादी शिक्षा भावात्मक नियंत्रण के तरीकों पर भी काफी जोर देती है। आदृष्टि, सहजयोग और ध्यान की प्रक्रिया का इस दिशा में भरपूर उपयोग होता है। हमारी परम्परागत सोच भी यही है। विवेकी और भावात्मक दोनों मानसों के तालमेल पर हमारा हमेशा से फोकस रहा है। इसे मानस और हृदय के तालमेल की संज्ञा दी गई। शैक्षिक क्षेत्र में इसके महत्त्वपूर्ण निहितार्थ हैं। हमें अपनी शैक्षिक व्यवस्था ऐसी बनानी चाहिए जो बुद्धि के विवेकी विकास पर जितना ध्यान दे उतना ही भावात्मक विकास पर भी। चिन्तनशक्ति के विकास के साथ–साथ संवेदी अनुभूति का विकास भी आवश्यक है। भावात्मक मानस, भावात्मक मेधा के रूप में कार्यशील होता है।

भावात्मक मेधा इन 5 क्षेत्रों में सक्रिय होती है :

1. स्वयंबोध–अपनी भावनाओं का ज्ञान,
2. भावनाओं का प्रबन्धन,

3. खुद को प्रेरित करना,
4. दूसरों की भावनाओं को मान्यता देना,
5. सरोकारों को निभाना।

इन क्षेत्रों में सही तालमेल जीवन में सफलता देने के लिए जरूरी है।

मस्तिष्क का नया वैज्ञानिक अध्ययन

मस्तिष्क के नए वैज्ञानिक अध्ययन से मस्तिष्क के विकास के सम्बन्ध में कई नयी जानकारियाँ उजागर हुई हैं। बच्चे के जन्म के समय मस्तिष्क में 1 अरब से अधिक न्यूरॉन होते हैं। जीवन में वातावरण के साथ जिस–जिस प्रकार का अनुभव होता जाता है, उसी प्रकार न्यूरॉनों का सम्बन्धन होता जाता है। इन्हीं न्यूरॉनों के सम्बन्धन से मस्तिष्क की सारी अन्तःक्रिया सम्पन्न होती हैं। पहले यह माना जाता था कि मस्तिष्क का विकास धीरे–धीरे जीवन भर होते रहता है। इसीलिए यह मान्यता थी कि बड़े लोगों का मस्तिष्क शिशुओं की तुलना में अधिक विकसित तथा क्रियाशील रहता है।

नए वैज्ञानिक शोधों से अब यह स्पष्ट हुआ है कि मस्तिष्क का अधिकतम विकास अर्थात न्यूरॉनों का सम्बन्धन 5 वर्ष की उम्र तक हो जाता है। बड़ों की तुलना में 3 वर्षों के नवजात शिशुओं का मस्तिष्क दुगुना से अधिक क्रियाशील रहता है। अतः बच्चे के जीवन में सीखने की क्षमता की नींव जीवन के प्रारम्भिक वर्षों में ही पड़ जाती है। ऐसा पाया गया है कि यदि किसी बच्चे को जन्म के समय आँखें अच्छी हों, पर यदि उसकी आँखें 3–4 वर्ष तक बाँध दी जायें, तो आँखें ठीक रहने पर भी वह जिन्दगी भर देख नहीं पाएगा। ऐसा इसलिए होता है क्योंकि दृष्टि से सम्बन्धित न्यूरॉनों का सम्बन्धन नहीं हो पाया। 4 वर्ष के बाद दृष्टि से सम्बन्धित न्यूरॉनों का सम्बन्धन होना बन्द हो जाता है। इसी प्रकार भाषा, तर्क, भावना, संकेत, सामाजिक कौशल से सम्बन्धित न्यूरॉनों के सम्बन्धन का अधिकाधिक विकास 5 वर्षों तक हो जाता है। बाद में 10–11 वर्ष तक धीरे–धीरे न्यूरॉनों का सम्बन्धन होता रहता है। पर यदि 10–11 वर्ष तक इन न्यूरॉनों का सम्बन्धन नहीं होता है तो उसके बाद न्यूरॉनों का क्षरण शुरू हो जाता है। अर्थात् उसके बाद मस्तिष्क का विकास मन्द होते हुए बन्द सा हो जाता है।

अभिवंचित वर्ग की शिक्षा के दृष्टिकोण से यह अध्ययन अत्यन्त महत्त्वपूर्ण है। हमारे सर्वेक्षण से यह स्पष्ट हुआ है कि अभिवंचित वर्ग के बीच भाषायी वातावरण काफी कमजोर है। इसके अलावा माता पिता के साथ इन बच्चों के वार्त्तालाप के अवसर भी कम रहते हैं। माता पिता भोजन पानी एवं जीवन संचालन की आम जरूरतों को पूरा करने में व्यस्त रहते हैं। उन्हें बच्चों के विकास पर अधिक ध्यान

देना सम्भव नहीं होता। उन्हें इसके महत्त्व का भी पता नहीं। अतः प्रारम्भिक वर्षों में मस्तिष्क के विकास के लिए जरूरी भाषायी एवं अन्य दक्षताओं से सम्बन्धित अनुभव प्राप्त नहीं होते। मस्तिष्क में भाषायी दक्षता से सम्बन्धित न्यूरॉनों का पूर्णरूपेण सम्बन्धन नहीं होता। यह कमी उन्हें बाद में प्रतिफलित होती है। वे शिक्षण प्रक्रिया में पूरी तरह भाग लेने के लिए मानसिक रूप से तैयार नही हो पाते। चूँकि बाद में न्यूरॉनों का सम्बन्धन नहीं हो पाता है अतः बाद में भी यह कमी पूरी नहीं होती।

वे प्रकृति में ज्यादा समय बिताते हैं। मिट्टी–पानी के साथ ज्यादा खेलते हैं। जानवरों के साथ ज्यादा रहते हैं। अतः उनमें प्राकृतिक मेधा, रागात्मक मेधा, शारीरिक मेधा एवं सामाजिक मेधा अधिक विकसित हो जाती है। पारिवारिक, सामाजिक तथा सांस्कृतिक परिस्थितियों के कारण उनका माता–पिता के साथ अधिक शारीरिक तथा भाषायी सम्बन्ध नहीं हो पाता। परिणामस्वरूप उनके मस्तिष्क का सम्पूर्ण विकास सम्भव नहीं हो पाता। विद्यालय में योगदान करने पर अन्य बच्चों की तुलना में अभिवंचित वर्ग के बच्चे उनसे भिन्न रहते हैं। पर विद्यालय में उनकी इस विशेषता को ध्यान में रखकर पाठ्यचर्या का निर्धारण नहीं होता। मूल्यांकन पद्धति में भी उनकी इस विशिष्टता को ध्यान में नहीं रखा जाता। अतः वे विद्यालयी कार्यों में अधिक सफल नहीं हो पाते। यह उनके विद्यालय से छीजन का कारण भी बनता है।

अभिवंचित वर्ग के बच्चों के उचित मानसिक विकास न होने का एक कारण 0–3 उम्र में कुपोषण भी है। यह उल्लेखनीय है कि 0–3 वर्ष की अवधि में कुपोषण होने से बाद में कुपोषण के प्रतिफलों से मुक्ति काफी कठिन हो जाती है।

इस उम्र (5 वर्ष से कम) में ही भावनात्मक विकास की नींव पड़ती है। अभिवंचित वर्ग में बच्चे उपेक्षित रहते हैं। इस तिरस्कार के कारण जीवन में उन्हें भावनात्मक नियंत्रण में काफी कठिनाई होती है। यह उनमें कई प्रकार के मानसिक विकारों तथा हिंसा के गुणों के विकास में भी प्रतिध्वनित होता है।

अतः सार्वदेशिक संतुलित विकास के लिए तथा अभिवंचित वर्ग की शिक्षा के अधिकार हेतु यह आवश्यक है कि जन्म से ही अभिवंचित वर्ग के बच्चों के मानसिक विकास के लिए प्रयास किए जाएँ। इसके लिए एक ओर जहाँ उनके कुपोषण से मुक्ति के लिए प्रयास किया जाना है, वहीं दूसरी ओर पारिवारिक, सामाजिक तथा सांस्कृतिक परिस्थितियों में बदलाव लाकर माता पिता के साथ बच्चों के भाषायी संव्यवहार को भी बढ़ाया जाना है।

इसके लिए माता पिता को गीत तथा कहानियाँ सुनाने का प्रशिक्षण देने की जरूरत है तथा इनके टोले में नियमित रूप से कहानी तथा गीत के कार्यक्रम चलाने की पहल करने की जरूरत है।

इन टोलों में टीवी तथा रेडियो के कार्यक्रम चलाए जाएँ। टीवी तथा रेडियो की उपलब्धता सुनिश्चित करने से स्थिति में काफी परिवर्त्तन सम्भव है।

अभिवंचित वर्ग के बच्चों में शिशु काल में होने वाली उपेक्षा के लिए विशेष कार्यक्रम चलाकर उपेक्षा के कारणों की पहचान कर उन्हें दूर करने की आवश्यकता है। माता पिता का प्रशिक्षण भी इस कार्य में काफी सहायक सिद्ध हो सकता है।

बहुमेधा प्रणाली की प्रासंगिकता

इस स्थिति से एक संभावना भी बनती है। आठ प्रकार की मेधाओं से आठ प्रकार की सीखने की शैलियाँ विकसित हुई हैं। वैसे सभी व्यक्ति में हर मेधा का कुछ अंश होता है, मगर कुछ मेधाओं की कम या ज्यादा मौजूदगी होती है। जो मेधा ज्यादा मौजूद होती है, उसके अनुसार सीखने का तरीका विकसित कर उस व्यक्ति को सिखाया जाय तो तेजी से प्रचुर सफलता मिलने की सम्भावना रहती है।

हमारे देश में जो प्रचलित शिक्षा प्रणाली है, वह पाश्चात्य शिक्षा प्रणाली की तर्ज पर ही है। पाश्चात्य शिक्षा का आधार तार्किक/गणितीय तथा शाब्दिक/भाषिक मेधाएँ हैं। इनके ही आधार पर मूल्यांकन के पैमाने भी हैं। इसलिए ऐसी शिक्षा पद्धति में हमारी मेधा प्रणाली की कुछ ही मेधाओं का विकास हो पाता है। सीखनेवाले की पूरी क्षमताएँ नहीं उभर पातीं जिससे कि उसका सर्वांगीण विकास नहीं होता। सृजनवादी शिक्षा शिक्षु के सर्वांगीण विकास पर ध्यान केन्द्रित करती है। इसलिए केवल तार्किक और गणितीय मेधा पर पूरी तरह निर्भर रहने के बदले शिक्षु की सीखने की शैली के अनुसार अन्य मेधाओं के आँगन में उसे खेलने के लिए प्रोत्साहित किया जाता है।

अभिवंचित वर्ग में शिक्षुओं को भाषिक तथा तार्किक मेधा का पारिवारिक/सामुदायिक वातावरण नहीं मिलता, इससे इन दोनों मेधाओं से अभिभूत शिक्षा प्रणाली में उन्हें सफलता की क्षीण आशा रहती है। और इस शिक्षा प्रणाली से उनका बिलगाव होने लगता है। इसके विपरीत यदि सृजनवादी पद्धति अपनाई जाय तो इस समस्या से निजात पाने का रास्ता निकल सकता है।

यदि प्राकृतिक मेधा, रागात्मक मेधा, शारीरिक मेधा एवं सामाजिक मेधा को ध्यान में रखकर पाठ्यचर्या का निर्धारण हो तो इन बच्चों को विद्यालय में अधिक सफलता मिलेगी। उनकी इस विशिष्टता के कारण वे इन मेधाओं पर आधारित नए रोजगारों के लिए अधिक सक्षम हो सकते हैं। गुमला के एक हाई स्कूल में आदिवासी बच्चों को खेल में प्रशिक्षित किया गया। आज उस विद्यालय से राष्ट्रीय स्तर के हॉकी के अनेक खिलाड़ी निकले हैं।

आनन्ददायी शिक्षा

कुछ व्यक्ति यह मानते हैं कि गाना, चित्र आदि से जोड़कर दी गई शिक्षा ही आनन्ददायी शिक्षा है। पर ऐसा नहीं है। आनन्द की अनुभूति सभी व्यक्तियों के लिए अलग–अलग तरीके से होती है। इस दृष्टिकोण से सृजनशील शिक्षा के संदर्भ में आनन्ददायी शिक्षा का अर्थ काफी अलग होता है। सही आनन्द सृजन से ही मिल सकता है। अतः आनन्द की अनुभूति उसी तरीके से हो सकती है जिससे कोई व्यक्ति सृजन कर सकता हो। किसी व्यक्ति के लिए सृजन के लिए विशिष्ट सीखने की शैली ही सबसे महत्त्वपूर्ण तरीका है। इसलिए सभी व्यक्तियों को सीखने का आनन्द अपनी विशिष्ट सीखने की शैली के आधार पर ही मिलता है। इस प्रसंग में विद्यालयों में आनन्ददायी शिक्षा का कोई एक निश्चित तरीका सर्वसुलभ नहीं हो सकता। न सभी गाने में आनन्दित होते हैं न सभी चित्रों में। कोई अकेले में रहने तथा पढ़ने में आनन्द अनुभव करता है तो कोई समूह में रहकर पढ़ने में आनन्दित होता है। यदि आनन्द का सृजन का तरीका अलग–अलग है तो विद्यालयों को सभी बच्चों के आनन्द से सीखने के लिए अलग–अलग तरीके अपनाने चाहिए।

बस्ते का बोझ बनाम नासमझी का बोझ

आजकल बस्ते का बोझ घटाने की काफी चर्चा होती है। बस्ते का बोझ घटाने की चिंता करना महत्त्वपूर्ण भी है। इससे बच्चों के शरीर पर कुप्रभाव पड़ता है। पर ज्यादा महत्त्वपूर्ण है बच्चे की नासमझी के बोझ को कम करना। इस नासमझी में बहुमेधा सिद्धान्त की महत्त्वपूर्ण भूमिका है। यदि बच्चे को अपने सीखने की शैली के आधार पर न पढ़ाया जाय तो उसे अपनी समझ बनाने में कठिनाई होती है। उदाहरण के तौर पर यदि किसी बच्चे की प्राकृतिक मेधा विशिष्ट है तो उसे प्रकृति के बीच में रहकर सीखने में अच्छी समझ बनती है। उसे प्रकृति के सामानों के साथ जोड़कर सिखाने से सीखना सहज लगता है। यदि उसे केवल पुस्तकों के माध्यम से पढ़ाया जाय तो उसे समझने में कठिनाई होने लगती है। इस कारण पढ़ाई की प्रक्रिया से मन उबने लगता है। वह पढ़ाई से भागने लगता है। इससे शिक्षक और अभिभावक भी परेशान होते हैं। वे बच्चे पर दोषारापण कर उसे प्रताड़ित करने लगते हैं। इससे स्थिति और बदतर होने लगती है। कई बच्चे जो अन्यथा काफी अच्छा करने की क्षमता रखते हैं, वे भी पढ़ाई से भागने लगते हैं। कभी–कभी वे निराश होकर आत्महत्या तक करने को उद्यत हो जाते हैं। सृजनवादी शिक्षा में बहुमेधा के आधार पर पढ़ाई करने से नासमझी के इस बोझ को काफी हद तक कम किया जा सकता है।

सशक्तीकरण के कई रूप हैं—शारीरिक, शैक्षणिक, सामाजिक, राजनीतिक और आर्थिक सशक्तीकरण। हमने शैक्षणिक सशक्तीकरण पर तो ध्यान दिया है तथा इसमें अच्छी प्रगति भी हुई है। पर सामाजिक सशक्तीकरण के लिए कानून का सहारा लिया है। मात्र कानून बनाने से इसकी पूरी तरह संप्राप्ति सम्भव नहीं दिखती। सशक्तीकरण एक मनोवैज्ञानिक प्रक्रिया है। इस प्रकार के मनोवैज्ञानिक सशक्तीकरण के दो रूप हैं : *आन्तरिक कारण* (वैयक्तिक सशक्तीकरण) एवं *बाह्य कारण* (सामाजिक सशक्तीकरण)।

आन्तरिक कारण (वैयक्तिक सशक्तीकरण) : इसका का अर्थ है अपने भीतर स्वप्रयास से पैदा हुई प्रक्रिया। इसमें शारीरिक, शैक्षणिक यहाँ तक कि आध्यात्मिक प्रक्रियाएँ शामिल हैं। इन प्रक्रियाओं में खुद को ऊर्जायित करना और नियन्त्रित करना समाविष्ट है। यदि आप खुद नहीं चाहें, तो आपको कुशल नहीं बनाया जा सकता। स्वाध्याय की आदत इस प्रकार के सशक्तीकरण का अच्छा उदाहरण है। आन्तरिक प्रक्रियाओं से जनित सशक्तीकरण शैक्षणिक एवं आर्थिक शक्तिकरण के रूप में प्रस्फुटित हो सकता है। कोई व्यक्ति अपनी कौशल वृद्धि द्वारा आर्थिक सशक्तीकरण की दिशा में बढ़ सकता है। इसमें अपने संसाधनों पर नियन्त्रण मददगार होता है। अभिवंचित वर्ग के व्यक्तियों में आन्तरिक उद्दीपन इस प्रकार नहीं हो पाया कि वे वैयक्तिक सशक्तीकरण की ओर बढ़ पाते या इस उद्दीपन की प्रक्रिया अनेक कारणों से धीमी पड़ गयी।

बाह्य कारण (सामाजिक सशक्तीकरण) : यह एक महत्त्वपूर्ण प्रक्रिया है। इसका रिश्ता अपने के बाहर के कारकों द्वारा सशक्त करने से है। अपने से बाहर यानि समाज के ज़रिए। हमारा मनोविज्ञान इस बात से भी शासित होता है कि हम जिन जैविक यथा व्यक्ति, पशु, परिवार, जाति, आदि या गैर जैविक यथा वेश भूषा, पेशा, उनके कार्यों आदि से संबंधित होते हैं उन्हें समाज क्या महत्त्व देता है। यह रिश्ता केवल वर्त्तमान से सम्बन्धित नहीं होता वरन् इतिहास में उसके परिवार, उसकी जाति, उसके पौराणिक पुरुष आदि को क्या महत्त्व मिला है इससे जुड़ा होता है। सामान्यतया जिन व्यक्तियों या व्यक्ति समूहों को महत्त्व दिया गया है वे अपने आप को सशक्त महसूस करते हैं और जिनको यह महत्त्व नहीं मिला वे अशक्त महसूस करते हैं। अभिवंचित वर्ग के अशक्त महसूस करने का एक बड़ा कारण यह है कि ऐतिहासिक कारणों से उन्हें तथा उनसे जुड़े व्यक्ति, पशु, परिवार, जाति, आदि को समाज ने महत्त्व नहीं दिया है। उनके कौशलों को गरिमा नहीं दी गई है। जिन संसाधनों (जैसे जमीन तथा जल) से उनके कार्यक्षेत्र का घनिष्ठ रिश्ता है उनपर नियन्त्रण का उनपर किंचित भी अधिकार नहीं है।

यदि आज भी उन्हें सशक्त बनाना है तो इन क्षेत्रों में उन्हें महत्त्व देने के लिए अविलम्ब कदम उठाने होंगे।

आन्तरिक और वाह्य कारणों का परस्पर घनिष्ठ सम्बन्ध है। वाह्य कारक ऐसी परिस्थितियाँ उत्पन्न करते हैं कि आन्तरिक कारकों का असर कभी–कभी कमजोर हो जाता है तो कभी–कभी मज़बूत।

सृजनवादी रीति से सशक्तीकरण के मार्ग पर बढ़े तो इन खामियों का इलाज संभव है। मगर इसके लिए सशक्त और समवेत पहल की जरूरत है।

शबरी आश्रम

अवधारणा

आज बच्चों के विद्यालयी शिक्षण में सफलता काफी हद तक अभिभावकों की भागीदारी पर निर्भर है। पहली पीढ़ी के बच्चों के माता–पिता की पढ़ाई–लिखाई के प्रति रुझान नहीं होता। अतः उन्हें शिक्षण गतिविधियों में अभिभावकों का कोई मार्गदर्शन नहीं मिल पाता। कभी–कभी तो अभिभावक ही बच्चों को विद्यालय भेजने के बदले घर के कार्यों में लगा देते हैं। वे विद्यालय के गृह कार्य में भी बच्चों की कोई मदद नहीं कर पाते। फलतः बच्चों को विद्यालय में अपेक्षित सफलता नहीं मिल पाती। कई बार यही उनके छीजन का कारण भी बनता है। यदि इनके टोलों में ऐसे केन्द्र स्थापित किए जाएँ जो बच्चों को घर और विद्यालय दोनों स्तर पर आने वाली समस्याओं को दूर कर पाएँ तो इससे उनके शिक्षण में सफलता सुनिश्चित करने में काफी मदद मिल सकती है।

हर परिवार में एक लैंप तथा एक लर्नेड व्यक्ति–डॉ. कलाम

17 नवम्बर, 2006। स्थान राष्ट्रपति भवन। अवसर विजय प्रकाश द्वारा लिखित पुस्तक 'क्रिएटिव लर्निंग' का महामहिम राष्ट्रपति डॉ. ए.पी.जे. अब्दुल कलाम को प्रेजेन्टेसन समारोह। पुस्तक में वर्णित सृजनवादी शिक्षा की प्रासंगिकता की चर्चा करते हुए डॉ. कलाम ने कहा कि हर परिवार में एक लैंप तथा एक लर्नेड व्यक्ति की उपलब्धता हो, इसी से संभव है घर–घर में शिक्षा का दीप जलाना। यही समाधान है वर्त्तमान समस्याओं का। पहले संयुक्त परिवार की व्यवस्था में घर के पढ़े लिखे बूढ़े बुजुर्ग पूरे परिवार के बच्चों की पढ़ाई की देखभाल कर लेते थे। इससे ही समाज में पढ़ाई का प्रसार हुआ है। अब जबकि संयुक्त परिवार टूट रहे हैं तथा एकल परिवार बनते जा रहे हैं, यह आवश्यक है कि सामाजिक संस्थाएँ तथा सरकार प्रत्येक परिवार के लिए एक लैंप अर्थात् शिक्षा के लिए उचित वातावरण तथा एक शिक्षित व्यक्ति प्रेरक के रूप में उपलब्ध कराए।

डॉ. कलाम ने जिस गैप का जिक्र किया, शबरी आश्रम इसी गैप को भरने की दिशा में एक प्रयास है।

शबरी आश्रम या क्रिएटिव लर्निंग सेंटर अभिवंचित वर्ग के बच्चों के टोलों में इसी कमी को पूरा करने के लिए स्थापित किये गये हैं। अभिवंचित वर्ग के टोले में स्वयंसेविका पहली पीढ़ी के पढ़ाक परिवारों में बच्चों के लिए प्रेरक का कार्य करती है। उनके लिए विद्यालयी शिक्षा में होने वाली कठिनाइयों को दूर करती है। विद्यालय तथा परिवार के बीच एक संपर्क के रूप में कार्य करती है। परिवार को भी प्रोत्साहित करती है। कुछ समय बाद प्रोत्साहन का प्रवाह परिवार में बच्चों के ज़रिए भी पहुँचना प्रारम्भ हो जाता है।

ये आश्रम अभिवंचित वर्ग के टोलों में उचित स्थान पर 4 घंटे चलते हैं। ये आश्रम बच्चों को विद्यालय भेजने में उत्पन्न समस्याओं को दूर करने के लिए अभिभावकों को अनुप्रेरित करते हैं तथा स्कूल की अधिगम प्रक्रियाओं का सम्पूरण करते हैं। ये सम्पूरक प्रक्रियाएँ स्थानीय शब्द संग्रह, स्थानीय खेलकूद एवं सांस्कृतिक गतिविधियों तथा सीखने की विधियों पर आधारित रहती हैं। इन कार्यकलापों से आपसी समझदारी का विकास होता है तथा स्कूल में बच्चों की सफलता का सुनिश्चयन होता है। इससे शिक्षण समाज के लिए अधिक प्रासंगिक हो सकता है। चूँकि अधिकांश बच्चे पहली पीढ़ी के सीखने वाले हैं और अभिभावक उन्हें गृहकार्य में मदद भी नहीं कर पाते, अतः यहाँ बच्चों को गृह कार्य में भी मदद की जाती है।

इनके स्वयंसेवक निरंतर माँ–बाप, अभिभावकों तथा शिक्षकों से सम्पर्क में रहते हैं तथा स्कूल नहीं जाने वाले बच्चों की समस्याओं के बारे में पता कर उन्हें दूर करने का प्रयास करते हैं तथा स्कूल जाने के लिए प्रेरित करते हैं।

इस प्रकार ये आश्रम पूरी तरह से बच्चों के हमदर्द हैं। *ये आश्रम विद्यालयी शिक्षण के पूरक हैं, स्वयं नियमित विद्यालय नहीं हैं।*

जमसौत पंचायत में 6 शबरी आश्रमों की स्थापना की गयी। एक स्वयंसेवक को सभी आश्रमों का समन्वयक तथा शनिवासरीय कार्यक्रम को आयोजित करने का भार दिया गया।

स्वयंसेवी शिक्षकों का चयन

स्वयंसेवी शिक्षकों का चयन एक महत्त्वपूर्ण कार्य था। टोलाभ्रमण के दौरान हमने उत्साही लोगों को पहचानित करने का प्रयास किया था। हमारा प्रयास था कि स्थानीय लोगों में से ही स्वयंसेवी शिक्षक का चयन किया जाय। इससे समुदाय में प्रवेश की समस्या का एक हद तक समाधान हो सकेगा। अतः सभी संभावित उम्मीदवारों को बुलाया गया। विस्तार से उनके साथ संभावित कार्य प्रणाली पर चर्चा की गयी। उनके बाल हृदय की गहराइयों में घुसने की क्षमता का आकलन

किया गया। हमारा प्रयास था कि स्वयंसेवक के रूप में महिला का ही चयन किया ज़ाय क्योंकि महिलाओं का कोमल हृदय बालमन में प्रवेश करने में अधिक सक्षम हो सकता है। फिर उनमें से सात व्यक्तियों का चयन हुआ जिनमें छः महिलाएँ तथा एक पुरुष थे।

प्रशिक्षण-सह-बाल मिलन (शनिवासरीय कार्यक्रम)

पहले चरण में हमने त्रिदिवसीय प्रशिक्षण कार्यक्रम की योजना बनायी। पर बाद में अनुभव किया कि यह यथेष्ट नहीं है। यह देखा गया कि स्वयंसेविकाओं को कई तरह की समस्याएँ आती हैं जहाँ सतत रूप से आपसी तालमेल करने की आवश्यकता है। अतः हमने शनिवासरीय कार्यक्रम की कल्पना की। प्रशिक्षण–सह–बाल मिलन के इस कार्यक्रम में सभी स्वयंसेविकाएँ तो भाग लेती ही थीं, बच्चे भी भाग लेते थे। हम नियमित रूप से बच्चों से बातें करते, उनकी समस्याओं पर मनन करते, स्वयंसेविकाओं से फीडबैक लेते, तथा सभी शबरी आश्रमों के बच्चों की प्रस्तुतियों से अवगत होते। यह शिक्षण, प्रशिक्षण, फीडबैक, समेकन का अनोखा अवसर बन गया।

हमलोगों ने पाया कि बच्चों को गाने में काफी अभिरुचि है। सभी शबरी आश्रमों के बच्चे माइक पर अपने ढंग से गाने का प्रेजेन्टेशन करते। इसमें ही शुरू हुआ गीत–संगीत सिखाने का कार्यक्रम। जब पहले 'हे मुशहर तुम्हें प्रणाम' सिखाया गया तो शिक्षिकाएँ भी इसे गाने में हिचकिचा रही थीं। गाँव में चमरटोली में इसका विरोध भी हुआ। एक निम्न जाति के सम्मान में गाया जाने वाला यह गीत उन्हें काफी अटपटा लग रहा था। आजतक तो उन्होंने केवल राजे–रजवाड़े, वीर पुरुषों या उच्च जातियों के सम्मान में ही गीत गाया था। आम आदमी वह भी निम्न जाति के गुणों को समावेश करता उनके सम्मान में गाये जाने वाले गीतों को गाना उनके लिए दुष्कर कार्य था। पर जब स्कूल ऑफ क्रिएटिव लर्निंग की प्रिंसिपल डा0 मृदुला प्रकाश ने स्वयं धुन बनाकर इसे गाना शुरू किया तो फिर सब गाने लगे। धीरे–धीरे तो सब इसके आदी हो गये।

हे मुसहर, तुम्हें प्रणाम

हे मुसहर, तुम्हें प्रणाम!
कहीं शबर से जाने जाते, कहीं माँझी तो बतलाते।
कहीं ऋषिदेव है नाम तुम्हारा, कहीं भुइयां तो कहलाते।

प्रकृति के सच्चे सेवक तुम, शबरी की संतान।
हे मुसहर, तुम्हें प्रणाम!

जंगल काट के खेत बनाना, फसल लगाना, उन्हें बचाना।
ताल तलैया बाग बगीचा, सब में तो है प्राण डालना।
तेरे श्रम के सब हैं कायल, सब देते सम्मान,
हे मुसहर, तुम्हें प्रणाम!

पत्थर तोड़ के सड़क बनाना, ईंट पाथ कर नगर बसाना।
कल कारखाने सतत चलाना, बाजारों को श्रम से सजाना।
अर्थ व्यवस्था की रीढ़ तुम, विपदा के तुम त्राण।
हे मुसहर, तुम्हें प्रणाम!

जड़ी–बूटी के ज्ञाता तुम हो, फिर भी तुम्हें अभिमान नहीं।
पशु पक्षी हैं बन्धु तुम्हारे, सबसे मिलता मान तुम्हें।
प्रकृति से सीखा है तुमने, जीवन कौशल ज्ञान।
हे मुसहर, तुम्हें प्रणाम!

अपने ऊपर ध्यान न रखना जो भी मिलता खाकर जीना।
धूप मेघ का ख्याल न रखना, मिट्टी शय्या पर सो जाना।
त्याग तुम्हारा मूल मंत्र है, सेवा है अरमान।
हे मुसहर, तुम्हें प्रणाम!

केवल देना, केवल देना, बदले में तो कुछ न लेना।
संचय करना लक्ष्य न रखना, सृजन कार्य में लीन ही रहना,
सम्पूर्ण समाज कृतज्ञ तुम्हारा, हे जन श्रेष्ठ सुजान।
हे मुसहर, तुम्हें प्रणाम!

–विजय प्रकाश

भ्रान्तियों के विरुद्ध संघर्ष

हमने पाया कि समाज में यह भ्रांति फैली है कि अभिवंचित वर्ग में लोगों को पढ़ने नहीं दिया जाता रहा है। इसको इतना बड़ा सत्य मान लिया गया कि अभिवंचित वर्ग में लोगों में पढ़ने की इच्छा ही नहीं होती। लोगों ने इसे एक यथार्थ मान

लिया। इस भ्रांति को तोड़े बिना अभिवंचित वर्ग में शिक्षा की जड़ें गहरी बनाना सम्भव नहीं। अतः हमने अभिवंचित वर्ग के सम्बन्ध में अधिक जानकारी हासिल करने की शुरुआत की। हमने अभिवंचित वर्ग के सृजन एवं योगदान का अध्ययन किया। यह पाया गया कि समाज के आदर्श ग्रंथ रामायण तथा महाभारत दलित वर्ग के द्वारा ही सृजित हैं। रामायण के रचयिता बाल्मीकि आदि कवि के रूप में भी जाने जाते हैं। अतः हमने एक नारा बनाया :

दलित वर्ग के सृजन महान
रामायण, महाभारत एवं संविधान।

रोल मॉडल की कमी

अभिवंचित वर्ग में रोल मॉडल का घोर अभाव है। इसके कारण भी इनमें विकास की तमन्ना उत्पन्न नहीं होती। अतः हमने कुछ रोल मॉडल की तलाश शुरू की। इतिहास के पृष्ठों को देखना शुरू किया। हमें ऐसा लगा कि अभिवंचित वर्ग में रोल मॉडल के साथ पूरा न्याय नहीं हुआ है। पौराणिक कहानियों में भी अभिवंचित वर्ग की चर्चा प्रसंगवश ही आयी है। उन्हें रोल मॉडल बनाने की गंभीर चेष्टा नहीं हुई है। यह महसूसा गया कि अभिवंचित वर्ग में रोल मॉडल के विकास के लिए सचेष्ट प्रयास करने की आवश्यकता है।

इसी क्रम में हमने पाया कि पूर्व में हमारे द्वारा विकसित शबरी की चित्रकथाओं को एक कारगर हथियार के रूप में इस्तेमाल किया जा सकता है। अतः *नन्हीं शबरी, किशोरी शबरी* तथा *तपस्विनी शबरी* को शबरी आश्रम में सामूहिक रूप से पढ़ने के लिए दिया गया। यह काफी लोकप्रिय गतिविधि रही। चित्रात्मकता ने इस पुस्तक को काफी लोकप्रिय बनाया।

हमें लगा कि अभिवंचित वर्ग से रोल मॉडल की तलाश की प्रक्रिया गंभीरता से चलाते रहने की ज़रूरत है। अभिवंचित वर्ग के लोगों पर इस प्रकार की पुस्तकें पढ़ाई लिखाई में प्रोत्साहित कर ही सकती हैं और उनके मनोबल को बढ़ाने में सहायक भी सिद्ध हो सकती हैं।

शिक्षु-अतिथियों का स्वागत

शबरी आश्रम के शिक्षु–अतिथियों के स्वागत की मानसिक तैयारी की बड़ी अहमियत है। इसको हमने अच्छी तरह महसूसा। यह विचारा गया कि उनके विकास की अलग–अलग अवस्था में हम किस रूप से सहयोगी हो सकते हैं।

उनके विकास की प्रक्रिया, गति और विधि क्या है, वह हमसे ऐसे में क्या अपेक्षाएँ रखते हैं, इसको जानने की भरपूर कोशिश की गयी। यह भी जानने की कोशिश की गयी कि उन्हें किस तरह के सम्बल, समर्थन, शिक्षण और प्रशिक्षण की जरूरत है। वे स्वयं कैसा विकास चाहते हैं, उनकी कल्पना–शक्ति, क्रिया–शक्ति, अन्तः प्रेरणा और आत्मचेतना किस दौर में है, इस मानसशास्त्रीय विवेचन को काफी खँगाला गया। हमने देखा कि बनी–बनाई लीक पर चलकर हम इनका हित करने के बदले अहित ही करेंगे, क्योंकि शिक्षुओं में किसी भी परिस्थिति में अपना विकास अपने तरीके से कर पाने की अद्‌भुत क्षमता होती है। कोई भी बाहरी बल उनके सहज विकास में बाधक होता है।

शिक्षुओं में स्वयं की चेतना होती है। उनका व्यक्तित्व होता है। वे अपना रूप गढ़ने में स्वयं सक्षम होते हैं। प्रकृति ने उन्हें इतना गुण–सम्पन्न बनाया है कि वे जैसा चाहें अपना व्यक्तित्व खुद गढ़ सकते हैं। हमें उनकी विकास अवस्था की सूक्ष्म गतिविधियों को समझने की ज़रूरत है और इस रास्ते पर जितना हो सके, जहाँ भी हो सके मदद करें, इतना ही काफी है। अब तक के कार्यक्रमों में हम शिक्षुओं को अपने अनुरूप ढालने के प्रयास में जुटे रहे हैं। इस बार इससे अलग हमने उनसे सीखने में अपना प्रयास जुटाया। उनसे सीखे हुए को ही उनमें लगाने की कोशिश की। *'त्वदीयं वस्तु गोविन्द तुभ्यमेव समर्पये'*।

अपने शिक्षुओं के टोलों में घर भ्रमण के सिलसिले में जब भी हम गए हमने शिक्षुओं को माटी पानी से खेलते पाया। माटी से रचनाएँ भी देखीं। माटी की सोंधी गंध का रचनात्मक परिवेश। उनमें माटी के रचनात्मक इस्तेमाल की अपूर्व प्रतिभा देखी। तब यह बात दिमाग में आई कि इस प्रतिभा को शिक्षा की देहरी में प्रवेश के लिए क्यों न इस्तेमाल किया जाय।

शबरी आश्रमों में जो भी शिक्षु आते हैं, आने के साथ हम उनकी देखभाल पर पूरा ध्यान देना शुरू कर देते हैं। शुरू में ही उन्हें सफाई का अहसास कराते हैं। हमारे पास तो उनके रहने का समय थोड़ा ही होता है। पर थोड़े ही समय में वे सफाई का महत्त्व समझने लगते हैं। धीरे–धीरे वे चलने–फिरने, उठने–बैठने, चटाई बिछाने, झाड़ू लगाने, स्नान करने, बाल संभालने, अपने से बड़ों का अभिवादन करने आदि का काम साफ–सफाई से करने लगते हैं। नए शिक्षुओं और 2 माह पुराने शिक्षुओं के बीच के व्यवहार का फर्क आसानी से महसूसा जा सकता है। पहले शनिवासरीय कार्यक्रमों में शिक्षु न तो सफाई से आते थे, न जोश के साथ किसी गतिविधि में भाग लेते थे। मगर धीरे–धीरे इनमें परिवर्तन आने लगा। अगस्त'07 आते–आते शिक्षुओं ने न केवल शनिवासरीय प्रदर्शन बेहतर किया बल्कि विभिन्न कार्यशालाओं में अच्छे प्रोग्राम भी पेश किए।

नवम्बर'07 में बाल मेले को मस्ती के साथ लगाया और दिसम्बर,07 में मूल्यांकन मेले में दो सौ से अधिक बच्चे जिस उत्साह से आए, वह देखते ही बनता था। लगता था मूल्यांकन का भय उड़न–छू हो गया है।

शबरी आश्रम के शिक्षु

6 शबरी आश्रम के शिक्षुओं ने सभी कार्यक्रमों पूरी जीवंतता के साथ भाग लिया।

		समूहवार			
	लड़का	*लड़की*	*कुल*	*कुल परिवार*	*प्रथम पीढ़ी*
मुसहर	58	59	117	110	110
चमार	22	32	54	48	46
पासवान	2	5	7	7	7
पासी	1	2	3	2	1
धोबी		4	4	2	2
	83	102	185	169	166
यादव	9	6	15	11	11
लोहार	1		1	1	1
बनिया		3	3	1	1
बढ़ई	3	4	7	4	3
कोयरी		4	4	2	
तेली	1		1	1	1
	14	17	31	20	17
नाई	5	4	9	5	5
कुम्हार	2	3	5	2	2
कहार	1	7	8	7	7
बेलदार		2	2	2	2
नोनिया	1		1	1	1
	9	16	25	17	17
कुल योग	**106**	**135**	**241**	**206**	**200**

शबरी आश्रमों का प्रोफाइल

कुल परिवार	प्रथम पीढ़ी	लड़के	लड़कियाँ	कुल	कुल समूह
206	200	106	135	241	16

आश्रम	आश्रमवार परिवार	प्रथम पीढ़ी	कुल बच्चे	लड़के	लड़कियाँ
ढिबरा	40	36	47	20	27
सिकन्दपुर मुसहरी	40	40	40	15	25
मठियापुर	26	25	40	19	21
नरगदा चमरटोली	29	28	34	10	24
खगड़ी मुसहरी	32	32	40	18	22
जमसौत मुसहरी	39	39	40	24	16
कुल	**206**	**200**	**241**	**106**	**135**

शबरी आश्रमों में नियमित रूप से भाग लेने वाले शिक्षुओं की संख्या 241 थी। इसमें दलित समूहों के 185, अति पिछड़े समूहों के 25 तथा पिछड़े समूहों के 31 बच्चे थे। कुल लड़कियाँ 135 तथा लड़के 106 थे। इनमें से 50 से अधिक बच्चों का नामांकन कराया गया जो पहली बार नामांकित हुए। इनमें 48 इस पंचायत में टिके तथा कुछ बाहर चले गये। कुछ बच्चों का पुनर्नामांकन भी कराया गया जो छीजनग्रस्त थे। ये 7 थे। शबरी आश्रमों में आनेवाले शिक्षु काफी हद तक स्कूल में भी नियमित रहे। कुछ अनियमित हुए क्योंकि स्कूल का वातावरण शबरी आश्रमों की तरह नहीं बनाया जा सका।

117 मुसहर बच्चे शबरी आश्रमों में नियमित भागीदार थे जिनमें 59 लड़कियाँ शामिल थीं। ये सभी प्रथम पीढ़ी के बच्चे थे। ये 110 परिवारों से जुड़े थे।

कुल बच्चे 206 परिवारों से थे जो शबरी आश्रमों में प्रतिभागी थे। इनमें 200 प्रथम पीढ़ी के परिवार थे। इनके साथ 3 वर्ष या कुछ अधिक समय तक प्रेरणाप्रद वातावरण देने पर विद्यालयों में ठहराव सुनिश्चित होने की सम्भावना है।

सीखने की प्रक्रिया में विविध शिक्षण माध्यमों का इस्तेमाल

बच्चों को सीखने सिखाने के लिए कई अभिनव प्रयोग किए गए :

(क) चित्र-फोटो अवलोकन का शिक्षण में प्रयोग

तस्वीरों का अवलोकन भी शिक्षुओं के लिए महत्त्वपूर्ण गतिविधि है। टोला भ्रमण, कार्यशालाओं, शनिवासरीय शिक्षु गतिविधियों आदि की कैमरे द्वारा नियमित तस्वीरें ली जाती रही हैं। टोले में भ्रमण के दौरान बच्चों के कई फोटो खींचे गए थे। ये उन्हीं के टोलों के फोटो थे। इन्हें एक प्रोजेक्टर के जरिए स्क्रीन पर

दिखाया गया। हर शनिवार को सभी शबरी आश्रमों के शिक्षु स्कूल ऑफ क्रियेटिव लर्निंग के प्रांगण में जुटते और तरह–तरह की गतिविधियों में भाग लेते। इनमें पर्दे पर फोटो प्रक्षेपण द्वारा बड़े आकार में फोटो दिखलाने की गतिविधि नियमित रूप से होती। शिक्षु इसे काफी पसन्द करते। चित्रों पर काफी चर्चा होती। चित्र में दिखनेवाली चीजों, खेतों, जानवरों, पौधों, समूहों आदि के बारे में शिक्षु विमर्श करते। उनकी पहचान करते। उनकी किस्म और गिनती बताते। उनसे सम्बन्धित जानकारियों का विशद वर्णन करते। यह सारा विमर्श उनकी झिझक तोड़ता, खुलने का मौका देता, साथ ही अपने वातावरण को समझने, उसपर बोलने को मंच देता। चित्रों में वे अपने घर को, पशुओं को, परिवारवालों को पहचानते। यहाँ तक कि किस मौसम में यह फोटो लिया गया उसको भी बतलाते।

इस समूचे कार्यक्रम ने शाब्दिक वातावरण के लिए बहुमूल्य परिवेश तैयार किया, जिसकी अभिवंचित बच्चे काफी कमी महसूस करते रहे हैं। साथ ही इसमें गणनात्मक और तार्किक पुट भी था। उन चित्रों पर बच्चों ने बातें कीं। उनमें दिखते सामानों के नाम बताए। उनके इस्तेमाल बताए। इन्हें बोर्ड पर लिखा गया।

एक विमर्श की बानगी देखें :

– कहाँ का फोटो है?

– नरगदा चमरटोली का।

– फोटो में क्या दिख रहा है ?

– कठौती, लड़का।

– कौन–कौन से रंग हैं ?

– लाल, पीला, हरा, काला।
टेम्पो भी है।

– टेम्पो से क्या करते हैं?

– टेम्पो से जाते हैं, सामान ले जाते हैं।

– और किस चीज से जाते हैं ?

– मारुति, हीरोहोन्डा, एरोप्लेन, पाँवगाड़ी, ट्रैक्टर।

– फोटो में और क्या है?

– फोटो में चाचा निमकी बेच रहे हैं।

– फोटो में और क्या–क्या है?

– घर है, गाड़ी है।
नेवारी, अँटिया, पेड़ है।
पोल, गाय, खूँटा है।

गोबर, झोपड़ी, नाद है।
लत्तर, केला का पेड़ है।
अनार का पेड़ है।
झोपड़ी पर सेम का लत्तर है।
आम, सीसो, अमरूद, गेहूँ के पौधे हैं।
फूल के, सरसो के पौधे हैं।
सूअर, कुत्ता, बकरी है।
बोरा में बालू है।
स्वेटर–कोट–चश्मा–साड़ी–जूता है।
गमछी बाँधे आदमी– कोट–सलवार है।
गाय का बच्चा, थ्रेसर है।
बड़ का पेड़ है–सोरी लटक रहा है।
खोंप है।

– इसका क्या करते हैं?
– इसमें भूसा रखते हैं।
– फोटो में क्या हो रहा हैं ?
– खाना खा रहे हैं?
– खाना खाने से पहले क्या करते हैं ?
– खाना खाने से पहले हाथ धोते हैं।
– फोटो में आदमी कहाँ जा रहे हैं ?
– आदमी मैदान (शौच करने) जा रहे हैं ?
– मैदान (शौच करने) कहाँ जाते हैं ?
– सभी लोग मैदान (शौच) के लिए बाहर जाते हैं।
– शौच के लिए बाहर जाना अच्छा है क्या ?
– नहीं। लेकिन सभी के घर में शौचालय नहीं हैं।
– आदमी के सिर पर टोकरी में क्या है?
– सब्जी।
– कहाँ ले जा रहे हैं?
– बाजार।
– कोठी में क्या है?
– धान।
– चाची क्या कर रही हैं?
– मइया जी–का असथान है। उसमें पूजा कर रही हैं।

फोटो दृष्टि भ्रमण से कम–से–कम 65 नये शब्द उभरे, जिन्हें बच्चे बोलते हैं, उनका अर्थ जानते हैं, उनका इस्तेमाल कर सकते हैं। इससे उनके शब्द भंडार का अनुमान हम लगा सकते हैं। यह उनकी पूँजी है। इसका विविध व्यवहार शिक्षण में हो सकता है। व्यवहार किया भी गया।

जिस समुदाय के बच्चे हैं उस समुदाय में बोले जाने वाले कई शब्द जैसे कठौती, नेवारी, अँटिया, लत्तर, गमछी, सोरी, खोंप, उलाना, मइया जी, असथान, ओखरी भी उभरे। इनका हमारी पाठ्य पुस्तकों में नहीं के बराबर उपयोग होता है। मगर ये उनकी रोज़मर्रा ज़िन्दगी के शब्द हैं। इनका इस्तेमाल प्रशस्तीयन के लिहाज से होना सृजनवादी स्थापना है। चित्रों के आधार पर गिनती और अंकों के प्रश्न भी पूछे गए :

– खिचड़ी बँट रही है। कहाँ?
– आँगनबाड़ी केन्द्र में।
– कितने बच्चे खा रहे हैं?
– चार।
– चित्र में कितने मुर्गा और मुर्गियाँ हैं?
– तीन मुर्गा और चार मुर्गियाँ।
– चित्र में कितनी बकरियाँ हैं?
– पाँच।
– उनके कितने पैर हैं?
– बीस।
– चित्र में कितनी पूँछें हैं?
– पाँच।
– चित्र में कितने कान हैं?
– दस।
– चित्र में कितनी आँखें हैं?
– दस।
– चित्र में और क्या है?
– सूअर और 2 बच्चे, ओखरी है।

और भी कई प्रश्न तथा उनके अनेक उत्तर।

(ख) सृजनशीलता से शिक्षण : मृत्तिका शिल्पकर्म

हमने देखा कि बच्चे मिट्टी से अनेक प्रकार की चीजें बना सकते हैं। इन चीजों का इस्तेमाल शाब्दिक एवं तार्किक सबलता के लिए किया गया। इन चीजों का

इस्तेमाल सामाजिक तथा वैज्ञानिक सोच के विकास के लिए किया जा सकता है। इस सूरत में तब ये पूरी तरह से सिखाने के औजार बन जाते हैं।

इसी सन्दर्भ में हमने मिट्टी के खिलौनों को पाठ्य–सामग्री बनाने की बात सोची। हमारे शिक्षुओं को मिट्टी के खिलौने बनाने में काफी रुचि है। उन्हें मनमाफिक खिलौने बनाने को कहा। उन्होंने अपनी मर्जी से खिलौने बनाए। तरह–तरह के आकारों में लोटा और तसला बनाया, चूल्हा बनाया, बटुला, कलछुल, सूप, सुपली, सिलौटी, लोढ़ी, कठौती, छीपा, छिपली, हाथी, गणेश जी, शिव जी, अनेक देवी–देवता बनाए, तरह–तरह की आकृतियाँ बनाईं। मिट्टी का मोबाइल भी बनाया। कई शिक्षुओं ने अपने कुछ खिलौनों को चूल्हे पर पकाया भी। भात भी बना, खिलौना भी पका।

फिर उनको थीम के सुझाव दिए गए। पौधों के अंगों को बनाने का। छोटी ईंट बनाने का। सामान्य साँचा और उससे बना सामान।

शिक्षुओं ने जो खिलौने बनाए उन्हें सावधानीपूर्वक संग्रह कर रखा गया। पंचायतीराज संस्थाओं के जन प्रतिनिधियों की कार्यशाला हुई तो उसमें इनकी प्रदर्शनी लगाई गई। जन प्रतिनिधियों ने खूब सराहा। मिट्टी का काम सृजन का काम है। शिक्षु इससे बहुत कुछ सीखते भी हैं और उनके हाथों, उँगलियों का व्यायाम भी होता है। हम जान पाते हैं कि शिक्षु की निगाह कहाँ–कहाँ ठहरती है। सृजन और खेलों के जरिए शिक्षुओं की भावनाएँ हम तक पहुँचती हैं। हमें उनके अनुभव भी मिलते हैं।

इस तरह सृजनवादी संरचनात्मक शैक्षिक सिद्धान्त के व्यवहारगत इस्तेमाल का हमें रास्ता मिला। हमारे सीखने में भी काफी इज़ाफा हुआ। वैसे तो शिक्षुओं को देर तक किसी काम में उलझाए रखने के लिए चित्र देखना और चित्र बनाना उपयोगी होता है। मगर हमने इस पूरी प्रक्रिया को पाठ्यक्रम के रूप में इस्तेमाल किया।

यह टास्क दिया गया कि पूरा परिवार मिलकर मिट्टी के खिलौने बनाए। परिवार किसी गतिविधि को खिलौने के रूप में बनाए–जैसे अपने परिवार के सभी लोगों की मूर्ति बनाए, गुड्डा, गुड़िया की सहायता से परिवार में होने वाले कामों को दिखाए।

परिवार में होनवाली अन्य गतिविधियाँ दिखाये।

दूसरे चरण में स्कूल और पढ़ाई से जुड़े खिलौने बनाए।

स्कूल जाना। स्कूल जाने के समय कौन–सा सामान लेकर जाते हैं, आदि।

स्कूल में बैठना–शिक्षक का पढ़ाना जैसी गतिविधियाँ।

इसी प्रकार अन्य चीजें।

बच्चे मिट्टी की मूर्ति बनाने में सहज भाव से प्रवीण हैं।

उनकी टेराकोटा कला को सीखने (अधिगम) के लिए इस्तेमाल किया गया।

खिलौने से कहानियाँ गढ़ना।

कहानियों से खिलौने गढ़ना।

खिलौनों से गतिविधियाँ गढ़ना।

गतिविधियों से खिलौने गढ़ना।

खिलौनों की एसेम्बली से ये सभी चीजें प्रदर्शित हो जायेंगी।

फिर इनको लिखना–

इस प्रकार सुबोपलि (सुनना, बोलना, पढ़ना, लिखना) पूरी हो जायेगी।

सीखने के प्रति पहली पीढ़ी के सीखनेवाले परिवार की भूमिका सबल होगी।

जो सामान बच्चों ने बनाए, उनके नाम वाले शब्दों के आधार पर पाठ तैयार किए गए।

फिर श्यामपट पर उस सामान का चित्र बनाने को कहा गया।

बच्चों ने मिट्टी का तसला बनाया था। अतः उन्हें 'तसला' का चित्र बनाने को कहा गया। उस चित्र के नीचे 'तसला' शब्द लिखने को कहा गया। उस चित्र के चारों तरफ 'तसला' के उपयोग के शब्द लिखे गए। इस प्रकार एक पाठ पूरा हुआ।

अगली बार सामान के उपयोग को वाक्यों में लिखने को कहा गया।

धीरे–धीरे इसे एक पैराग्राफ या घटना वर्णन के रूप में लिखने को कहा गया।

इस प्रकार बनायी गयी सामग्रियों (ठोस) से उनका चित्र, चित्र के नीचे उनका नाम (शब्द), उनके चारों ओर उनके उपयोग वाले शब्द, फिर उनसे सम्बंधित वाक्य, तब पैराग्राफ या कहानी गढ़ना सम्पन्न हुआ।

जिस बात को वे लोग जानते हैं, उसको महत्त्व मिल रहा है–इसको वे देख सके।

इससे परिवार का आत्मविश्वास बढ़ा।

अगले चरण में–

पत्ते और फूल को जोड़ना है।

बच्चे गाँव के पेड़ के पत्ते को पहचानते हैं।

उसका नाम जानते हैं।

रंग जानते हैं।

मिट्टी से पत्ता भी बनाते हैं।

पत्ते से डिजाइन और प्रतिरूप बनाते हैं।

पत्ते की सीटी बनाते हैं। सीटी बजाते भी हैं। उत्साहित होते हैं कि उन्होंने सीटी बनाई और बजाई।

वे पत्ते का उपयोग भी जानते हैं।

कौन पत्ता खाया जाता है, बता सकते हैं।

कौन पत्ता दवा के रूप में उपयोग में लाया जाता है, बता सकते हैं।

फिर आगे–

फसल और बीज को जोड़ते हैं।

बच्चे फसल पहचानते हैं।

वे बीज को पहचानते हैं।

बिचड़ा को पहचानते हैं।

मोरी को पहचानते हैं।

फसल के समय–चक्र को बोल सकते हैं।

इस तरह वे वैज्ञानिक सोच की तरफ बढ़ते हैं।

यह उनके वर्त्तमान ज्ञान से भी जुड़ा है। अतः ज्ञान स्थायी हो जाता है।

यह उनके अनुभवजनित ज्ञान का प्रकाश है।

इस प्रक्रिया का प्रभाव क्या होगा ?

पारिवारिक कौशल को प्रतिष्ठा मिलेगी।

सम्पूर्ण परिवार ज्ञान–सृजन के प्रक्रिया से जुडेगा।

इससे पारिवारिक सम्बन्ध प्रगाढ़ होंगे।

बच्चों से पारिवारिक अन्तः क्रिया बढ़ेगी।

(ग) धुन/लय का शिक्षण में प्रयोग

हमने पाया कि बच्चे लय से, जोश से और आत्मविश्वास से गाना गाते हैं।

वे सामान्यतया प्रचलित धुनों का इस्तेमाल करते हैं। लोक धुन या प्रचलित फिल्मी धुन।

हमने शबरी आश्रम में बच्चों को गाना गाने के लिए प्रोत्साहित किया। समूह में गायें। अकेले भी गायें।

बच्चे आनन्द से गाना गाते हैं। उनमें रागात्मक मेधा अच्छी है।

जो गाना गाते हैं, उस गाने के शब्दों का इस्तेमाल सीखने में करते हैं।

हमने उनसे गीत में व्यवहृत शब्दों का अर्थ पूछा।

बच्चे अर्थ बताते हैं।

हमने उनसे गीतों में आए भावों के सम्बन्ध में पूछा।

बच्चे भाव के सम्बन्ध में कुछ–कुछ बता सकते हैं।

संरचना के साथ भी प्रयोग किए गए।

एक ही गाना को कई गानों में बदला जा सकता है।

शब्द बदलकर, धुन वही रखकर।

गाने के शब्दों को अलग–अलग करना।

गाने के शब्दों के साथ प्रयोग।

शब्दों का व्यवहार–अर्थात्मकता, वाक्य अर्थवत्ता के साथ।

शब्दों से कहानी।

शब्दों से चुटकुला।

शब्दों से कथोपकथन।

बच्चे मनोयोग से, जोश के साथ शब्दों से खेलते हैं।

हमने बच्चों के जीवन से उनके प्रिय गीतों को लिया।

जीवन के क्षेत्र विशेष यथा जानवर, फसल, भोजन, मौसम आदि से जुड़े गीत।

उन गीतों की विषयवस्तु पर बच्चों के साथ चर्चा हुई।

हमने इससे क्या पाया?

अबतक लोकगीतों की जो परम्परा रही है, उसमें गीत गाते हैं, धुन का मज़ा लेते हैं और बात मनोरंजन तक ही समाप्त हो जाती है।

चर्चा और विमर्श के ज़रिए इसे सीखने के औजार के रूप मे तब्दील किया।

लोकगीत में जो ज्ञान छिपा है उसे उजागर किया।

लोकज्ञान के अक्षय स्रोत से उनका साक्षात्कार कराया।

इस प्रक्रिया से उनका आत्मविश्वास बढ़ेगा।

(घ) शारीरिक गतिविधियों का शिक्षण में प्रयोग

बच्चे खेल खेलते हैं। खेलने में खूब मन भी लगता है। जब भी फुर्सत होती है खेलने को चले जाते हैं। अतः हमने सोचा कि क्यों न हम खेल को ही पढ़ाई के साथ जोड़ दें। तब बच्चे खेलने के बहाने पढ़ाई भी कर लेंगे।

हमने जानने की चेष्टा की कि सामान्यतया वे कौन–कौन खेल खेलते हैं ? हमें जानकारी मिली कि गोली, तीती, कबड्डी, ताश, गोटी, लट्टू आदि के खेल काफी लोकप्रिय हैं। हमने इन खेलों के साथ दक्षता आधारित गतिविधियों को जोड़ा।

बच्चे कबड्डी खेलते हैं। उन्हें इसके बोल लिखने को कहा गया।

वे गोली खेलते हैं । उन्हें इसे प्वाइंट के साथ खेलने को कहा गया। इससे वे जोड़ सीख जाएँगे।

बच्चियाँ तीती खेलती हैं। उनसे गिनती को जोड़ा गया। इससे बच्चे सीधी गिनती, उल्टी गिनती, सम तथा विषम संख्या के बारे में सीखने लगे।

खेल से नए खेल बनाएँ।

खेल के नियम पता करें।

नियमों में विविधता लाएँ।

नए खेल बनाकर खेलें।

अपने नियम बनाकर उस नियम के अनुसार खेलने से जनतांत्रिक उन्मुखीकरण होता है।

कबड्डी जैसे खेल से शाब्दिक ताकत आती है। नए बोल के साथ खेलें।

कई खेलों से नाटकीयता के पाठ सीखते हैं। उसे खेलें।

आइस पाइस जैसे खेलों से गिनती की तेजी और गुणवत्ता बढ़ती है। खेल में बदलाव कर सीधी गिनती, उल्टी गिनती, सम तथा विषम संख्या के बारे में सीख सकते हैं। उसमें तेजी ला सकते हैं।

अंक कार्ड बनाकर जोड़ घटाव के खेल खेलें। इससे संख्यात्मक गणना की सबलता आएगी।

गुड्डे–गुड़ियों के खेल खेलें। इससे सामाजिक सम्बन्धों को समझें।

गुड्डे–गुड़ियों के खेल से जीवन के उत्सवों का रोल प्ले खेलें।

खेल को टेराकोटा सामग्रियों से दिखलाएँ।

खेल को चित्र के माध्यम से दिखलाएँ।

बच्चों से खेल के बारे में विमर्श हुआ।

खेल खेल तो रहा ही, खेल सीखने का औजार भी बन गया।

खेलने से शारीरिक व्यायाम हुआ।

बोलने की दक्षता बढ़ी।

खेल–खेल में गणित के पाठ सीख लिए।

नया खेल बनाने से सृजनशीनता का विकास हुआ।

समूह में खेलने से प्रबंधन की क्षमता बढ़ी, सामाजिकता का विकास हुआ।

खेल को सीखने का औजार बनाया। इससे सीखने की क्रिया स्कूल की चहारदिवारी से निकलकर खेल के मैदान में कुलाचें लगाने लगी। समय का कुफ्र टूटा। सीखने की प्रक्रिया निरन्तरता में आगे बढ़ी। चौबीसों घंटे सीखने की मजबूत नींव पड़ी।

(घ) चित्र कर्म का शिक्षण में प्रयोग

कुछ शिक्षुओं ने कागज पर पेन्सिल से तरह–तरह के चित्र बनाए। देवी–देवताओं के भी।

चित्र बनाना सृजनात्मक है और आनन्द का काम है। भावनाओं की ठोस अभिव्यक्ति भी है।

मिट्टी के खिलौनो के साथ, इन चित्रों की प्रदर्शनी लगाई गई। सभी लोगो ने शिक्षुओं के रेखांकन प्रयासों को मन से सराहा।

चित्र दिखाकर चित्र के सम्बन्ध में बातचीत हुई।

चित्रों पर प्रश्न किए गए।

चित्रों पर कहानियाँ बनीं।

कहानियों पर चित्र बने।

चित्रों पर नाटक किए गए। ऐक्टिंग हुई।

जीवन के दृश्यों के भी चित्र बने।

सामाजिक उत्सवों पर पारम्परिक चित्र बने।

स्वयं रचित मिट्टी के खिलौनों के चित्र भी बनाए गए।

चित्रलेखन के तजुर्बे से क्या–क्या सीखा?

कल्पनाशीलता बढ़ी। मानसपटल पर चित्र बनाने की दक्षता बढ़ी।

हस्तलेखन के लिए लघुमांसपेशियाँ सबल हुईं।

प्रकृति को, सौंदर्य को सराहने की क्षमता बढ़ी।

(च) फोटो खींचकर तुरन्त दिखाना : अपने ही अक्स पर विभोर

एक अन्य गतिविधि भी शिक्षुओं को अत्यंत प्रिय है। उनका फोटो खींच कर उनको तत्काल दिखलाना। यह उन्हें खेल की तरह लगता है। अपनी तत्काल की विभिन्न भंगिमाओं में तस्वीरें देखना, उनके लिए नायाब अनुभव होता है। इस पर खूब हँसना, खेलना, उछलना, कूदना, हर्ष से चिल्लाना आदि होता है। चित्र/फोटो देखना तो आनन्द का अनुभव कराता ही है। इससे शिक्षुओं के मन का विकास भी होता है।

चित्र और खिलौने उन्हें न केवल आनन्द देते हैं, उनके विकास में मदद करते हैं, बल्कि उनके हिसाब से उनकी मूल्यवान कृतियों के रूप में होते हैं जिनको वे अपनी समझते हैं, गौरव करते हैं। सफलता के सुख का आस्वादन करते हैं। अपने विकास के क्रम में रहकर कोई जैसी भी रचना करता है, उसके

लिए अप्रतिम, भव्य, सम्पूर्ण और महत्त्वपूर्ण होती है। इस लिहाज से शिक्षुओं की ये कृतियाँ सम्पूर्णता समेटे रहती हैं। उनकी अपनी कल्पना के उड़ान के ये प्रतीक हैं। यह भी अनुभव किया गया कि उनकी अपनी कृतियों ने उनमें आत्मविश्वास बढ़ाने में महत्त्वपूर्ण भूमिका अदा की।

चित्र दिखलाने की प्रक्रिया में दूरियाँ कम हुईं, झिझक मिटी, रैपो बना और सम्बन्ध गहरे हुए।

(छ) कहानी के माध्यम से ज्ञान की अंतर्दृष्टि

कहानियाँ बच्चों का ध्यान आकृष्ट करने के लिए एक सशक्त माध्यम हैं। ये विचारों और घटनाओं में क्रमबद्धता सिखाती हैं।

ये तर्कशीलता बढ़ाती हैं, भावनाएँ जगाती हैं, कल्पनाशीलता बढ़ाती हैं, मूल्यों का संरक्षण करती हैं।

ये शब्दों का एक नया संसार बनाती हैं। शाब्दिक मेधा बढ़ाने में मदद करती हैं। जीवन के लिए नई अन्तर्दृष्टि का निर्माण करने में मदद करती हैं।

अभिवंचितों के दृष्टिकोण से कहानियाँ काफी महत्त्वपूर्ण हैं क्योंकि प्रचलित कहानियों में उनके पशु, पेशा, जीवन के सकारात्मक पहलुओं को प्रमुखता से नहीं दिखाया गया है। उनके पुराण पुरुषों की छवि बढ़ाने का प्रयास नहीं किया गया है। इससे इनके बीच आदर्श व्यक्तियों का अभाव दीखता है। फलतः उनके मनोबल को बढ़ाना सम्भव नहीं हो पाता है। हीन भावना से ग्रसित होने से वे पूरी तरह सशक्त नहीं हो पाते।

हमने महसूसा कि यदि कहानियों का व्यवहार शिक्षण में किया जाय तो अभिवंचितों का शिक्षण में ध्यान केन्द्रित कर पाना सम्भव होगा। पर आवश्यकता इस बात की है कि पुरानी कहानियों में अभिवंचितों के पक्ष को सबलता से रखने के लिए उनमें यथोचित परिवर्त्तन किए जाएँ।

उदाहरण के तौर पर हमने महसूसा कि मुसहर जाति के लोग सूअर पालते हैं। पर हमने सूअर को एक गंदे जानवर के रूप में ही चित्रित किया है। एक ऐसा जानवर जो केवल मैला खाता है। हमने यह चित्रित किया है कि जिस प्रकार गंदा काम करने वाले लोग गंदे होते हैं वैसे ही मैला खाने वाला जानवर भी गंदा ही होगा। उसे रखने वाले लोग भी गंदे होंगे। इस प्रकार अभिवंचितो की दुनिया की छवि गंदे लोग, गंदी आदतें, गंदे पेशे, गंदे घर, गंदी बस्ती, गंदे जानवरों...की अस्पृश्य दीवार से घिरी रहती है। लोक कहानियों ने इस छवि को और परिपुष्ट किया है।

यदि इस व्यवस्था में कोई परिवर्त्तन करनी है तो इस छवि में परिवर्त्तन करना होगा। इसके लिए पुरानी कहानियों को देखकर अभिवंचितों के हित में यथासम्भव परिवर्त्तन करने की आवश्यकता है। साथ ही साथ नई कहानियाँ भी गढ़ने की आवश्यकता है जिसमें अभिवंचितों के जीवन तथा जीवन दृष्टि के सकारात्मक पक्ष को प्रमुखता से रखा जा सके। हमने इनके पशुओं को प्रधानता देने के लिए सूअर को हीरो बनाकर गणित की किताब *'तीन सूअर'* लिखा।

हमने पाया कि अभिवंचित वर्ग के लोगों के बीच रोल मॉडेल का अभाव है। अतएव हमने उनके रोल मॉडेल को भी कहानियों के माध्यम से उद्घाटित करने का प्रयास किया। हमने पाया कि शबरी का चरित्र मुसहरों के लिए आराध्य है। पर इसपर बहुत सामग्रियाँ विकसित नहीं की गई हैं। अतएव उनके मनोबल को वांछित ऊँचाइयाँ नहीं मिल पायी हैं। हमने शबरी की कहानी को तीन खंडों में बाँटकर तीन चित्रकथाएँ *'नन्हीं शबरी', 'किशोरी शबरी'* तथा *'तपस्विनी शबरी'* विकसित कीं। इन कथाओं को शबरी आश्रम में वाचन हेतु उपलब्ध करा दिया गया। इनके वाचन का नियमित कार्यक्रम रखा गया। बच्चों ने जहाँ इस कहानी को उत्साह के साथ पढ़ा, वहीं बड़ों में भी यह कहानी काफी लोकप्रिय हुई। यद्यपि शबरी की पारम्परिक कहानी पूर्व से समाज में प्रचलित है, पर एक नई कहानी ने, जिसने पूरे चरित्र को नई पृष्ठभूमि में रखा है, लोगों का ध्यान आकृष्ट किया है।

प्यासा कौआ : नई दृष्टि

शबरी आश्रम, मठियापुर। हम बच्चों से मिलने आश्रम में आए थे। हमने उनके गीत सुने। उन्होंने उत्साहपूर्वक गीतों को सुनाया। बाद में हमने उन्हें कहानी सुनाने के लिए कहा। वे कहानी सुनाने के लिए तैयार नहीं थे। अतः विजय प्रकाश जी ने कहानी सुनाना शुरू किया। पुरानी कहानी प्यास कौआ की। उन्होंने कहा,

'गर्मी का मौसम था। काफी तेज धूप थी। वहीं एक कौआ था। वह काफी प्यासा था। वह इधर–उधर घूम रहा था। सहसा उसे एक स्थान पर एक घड़ा दिखा। उसमें कुछ पानी था। कौआ वहाँ पहुँच गया। झाँक कर घड़े में देखा। पानी काफी नीचे था।'

उन्होंने पूछा, 'कौआ ने क्या किया होगा?'

बच्चों ने कहा, 'उसने बगल में कंकड़ देखा। वहाँ से कंकड़ लाकर घड़े में डालने लगा। धीरे–धीरे पानी ऊपर आने लगा। तब उसने पानी पी लिया।'

उन्होंने पूछा, 'क्या कंकड़ डालने पर पानी ऊपर आता है? क्यों न हम करके देखें?'

एक ग्लास लाया गया। उसमें थोड़ा पानी डाला गया। फिर बारी–बारी से कंकड़ डाला गया। पर पानी बहुत ऊपर नहीं आया।

एक छोटे बच्चे ने बताया कि उसने पहले भी ग्लास में पानी रखकर कंकड़ डाला था, पर पानी उतना ऊपर नहीं आया था।

फिर चर्चा शुरू हुई कि जब यह तरकीब काम नहीं करेगी, तो कौआ क्या करेगा?

बच्चों ने नई नई तरकीबें खोजनी शुरू कीं।

घड़ा गिरा देगा।

चोंच मारकर घड़ा फोड़ देगा।

पत्थर गिराकर घड़ा फोड़ देगा।

इसी प्रकार कई नए समाधान आए।

कहानी एक, अन्त अनेक।

नए समाधान, नई सोच, नए विचार।

कहानी पुरानी, नई दृष्टि।

सतत प्रेरणा निरन्तर सीखने का आधार है

जो सृजन का काम करने आता है उसे करने के लिए उत्साहित करना तथा उस कार्य से लिखने–पढ़ने की क्रिया को जोड़ने से सीखने की प्रक्रिया बलवती होती है।

प्रेरणा सीखने की इच्छा बढ़ाता है। लगातार सीखने से इच्छा शक्ति बलवती होती है। फिर सीखने की आदत पड़ जाती है।

प्रोत्साहन एक क्षण की गतिविधि नहीं है। इसे लगातार जारी रखने की आवश्यकता है।

प्रोत्साहन की रीति को लगाातार बदलने की आवश्यकता है।

अतः शिक्षण विधि को भी बदलने की ज़रूरत है।

कभी चित्रों से, कभी गीतों से, कभी फोटो दिखाकर,।

कभी कहानियों से। कभी नाटकों से। बदलाव दिलचस्पी बनाए रखता है।

बच्चों का प्रोफाइल

सभी बच्चे अलग होते हैं। उनकी पृष्ठभूमि अलग होती है। उनकी मजबूतियाँ तथा कमजोरियाँ अलग अलग होती हैं। उनकी समस्याएँ अलग–अलग होती हैं। अतः उनके प्रोफाइल बनाने का निर्णय हुआ। यह उनकी मजबूतियों तथा कमजोरियों

का एक दस्तावेज है। उनके माता–पिता, शिक्षक आदि के विचार इसमें सहायक बने। इससे बच्चों के सम्बन्ध में समझ बनी।

निशा का स्कूलन नियमित हुआ

निशा की उम्र बारह साल है। निशा अपने परिवार के साथ ढिबरा में रहती है। निशा के पिताजी देवनन्दन चौधरी पहले परिवार के जीविकोपार्जन के लिए लकड़ी (बढ़ई) का काम करते थे, अब वे राजमिस्त्री का काम करते हैं। निशा की माता जी गृहिणी हैं। निशा के परिवार में माता–पिता, पाँच बहनें तथा एक भाई हैं। सबसे बड़ी बहन की शादी हो चुकी है। निशा का स्थान भाई–बहनों में ऊपर से तीसरा है। जब निशा से उसकी शिक्षा के बारे में बात की गई, तो उसने कई महत्त्वपूर्ण बातों का जिक्र किया। निशा के शब्दों में, "मैं पहले दीघा घाट पर रहती थी, वहाँ पहली कक्षा में पढ़ती थी। ढिबरा आने के बाद भी पिताजी ने पहली कक्षा में ही नाम लिखवाया। अभी पाँचवीं कक्षा में पढ़ती हूँ। पहले स्कूल में ठीक से पढ़ाई नहीं होती थी, अब ठीक से होती है। क्रियेटिव लर्निंग सेन्टर खुलने के बाद स्कूल में फर्क आया है। स्कूल में नागा करने या लेट हो जाने पर मास्टर साहेब मारते थे। इसलिए मेरे भाई–बहन सभी स्कूल बहुत कम जाते थे। मास्टर साहेब पहले बोर्ड पर लिखकर चले जाते थे, बताते नहीं थे, लेकिन अब बताते हैं। अब स्कूल में मार भी बहुत कम लगती है। पहले मम्मी भी खाना बनाने या पानी लाने में मदद करने के लिए बराबर कहती थीं, जिससे स्कूल छूट जाता था। सप्ताह में दो–तीन दिन ही स्कूल जाती थी। जब से क्रियेटिव लर्निंग सेन्टर (शबरी आश्रम) खुला है तब से वहाँ जाती हूँ। मम्मी–पापा भी सेन्टर जाने के लिए कहते हैं। मुझे भी वहाँ मन लगता है। क्योंकि यहाँ पढ़ भी लेती हूँ। दीदी जी कविता, कहानी और गीत भी बताती हैं और कभी कभी खेल भी खेलाती हैं। इससे यहाँ आकर खूब मन लगता है। दीदी जी रोज–रोज स्कूल जाने के लिए कहती हैं। इसलिए अब रोज स्कूल भी जाती हूँ। लेकिन कभी–कभी अभी भी मम्मी काम करने के लिए रोक लेती हैं। जिससे सप्ताह में एक–दो दिन नागा हो जाता है।" स्कूल में जो चीज ठीक से समझ में नहीं आती है उसको दीदी जी से समझ लेती हूँ।"

ढिबरा क्रियेटिव लर्निंग सेन्टर (शबरी आश्रम) की स्वयंसेविका गायत्री जी के अनुसार निशा औसत दर्जे की छात्रा है मगर प्रतिभावान है। इसको शब्द–संग्रह कम होने की वजह से वाक्यों को पढ़ने में और समझने में दिक्कत आती है। दो–तीन माह लगातार मेहनत करने से अब स्कूल नियमित जाने लगी है। क्रियेटिव लर्निंग सेन्टर की पहल पर माँ–बाप निशा को स्कूल भेजने लगे हैं, फिर

भी कभी–कभी उनकी तबीयत खराब होती है तो निशा से घर के काम में मदद लेती हैं। उससे निशा का स्कूल जाना बन्द हो जाता है। निशा जैसी लड़कियों की नियमितता कायम रखने के लिए निरन्तर प्रेरणा की जरूरत है परिवार और शिक्षु दोनों को।

सुजाता स्कूल जाने लगी

सुजाता आठ साल की है। सुजाता अपनी माँ श्रीमति विनीता देवी तथा पिता श्री राजनारायण दास के साथ नरगदा चमरटोली में रहती है। पिताजी सेन्ट्रिंग का काम करते हैं। माँ घर की देखभाल करती है। सुजाता को चार बहनें और एक भाई है। वह इनमें तीसरी है। पहले अपने टोले में ही सामुदायिक भवन में सरकारी विद्यालय चलता था। दो कदम पर स्कूल था। स्कूल रोज जाती थी। मगर अब स्कूल नए मकान में खगड़ी में चला गया है जो बाँध के किनारे है और सुजाता के टोले से थोड़ी दूर पर है। जब से टोले से स्कूल खगड़ी गया, सुजाता का स्कूल जाना बन्द हो गया था। मगर उसके टोले में शबरी आश्रम के खुलने से सुजाता को बहुत आसानी हुई। उसकी सहेलियाँ शबरी आश्रम में आती थीं। उनकी देखा–देखी वह भी यहाँ आने लगी है। सुजाता कहती है, शबरी आश्रम में उस को बहुत अच्छा लगता है। दीदी जी खूब खेल खेलाती हैं और गीत भी सिखाती हैं। डाँटती भी नहीं हैं।

शबरी आश्रम की स्वयंसेविका रीता कुमारी के मुताबिक सुजाता सुशील लड़की है, बोलने में झिझकती और शर्माती है। आश्रम में एक माह में ही साफ–सुथरा रहना सीख गई है। निडर होकर बोलने लगी है। 100 तक गिनती भी बोल लेती है।

सुजाता की माँ का कहना है कि दीदी जी के आने से सुजाता का जीवन बन गया है। वह अब पढ़ने लिखने लगी है। दीदी जी के कहने पर सरकारी स्कूल खगड़ी भी जाने लगी है। उसकी दूसरी सहेलियाँ भी सरकारी स्कूल जाने लगी हैं।

सुजाता को थोड़ी तैयारी और प्रेरणा की जरूरत थी। शबरी आश्रम में उसकी पूर्त्ति होने लगी तो उसने स्कूल का रास्ता पकड़ लिया।

बाल मेला

अभिवंचित वर्ग के बच्चों के साथ काम करने पर हमने यह महसूस किया कि वर्त्तमान शिक्षा पद्धति से उनका जुड़ाव नहीं होने का एक महत्त्वपूर्ण कारण यह

है कि उन्हें इस शिक्षा पद्धति के अधीन सफल होने का अवसर नहीं मिलता। सफलता नहीं मिलने से उनका पूर्ण जुड़ाव भी नहीं हो पाता। यही कारण है कि वे या तो विद्यालय नहीं जाते या जाते भी हैं तो शीघ्र ही छोड़ देते हैं। अतः हमने यह पाया कि यदि अभिवंचित वर्ग को शिक्षा से जोड़ना है तो उनके लिए इस शिक्षा व्यवस्था के अधीन सफलता के अवसर खोजने होंगे। बाल मेला इसी प्रकार का अवसर देने का प्रयास करता है।

हमने ऐसी चीजें खोजने का प्रयास किया, जिसमें अभिवंचित वर्ग के बच्चों को सक्षमता हासिल हो तथा जिसका सार्वजनिक प्रदर्शन संभव हो। यह पाया गया कि उन्हें मिट्टी के सामान बनाने में काफी अभिरुचि है तथा इसमें उन्हें अच्छी दक्षता भी हासिल है। इसी प्रकार वे पत्ते के काफी सुन्दर सामान बना सकते हैं। वे कागज के भी अच्छे सामान बना सकते हैं। उनकी इसी सृजनशीलता को बाल मेला का आधार बनाया गया। उन्हें अपनी क्षमता के अनुसार सामानों को बनाने की स्वतंत्रता दी गयी। सबने अपनी क्षमता से बढ़कर प्रदर्शों को तैयार किया।

जो सामान बने, उनके लिए सभी को एक–एक लेबल बनाना था। इसमें सामान का नाम, उसके उपयोग तथा बनाने वाले का नाम लिखना था। लिखने की दक्षता का प्रदर्शन।

पत्तों के उपयोग का वर्णन करते समय तो बच्चों ने पूरा स्थानीय ज्ञान ही उड़ेल दिया। उन्हें किसी से संपर्क करने की स्वतंत्रता जो थी। विभिन्न बिमारियों के निदान में पत्तों के होने वाले उपयोग ने तो सबको चौंका दिया।

जो बच्चे अधिक लिख सकते थे उन्होंने कागज पर सामान का चित्र बनाकर तथा उसका नाम लिखकर उसके चारों ओर उसके उपयोग से सम्बन्धित शब्दों या वाक्यों को लिखा।

जो चित्र बना सकते थे, उन्हें चित्र बनाने को कहा गया। एक से एक अच्छे चित्र बने।

स्कूल ऑफ क्रिएटिव लर्निंग के बरामदे पर सबने मिलकर टेबुल लगाया। हर आश्रम/सेंटर को अलग–अलग टेबुल आवंटित किया गया। अब सभी अपने–अपने प्रदर्शों को सजाने में लग गये। मिट्टी, कागज तथा पत्ते के प्रदर्श टेबुल पर लगे थे। कुछ दीवाल पर भी टँगे थे।

दीवाल पर भी कपड़ा लगा दिया गया था। उसपर लगी चित्र एवं लेखों की प्रदर्शनी। लेखों में प्रदर्श आधारित वेब चित्र, अवधारणा चित्र तो थे ही, उसमें थे कबड्डी के बोल, पत्तों के उपयोग पर चार्ट भी।

मेला के एक दिन पहले ही टेबुल सजकर तैयार हो गये। हर आश्रम/सेंटर ने अपना अपना बैनर भी लगा दिया।

मेला के दिन बरामदे पर सभी को एक–एक भूखंड मिला। सबको अपने–अपने भूखंड को घरौंदा एवं अरिपन से सजाना था। सब मिलकर सजाने में लग गये। घरौंदा तो दिवाली के लिए लोगों ने पहले से ही बना लिया था। रंग का इंतजाम कर दिया गया था। एक आश्रम, एक चित्र। सभी मिलकर अपने–अपने भूखंडों को सजाने में लग गये। इस प्रकार पूरा भूखंड सज गया। उसके सामने डाल दिया गया आश्रम/सेंटर का बोर्ड।

इस प्रकार सभी मेधा के बच्चों को कुछ–न–कुछ करने को था। सबको उनकी प्रतिभा के अनुरूप मेधा प्रदर्शन का अवसर मिला।

मेले में सब सज–धज कर आए थे। अपने सबसे अच्छे वस्त्रों में। सभी ने पानी में देह मल–मलकर नहाया था। अपने सृजन को प्रदर्शित जो करना था।

अब सभी शिक्षुओं को अपने बने सामान का वर्णन अतिथियों के सामने करना था। सब पूरी तन्मयता के साथ अपने सृजन का प्रदर्शन कर रहे थे। बोलने की दक्षता का प्रदर्शन। संप्रेषणीयता का प्रदर्शन। वह भी अपने सृजन के सम्बन्ध में।

अपनी सृजनशीलता की पहचान से बड़ा सुख और कुछ नहीं होता।

जो बच्चे गाना गा सकते थे उन्हें गाने की स्वतंत्रता दी गयी। गाने की दक्षता का प्रदर्शन।

जो नाटक कर सकते थे, उन्हें नाटक करने की स्वतंत्रता थी। बच्चों ने स्वयं नाटक लिखा तथा उसका प्रदर्शन किया।

हमने देखा माटी से खेलती उँगलियाँ, पर्णपत्रों के झरोखे से झाँकती प्रतिभाएँ, हमने देखा रंगरेखाओं का कमाल, राग और अभिनय का स्वतः स्फूर्त्त प्रदर्शन। सबमें उत्कृष्टता लाने का अद्‌भुत प्रयास था। सबमें उनकी आत्मा पिरोई थी।

सब सीख रहे थे–एक दूसरे को देखकर। एक दूसरे की प्रतिक्रियाओं से सीख रहे थे। एक बार एक अतिथि को दिखाने के बाद दूसरे अतिथि को दिखाने के समय अपने प्रदर्शन में सुधार लाते। यही प्रक्रिया है आत्म–मूल्यांकन एवं आत्म–सुधार की, जो सृजनशील व्यक्ति की सबसे बड़ी पहचान है।

पुरस्कार पहचान दिलाता है। अतः कुछ पुरस्कार भी रखे गये थे। मिट्टी के सबसे अच्छे प्रदर्श बनाने का पुरस्कार, पत्ते के सबसे अच्छे प्रदर्श बनाने का पुरस्कार, सबसे अच्छा घरौंदा बनाने का पुरस्कार, सबसे अच्छे चित्र बनाने का पुरस्कार, सर्वोत्तम अरिपन का पुरस्कार, सबसे अच्छी आश्रम प्रदर्शनी लगाने का पुरस्कार। केवल टीम या ग्रुप के पुरस्कार। कोई व्यक्तिगत पुरस्कार

नहीं। व्यक्तिगत पुरस्कार प्रतियोगिता बढ़ाता है। ग्रुप पुरस्कार सहयोग बढ़ाता है।

मेला के अन्त में सभी बच्चों के मन में एक ही विचार था–काश! यह मेला बार–बार होता!

बड़े सोच रहे थे–यदि बचपन में हमें भी इस प्रकार के मेले में भाग लेने का अवसर मिला होता तो आज मैं भी एक अलग दक्षता का व्यक्ति होता।

सबके मन में सुकून था, संतोष था, आनन्द था–सृजनशीलता का आनन्द, पहचान का आनन्द।

इस आनन्द से गतिविधि से जुड़ाव पैदा होता है, इसी से शिक्षा में ठहराव होता है। इसी से सशक्तिकरण होता है। इसी से शिक्षा प्रभावकारी होती है।

इसी आनन्द में छिपी है कुंजी अभिवंचितों की शिक्षा की। यही आनन्द गरीबी उन्मूलन के कार्यक्रम की नींव रख सकती है।

हमने देखा किस प्रकार सृजनशीलता पर आधारित शिक्षा के द्वारा शिक्षाधिकार का मार्ग प्रशस्त हो सकता है।

मूल्यांकन मेला

शबरी आश्रम का एक महत्त्वपूर्ण आयाम है, उन सभी चीजों पर कार्य करना जिनके कारण बच्चे स्कूल से विमुख होते हैं। इसमें सर्वाधिक महत्त्वपूर्ण है परीक्षा के स्वरूप में परिवर्त्तन। परीक्षा का भय उनको विद्यालय से भगाता है।

हमारी चुनौती यह है कि कैसे मूल्यांकन पद्धति को भयमुक्त बनाएँ। हमने अपने आप से कुछ प्रश्न किए।

क्या कक्षा की दीवारों के भीतर बैठकर कागज तथा कलम के साथ ही मूल्यांकन आवश्यक है?

क्या वर्त्तमान मूल्यांकन पद्धति से हम वे सभी चीजें प्राप्त कर पाते हैं, जिनकी हमें आवश्यकता है?

क्या वर्त्तमान मूल्यांकन पद्धति अभिवंचित वर्ग को और अधिक शिक्षा ग्रहण करने के लिए प्रेरित कर पाती है?

हमने अनुभव किया कि वर्त्तमान मूल्यांकन पद्धति अभिवंचित वर्ग को शिक्षा की ओर प्रेरित करने के बदले उन्हें शिक्षा से विमुख करती है। यह उन्हें सफलता के स्वाद नहीं चखाती।

सफलता के स्वाद से ही प्रेरणा की किरणें निस्सरित होती हैं।

अभिवंचित वर्ग के बच्चों का जीवन घर के बाहर ही बीतता है। बाहर खेलना, बाहर घूमना, बाहर दौड़ना, बाहर सोना.... । खुला आसमान ही उन्हें रास आता है। उन्हें घर की दीवारों के भीतर रहने का अवसर भी तो नहीं मिलता। उन्हें स्कूल की दीवारें काटने को दौड़ती हैं। वे स्वतंत्रता के वातावरण में जीना चाहते हैं। वे खेतों, खलिहानों, मैदानों में अधिक आनन्दित महसूस करते हैं। अतः वे विद्यालय से पहले अवसर पर भागना चाहते हैं। ऐसी अवस्था में वे मूल्यांकन में कैसे अपना सर्वश्रेष्ठ प्रदर्शित कर सकते हैं?

इस स्थिति में हमने यह सोचा कि बच्चे जो करते हैं उन्हीं के साथ शिक्षा और परीक्षा दोनों को जोड़ा जाय।

हमने दक्षता तय किये। फिर तय हुई गतिविधियाँ। जो बच्चे करते या खेलते हैं, उन्हीं के साथ दक्षताओं को जोड़ा गया। बाल मेला के दौरान बच्चों ने कई सामान बनाये थे। वे उन बच्चों के लिए बड़ी उपलब्धियाँ थीं। उन्हीं के साथ लिखने, पढ़ने तथा बोलने की दक्षता को जोड़ा गया। अपने द्वारा बनाए गए सामानों के बारे में ही लिखना तथा बोलना था।

वे कई तरह के खेल खेलते हैं–गोली, तीती आदि। इनके साथ भी हमने दक्षताओं को जोड़ा।

कहीं कहीं खेल के पारम्परिक नियमों में थोड़ा परिवर्त्तन भी करना पड़ा। पर ऐसा करने से उन्हें अधिक दिक्कत नहीं हुई क्योंकि तब भी खेल के मूल चरित्र को नहीं बदला गया। इससे उनके स्थानीय खेल एवं परम्पराओं की भी मान्यता बनी रही। यह उनकी हिम्मत बढ़ाता है। इसमें उनकी सफलता की संभावना बढ़ जाती है। यह उन्हें चहारदिवारी के भीतर रहने की बाध्यता से भी मुक्ति दिलाता है। अतः यह आनन्द का अवसर बन जाता है।

यह प्रक्रिया उनके इस माइन्ड सेट को भी तोड़ने में कारगर होती है कि खेलने के ये नियम शास्वत हैं त्था बदले नहीं जा सकते। इससे सृजनशीलता की नींव पोख्ता होती है। वे खेल के नियमों के माध्यम से जीवन के नियमों में भी आवश्यक परिवर्त्तन करने के लिए मानसिक रूप से तैयार होते हैं।

ज़िन्दगी में हम जो भी कार्य करते हैं, समूह में करते हैं। परिवार में समूह में कार्य होता है। उद्योग और व्यापार में समूह में कार्य होता है। कार्यालय में भी कार्य समूह में ही होता है। अतः ज़िन्दगी के संघर्ष में सफलता सामूहिक जीवन जीने के क़ौशल पर निर्भर करती है।

मूल्यांकन सीखने की दिशा तय करता है। इसमें भी सामूहिक कार्यों को प्रधानता दी गई। समूह में कार्य। समूह में मूल्यांकन। समूह के सभी सदस्य को

एक ही ग्रेड। सभी सदस्य अपना सर्वश्रेष्ठ दिखाने में लग गये ताकि उनके समूह को सर्वाधिक ग्रेड मिले। अरिपन एक, हाथ अनेक। सभी हाथों की उँगलियाँ अपना बेहतर प्रदर्शन करने को आतुर। सभी के सामूहिक श्रम से बना एक बड़ा अरिपन। इसमें जुड़ गया घरौंदा। इसी प्रकार सभी ने प्रदर्शनी को ग्रुप में ही सजाया भी। मूल्यांकन में ऐसे ही कार्य चुना गया जो एक व्यक्ति की क्षमता से अधिक हो तथा आसानी से ग्रुप में हो सकता हो।

आनन्द के वातावरण में व्यक्ति अपनी उत्कृष्टता का बेहतर प्रदर्शन करता है। यह मूल्यांकन मेला के वातावरण में आयोजित किया गया। शिक्षुओं के अलावा इसमें सहभागी बने शिक्षक, अभिभावक, अतिथि। सभी के लिए आनन्द का अवसर, सभी के लिए सीखने का अवसर।

सबने जाना कहाँ कौन शिक्षु अच्छा है, कहाँ किसे और मेहनत करने की जरूरत है।

हमने सबके भीतर के मूल्यों को जाना। हमने सबके भीतर के मूल्यों को आँका। बिना किसी तनाव के, बिना किसी स्पर्द्धा के।

मूल्यांकन मेला की गतिविधियाँ

मुख्य विशिष्टताएँ

दक्षता आधारित मूल्यांकन
बाल केन्द्रित मूल्यांकन
गतिविधि आधारित मूल्यांकन
खेल आधारित मूल्यांकन
समूह आधारित मूल्यांकन

गतिविधियाँ : अपने तैयार सामानों, फल, फूल, सब्जी, पत्तियों का प्रदर्शन

बच्चों ने अपने तैयार सामानों, फल, फूल, सब्जी, पत्तियों का प्रदर्शन किया। उन्हें एक कागज तथा पेंसिल दे दिया गया। मूल्यांकक ने घूम–घूम कर बच्चों को कागज पर अपना नाम, पिता का नाम, माता का नाम, गाँव का नाम लिखने को कहा। कागज पर तैयार सामानों, फल, फूल, सब्जी, पत्तियों का नाम लिखने को कहा। उनसे इन सामानों के उपयोग के बारे में लिखने को कहा।

(दक्षता : लिखना)

शिक्षकों/अभिभावकों ने घूम–घूम कर बच्चों से उनके बनाए सामान के बारे में पूछा।

कोई गीत या कविता सुनाने को कहा।

जो कहानी सुना सकता था, उसे कहानी सुनाने को कहा।

(दक्षता : बोलना)

शब्द कार्ड

वर्ण कार्ड, शब्द कार्ड (मात्रा रहित/सहित), वाक्य कार्ड तथा अनुच्छेद कार्ड बना लिये गये थे। उन्हें दिखाकर पढ़ने को कहा गया।

(दक्षता : पढ़ना)

ती–ती

जमीन पर ती–ती खेल के तुल्य 1–20 अंक का घर बनाया गया। इसपर सीधी गिनती, उलटी गिनती, सम संख्या एवं विषम संख्या पर चलने को कहा गया।

(दक्षता : सीधी गिनती, उलटी गिनती, सम संख्या एवं विषम संख्या)

अंक कार्ड

1–10 का तीन सेट अंक कार्ड बना लिया गया। एक सेट में 1–10 अंक लिखे थे, दूसरे में 1, 2, 3,...संख्या में चित्र बने थे। तीसरे सेट में एक, दो, तीन...लिखा था। कार्डों को फेंट दिया गया। बच्चों को संगत कार्डों को मिलाने को कहा गया।

(दक्षता : संख्या, संख्यांक तथा संख्यानाम का ज्ञान)

उपर्युक्त अंक कार्ड के दो समान सेट बनाए लिए गए। उनमें से कोई दो कार्ड उठाने को कहा गया। अब उनका जोड़/घटाव बताना था।

(दक्षता : जोड़, घटाव)

अंक हार के खेल

कूट (दफ्ती) के गोल टुकड़े पर अंक 1, 2, 3, 4................ लिख दिया गया। इन टुकड़ों पर रस्सी बाँधकर हार बना दिया गया। बच्चों को अलग अलग अंकों के हार पहनने को दिया गया। सभी बच्चों को अंकों के अनुसार आरोही या अवरोही क्रम में खड़े होने को कहा गया। जोड़ की दक्षता को देखने के लिए इस प्रकार बच्चों से कहा गया।

आओ बच्चो स्टेज पर आओ
हाथ जोड़कर दस (या कोई अन्य अंक) बनाओ।

जो बच्चे दोस्तों से हाथ मिलाकर सही अंक बना पाए उन्हें जोड़ का ज्ञान हुआ माना गया।

(दक्षता : जोड़, घटाव, आरोही, अवरोही का ज्ञान)

गोली के खेल

बच्चों को अंक आधारित गोली का खेल खेलने को कहा गया। सभी बच्चों ने अपने तथा अपने दोस्तों के अंकों की तालिका खुद संधारित की।

खिलाड़ी	अंक	कुल अंक	खिलाड़ी	अंक	कुल अंक

गुल्ली–डंडा

कुछ बच्चों ने गुल्ली–डंडा लिया तथा कुछ ने बॉल लिया। डंडे पर गुल्ली उछालते हुए गिनने को कहा गया। इसी प्रकार बॉल को जमीन पर उछालकर हाथ से मारकर उछालते रहने को कहा गया। प्रत्येक उछाल को गिना गया। जब उछाल बंद हो गया या हाथ से बॉल न लगा तो गिनती बंद करा दी गयी। इस प्रकार उछालों की गिनती से एकाग्रता का आकलन हुआ तथा गिनने की दक्षता की जानकारी हुई।

(दक्षता : एकाग्रता, अंकों की गिनती)

लुका छिपी

बच्चों को लुका–छिपी खेल खेलने को कहा गया । बच्चों को 1–100 तक की गिनती गिनने को कहा गया। फिर 100 से 1 तक की गिनती, 1,3,5,........... एवं 2,4,6,............... गिनने को कहा गया।

(दक्षता : सीधी गिनती, उलटी गिनती, सम संख्या एवं विषम संख्या)

मूल्यांकन कार्ड

नाम **क्रमांक** **केन्द्र** **ग्रेड**

हिन्दी

बोलना

अपना नाम बोल सकना

कविता बोल सकना

कहानी बोल सकना

लिखना

वर्ण लिख सकना

शब्द लिख सकना

अंक लिख सकना
वाक्य लिख सकना

पढ़ना

वर्ण पढ़ सकना
ककहरा पढ़ सकना
शब्द पढ़ सकना
वाक्य पढ़ सकना
अनुच्छेद पढ़ सकना

हिसाब

बड़ा – छोटा बता सकना
ऊँचा – नीचा बता सकना
लंबा – छोटा/नाटा बता सकना
अधिक – कम बता सकना
मोटा – पतला बता सकना
नजदीक – दूर बता सकना
गिनना (1–100)
सीधी गिनती (1–100)
उल्टी गिनती (100–1)
शून्य की अवधारणा
एक अंक का जोड़
एक अंक का घटाव
एक अंक का गुना
स्थानीय मान (दो अंक)

विशेष दक्षता

अरिपन बनाना
चित्र बनाना
गीत गाना
खेल खेलना (खेल का नाम)
मिट्टी के सामान बनाना
ग्रुप में काम कर सकना

शिक्षक स्वयंसेविका का हस्ताक्षर

दीवालें भी सिखाती हैं

हमने यह महसूसा कि विद्यालय का वातावरण काफी बोझिल होता है। यदि इसे कुछ रोचक बना दिया जाय तो बच्चे आसानी से इस ओर आकर्षित हो सकते हैं। साथ ही यदि समस्यापूर्ति के लिए नई–नई समस्याएँ स्वतः सृजित होती रहें, तो बच्चे अवकाश के समय में भी विद्यालय में सीखने को उद्यत हो सकते हैं। इसी क्रम में सरकारी विद्यालयों में दीवालों पर बनाने के लिए कई चित्र विकसित किए गए। इन चित्रों के विकास में लोक कलाओं का पूरा ध्यान रखा गया। इनका विकास इस प्रकार किया गया कि अभिवंचित वर्ग से जुड़े जानवरों, पेशों एवं जीवन से जुड़ी बातों के महत्त्व को शिक्षण कार्यों से जोड़ा जा सके।

अक्षर यंत्र

मिथिला चित्रकला के भू–चित्रों (अरिपन) पर आधारित एक अद्भुत चित्र, जिसमें अ से ज्ञ, 1–9 तथा विविध ज्यामितीय आकृतियाँ सन्निहित हैं।

अक्षय यंत्र

उपयोग का तरीका :

1. बच्चों को भूमि पर इस चित्र को बनाने को प्रेरित करें। इससे लिखावट में सुन्दरता आएगी तथा चित्र निर्माण की दक्षता प्राप्त होगी।

2. बच्चों को विविध वर्णों को ढूँढ़ने के लिए प्रेरित करें। उसपर उन्हें उँगलियाँ चलाने को कहें। इससे समाधान खोजने की दक्षता बढ़ेगी तथा लिखावट में भी सुन्दरता आएगी।
3. एक निश्चित समय में सभी वर्ण ढूँढ़ने की प्रतियोगिता कराएँ।
4. कोई शब्द देकर उसे खोजने या उसपर उँगलियाँ चलाने को कहें।

अल्फाग्राम

मिथिला चित्रकला के भू–चित्रों (अरिपन) पर आधारित एक अद्भुत चित्र, जिसमें A से Z, 1–9 तथा विविध ज्यामितीय आकृतियाँ सन्निहित हैं।

अल्फाग्राम

उपयोग का तरीका :

1. बच्चों को भूमि पर इस चित्र को बनाने को प्रेरित करें। इससे लिखावट में सुन्दरता आएगी तथा चित्र निर्माण की दक्षता प्राप्त होगी।
2. बच्चों को विविध वर्णों को ढूँढ़ने के लिए प्रेरित करें। उस पर उन्हें उँगलियाँ चलाने को कहें। इससे समाधान खोजने की दक्षता बढ़ेगी तथा लिखावट में भी सुन्दरता आएगी।

3. एक निश्चित समय में सभी वर्ण ढूँढ़ने की प्रतियोगिता कराएँ।
4. कोई शब्द देकर उसे खोजने या उसपर उँगलियाँ चलाने को कहें।

संख्या यंत्र

मिथिला चित्रकला के भू–चित्रों (अरिपन) पर आधारित एक अद्‌भुत चित्र, जिसमें 1, 2, 4, 8, 16, 32, 64, 128 कमल के ऊपर इस प्रकार अंकित हैं कि इसमें आमने–सामने के अंकों का गुणनफल 128 होता है। इसके अंकों को एक–एक बार जोड़ने से 1 से 255 तक के अंक प्राप्त होते हैं। यथा 1, 2, 3 = 2 + 1, 4, 5 = 4 + 1, 6 = 4 + 2 आदि। इस चित्र का आधार अष्टदल कमल विविध उत्सवों पर बनाए जाने वाला प्रमुख अरिपन है।

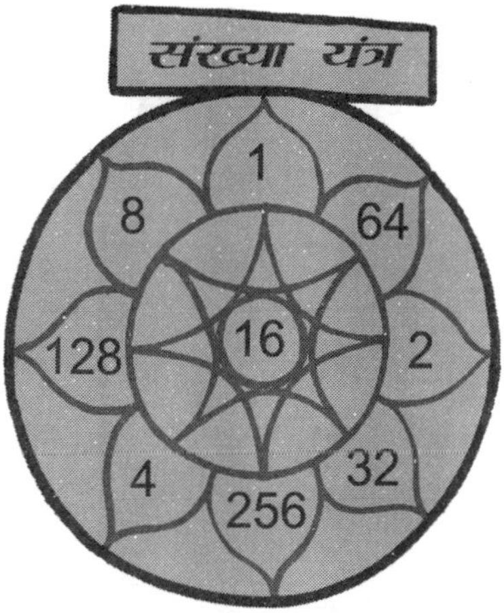

उपयोग का तरीका :

1. बच्चों को भूमि पर इस चित्र को बनाने को प्रेरित करें। इससे लिखावट में सुन्दरता आएगी तथा चित्र निर्माण की दक्षता प्राप्त होगी।
2. बच्चों को चित्र में वर्णित विविध अंकों को जोड़कर नए–नए अंक बनाने के लिए प्रेरित करें। एक अंक पर एक बार ही उँगली रखें। इससे समाधान खोजने की दक्षता बढ़ेगी तथा लिखावट में भी सुन्दरता आएगी।

3. एक निश्चित समय में 1 से 100 या 100 से 200 तक के सभी अंकों को बनाने वाले अंकों को ढूँढ़ने की प्रतियोगिता कराएँ।

गणित यंत्र

मिथिला चित्रकला के भू–चित्रों (अरिपन) पर आधारित एक अद्भुत चित्र, जिसमें ऊर्ध्व एवं अधोमुखी त्रिकोण के ऊपर 1, 3, 9, 27, 81, 243 को इस प्रकार अंकित किया गया है कि आमने–सामने के अंकों का गुणनफल 243 होता है। इसके अंकों को एक–एक बार जोड़ या घटाकर 1 से 364 तक के अंक प्राप्त होते हैं। यथा 1, 3 − 1 = 2, 3, 3 + 1 = 4, 9 − 3 − 1 = 5, 9 − 3 + 1 = 7, आदि। इस चित्र का आधार श्रीयंत्र है जो विविध उत्सवों पर बनाए जाने वाला प्रमुख अरिपन है। इस चित्र में विविध ज्यामितीय चित्र भी छिपे हैं।

उपयोग का तरीका :

1. बच्चों को भूमि पर इस चित्र को बनाने को प्रेरित करें। इससे लिखावट में सुन्दरता आएगी तथा चित्र निर्माण की दक्षता प्राप्त होगी।
2. बच्चों को चित्र में वर्णित विविध अंकों को जोड़ या घटाकर नए–नए अंक बनाने के लिए प्रेरित करें। एक अंक पर एक बार ही

उँगली रखें। इससे समाधान खोजने की दक्षता बढ़ेगी तथा लिखावट में भी सुन्दरता आएगी।

3. एक निश्चित समय में निर्धारित अंकों यथा 1 से 100 अंक तक सभी अंकों को बनाने वाले अंकों को ढूँढ़ने की प्रतियोगिता कराएँ।
4. विविध ज्यामितीय चित्रों को खोजने का अभ्यास भी कराने को कहें।

वसुधैव कुटुम्बकम्

वसुधैव कुटुम्बकम् मिथिला चित्रकला के भू–चित्र (अरिपन) कमलदह पर आधारित है, जिसमें वसुधैव कुटुम्बकम् की अवधारणा को स्पष्टता के साथ प्रदर्शित किया गया है। तीन कमल के चक्रों से बने इस चित्र द्वारा परिवार के तीन स्तरों को दर्शाया गया है। सबसे भीतर के छोटे चक्र में किसी व्यक्ति के माँ–बाप तथा भाई–बहन आते हैं। इसके बाद दादा–दादी, नाना–नानी, चाचा–चाची, चचेरे तथा ममेरे भाई–बहन आते हैं। इसके बाद आते हैं हमारे पड़ोसी, ग्रामीण, देशवासी, विदेशी, पशु पक्षी, भूमि पहाड़ आदि। इसमें विविध ज्यामितीय आकृतियाँ भी सन्निहित हैं।

उपयोग का तरीका :

1. बच्चों को भूमि/कागज पर इस चित्र को बनाने को प्रेरित करें। इससे लिखावट में सुन्दरता आएगी तथा चित्र निर्माण की दक्षता प्राप्त होगी।
2. बच्चों को इस चित्र के आधार पर परिवार की अवधारणा पर चर्चा करने को कहें।

हम तुम्हारे लिए तुम हमारे लिए

'हम तुम्हारे लिए तुम हमारे लिए' समाज के आपसी सम्बन्धों का दर्शाता एक अद्‌भुत चित्र है। बार–बार देखते रहने से सामाजिक सौहार्द बढ़ता है।

उपयोग का तरीका :

1. बच्चे इस चित्र को बार बार देखें तथा पता लगाएँ कि प्रत्येक पेशा वाले व्यक्ति को कौन–कौन से सामान की आवश्यकता पड़ती है तथा उसे कौन तैयार करता है?

बच्चों को इस चित्र के आधार पर समाज के विभिन्न पेशों के अंतर्सम्बंध पर चर्चा करने को कहें।

2. अपने एक दिन के जीवन में देखकर पता करें कि आप किस–किस पेशा के लोगों पर निर्भर हैं?

हमारे पेशे

हमारे समाज में सभी पेशे महत्त्वपूर्ण हैं। इनके महत्त्व को स्थापित करते चित्र और स्लोगन सामाजिक सौहार्द बढ़ाने में प्रोत्साहक बन सकते हैं। कुछ स्लोगन नीचे दिए गए हैं। इन चित्रों के आधार पर बच्चे अन्य पेशे के संबंध में स्लोगन तथा चित्र बना सकते हैं :

मैं मरे जानवरों का दुर्गंध इसलिए सहता हूँ ताकि सबके पैरों को आराम दे सकूँ।

मैं गंदे पानी में भी इसलिए काम करता हूँ ताकि लोगों को साफ कपड़े पहना सकूँ।

मैं गंदगी का सामना इसलिए करता हूँ ताकि लोगों को नीरोग रख सकूँ।

मैं मिट्टी कोड़ने में शरीर इसलिए लगाता हूँ ताकि सभी को खाना दिला सकूँ।

मैं मोमबत्ती की तरह इसलिए शरीर जलाता हूँ ताकि सभी को ज्ञान से प्रकाशित कर सकूँ।

हमारे पशु

समाज में सभी पशुओं का महत्त्व है। विभिन्न पशुओं के महत्त्व को स्थापित करते चित्र एवं स्लोगन बाल मन पर सकारात्मक प्रभाव छोड़ते हैं। उदाहरण के तौर पर कुछ पशुओं के संबंध में स्लोगन निम्न प्रकार हैं :

घूम–घूम कर करे सफाई।
सबसे प्यारा सूअर भाई।।

गाय, भैंस और बकरी।
चलाए जीवन की चकरी।।

कुत्ता घर का चौकीदार।
सूँघ–सूँघ करे होशियार ।।

खाए कचड़ा उगले खाद।
इससे होता खेत आबाद ।।

मुर्गा बोले कुकड़ूँ कूँ।
मैं जागा, तू सोया क्यूँ?
हुआ सबेरा उठ जा तू।।

अंक सीढ़ी

धनात्मक एवं ऋणात्मक संख्या की अवधारणा को स्पष्ट करता एक अद्भुत चित्र। किसी संख्या में किसी अन्य संख्या को जोड़ने के लिए पहले उस अंक वाली सीढ़ी पर चढ़ जाएँ। फिर जितनी संख्या जोड़नी हो उतनी सीढ़ी ऊपर चढ़ जाएँ। उहाहरण के लिए यदि 4 में 3 जोड़ना हो तो 4 वाले अंक पर खड़े हो जाएँ फिर 3 सीढ़ी ऊपर चढ़ जाएँ। इसी प्रकार –5 में 2 जोड़ने के लिए पहले –5 वाले अंक पर चढ़ जाएँ फिर 2 सीढ़ी ऊपर चढ़ जाएँ।

इसी प्रकार किसी संख्या से कोई संख्या को घटाने के लिए सीढ़ी से उतरने की क्रिया करें। उहाहरण के लिए यदि 5 में 2 घटाना हो तो 5 वाले अंक पर खड़े हो जाएँ फिर 2 सीढ़ी नीचे उतरें। इसी प्रकार –1 में 2 घटाने के लिए पहले –1 वाले अंक पर चढ़ जाएँ फिर 2 सीढ़ी नीचे उतर जाएँ।

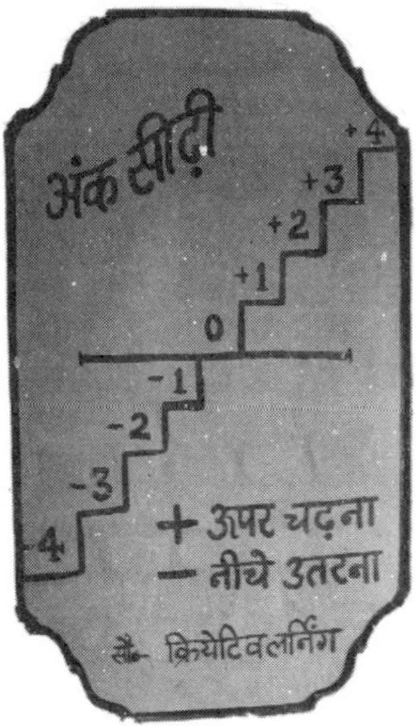

भूमि स्केल

बरामदे या कमरे में भूमि पर एक स्केल बना दें। बच्चों को इस स्केल पर अपने पैरों, बित्ता, डेग, हाथ आदि की लंबाई नापने को कहें। धीरे–धीरे लंबाई के नापने एवं आकलन की क्षमता बढ़ जाएगी।

दीवाल स्केल

बरामदे या कमरे में दीवाल पर एक स्केल बना दें। बच्चों को इस स्केल पर नियमित रूप से अपनी तथा दोस्तों की ऊँचाई नापने को कहें। इसका रेकार्ड भी रखने को कहें। धीरे–धीरे लंबाई के नापने एवं आकलन की क्षमता बढ़ जाएगी।

शबरी आश्रम के अनुभव
स्वयंसेविका गायत्री की डायरी से (चुने अंश)

1

दिनांक– 12.06.07। मैं 1:00 बजे अपने सेन्टर पर पहुँची और घर–घर जाकर बच्चों को बुलाने गई, लेकिन बहुत बच्चे खुद ही बिना बुलाए सेन्टर पर पहुँचे हुए थे। मुझे यह देखकर काफी खुशी हुई कि अब धीरे–धीरे यहाँ के बच्चों में पढ़ने के प्रति जागरूकता आ रही है। इससे इन्हें आगे बढ़ने और भविष्य में कुछ करने से कोई नहीं रोक सकता। लेकिन अभी भी कुछ ऐसे बच्चे हैं जो नहीं पढ़ना चाहते, जिनके नाम मैं आज अपनी इस रिपोर्ट में लिख रही हूँ। 1. रोहित 2. अन्जनी 3. राधा 4. रौनिक, ये चार बच्चे जिन्हें कितना भी समझाती हूँ मगर ये मेरी बात को समझ नहीं पा रहे हैं। खैर आज जो पढ़ाया गया उसकी जानकारी दे दूँ। आज सबसे पहले बच्चों को गणित में घटाव सिखाई, फिर परिचय खेल करवाई, प्रेरणा गीत हुआ, कहानी सुनाई और अन्त में डिक्टेशन लिखवाई। 5:00 बजे बच्चों को छुट्टी दे दी।

2

दिनांक– 13.06.07। सुबह 8:00 बजे मैं टोले पर कुछ घरों में गई और वे बच्चे जो हमारे सेन्टर पर कभी–कभी आते हैं अथवा जो अपने स्कूल में बिल्कुल ही नहीं जाते उनके अभिभावकों से मिली और उनसे बच्चों के स्कूल न जाने का कारण पूछा। वहाँ की महिलाओं ने बताया कि सरकारी स्कूलों में पढ़ाई ठीक ढंग से नहीं होती और यहाँ के बच्चे अपने माता–पिता की बात भी नहीं सुनते जिस कारण बच्चे यहाँ पढ़ नहीं पाते। फिर मैं उनसे स्कूल जाने के फायदे बताई और उन्हें और वहाँ के कुछ लड़कों के नाम बताई कि वे पढ़ गये तो आज कितनी अच्छी जिन्दगी जी रहे हैं। अगर आप भी अपने बच्चों को पढ़ाएँगे तो कल आप के बच्चे भी एक इन्सान की जिन्दगी जियेंगे। फिर बच्चों को बुलाकर अपने सेन्टर पर पहुँची और सारे बच्चों का स्वागत करके प्रार्थना करवाई, उपस्थिति दर्ज की। सबसे पहले गणित में 'छोटे से बड़े क्रम में सजाना' सिखाई। फिर हिन्दी में डिक्टेशन लिखवाया जिससे यह पता चला कि बच्चे लिखना तो जान चुके हैं, मगर क, का, कि नहीं समझ पाते जिससे कोई शब्द सही नहीं लिख पाते। फिर मैंने अंग्रेजी में A, B, C, D बोलने का अभ्यास कराया और अन्त में एक खेल करवा के 12 बजे छुट्टी दे दी।

3

दिनांक– 15.06.07। 8:00 बजे अपने सेन्टर पर पहुँची और घर–घर जाकर बच्चों को बुला ले आई। आज मुझे लगा कि अगर सुबह में पढ़ाया जाये तो यहाँ अधिक से अधिक बच्चे आयेंगे और आने भी लगे हैं। आज मैं सारे बच्चों को बुलाकर सबसे पहले प्रार्थना करवाई, हाजिरी दर्ज की। और खेल करवाई, फिर हिन्दी में ककहारा बताई, प्रेरणा गीत सिखाई, कविता पढ़वाई, गणित में जोड़–घटाव सिखाई और अन्त में अंग्रेजी में वर्णों को सिखा कर छुट्टी कर दी।

4

दिनांक– 16.06.07। 8:00 बजे सारे बच्चों को क्रियेटिव लर्निंग स्कूल में ले आई क्योंकि आज शनिवार था। हमारे सेन्टर के बच्चों को आज का दिन हमेशा याद रहता है क्योंकि आज के दिन उन्हें थोड़ा खेलने और घूमने का मौका मिल जाता है। आज जब मैं अपने सेन्टर पर पहुँची तो सारे बच्चे वहाँ मेरा इन्तजार कर रहे

थे। मुझे उन्हें ऐसे देखकर काफी खुशी हुई। फिर सारे बच्चों को क्रियेटिव लर्निंग स्कूल में ले गई। वहाँ बच्चे 8:00 बजे से 12:00 बजे तक अपने मनपसन्द खेल खेलते रहे, झूला झूले फिर 12:00 बजे सारे बच्चों को उनके घर पहुँचा दी।

5

दिनांक– 18.06.07। मैं जब अपने सेन्टर पर पहुँची तब सारे बच्चे सबसे पहले संतोष सर के ही बारे में पूछने लगे कि वो आए कि नहीं। फिर मैंने बच्चों को बताया कि आज आपके सर आ गये हैं और आज वे आप सबसे मिलने भी आयेंगे। फिर मैं जो बच्चे नहीं आये थे उनके घर उन्हें लाने गई और उन्हें लाकर सभी का स्वागत की फिर प्रार्थना करवाई और हाजिरी दर्ज की। आज सबसे पहले उन्हें कहानी सुनाई। इसके बाद गणित में गिनती सिखा ही रही थी कि संतोष जी आ गये। बच्चे उन्हें देखकर काफी खुश हुए और बच्चों को संतोष जी ने बताया कि हैदराबाद में उन्होंने क्या–क्या देखा। उसके बाद बच्चों को ककहारा सिखाई जो गीत के द्वारा थी। फिर प्रेरणा गीत सभी बच्चे मिलकर गाये। फिर उनके मनोरंजन के लिए एक खेल करवा दी और अन्त में रोज स्कूल जाने की बातचीत बच्चों के साथ की तथा 12:00 बजे सभी बच्चों को छुट्टी दे दी।

6

दिनांक– 19.06.07। मैंने अपने सेन्टर में पढ़ाई 7:00 बजे से कर दी क्योंकि बच्चों का ही कहना था कि जितनी सुबह पढ़ाई होगी उतनी अच्छी होगी और हम बच्चे घर का काम भी कर सकेंगे। फिर मैं उनकी बातों को सुनकर सुबह 7:00 बजे से सेन्टर कर दी। आज मै सबसे पहले रोज की तरह सभी बच्चों को उनके घर से बुलाकर ले आई। फिर सभी बच्चों का स्वागत की। फिर नियमानुसार प्रार्थना करवाई, फिर हाजिरी दर्ज की। फिर विषय के अनुसार सबसे पहले सभी बच्चों को कहानी सुनाई, गणित पढ़ाई एवं कविता सुनाई तथा अंग्रेजी में A, B, C, D आदि का अभ्यास कराया और अंत में सभी बच्चों को एक खेल भी खेलाई। इसके बाद 11:00 बजे सभी बच्चों को छुट्टी दे दी।

7

दिनांक– 22.06.07। रोज की तरह मैं सुबह 7:00 बजे अपने सेन्टर पर पहुँची, जहाँ मुझसे पहले ही कुछ बच्चे वहाँ मौजूद थे और जो बच्चे बिल्कुल नहीं आते

हैं वैसे बच्चों को मैं उनके घरों में बुलाने गई थी। लेकिन कुछ ऐसे बच्चे जो पढ़ाई के लिए सेन्टर पर आना ही नहीं चाहते हैं और मुझे यह भी अनुभव हो रहा है कि उन बच्चों के अभिभावक भी अपने बच्चों को भेज नहीं पा रहे हैं, अपने पास बुलाकर समझाई। लेकिन इसका असर उन पर नहीं पड़ा और वो मेरी बातों को नजरअंदाज करके वहाँ से चले गये। टोले पर का हाव–भाव देखकर मुझे ऐसा लगा कि उनके अभिभावक उन्हें पढ़ाई करने के लिए तब भेजेंगे जब उन्हें पढ़ाई के बदले में उनके बच्चों को कुछ मिले। फिर मैं अपने सेन्टर पर वापस चली आई और आये हुए सभी बच्चों का स्वागत किया और फिर प्रार्थना करवाई। फिर हाजिरी दर्ज की। आज मैं सबसे पहले अंग्रेजी पढ़ाई। जिसमें वन से टेन तक गिनती लिखवाई। फिर उन्हें एक कविता सिखाई, कहानी सुनाई। थोड़ी ही देर में संतोष सर आए। उस समय मैं बच्चों को ककहारा बता रही थी। फिर मैं साफ–सफाई पर भी कुछ चर्चा की जिसमें महिलाएँ भी शामिल थीं और 11:00 बजे बच्चों को छुट्टी दे दी।

8

दिनांक– 23.06.07। मैं सुबह 6:00 बजे ही सेन्टर पहुँची और वहाँ पर पहुँचने के बाद मैंने देखा कि क्लास रूम गन्दा था तो मैं कुछ बच्चों को बुलवाकर उनसे क्लास साफ–सफाई करवाई तथा क्लास साफ करने में उनकी मदद भी की और फिर उन्हीं बच्चों को बाकी बच्चों के घर भेजी तथा उन्हें भी बुलवाई। फिर जब सभी बच्चे क्लास में उपस्थित हो गये तो उनसे प्रार्थना करवाई और फिर उनकी हाजिरी दर्ज की। इतने ही में संतोष सर आ गये। उस समय मैं बच्चों को ककहारा पढ़ा रही थी। फिर संतोष सर ने बच्चों से कुछ पूछ–ताछ की और वहाँ से चले गये। उनके चले जाने के बाद मैंने फिर बच्चों को कहानी सुनाया। गणित में जोड़–घटाव बताया। फिर गिनती एवं पहाड़ा और कल दी गई मीनिंग को सभी बच्चों से बारी–बारी से सुना जिसमें से कुछ बच्चों ने सही सुनाया और कुछ ने गलत सुनाया। इसके बाद अंत में एक खेल करवाकर छुट्टी दे दी।

9

दिनांक 25.06.07। सुबह 7:00 बजे मैं अपने सेन्टर पर पहुँची। लेकिन हर रोज की तरह ही आज का दिन नही था। वो इसलिए कि जब आज सेन्टर पर

पहुँची तो आज कुछ बच्चे पहले से ही वहाँ पर आकर बैठे हुए थे और मेरा इन्तजार कर रहे थे। यह देखकर मुझे बहुत खुशी हुई। मुझे ऐसा महसूस हुआ कि बच्चों में अब पढ़ाई के प्रति जागरूकता आ रही है। इतना ही नहीं अभी मुझे सेन्टर पर पहुँचे सिर्फ 5 ही मिनट हुए थे कि और भी कुछ बच्चे बिना बुलाए ही आ गये तो मैं आज बच्चों को बुलाने नहीं गयी और आए हुए बच्चों का स्वागत की, उनके साथ मिलकर प्रार्थना गीत गायी और फिर प्रार्थना करने के बाद उन बच्चों की हाजिरी बनाई। इन सब के बाद मैं उन बच्चों को कविता सिखाई। फिर गणित पढ़ा ही रही थी कि संतोष सर आ गये और फिर उन्होने भी बच्चों को गणित में कुछ पढ़ाया। उनके जाने के बाद मैं बच्चों को लघुतम समापवर्त्य बताया। इसके बाद उन्हें एक कहानी सुनाई। अंग्रेजी में कुछ शब्द बताया और फिर अंत में उनसे साफ–सफाई के बारे में कुछ बात की और कुछ होम वर्क देकर उनको छुट्टी दे दी।

10

दिनांक– 27.06.07। जब मैं सुबह 7:00 बजे अपने सेन्टर पर पहुँची तो मेरी मुलाकात कुछ महिलाओं से हुई जिनके बच्चे पहले मेरे सेन्टर में पढ़ा करते थे। मगर अब वो रोज विद्यालय जाने लगे हैं जिस कारण मैंने उनका नाम अपने रजिस्टर से काट दिया था। उनका कहना था कि अब मैं उनके बच्चों को क्यों नहीं पढ़ाती। फिर मैंने उनको समझाया कि मैं ये सेन्टर इसलिए चला रही हूँ ताकि हर बच्चा रोज अपने विद्यालय में उपस्थित होने लगे। जिस दिन इस गाँव के सारे बच्चे अपने विद्यालय में उपस्थित होने लगेंगे उस दिन हमारे यहाँ यह सेन्टर खोलने का उद्देश्य पूरा हो जाएगा। इसलिए मैं वैसे बच्चों को इस सेन्टर पर पढ़ाती हूँ जो बच्चे स्कूल में नामांकित हैं लेकिन वे रोज स्कूल नहीं जाते हैं। उन्हें मैं अपने सेन्टर पर बुलाकर उनको स्कूल जाने के लिए प्रेरित करती हूँ। उसके बाद मैं फिर रोज की तरह बच्चों से प्रार्थना करवाई और उनकी हाजिरी बनायी। फिर बच्चों से एक खेल कराया। जिस खेल का नाम परिचय खेल था। खेलने के बाद बच्चे काफी खुश हुए। फिर मैं उन्हें गणित में गुणा और भाग का ज्ञान करवाई। फिर अक्षर से शब्द की जानकारी करा ही रही थी कि संतोष सर आ गये। उन्होने भी बच्चों को कुछ पढ़ाने में मेरी मदद की। फिर मैं बच्चों को पहाड़ा सिखाई। अंत में कुछ बातें साफ–सफाई पर की। 11:00 बजे उन्हें कुछ होमवर्क देकर छुट्टी कर दी।

11

दिनांक– 29.06.07। सुबह 7:00 बजे जब मैं बच्चों को बुलाने गई तो कुछ बच्चों की माताओं से विमर्श हुआ। बच्चों तथा माताओं के विमर्शानुसार पढ़ाई का समय 2 बजे दिन तय किया गया। सेन्टर में रोज होने वाली प्रार्थना की गई, हाजिरी हुई। फिर अक्षरों की जानकारी दी, गणित में जोड़–घटाव सिखाई। हिन्दी में किताब की रीडिंग करायी और 11:00 बजे छुट्टी कर दी गयी।

12

दिनांक– 30.06.07। 2:00 बजे से 6:00 तक सभी बच्चों को क्रियेटिव लर्निंग स्कूल में ले गई। बच्चों ने स्कूल में मिट्टी के खिलौने बनाये। वहाँ और भी सेन्टर के बच्चे आये हुए थे। उन्होंने भी अपने–अपने पसन्द के खिलौने बनाए, उसके बाद सभी खिलौनों को अच्छे ढंग से सजाकर रखा गया। फिर संतोष सर ने बच्चों से खेल करवाया। सारे बच्चे उनके साथ खेल खेले। खेल खेलने के बाद शाम 6:00 बच्चे सारे बच्चों को उनके घर पहुँचा दिया।

13

दिनांक– 02.07.07। आज कुछ नये बच्चों के नाम मैंने अपने रजिस्टर पर चढ़ाया। ये सारे बच्चे टोले पर के ही हैं, हालाँकि इन बच्चों का नाम मैंने चौथे महीने भी लिखा था मगर वो नहीं आते थे। आज जब मैं टोले पर गई और सभी माताओं से बातें की और उनके बच्चों के रोज स्कूल न जाने का कारण पूछा तो उन्होंने बताया कि बच्चे यहाँ पढ़ने क्यों जाएँ, क्या बच्चों को आपके सेन्टर में कुछ मिलेगा। फिर मैं उनके ही बातों से उन्ही को बताई कि बच्चों को वहाँ जरूर कुछ मिलेगा मगर इस के लिए बच्चों को रोज स्कूल और हमारे सेन्टर पर आना होगा। इतना सुनते ही सारे बच्चे सेन्टर आने के लिए तैयार हो गये। आज सर्वप्रथम तो मैं रोज की तरह प्रार्थना एवं हाजिरी ली, फिर नये बच्चों को पुराने बच्चों से परिचय करवाई। फिर संतोष सर बच्चों के साथ खेल किये और अंग्रेजी में छोटी ए,बी,सी,डी सिखाया। मैंने गणित में भाग और गुणा सिखाया। फिर गिनती और पहाड़ा को बोलवाया और अंत में साफ–सफाई पर चर्चा करके छुट्टी कर दी।

14

दिनांक– 03.07.07। जब मैं रोज की तरह अपने सेन्टर पर गई तो जितने नये बच्चे टोले पर के थे वो सारे बच्चे सेन्टर पर 2:00 बजे आकर मेरे आने का इंतजार कर रहे थे। जिसे देखकर मुझे काफी खुशी हुई। फिर मैंने सभी बच्चों का आदरपूर्वक स्वागत किया और उन्हें शाबासी दी और इसी तरह आने के साथ ही बच्चों ने सेन्टर में काफी खुशी जाहिर की। आज प्रार्थना एवं हाजिरी के बाद जो छोटे बच्चे हैं उनको ककहारा सिखाई और बड़े बच्चों को अक्षरों की जानकारी दे रही थी कि संतोष सर आये। बच्चों को अक्षर की जानकारी देने में हमारी मदद की। फिर बच्चों को कविता सुनाई, गणित में जोड़ सिखाई। गणित पढ़ाने में मुझे पता चला कि अभी बहुत ऐसे बच्चे हैं जो अच्छी तरह से जोड़ना नहीं जानते और अंत में अंग्रेजी में एक राइम सिखाकर छुट्टी कर दी।

15

दिनांक– 04.07.07। अन्य दिनों की तरह 6:00 बजे अपने सेन्टर पर गई। कुछ बच्चे तो पहले से मेरा इन्तजार कर रहे थे। पर कुछ बच्चों को मुझे उनके घर से जाकर लाना पड़ा। बच्चों के आ जाने के बाद बच्चों से प्रार्थना करवाई फिर हाजिरी की। आज मैंने नये बच्चों को पुराने बच्चों के साथ परिचय करवाया। परिचय के बाद जब मैं बच्चों को कविता सुना रही थी उतने में संतोष सर आये और उन्होंने बच्चों को कविता सुनाई। फिर अंग्रेजी में बच्चों को ए से जेड तक बोर्ड पर लिख कर सिखाया। बच्चों ने कहा कि एक कहानी सुनेंगे दीदी से। मैंने उन्हें एक कहानी सुनाया। गणित में घटाव सिखाई और अंत में खेल करवाकर 10:00 बजे सारे बच्चों को छुट्टी दे दी।

16

दिनांक– 06.07.07। रोज की तरह बच्चों को घर–घर जाकर बुलाई। कुछ बच्चे पहले से ही मौजूद थे। आज मैंने कुल 39 बच्चों की हाजिरी बनाई। बच्चे इस सेन्टर में काफी खुशी महसूस करते हैं। कारण जानने के लिए मैंने एक दो बच्चों से पूछा कि आखिर क्या कारण है जो तुम यहाँ पढ़ने आते हो और अपने स्कूल नहीं जाते। "बच्चों ने बताया कि वहाँ पढ़ाई में कुछ मजा नहीं मिलता। वहाँ टीचर भी ध्यान ठीक से नहीं देते। बच्चों से बात करने के बाद मैंने अपने सेन्टर में कुछ पढ़ाई की बात की। पुराने बच्चों एवं नये बच्चों मे परिचय कराया। फिर अंग्रेजी

की कुछ मीनिंग सुनी, बोर्ड पर कुछ बच्चों से जोड़–घटाव बनवाया, साफ–सफाई पर चर्चा की और एक खेल करवाकर छुट्टी दे दी।

17

दिनांक– 09.07.07। सर्वप्रथम बच्चों को घर–घर जाकर बुला ले आई फिर उनसे प्रार्थना करवाई, हाजिरी की। आज मैंने बच्चों को क्रियेटिव लर्निंग स्कूल की तरफ से दिये गये कॉपी–पेन्सिल को बाँटा जिसे पाकर बच्चें काफी खुश हुए। आज सेन्टर पर मैं बच्चों को जोड़, घटाव, कविता एवं अंग्रेजी में ए,बी,सी,डी लिखने का अभ्यास सिखाई।

18

दिनांक– 10.07.07। आज सर्वप्रथम मैं टोले पर गई जहाँ मैं बच्चों को बुलाने रोज जाती हूँ। आज वैसे कुछ बच्चों का नाम अपनी रिपोर्ट में दे रही हूँ जो ना तो स्कूल में पढ़ने जाते हैं और ना ही हमारे सेन्टर पर रोज आते हैं। जब मैं उन्हें बुलाने के लिए उनके घर जाती हूँ तब या तो वो घर में रहते ही नहीं और जो रहते हैं वो कोई बहाना करके निकल जाते हैं। आज तो मैं इन सब बच्चों को बुलाने में असफल रही। लेकिन मैं अपना प्रयास जारी रखूँगी। आज मैंने बच्चों को अक्षर की जानकारी दी, हिन्दी, खेल, साफ–सफाई पर चर्चा की और 6:00 बजे सभी बच्चों की छुट्टी घोषित की।

19

दिनांक– 11.07.07। आज अधिकतर बच्चे खेतों में मोरी रोपने गये थे।

20

दिनांक– 12.07.07। सर्वप्रथम घर–घर से बच्चों को लायी। कुछ बच्चों के अभिभावकों से मिली। आज की बातचीत से मुझे कुछ ऐसे बच्चों की जानकारी मिली है जो पढ़ने कहीं नहीं जाते। सिर्फ उनका नाम लिखाया रहता है। ऐसे बच्चों के नाम मैं अपनी रिपोर्ट में लिख रही हूँ–रूपेश, रूपाली, अंजली, रौनिक, रोहित, सुरभि, पुरवा, गुड़िया, सनोज, विभा, रीता, संजु, शनि, शोनू, रघुनाथ, पूजा

कुमारी, रिवना कुमारी एवं राहुल कुमार। ये ऐसे बच्चों के नाम हैं जो बिल्कुल स्कूल नहीं जाते हैं।

21

दिनांक– 13.07.07। कभी–कभी स्कूल जाने वाले कुछ बच्चों के नाम– विकाश कुमार, गौतम कुमार, अनिल, प्रीति, प्रियदर्शना, मंजू, मनीष, रीति, पंकज, दिलीप, बबलू, निभा। इन बच्चों का कहना है कि हम घर के काम के कारण रोज स्कूल नहीं जाते लेकिन मुझे ऐसा कुछ लगा कि इन बच्चों को ताश खेलने में ज्यादा मन लगता है जिस कारण बच्चे स्कूल नहीं जा रहे हैं। आज मैंने बच्चों का परिचय कराया। कुछ सिखाये हुये विषय पर टेस्ट लिया। जोड़, घटाव, ए,बी,सी,डी एवं किताब की रीडिंग करवाई।

22

दिनांक– 17.07.07। सेन्टर पर बच्चों के कम आने के कारण जानकारी के लिए आज मैं गाँव गई। सेन्टर नहीं आने का कारण था कि अभी बच्चे खेतों में मोरी रोपने जाते हैं जिस कारण न तो वो स्कूल जा पाते हैं और ना ही सेन्टर आ पाते हैं। मगर आज टोले पर कुछ बच्चों को बैठाकर मैने उन्हें शिक्षा से सम्बन्धित बातें बताई जिन्हें सुनकर बच्चों ने कहा कि जब हमारे खेतों का काम खत्म हो जाएगा तब हम स्कूल और सेन्टर दोनों जगह जायेंगे। फिर मैं अपने सेन्टर पर आकर बच्चों को प्रार्थना करवाई, हाजिरी ली और गिनती, पहाड़ा, ककहारा, किताब की रीडिंग, एबीसीडी, प्रेरणा गीत एवं एक खेल करवा दी और शाम के 6:00 बजे सभी बच्चों की छुट्टी कर दी।

23

दिनांक– 18.07.07। आज मैं सर्वप्रथम ढ़िबरा के सरकारी स्कूल में वहाँ के शिक्षक से मिलने गई और उनसे कुछ बच्चों की पढ़ाई पर चर्चा की। वहाँ की प्रधानाध्यापिका बता रही थीं कि बच्चे यहाँ स्कूल रोज नहीं आ रहे हैं। इसका कारण यह है कि यहाँ अभी कुछ दिनों से खिचड़ी बनना बन्द है। फिर मैं आज के डेट में आने वाले बच्चो की चर्चा की। उन्होने बताया कि यहाँ के सारे बच्चे अब कुछ आने लगे हैं मगर पूरब टोले के बच्चे अभी भी नहीं आ रहे हैं। फिर मैं

उनसे बात खत्म करने के बाद अपने सेन्टर पर गई और रोज की तरह उनसे प्रार्थना करवाई, हाजिरी ली फिर कुछ विषय पढ़ाया। परिचय, ककहरा, प्रेरणा गीत, गिनती, पहाड़ा एवं एक खेल करवाकर सभी बच्चों को छुट्टी दिया।

24

दिनांक– 20.07.07। सर्वप्रथम घर–घर जाकर बच्चों को बुलाने गई। बच्चों को बुलाते समय कुछ बच्चों के अभिभावकों से बातचीत की। कुछ अभिभावकों का कहना है कि यहाँ सारे बच्चे ताश खेलने में लगे रहते हैं जिस कारण वे ना तो पढ़ रहे हैं और ना ही घर का कुछ काम ही करते हैं। आज मैं बच्चों को ककहारा, ककाकि, कविता, अक्षर की जानकारी एवं अन्त्याक्षरी सिखाई और अंत में मैंने शाम 6 बजे सभी बच्चों को छुट्टी दिया।

25

दिनांक– 21.07.07। सर्वप्रथम नियमानुसार बच्चों से प्रार्थना करवाई, हाजिरी ली, फिर बच्चों की समस्याओं पर चर्चा की जिस कारण वे स्कूल और सेन्टर दोनों जगह पढ़ने नहीं आ पा रहे हैं। दो–चार बच्चे तो ऐसे मिले जो जुआ खेलने के कारण स्कूल नहीं आ पा रहे थे। आज मैं उनके माता–पिता से भी मिली। उनका कहना है बच्चे उनका कहना नहीं मानते और घर से पैसा चुराकर जुआ खेल जाते हैं।

26

दिनांक– 23.07.07। सर्वप्रथम रोज की तरह घर–घर जाकर बच्चों को बुलाई। फिर बच्चों से प्रार्थना करवाई, हाजिरी ली, फिर कुछ बच्चों से पूछा कि अब तुम लोग स्कूल में जाते हो ? सभी बच्चों ने बताया कि अब हमसब रोज स्कूल जाते हैं। फिर मैं कुछ माताओं से भी जा कर पूछी कि क्या बच्चे अब रोज स्कूल जाते हैं तो वे बोलीं कि अब बच्चे स्कूल जाने लगे हैं। आज मैं बच्चों को अपनी तरफ से अखबारों के बारे में चर्चा की, एबीसीडी, ककहारा, गिनती, पहाड़ा, खेल और अंत में कविता सुनाकर 6 बजे छुट्टी कर दी।

27

दिनांक– 24.07.07। घर–घर जाकर बच्चों को बुलाया। बच्चों को इकट्ठा करके प्रार्थना करवाई, हाजिरी ली। आज बच्चों को गिनती, पहाड़ा, 1 से 10 तक,

मीनिंग, हिन्दी किताब की रीडिंग, गुणा एवं भाग बच्चों से बनवाई। आज बच्चों को कुछ बाहरी बातों पर चर्चा की। यहाँ के बहुत बच्चें ऐसे मिले जो बाहरी कई बातों से अपरिचित हैं। ये सब बताने के बाद बच्चों के साथ एक खेल करके 6 बजे छुट्टी कर दी।

28

दिनांक– 25.07.07। घर–घर बच्चों को बुलाने गई फिर उन्हें सेन्टर पर लाकर प्रार्थना करवाई, हाजिरी ली। आज मैं बच्चों को सरकारी स्कूल में मिलने वाली चीजों की जानकारी दी। 4 और 5 वर्ग के बच्चों से बोर्ड पर योग बनवाई। छोटे बच्चों को गिनती सिखाई। बड़े बच्चों से किताब की रीडिंग करवाई और बच्चों को ए,बी,सी,डी सिखाई। फिर बड़े बच्चों को कुछ शब्दों की मीनिंग बताया। आज बच्चे बता रहे थे कि आज से हमारे स्कूल में खिचड़ी बननी प्रारम्भ हो गई है। बच्चों को एक प्रेरणा गीत सिखाई और अन्त में एक खेल करवाकर छुट्टी कर दी।

29

दिनांक– 26.07.07। आज मैं सबसे पहले ढिबरा के सरकारी स्कूल में गई। वहाँ जाने पर मैंने देखा कि वहाँ खिचड़ी बन रही थी लेकिन बच्चे सब मिलाकर सिर्फ 24 थे और आज टीचर भी एक ही आई थीं। मैं जब वहाँ की सहायक शिक्षिका मधु मैडम से पूछी कि आज इतने कम बच्चे स्कूल क्यों हैं तो उन्होने बताया बारिश के कारण बच्चे स्कूल कम आये हैं। फिर मैं अपने सेन्टर गई और सारे बच्चों को इकट्ठा करके उनसे प्रार्थना करवाई, हाजिरी ली, बच्चों से अपनी–अपनी किताब की रीडिंग करवाई। बच्चो ने अपनी–अपनी कक्षा के सवाल बनाए। फिर एक कहानी सुनाई, अंग्रेजी वर्णमाला के अक्षरों को लिखने का अभ्यास कराया। अन्त में एक खेल करवाकर 6:00 बजे छुट्टी कर दी।

30

दिनांक– 27.07.07। आज कम बच्चों की उपस्थिति का कारण यह था कि अब सारे बच्चे स्कूल जाने लगे हैं। इसलिए अब सेन्टर पर बच्चे कम ही आयेंगे। आज मैं बच्चों को स्कूल से जुड़ी कुछ बातें बताई, मीनिंग सुनी, गुणा एवं भाग बनवाया, प्रेरणा गीत सुनाई। खेल करवाया और शाम 6:00 बजे सभी बच्चों की छुट्टी कर दी।

31

दिनांक– 03.08.07। अब अधिकतर बच्चे स्कूल जाने के कारण सेन्टर नहीं आ रहे हैं ऐसा हमारे सेन्टर के कुछ बच्चों ने बताया। आज मुझे काफी खुशी मिली क्योंकि जिस बात के लिए मैं आई हूँ वो काम अब पूरा हो रहा है। प्रार्थना, हाजिरी, बच्चों के घर की समस्याओं पर चर्चा, गणित में जोड़–घटाव, गुणा, भाग सिखाई, बड़े बच्चों से वाक्य बनवाई, छोटे बच्चों से ककहारा फिर पन्द्रह अगस्त पर बच्चों से चर्चा की और बच्चों ने एक राष्ट्रीय गीत सुनाया।

32

दिनांक– 04.08.07। सर्वप्रथम श्रीमती मृदुला प्रकाश ने सभी उपस्थित कार्यकर्ताओं, सभी सेन्टर के शिक्षकों एवं वहाँ के बच्चों तथा सामाजिक कार्यकर्ता का स्वागत किया। फिर सभी बच्चों को एक साथ एक प्रेरणा गीत गाने को कहा। सारे बच्चों ने एक साथ "शिक्षा के मशाल" गीत गाया। फिर ज्ञानशाला में उपस्थित सभी कार्यकर्ताओं ने बच्चों से कुछ–कुछ पढ़ाई पर चर्चा की और पढ़ाई पर ही बच्चों से कुछ सवाल किया जिसका बच्चों ने सही–सही उत्तर दिया। इस तरह 3 घंटा बच्चे स्कूल में रहे और फिर 1 बजे सभी बच्चों को उनके घर पहुँचा दी। 1:00 से 3:00 बजे तक सभी शिक्षकों को कुछ नया प्रशिक्षण दिया गया, फिर अपने–अपने सेन्टर बदलने की बात हुई और फिर 3:00 बजे हमारी मीटिंग समाप्त हो गई।

33

दिनांक– 10.08.07। प्रार्थना एवं हाजिरी के बाद कुछ बच्चों के अभिभावकों से बच्चों की पढ़ाई को लेकर बातचीत की। उनका कहना है कि यहाँ के बच्चे अधिकतर जुआ और ताश मे लगे रहते हैं जिस कारण ना तो वो घर का काम ही करते हैं और ना ही पढ़ने जा रहे हैं। उनका कहना है कि आपलोग कुछ ऐसी तरकीब निकालिये जिससे बच्चे बुरी आदत छोड़ दें। उनकी बातों को सुनकर मैं आज बच्चों को समझाई। मेरी बातों को सुनकर कुछ बच्चों ने अपनी गलती मान ली और दुबारा गलती नहीं करने को भी कहा। आज मैं बच्चों से कविता सुनी, कहानी सुनी, गणित में किसी बच्चा से जोड़, किसी से घटाव तथा किसी से गुणा बनवाई। प्रेरणा गीत करवाई अन्त में एक खेल करवाकर छुट्टी कर दी।

34

दिनांक– 14.08.07। प्रार्थना और हाजिरी के बाद मैं बच्चों को 15 अगस्त के अवसर पर गाने वाले गीत की प्रैक्टिस करवाई। फिर सभी बच्चों को क्रियेटिव लर्निंग स्कूल में 15 अगस्त को आने के लिए आमंत्रित किया। अंग्रेजी में एबीसीडी गीत तथा मीनिंग याद करवाई, गिनती, पहाड़ा सुनी, कहानी सुनाई और अन्त में खेल करवाकर छुट्‌टी कर दी।

35

दिनांक– 15.08.07। सर्वप्रथम डा0 मृदुला प्रकाश एवं बाबा द्वारा हमारा राष्ट्रीय झण्डा फहराया गया फिर सभी बच्चों ने राष्ट्रीय गीत गाया। फिर मृदुला जी ने 15 अगस्त के इस अवसर पर हमारे वीर शहीदो पर कुछ भाषण दिया। फिर स्कूल के सारे बच्चे अपना–अपना प्रोग्राम किये और हमारे तीनों सेन्टरों के बच्चों ने तीन अलग–अलग गीत पेश किये।

36

दिनांक– 16.08.07। आज मैंने बच्चों से सर्वप्रथम 15 अगस्त पर चर्चा की और कल का प्रोग्राम बच्चों को कैसा लगा उसके बारे में बच्चों से पूछी। सभी बच्चों ने अपनी खुशी जाहिर की। बच्चों को देखकर लगा कि बच्चों को कल का प्रोग्राम बहुत अच्छा लगा। फिर कुछ बच्चे मुझे 15 अगस्त के बारे में पूछने लगे कि 15 अगस्त क्यों मनाया जाता है। फिर मैंने बच्चों के सवाल का उत्तर दिया, उसे सुनकर बच्चे खुश लगने लगे। आज मैंने बच्चों से पर्यावरण पर चर्चा की और हमारे पर्यावरण से क्या लाभ और हानि हो रही उसकी जानकारी दी। बड़े बच्चों से किताब रीडिंग कराई और छोटे बच्चे एक अंक का जोड़ सीखे। फिर एक प्रेरणा गीत बच्चों ने सुनाया और अन्त में एक खेल करवाकर छुट्‌टी कर दी।

37

दिनांक– 17.08.07। घर–घर जाकर बच्चों को बुलाकर अपने सेन्टर ले गई फिर उनकी हाजिरी बनाई। फिर बच्चों को रोज स्कूल जाने की सलाह दी। फिर जो बच्चे रोज स्कूल नहीं जा रहे हैं उनसे स्कूल रोज नहीं जाने का कारण पूछी तो

बच्चों ने बताया कि काम करने के कारण, जबकि कुछ बच्चे खेलने के कारण रोज स्कूल नहीं जा पा रहे हैं। आज बच्चों की गिनती, पहाड़ा एवं एबीसीडी सुनी, कविता, कहानी सुनाई। बच्चों को देखकर लगा बच्चों को कहानियाँ बहुत पसन्द हैं। प्रेरणा गीत सुनाई और अन्त में खेल करवाकर छुट्टी कर दी।

38

दिनांक– 20.08.07। सर्वप्रथम घर जाकर बच्चों को बुलाई और उन्हें अपने सेन्टर पर लाकर सभी बच्चों से प्रार्थना करवाई। फिर विषय अनुसार सभी बच्चों को जो सीख रहे हैं, उनमें प्रश्न किया, कुछ ने उत्तर दिया और कुछ ने नहीं दिया। नहीं दिए गए प्रश्नों के उत्तर दूसरों बच्चों से दिलवाई। आज मैं अपने बच्चों को इतनी ही जानकारी दे पाई।

39

दिनांक– 21.08.07। रोज की तरह अपने सेन्टर पर गई तो आज बच्चे की उपस्थिति बहुत कम रही, कारण जानने के लिए मैं कुछ बच्चों से पूछी तो कुछ बच्चों ने बताया कि आज गाँव में जागरण है तो उनमे वे बच्चे पूजा में मग्न थे। परन्तु कुछ बच्चे मेरे सेन्टर में आए जो पढ़ने के इच्छुक थे। आज मैं अपने बच्चों को कुछ रोचक कहानी सुनाई। फिर एक प्रेरणा गीत सुनाई। फिर उनके विषय के अनुसार उन्हें उनके वर्ग की किताब पढ़वाई। गणित में बच्चों की किताब से कुछ सवाल बनवाई। छोटे बच्चों को अंग्रेजी मे एबीसीडी सिखाई और अन्त में एक खेल कराकर छुट्टी कर दी।

40

दिनांक– 24.08.07। आज भी बच्चों की संख्या कल की तरह कम है। बच्चे अपने माता–पिता के साथ मछली मारने चले गए थे। आज मैं कुछ बच्चों के माता–पिता से मिली और उनसे बच्चों के विषय में बातचीत की। अभिभावकों का कहना है कि हमारी डाँट फटकार का बच्चों पर कोई असर नहीं पड़ता। उन्होंने बताया कि आपको जो करना है कीजिए हमलोगों की तरफ से पूरी छूट है लेकिन बच्चा पढ़ जाना चाहिए। उनकी बातों को सुनकर मैं अपने सेन्टर पर चली गई और जो बच्चे आए हुए थे उनके विषयानुसार पढ़ायी। आज मैं बच्चों को हिन्दी में अक्षर

जोड़कर पढ़ना सिखाई। एक लाइन में सबों को खड़ा कर ए से जेड तक का क्रम सुनाई। कहानी में नन्हीं शबरी की कहानी सुनाई। प्रेरणा गीत कराई और अन्त में एक खेल कराकर छुट्टी कर दी।

41

दिनांक– 25.08.07। सारे बच्चों को स्कूल ऑफ क्रियेटिव लर्निंग में ले गई, जहाँ हमारे कुछ साधनसेवी आए हुए हैं। जिनके नाम कुछ इस प्रकार हैं। श्री विजय प्रकाश, डा0 मृदुला प्रकाश एवं श्री अजित कुमार। सर्वप्रथम इन्होंने सभी बच्चों का स्वागत किया। सभी बच्चों को समूह में खड़ा कराकर एक प्रेरणा गीत कराया। जिसे हमारे सभी साधनसेवियों एवं क्रियेटिव लर्निंग सेन्टर की शिक्षिका एवं बच्चों ने मिलकर गाया। गीत के बोल थे शिक्षा के ले ल मशाल हो। हमारे साधनसेवियों ने बच्चों से पूछताछ की और सेन्टर में क्या–क्या पढ़ाई आज तक हुई है उसकी जानकारी ली और साथ ही सभी शिक्षक एवं शिक्षिकाओं को अपनी पढ़ाई और बेहतर बनाने की सलाह दी।

42

दिनांक– 27.08.07। सर्वप्रथम बच्चों के घर गई और बच्चों से मिली। आज मैं बच्चों से कुछ गंभीरता से पेश आई। वैसे तो देखा जाए तो बच्चे को डराने धमकाने से बुरा प्रभाव भी पड़ सकता है। लेकिन मुझे मजबूरीवश बच्चों को डाँटना–फटकारना पड़ा। जिससे बच्चों में काफी डर बन गया। कुछ बच्चों को मैं आज नहर से खींचकर ले आई। जहाँ बच्चे मछली मार रहे थे। कुछ बच्चों ने अपनी गलती महसूस की और रोज सेन्टर आने का वादा किया। कल की अपेक्षा बच्चों की संख्या अधिक थी। आज मैंने अंग्रेजी में मीनिंग सुनाया। सारे बच्चों से कविता सुनी। गणित में बच्चों से जोड़ एवं घटाव बनवाई, कहानी सुनाई और अन्त में एक खेल कराकर छुट्टी कर दी।

43

दिनांक– 29.08.07। सर्वप्रथम बच्चों को घर–घर बुलाने गई। आज भी बच्चे कम थे। आज मैं अपने बच्चों के अभिभावकों से मिली और उन बच्चों की जानकारी ली जिनका स्कूल में नामांकन नहीं हुआ है। उनका नाम लिखवाने के लिए उनके

अभिभावक से बात की। गारजियन का कहना है कि आप ही नाम लिखवा दीजिए क्योंकि उनसे स्कूल में नाम लिखवाई फीस ली जाती है। आज मैं कुछ बच्चों को स्कूल में नाम लिखवाने ले भी गई मगर आज नाम नहीं लिखवाई क्योंकि आज स्कूल की प्रधानाध्यापिका को किसी मीटिंग में जाना था। उन्होंने बताया कि 30 या 31 तारीख को बच्चों का नाम लिख दिया जाएगा। आज मैं अपने सेन्टर के बच्चों को गिनती, पहाड़ा, जोड़, घटाव, किताब रीडिंग, ककहारा और "कौआ उड़ बौआ उड़" खेल करवाई और शाम 6:00 बजे छुट्टी कर दी।

44

दिनांक– 30.08.07। सर्वप्रथम बच्चों को घर–घर जाकर बुला लाई और नियमानुसार प्रार्थना कराई, हाजिरी ली और जो बच्चे रोज स्कूल नहीं जा रहे हैं उन्हें रोज स्कूल जाने की सलाह दी। वैसे तो अब काफी बच्चे रोज स्कूल जाने लगे हैं पर कुछ बच्चे अभी वैसे भी हैं जो ना तो स्कूल ही जा रहे हैं और ना ही सेन्टर पर आ रहे हैं। आज वैसे तीन बच्चे मेरे हाथ आए। तीनों के नाम हैं– रूपेश कुमार, दिलीप कुमार और विकाश कुमार। ये तीनों ना ही स्कूल जाते हैं और ना ही मेरे सेन्टर पर आ रहे हैं। आज इन तीनों को मैं अपने सेन्टर पर ले आई और इनके लायक कुछ सजाएँ दी। तीनों ने अपनी गलती तो मान ली है मगर ये कल स्कूल जायेंगे कि नहीं ये जानने के लिए मैं कल स्कूल जाऊँगी। आज मैं अपने सेन्टर पर सात दिनों के नाम अंग्रेजी में लिखवाई और याद करने को दी, किताब पढ़वाई, ककहारा सिखाई, साफ–सफाई पर चर्चा की और और अन्त में बच्चों का एक मनपसंद खेल कराकर छुट्टी कर दी।

45

दिनांक– 31.08.07। आज सर्वप्रथम मैं अपने सेन्टर के 6 बच्चों को स्कूल में नामांकन कराने ले गई। उन बच्चों के नाम हैं–अमीता कुमारी, आरती कुमारी, सुरभी कुमारी, दिपा कुमारी, भीम कुमार, अभिषेक कुमार। सबके क्लास उनके उम्र से नहीं लिखवाई क्योंकि जितनी उनकी उम्र में जानकारी होनी चाहिए उतनी नहीं थी। वे पढ़ने में काफी कमजोर थे जिस कारण मैंने 5 बच्चों को क्लास एक में नाम लिखवाया और बच्ची जो पहले अपने ननिहाल में पढ़ाई करती थी मगर अब वो अपने पिता के घर आ गई है मगर उसकी पढ़ाई छूट गई थी माता–पिता ने इस बात पर ध्यान नहीं दिया। मैने दीपा से पूछा कि स्कूल में नाम लिखवा

दूँगी तो पढ़ाई करोगी? तो उसके जबाब में हाँ आई। मैंने उसके माता एवं पिता से बात करके दीपा का आज क्लास 4 में नाम लिखवा दिया। मेरे द्वारा नाम लिखवाने के कारण फीस नहीं लगी। बच्चों के नाम लिखवाने के बाद मुझसे एक रजिस्टर पर सिगनेचर करवाया गया। मैं करीब एक घंटा स्कूल में रही फिर सेन्टर पर आकर बच्चों के विषय के अनुसार पढ़ाई। पर्यावरण पर चर्चा की, एबीसीडी सिखाई, गुणा सिखाई और अन्त में एक खेल कराकर छुट्टी कर दी।

46

दिनांक– 01.09.07। सारे बच्चों ने मिलकर एक प्रेरणा गीत गाया। सभी बच्चों से कुछ सवाल किए गए जिनका बच्चों ने उत्तर दिया। बच्चों को गोलाकार खड़ा करवाकर एक खेल अजीत जी एवं श्री विजय प्रकाश जी मिलकर करवाया। खेल का उद्देश्य था बच्चे जानवरों का नाम सीख जाएँ। श्री विजय प्रकाश जी ने हम सभी शिक्षक एवं शिक्षिकाओं को मुसहर जाति पर एक गीत सिखाया और सभी शिक्षक एवं शिक्षिकाओं को अपने–अपने सेन्टर पर बच्चों को सिखा देने के लिए कहा।

47

दिनांक– 03.09.07। आज बच्चों की संख्या ठीक–ठाक रही। जितने बच्चे मेरे सेन्टर पर आते हैं ये सब रोज स्कूल भी जाते हैं। कुछ बच्चे मेरे सेन्टर पर तो नहीं आते लेकिन स्कूल रोज जाते हैं। मैं सभी बच्चों के अभिभावकों से भी मिली। उनका कहना है कि अब बच्चे रोज स्कूल जाने लगे हैं और साफ–सफाई में भी काफी ध्यान दे रहे हैं। यह सुनकर मुझे भी काफी खुशी हुई कि मैं जिस काम के लिए यहाँ आई थी वो काम अब धीरे–धीरे पूरा हो रहा है। यहाँ के लोग भी अब मुझे अपना समझते हैं और मेरी कही बातों पर ध्यान देते हैं और मुझे भी इन बच्चों को पढ़ाने में काफी खुशी मिलती है। आज मैं अपने बच्चों को रोज स्कूल जाने की बातें सिखाई, आदर्श विद्यार्थी की कहानी सुनाई, अंग्रेजी की छोटी एबीसीडी सिखाई। प्रेरणा गीत गाकर सुनाया और अन्त में एक टास्क देकर छुट्टी कर दी।

48

दिनांक– 04.09.07। आज सर्वप्रथम मैं सरकारी स्कूल में गई जहाँ मेरी मुलाकात वहाँ की प्रधानाध्यापिका श्रीमति निभा देवी से हुई। उनसे मैंने बच्चों के रोज स्कूल

आने पर बातें की उन्होंने बताया कि पहले की अपेक्षा अब बच्चे अधिक हैं मगर साथ में उन्होंने ये भी बताया कि बच्चों की संख्या भी बढ़ती जा रही है मगर शिक्षक की संख्या में कोई बढ़ोत्तरी नहीं हो पा रही है जबकि यहाँ शिक्षकों की कमी बहुत ज्यादा महसूस हो रही है। श्रीमति निभा जी ने इस विषय पर मुझे श्री विजय प्रकाश से बात करने को कहा कि यहाँ शिक्षक की कमी की पूर्ति की जाए। सरकारी स्कूल से होकर मैं अपने सेन्टर में बच्चों को पढ़ाने 2:00 बजे आई। आज मैं अपने बच्चों को पर्यावरण पर चर्चा की, कविता, कहानी, जोड़, घटाव एवं एक खेल करवाई। आज के इस खेल का नाम कबड्डी था जो बच्चों को बेहद पसंद है।

49

दिनांक– 06.09.07। घर–घर जाकर बच्चों को बुला ले आई और प्रार्थना एवं हाजिरी की। सभी बच्चों के नाखून चेक किए जिनके बड़े नाखून थे उनके नाखून काटी और बच्चों को नाखून पर एक कविता सुनाई। साफ–सफाई की चर्चा की। फिर विषय के अनुसार उन्हें गिनती, पहाड़ा, कहानी, कविता, प्रेरणा गीत, अंग्रेजी सिखाई और अन्त में कुछ टास्क देकर छुट्टी कर दी।

50

दिनांक– 09.09.07। सर्वप्रथम सभी बच्चों का श्री विजय प्रकाश जी ने स्वागत किया। फिर सभी बच्चों ने एक प्रेरणा गीत सुनाया जिस के बोल थे ''शिक्षा के ले ल मशाल हो चमकी तोहरी झोपड़िया''। फिर बच्चों से कुछ सवाल श्री विजय प्रकाश जी ने किए। बच्चों ने उन सवालों के उत्तर दिए। फिर सारे बच्चों ने कुछ–कुछ खेल कर दिखाया। बच्चों को इस खेल के बाद सभी बच्चों को हम सभी शिक्षिकाओं ने अपने–अपने घर छोड़ दिया और फिर श्रीमति मृदुला प्रकाश जी से अपने सेन्टर के विषय में कुछ राय लिया। उन्होंने बताया कि सभी अपने सेन्टर के बच्चों से टेस्ट लें और आपस में ही तीन जज बनें और बच्चों से पूछताछ करें और जो ठीक ढंग से एवं सही–सही उत्तर दे उस सेन्टर की प्रगति को अच्छा माना जाएगा। हालाँकि यह काम तो बिल्कुल आसान था मगर हम सब इस काम में जज नहीं बन सकते क्योंकि मुझे ऐसा लगता है कि कोई अपने सेन्टर का बुरा नहीं चाहेगा। इसलिए हम सब का यह कहना है कि हम अपने बच्चों को परीक्षा दिलवाएँगे मगर उनके जज हमारे शोधकार्यकर्त्ता होंगे।

शबरी आश्रमों के शिशु

	समूहवार				
	लड़का	*लड़की*	*कुल*	*कुल परिवार*	*प्रथम पीढ़ी*
मुसहर	58	59	117	110	110
चमार	22	32	54	48	46
पासवान	2	5	7	7	7
पासी	1	2	3	2	1
धोबी		4	4	2	2
	83	102	185	169	166
यादव	9	6	15	11	11
लोहार	1		1	1	1
बनिया		3	3	1	
बढ़ई	3	4	7	4	3
कोयरी		4	4	2	
तेली	1		1	1	1
	14	17	31	20	17
नाई	5	4	9	5	5
कुम्हार	2	3	5	2	2
कहार	1	7	8	7	7
बेलदार		2	2	2	2
नोनिया	1		1	1	1
	9	16	25	17	17
कुल योग	**106**	**135**	**241**	**206**	**200**

शबरी आश्रमों का प्रोफाइल

कुल परिवार	प्रथम पीढ़ी	लड़के	लड़कियाँ	कुल	कुल समूह
206	200	106	135	241	16

			आश्रमवार		
आश्रम	*परिवार*	*प्रथम पीढ़ी*	*कुल बच्चे*	*लड़के*	*लड़कियाँ*
ढिबरा	40	36	47	20	27
सिकन्दपुर मुसहरी	40	40	40	15	25
मठियापुर	26	25	40	19	21
नरगदा चमरटोली	29	28	34	10	24
खगड़ी मुसहरी	32	32	40	18	22
जमसौत मुसहरी	39	39	40	24	16
कुल	**206**	**200**	**241**	**106**	**135**

शबरी आश्रमों में नियमित रूप से भाग लेने वाले शिक्षुओं की संख्या 241 थी। इसमें दलित समूहों के 185, अति पिछड़े समूहों के 25 तथा पिछड़े समूहों के 31 बच्चे थे। लड़कियाँ 135 तथा लड़के 106 थे। इनमें से 50 से अधिक बच्चों का नामांकन कराया गया जो पहली बार नामांकित हुए। इनमें 48 इस पंचायत में टिके तथा कुछ बाहर चले गये। कुछ बच्चों का पुनर्नामांकन भी कराया गया जो छीजनग्रस्त थे। ये 7 थे। शबरी आश्रमों में आनेवाले शिक्षु काफी हद तक स्कूल में भी नियमित रहे। कुछ अनियमित हुए क्योंकि स्कूल का वातावरण शबरी आश्रमों की तरह नहीं बनाया जा सका।

117 मुसहर बच्चे शबरी आश्रमों में नियमित भागीदार थे जिनमें 59 लड़कियाँ शामिल थीं। ये सभी प्रथम पीढ़ी के बच्चे थे। ये 110 परिवारों से जुड़े थे।

कुल बच्चे 206 परिवारों से थे जो शबरी आश्रमों में प्रतिभागी थे। इनमें 200 प्रथम पीढ़ी के परिवार थे। इनके साथ 3 वर्ष या कुछ अधिक समय तक प्रेरणाप्रद वातावरण देने पर विद्यालयों में ठहराव सुनिश्चित होने की सम्भावना है।

हमने क्या सीखा?

अभिवंचित वर्ग की शिक्षा के आयाम

शिक्षाधिकार का मुद्दा एकांगी नहीं है। शिक्षाधिकार को केवल विद्यालयी मुद्दा नहीं माना जा सकता। इसे समाज के सामान्य माहौल से अलग नहीं समझा जा सकता। शिक्षा सम्पूर्ण समाज की संरचना, उसके कार्यकलाप तथा उसके उद्देश्य से अंतरंग रूप से जुड़ी है। अभिवंचित वर्ग की शिक्षा महज एक औपचारिकता नहीं, वरन् गरीबी उन्मूलन की एक मात्र आशा है। उनके विकास में ही सबका विकास है।

किसी व्यक्ति की शिक्षा के अधिकार के सुनिश्चयन में उसकी वैयक्तिक विशिष्टता तो महत्त्वपूर्ण है ही, परिवार, विद्यालय, समुदाय तथा सरकार की भूमिका भी कम महत्त्वपूर्ण नहीं है। अतः समुदाय/समूह में शिक्षा के अधिकार की प्रस्थिति अध्ययन आवश्यक है। विभिन्न समूहों में शिक्षाधिकार का सर्वेक्षण तथा इस हेतु आवश्यक सूचकांक का विकास प्रारम्भिक कदम है।

शिक्षाधिकार सूचकांक

इस दृष्टिकोण से किसी समाज में शिक्षा के अधिकार के अध्ययन के लिए निम्न सूचकांक महत्त्वपूर्ण हैं।

1. साक्षरता दर

साक्षरता दर (महिला, पुरुष) = साक्षर व्यक्तियों की संख्या × 100/कुल (6^+) व्यक्तियों की संख्या

2. अर्जित शैक्षिक स्तर

अर्जित शैक्षिक स्तर (प्रतिशत में) = शिक्षित व्यक्तियों में साक्षर, प्राथमिक, प्रारम्भिक, सेकन्डरी, हायर सेकन्डरी, स्नातक, परास्नातक
की संख्या × 100/कुल शिक्षित व्यक्तियों की संख्या

3. नास्कूलन दर

नास्कूलन दर = [स्कूल में (6–14) आयुवर्गीय गैर नामांकित बच्चों की संख्या + (6–14) वर्ष के स्कूल छोड़ चुके बच्चों की संख्या] × 100 / (6–14 वर्ष के बच्चों की कुल संख्या)

4. वैयक्तिक शिक्षाधिकार सूचकांक

वैयक्तिक शिक्षाधिकार सूचकांक = प्रति व्यक्ति व्यतीत औसत स्कूली समय (वर्ष) / 8 वर्ष [प्रति व्यक्ति व्यतीत औसत स्कूली समय (वर्ष) = समुदाय के सभी व्यक्तियों द्वारा स्कूल में व्यतीत समय (वर्ष) / समुदाय के कुल स्कूलित व्यक्तियों की संख्या]

गणना हेतु जो बच्चे जिस कक्षा में पढ़ रहे हैं उन्हें उतने द्वारा उतने वर्ष स्कूली शिक्षा में व्यतीत किया गया माना गया है।

(यथा 8वीं कक्षा के शिक्षु के लिए 8 वर्ष माना जायेगा)

5. सामुदायिक स्कूली शिक्षा सूचकांक

सामुदायिक स्कूली शिक्षा सूचकांक = वर्ग 1 से 10 तक व्यतीत स्कूली समय / समुदाय के सदस्यों (6^+) की संख्या

6. पहली पीढ़ी के पढ़ाक का प्रतिशत

पहली पीढ़ी के पढ़ाक का प्रतिशत = (ऐसे परिवारों की संख्या जिनमें 24 वर्ष से ऊपर कोई साक्षर न हो) × 100 / कुल व्यक्तियों की संख्या

सर्वेक्षण का सारांश

साक्षरता दर

दलित वर्ग में साक्षरता और शिक्षा की कमी शिक्षा के अधिकार के कार्यान्वयन में बड़ी बाधा है। दलित वर्ग में सामान्यतः (तथा मुसहर समूह में विशेषकर) साक्षरता अभियान चलाने की आवश्यकता है।

दलित एवं पिछड़े समूहों में महिलाओं पर साक्षरता के लिए ज्यादा प्रयास की जरूरत है। विशेषकर इन समूहों में *मुसहर, चमार, दुसाध, धोबी, मल्लाह, नोनिया, बेलदार, तेली और यादव*

शैक्षणिक स्थिति

मुसहर, मेहतर, डोम, धोबी में 10% से कम पढ़े–लिखे लोग ही सेकन्डरी तक पहुँच सके हैं। मुसहर में तो यह स्थिति और भी चिन्ताजनक है जहाँ 2% से भी कम पढ़े–लिखे लोग सेकेन्डरी तक पहुँच पाये हैं।

दलितों में सेकन्डरी के बाद बहुत तेजी से छीजन होता है। प्रत्येक 1000 व्यक्ति में केवल 116 व्यक्ति सेकन्डरी, 12 व्यक्ति स्नातक तथा 6 व्यक्ति ही परास्नातक तक पहुँच सके हैं।

मुस्लिमों में भी स्थिति कुछ वैसी ही है तथा प्रत्येक 1000 व्यक्ति में केवल 130 व्यक्ति सेकन्डरी, 19 व्यक्ति स्नातक तथा 5 व्यक्ति ही परास्नातक तक पहुँच सके हैं।

यद्यपि अति पिछड़ों में स्थिति इससे बेहतर है पर बिन्द, नोनिया, मल्लाह में तो कोई व्यक्ति स्नातक तक पहुँच ही नहीं सका है। बेलदार में केवल 12 व्यक्ति ही स्नातक तक पहुँच सके हैं, उससे आगे कोई नहीं।

प्रति व्यक्ति औसत स्कूली वर्ष (वैयक्तिक शिक्षाधिकार सूचकांक)

सामान्यतया प्रति व्यक्ति औसत स्कूली वर्ष शिक्षाधिकार के विस्तार का एक अच्छा सूचकांक है। इससे यह जानकारी मिलती है कि जो बच्चे विद्यालय जाते हैं वे कितने वर्ष तक वहाँ टिकते हैं। 6 से 14 आयुवर्ग के बच्चे को विद्यालयी शिक्षा से ज़ोड़ने का संवैधानिक मौलिक अधिकार मिला है। अर्थात् जो बच्चे विद्यालय जाते हैं वे भी कितने हद तक संवैधानिक मौलिक अधिकार का उपभोग कर रहे हैं, इसकी जानकारी प्रति व्यक्ति औसत स्कूली वर्ष से मिलती है। सर्वेक्षण से पता चला है कि किसी भी समुदाय का प्रति व्यक्ति औसत स्कूली वर्ष 5.11 वर्ष से अधिक नहीं है अर्थात् 5.11 / 8 या शिक्षाधिकार सूचकांक केवल 0.64 है। मुसहरों के लिए यह सूचकांक केवल 3.09 / 8 या 0.39 है। इस मापदंड पर भी मुसहर सबसे निचले पायदान पर हैं।

नास्कूलन दर

नास्कूलन दर से तात्पर्य है अनामांकित तथा छीजित बच्चों का प्रतिशत।

19% से अधिक या उसके बराबर वाले नास्कूलित समूह हैं–

मुसहर, चमार, दुसाध, बिन्द, नाई, कानू, मल्लाह, बढ़ई, यादव, तेली, मुस्लिम

नास्कूलन की दृष्टि से इन समुदायों पर काफी ध्यान देने की ज़रूरत है।

8–18% के बीचवाले सामान्य समूह हैं : पासी, धोबी, कहार, बेलदार, कुम्हार, कोयरी, कुर्मी।

सामुदायिक स्कूली शिक्षा निर्देशक या औपचारिक शिक्षा से लगाव

औपचारिक शिक्षा से लगाव या सामुदायिक स्कूली शिक्षा निर्देशक पूरे समुदाय की शैक्षिक जागरूकता तथा शैक्षिक सूरतेहाल को व्यक्त करने के लिए सबसे अच्छा निर्देशक है। इसे समुदाय के लिए औपचारिक या स्कूली शिक्षा से लगाव का परिचायक भी माना जा सकता है। इसे निम्न प्रकार से पारिभाषित किया जा सकता है।

सामुदायिक स्कूली शिक्षा निर्देशक = समुदाय के सभी सदस्यों द्वारा वर्ग 1 से 10 तक व्यतीत स्कूली समय/समुदाय के सदस्यों (6^+)की संख्या

वैसे तो सम्पूर्णता की दृष्टि से इस निर्देशक की नजर में दलित और मुस्लिम एक दूसरे के काफी नजदीक दिखते हैं। 2.32 के नीचे ही दोनों सिमट जाते हैं अर्थात् ये समूह प्राथमिक स्कूल के तीसरे दर्जे तक जाने की जागरूकता से भी नीचे हैं।

अब सभी समुदायों की तुलना करें तो महिलाओं के लिए दो (दूसरे दर्जे) से नीचे वाले समूह हैं –

मुसहर, चमार, दुसाध, धोबी, कानू बेलदार और यादव।

पुरुषों के लिए 3 (तीसरे दर्जे) से कम वाले में हैं–

मुशहर, चमार, दुसाध, धोबी, कानू और यादव ।

शैक्षिक पैमाने पर मुसहर को विशिष्ट मान लें तो इस पैमाने पर बचे हुए समूह चमार, दुसाध, धोबी, कानू, बेलदार और यादव, जमसौत पंचायत में समान श्रेणी में हैं।

पहली पीढ़ी के परिवार

पहली पीढ़ी के परिवार से तात्पर्य है वैसा परिवार जिसमें 24 वर्ष से अधिक उम्र का कोई व्यक्ति साक्षर न हो।

पहली पीढ़ी के परिवार के दृष्टिकोण से निम्न समूह फोकस के लिए प्रमुखता से चिन्हित हैं :

मुसहर, डोम तथा बिन्द और चमार, दुसाध तथा यादव।

इन समूहों में बच्चों पर तो ध्यान अधिकाधिक देना ही चाहिए, परिवार भी शैक्षिक बदहाली के दायरे में हैं अतः उसपर भी ध्यान देने की आवश्यकता है। परिवारों के सम्बन्ध में हस्तक्षेप स्कूल द्वारा होना सम्भव नहीं। अतः ऐसे परिवारों में स्वैच्छिक कार्यकर्त्ता की मदद आवश्यक है यानि सामुदायिक प्रेरकों की भूमिका महत्त्वपूर्ण है।

ऐसे परिवारों की एक खुसूसियत यह भी है कि इनके यहाँ शैक्षिक वातावरण नहीं होता। अतः इन परिवारों के बच्चों का स्कूल से अनियमित होना स्वाभाविक है। पिछड़े समुदाय के यादव समूह में 60% से ऊपर पहली पीढ़ी के परिवारों का होना इस बात का द्योतक है कि शैक्षिक पिछड़ापन का यह पैमाना खुद में महत्त्वपूर्ण पैमाना है जो हस्तक्षेप के चरित्र को पारिभाषित करता है। दियारा से विस्थापित यादव लोग इस पंचायत में बड़ी संख्या में बसाए गए हैं। इनकी शैक्षिक स्थिति असामान्य है। इनके बच्चों विशेषकर लड़कियों पर ज्यादा कारगर फोकस की जरूरत है।

मुसहर जाति की समस्या पूरी तरह विचित्र है। इनके साथ काम करना थोड़ा कठिन इसलिए भी है कि इनके मौजूदा वातावरण में 80% प्रथम पीढ़ी की पारिवारिकता का प्रभाव बहुत ज्यादा है। माताओं की साक्षरता भी मुसहरों में सबसे कम है। यह परिवार में शैक्षिक प्रोत्साहन का वातावरण नहीं बनने देती।

यह भी महत्त्वपूर्ण है कि प्रथम पीढ़ी के पढ़ाक परिवारों का केन्द्रण ऐसे टोलों में है जहाँ दूसरी पीढ़ी के पढ़ाक परिवार नहीं के बराबर हैं। जैसे मुसहर तीन टोलों में केन्द्रित हैं। इन टोलों में शिक्षा के प्रारम्भ का वातावरण नहीं बनता। कोई बच्चा नहीं पढ़ता, नहीं पढ़ने जाता तो अगल बगल पड़ोस के लोग भी उसे प्रोत्साहित नहीं करते। इसके बदले विद्यालय न जाने वाले बच्चे विद्यालय जाने वाले बच्चों को खेलने या घूमने के लिए आकर्षित करते हैं। इससे विद्यालय न जाने वाले बच्चों की तादाद में कमी होने के बदले बढ़ोत्तरी होती जाती है। इस स्थिति को बदलने की कोशिश होनी चाहिए। समुदाय में प्रेरकों की सहायता इस दृष्टि से और महत्त्वपूर्ण हो जाती है। महिला संगठन बनाकर उनकी सहायता से बदल लाने की कोशिश भी ज़रूरी है। इसके अलावा सही पाठ्यचर्या, सटीक प्रविधि और सृजनवादी वातावरण लागू होना आवश्यक है। इन हस्तक्षेपों से सामयिक आरम्भ, आवश्यक ठहराव तथा उचित उपलब्धि की ओर बढ़ने का प्रयास किया जा सकता है।

विद्यालय पूर्व शिक्षा (0-6 वर्ष)

शिक्षाधिकार की संप्राप्ति में 0–6 वर्ष की आयु में विद्यालय पूर्व शिक्षा की काफी महत्त्वपूर्ण भूमिका है। इसी आयुवर्ग में बच्चों के शिक्षण की नींव पड़ती है। इनके मस्तिष्क के न्यूरॉनों का पूर्ण नेटवर्की होता है। जमसौत पंचायत के अनुभव से यह स्पष्ट होता है कि बच्चों का माँ–बाप के साथ आपसी आलाप–संलाप तो कमजोर है ही, आँगनबाड़ी के साथ भी केवल 9 प्रतिशत बच्चे ही जुड़ पाए हैं। यह शिक्षाधिकार की दृष्टि से महत्त्वपूर्ण चुनौती पेश करता है।

इस लिहाज से ऐसे हस्तक्षेप करने होंगे कि ज़्यादा से ज़्यादा बच्चे विद्यालय पूर्व शिक्षा के कार्यक्रमों से जुड़ सकें। इसके लिए उचित रणनीति की जरूरत है

जिसमें सरकार को भी प्रभावकारी ढंग से भाग लेना चाहिए। आँगनबाड़ी का दायरा बढ़ाना पहला हस्तक्षेप सोचा जा सकता है, मगर उचित कार्यनीति के साथ, क्योंकि बच्चों के लिए शैक्षिक निवेश प्राइमरी की अपेक्षा ज्यादा विशेषज्ञता खोजेगा। ऐसा करने से ही हम अनिवार्य प्राइमरी शिक्षा के रास्ते पर बढ़ने में कामयाब हो सकते हैं जो कि शिक्षाधिकार की दृष्टि से अत्यंत महत्त्वपूर्ण क़दम है।

यह देखा गया है कि प्रभावी विद्यालयपूर्व शिक्षा से छीजन को नियंत्रित करने में मदद मिलती है। इससे बालश्रम की समस्या का भी सकारात्मक हल निकल सकता है।

इसी दृष्टिकोण से यह भी आवश्यक है कि सभी बच्चों की चाइल्ड ट्रैकिंग भी की जाय ताकि सभी बच्चों के विद्यालय पूर्व शिक्षा के कार्यक्रम में सहभागिता का उचित प्रबोधन किया जा सके।

अभिवंचितों की शिक्षा के संदर्श की समझ

अति दलितों, दलितों, अति पिछड़ों, पिछड़ों में 20 प्रतिशत और उससे ऊपर गैर नामांकित तथा छीजित नास्कूली बच्चे जिन समूहों के हैं वे इस प्रकार हैं :

मुसहर (38.6 प्रतिशत), मुस्लिम (25.94 प्रतिशत), मल्लाह (25 प्रतिशत), चमार (24.8 प्रतिशत), बढ़ई (24.1 प्रतिशत), यादव (23.46 प्रतिशत), कानू (22.47 प्रतिशत), दुसाध (20.86 प्रतिशत), नाई (19.59 प्रतिशत) तथा बिन्द (64.71 प्रतिशत)

इस सूची में अति दलित से लेकर साम्प्रतिक राज–समाज के कारोबार में मजबूती से भाग लेने वाले अन्य पिछड़े और मुस्लिम तक सभी समुदाय शामिल हैं। हालाँकि यह परिदृश्य केवल एक पंचायत का है और कोई इसके आधार पर निकाले गए निष्कर्षों को प्रतिनिधिक नहीं भी मान सकता है, मगर उसे भी इन निष्कर्षों को ट्रेन्ड और माइन्ड सेट परिवर्तन के दायरे में तो रखना ही होगा और इसके वजूद पर राह तो तलाशनी ही होगी।

यह परिदृश्य मौजूदा शिक्षा व्यवस्था के लाभुकों और गैर लाभुकों के बीच श्रेणीकरण की दीवाल खड़ी कर देता है।

जो समुदाय खेती करने, जानवर पालने, मजदूरी करने में लगे हैं तथा वे जो शिल्पी जीवन से जमीनी तौर पर जुड़े हैं वे इस शिक्षा व्यवस्था की चलनी के छाँट के रूप में डाल दिए गए हैं। जमसौत पंचायत में आबादी के तौर पर इनकी गिनती 75 प्रतिशत से ज्यादा है। वैसे जमसौत पंचायत पूरी तरह दलितों तथा पिछड़ों से ही आबाद है। जिस शिक्षा व्यवस्था से एक पंचायत में 75 प्रतिशत लोग लाभ लेने में समर्थ नहीं हो पा रहे हैं उस शिक्षा व्यवस्था को मुख्यधारा की शिक्षा व्यवस्था मानना वांछनीय नहीं है। इसलिए यह समस्या नामांकन, ठहराव, अनियमित स्कूलन आदि तक ही सीमित नहीं है। यह मूलतः मौजूदा शिक्षा व्यवस्था के चरित्र

की है जो ग़रीबी, बदहाली, मज़दूरी, खेती, सामान्य शिल्प, सामान्य पशुपालन से जुड़े लोगों को लाभ दे ही नहीं सकती। इसमें नीतिगत बदल की जरूरत है, कंटेन्ट और प्रॉसेस दोनों में। संदर्श की दृष्टि से शैक्षिक लाभ के पैमाने पर दलितों, पिछड़ों, मुस्लिमों की अधिकांश आबादी के लिए इस व्यवस्था को सचमुच गरीब फ्रेन्डली शक्ल देनी होगी। अभी यह मात्र आभासी रूप से गरीब फ्रेन्डली है, यथार्थ में नहीं।

जमसौत पंचायत में विभिन्न कारणों से उपेक्षित निम्न समुदाय हैं–

– भूमिहीन एवं सीमान्त खेतिहर
– खेत मजदूर तथा सामान्य मजदूर
– ग्रामीण कारीगर एवं शिल्पी
– आजीविका की तलाश में बाहर जाने वाले व्यक्ति
– बदहाल और अनाथ
– उपरोक्त वर्गों में सम्मिलित महिलाएँ
– विधवाएँ तथा बीमार

इन समुदायों के बच्चे नास्कूली हैं, अनियमित स्कूली हैं या आभासी नामांकन वाले स्कूली हैं। सामाजिक और आर्थिक रूप से कमजोर, दलित तथा अन्य पिछड़ी जातियों एवं मुस्लिम समुदाय के लोगों से इनका मज़बूत रिश्ता है। इनमें से अधिकांश परिवार ऐसे हैं जिनके पास स्वयं के मेहनत कौशल के अलावा कोई संसाधन नहीं है अथवा ऐसी कृषिभूमि या पशुधन है जिनकी उत्पादकता बहुत कम है। मेहनत कौशल से तात्पर्य है *'खेती के विभिन्न आयामों में निपुणता जिससे खेत मजदूर और कृषि कर्मी परम्परागत रूप से लैस हैं।'* अभी तक इस श्रम को कौशल के रूप में पहचान नहीं दी जा सकी है। आवश्यकता इस बात की है कि इस श्रम को कौशल के रूप में मान्यता दी जाय। इससे इस वर्ग के आर्थिक एवं सामाजिक स्तर में उन्नयन होगा।

इसे एक उदाहरण से समझने का प्रयास करें। कम्प्यूटर पर काम करने का कौशल पहचानित है। इससे इस श्रम को गरिमा प्राप्त है। इसके प्रामाणीकरण की व्यवस्था है। इसे और भी उन्नत करने के लिए निरन्तर प्रशिक्षण आदि की व्यवस्था है। इसी प्रकार कुदाल चलाने, निकौनी, बोअनी, कटनी आदि कृषि कर्म को कौशल के रूप में मान्यता देने पर अन्य मान्यता प्राप्त श्रमों की तरह गरिमा मिलेगी, इसके लिए ज़्यादा मूल्य मिलेगा। इनमें प्रक्रियागत तथा उत्पादन वृद्धि सम्बन्धी प्रोन्नति के लिए प्रोत्साहन को समर्थन मिलेगा। इन कर्मों का प्रशिक्षण के ज़रिए सतत उन्नयन होगा और सर्टीफिकेट देने की प्रक्रिया का आरम्भ होगा जिससे इन कौशलों का मानकीकरण होगा। इन पर निरन्तर शोध होगा। इससे पूरी कृषि जो आज महत्त्व खो रही है उसको अभिनव गरिमा मिलेगी। *'उत्तम खेती मध्यम बान'* को प्रश्रय मिलेगा।

इस संदर्भ में यह भी महत्त्वपूर्ण है कि इसी महासमूह में गरीबी रेखा से नीचे के सारे लोग हैं यानि गरीबी दूर करने के जितने कार्यक्रम हैं उनका लक्ष्य–वर्ग भी यही है। यदि गरीबी मिटाने के कार्यक्रमों को धार देनी है, तो उसकी नई शुरुआत इस महासमूह की शैक्षिक समीक्षा से करनी होगी, क्योंकि अभी तक जो भी रणनीति अपनाई गई है उससे गरीबी उन्मूलन कार्यक्रमों में सफलता कम ही मिली है। इस लिहाज से कार्यक्रमों की रणनीति पर पुनर्विचार और शैक्षिक समीक्षा के फीडबैक से नई रणनीति का आगाज आवश्यक है। गरीबी उन्मूलन के लिए आजीविका संदर्श को नए अन्दाज में देखने से नए सुलझाव मिलेंगे। इसमें उपरोक्त महासमूह के पारम्परिक निपुणतायुक्त कामों, उनकी कारीगरी, उनके शिल्प की पहचान, उनकी निपुणता की मान्यता तथा शिल्प के और भी उन्नयन और परिष्करण तथा ब्रान्डीकरण के उपाय, उनमें मौजूद मेधा प्रकार की प्रतिष्ठा आदि अनेक महत्त्वपूर्ण ज्वलंत मुद्दों को ध्यान में रखकर नीतिनिर्धारण करना होगा।

ये सारे मुद्दे बहुवर्गीय समाज में सामाजिक–आर्थिक खाई के उत्तरोत्तर बढ़ते जाने के कारण संदर्भित सामाजिक इकाइयाँ बारूद के ढेर पर खड़ी हैं। इस खाई को कितनी चौड़ाई तक बरदाश्त करके सामाजिक संतुलन की कल्पना की जा सकती है, यह राष्ट्र के नियोजकों के सामने प्रमुख सवाल है क्योंकि यह बढ़ती खाई असमानता का तूफान पैदा कर रही है।

सुलझाव की दिशा में छोटे–छोटे कदमों की शुरुआत भी संतुलित परिणाम देने में समर्थ होगी। जमसौत पंचायत के अन्तर्गत जो साधारण प्रयास किए गए और जिस पृष्ठभूमि में किए गए यह महत्त्वपूर्ण है। हमने देखा कि मुसहरों तथा अन्य अभिवंचितों में शिक्षा के लिए न तो परम्परा है, न वातावरण है, न प्रेरणा है और न संदर्श (perspective)। आत्मविश्वास का भी विशाल टोटा है। इसलिए प्रेरणा की ज्योति जगाने लिए अभियानी प्रेरकों की पहचान की गई, जो इन्हीं समुदायों में से पढ़े–लिखे युवजनों से पहचाने गए और जिन्हें लगातार प्रशिक्षण तथा देखरेख के जरिए प्रेरणाप्रद सभी कार्यों का वाहक बनाया गया। इसके लिए स्थानीय स्वैच्छिक संस्था एपीसीएल निष्ठा और लगन से कार्यशील है। स्वैच्छिक संस्था तथा समुदाय के बीच ये प्रेरक महत्त्वपूर्ण कड़ी के रूप में कार्यशील रहे हैं। इन प्रेरकों की कुशलता इनकी योग्यता और कार्यानुभव काल के पैमाने पर अभी भी स्तरीय नहीं हो पायी है। इन्हें लगातार कार्य और अनुभव की भट्ठी में तपना है। इनके टिकाव के लिए संस्था प्रयासशील है।

इस प्रोजेक्ट के तहत इन्हें शैक्षिक स्वयंसेवी कहा गया। सामुदायिक प्रेरक के रूप में जिम्मेदारी निभाने का कार्य शेष है। उस भूमिका में शैक्षिक कार्य आवश्यक रूप से शामिल रहेगा जिसके तहत बच्चों के लिए शैक्षिक वातावरण बनाना, स्कूल में टिकाये रखना तथा अभिभावकों से लगातार सम्पर्क बनाये रखना शामिल होगा।

हीन समझने की मनोस्थिति

अभिवंचित वर्ग हमेशा हीनता के अवसाद से पीड़ित रहता है। इसके कारणों की तह में जायें तो कुछ बातें स्पष्ट होती हैं। जब भी अभिवंचित परिवारों की बात होती है उल्लेखकर्त्ता उनमें कमी को ही उजागर करते हैं। वे किस काम में कुशल हैं इसकी बात नहीं करते। इससे अभिवंचितों में हीन समझने की प्रवृत्ति पनपती है। माँ–बाप बच्चे सभी में। माँ–बाप तथा पूरे समुदाय के लोग भी इस हीन स्थिति को समझते हैं। मगर वे ऐसी सामाजिक स्थिति में क्यों हैं, इसके लिए जागरूक नहीं रहने के कारण इस स्थिति से लड़ने के लिए उद्यत नहीं होते तथा दूसरों द्वारा लगाए गए हर रोज के लांछन से अभिभूत हो जाते हैं और अपने को हीन समझने लगते हैं। अभिवंचित समुदायों में अपने को हीन समझने की मनोस्थिति सबसे खतरनाक है। इसके खिलाफ मनोवैज्ञानिक, मानसिक, सामाजिक तथा सांस्कृतिक संघर्ष और जागरण की आवश्यकता है। परिस्थिति यहाँ तक हो गई है कि उसी समुदाय के बच्चे–बच्चियाँ जो पढ़ लिखकर थोड़ा दूसरे तरह का जीवन जीने लगते हैं वे अपने को उस समुदाय से अलग समझते हैं और उस समुदाय को हीन कहकर उसका उपहास करते हैं।

हाशिया पर का जीवनक्रम

जमसौत पंचायत में परिस्थितियाँ ऐसी बन गयी हैं कि अभिवंचितों का औसत जीवन हाशिये पर धकेल दिया गया है। वे मुखपृष्ठ के भागीदार नहीं हैं। इनमें जो जितना मूल संसाधनों, कौशल परिष्कार तथा प्रवीणता की सामाजिक मानदंडीय स्तरीयता से दूर है, वह बेहतर जिन्दगी बसर करने के स्पेस से उतना ही दूर है। कोई भी शैक्षिक सांस्कृतिक उभार की कोशिश ऐसे जीवनक्रम के ढाँचे के परिप्रेक्ष्य में ही कारगर हो सकती है। इसलिए हाशिया पर रहनेवालों के लिए वही व्यूह रचना कारगर नहीं हो सकती जो दूसरों के लिए उपयुक्त हो। इनके लिए आजीविका, कौशल परिष्कार की सामाजिक मान्यता, सभी पक्षों में तालमेल की कार्यकारिता सम्भव बनानी होगी।

मुसहर का विशिष्ट संदर्भ

जमसौत पंचायत में मुसहरों की अच्छी तादाद है। आधुनिकता ने इनको बहुत कम छुआ है। इनकी जीवनशैली में अभी भी कबीलाई सुगंध मौजूद है। ये छोटे–छोटे समुदाय में जीते हैं। प्रायः समुदाय के आधार पर खुद फैसला करते हैं। संग्रह की प्रवृत्ति अपेक्षाकृत कम है। केवल पेट पोसना इनका लक्ष्य है। कड़ी मेहनत के लिए

तैयार रहते हैं। सूअर इनका मुख्य पालतू पशु है। शाब्दिक क्षमता कम होने से कम बोलते हैं।

बासगीत के अलावा किसी तरह की जमीन नहीं है। इस लिहाज से पूरा समुदाय बेज़मीन है। पूरा समुदाय केवल मेहनत के संसाधन पर जीता है। दूसरा कोई संसाधन इनके पास नहीं। ज्यादातर लोग खेत मजदूर हैं। छोटी उम्र तक घरेलू कामकाज करते हैं। थोड़ा बड़ा होते ही कामधाम में लग जाते हैं। अभाव की जिन्दगी जीने के अभ्यासी हैं। अभी भी इन के बीच कम बोलने चालने का संस्कार स्थापित है।

सरकारी मजदूरी दर के लिहाज से देखें तो सभी अकुशल मजदूर हैं। मर्दों को 60–70 रूपये प्रतिदिन की मजदूरी मिल जाती है, मगर औरतों को 20 रुपये। अभी तक इस समुदाय में कोई व्यक्ति रोजगार नहीं खड़ा कर सका है। दफ्तर, संसद या उद्योग में कहीं भी इनका प्रतिनिधित्व नहीं के बराबर है। मर्दों में साक्षरता दर काफी नीचे है। औरतों में तो और भी नीचे है।

शिक्षा के मामले में सूरतेहाल यह है कि व्यवहार में पूरा समुदाय स्कूली शिक्षा की सामाजिक असमानता का शिकार है। गाँव में सामाजिक असमानता का माहौल मुसहर बच्चों को पढ़ाई के लिए प्रेरणा नहीं देता।

गाँव के दूसरे समुदाय के लोग मुसहर बच्चों के नहीं पढ़ने पर नाराजगी नहीं जाहिर करते। जैसे नहीं पढ़ने–लिखने का मौन समर्थन करते हैं। विद्यालय की शिक्षा व्यवस्था इस तरह की है कि गाँव से बच्चा कटने लगता है और फिर बेरोजगार होकर इधर–उधर भटकने लगता है। जिन नौजवानों ने नहीं पढ़ा–लिखा है वे बेरोजगार नहीं होते, मगर थोड़ा पढ़ लिख लेने वाले नौजवान बेरोजगार होकर भटकते फिरते हैं।

स्कूल में पहुँच का मसला सम्पूर्णता में नहीं देखा गया है। पहुँच का मसला एक जगह से दूसरी जगह ले जाने का मसला नहीं है बल्कि बराबरी में लाने का है। इस काम की शुरुआत अभी नहीं हो पाई है। फिर जेन्डर भेद कम जानलेवा नहीं है। मुसहर महिलाओं के बीच साक्षरता दर अन्य दलित तथा ग़ैर–दलित महिलाओं की तुलना में काफी कम है।

अभिवंचित बच्चों के घरों की महिलायें कामकाजी हैं। इनमें एक बड़ा तबका घर की जरूरत को पूरा करने के लिए घर से बाहर के विभिन्न कामों में जुड़ा है। वे अपने दैनिक घरेलू कार्यों के अलावा जीविका के लिए काम करती हैं। मगर इनको कभी भी पूरी मजदूरी नहीं मिलती। शिक्षा से पहुँच की दूरी इनको अकुशल मजदूरी के घेरे में सीमित रखे हुए है।

शैक्षिक कारोबार जेन्डर भेद को लगातार तीव्र बनाए हुए है। जेन्डर भेद आधारित शैक्षिक बदलाव का सवाल या असमानता आधारित शैक्षिक बदलाव का सवाल अभी भी मजबूत मुद्दा नहीं बन पाया है। यह सामाजिक विषमता की खाई को और गहरा कर रहा है।

स्कूली पाठ्य पुस्तकें भी इन्हीं अवरोधों के घेरेबन्दी में कैद हैं। इन पाठ्य पुस्तकों में जब भी अभिवंचित वर्ग की चर्चा होती है तो इनके बारे में परिचय की कथा इसी बात से आरम्भ होती है कि ये क्या नहीं जानते। इसकी तरफ ध्यान देने की जरूरत नहीं महसूस होती कि ये क्या जानते हैं। अक्सर इनके बारे में यही दिखाया जाता है कि आधुनिकता के दौर में ये कितना पीछे हैं। मगर क्यों हैं–इस प्रश्न को विमर्श के लिए भी नहीं उठाया जाता।

स्कूली पाठ्य पुस्तकों, प्रसंगों, पाठों में यह कहीं भी उभर कर नहीं आता कि किसी भी तरह के ज्ञान की जन्मस्थली इन अभिवंचितों के समाज में रही है। हमेशा यही संदेश मिलता है कि ज्ञान पैदा होने का स्रोत गैर दलित समाज में ही रहा है। अभिवंचित समुदायों के प्रसंगों में हमेशा ज्ञान का प्रवाह गैर दलित समाज की ओर से अभिवंचित समाज की ओर जाता है। अभिवंचित समाज कभी भी बाकी समाज को कुछ सिखाता नहीं दीखता।

अगर गाँव में हम प्रश्न करें कि गाँव के पाँच बड़े लोग कौन हैं, तो जो नाम आते हैं उनमें किसी दलित का नाम नहीं आता। गाँव के निर्माण में इनके अवदान को गाँववाले कभी स्वीकार नहीं करते। उदाहरण के लिए गाँव के बगल की सड़क के निर्माण में इनकी सबसे बड़ी भूमिका होती है मगर इसे न तो समाज स्वीकारता है न सरकार। ग्रामीण समाज का यह हाल प्रेरणा के परिवेश से दूर है, इसमें संदेह की गुंजाइश नहीं होनी चाहिए। इस बात को निन्दा के रूप में नहीं लेना चाहिए। यही वस्तुस्थिति है। इसे स्वीकार कर प्रेरणादायक परिवेश कैसे पैदा किया जाय, इसकी रणनीति बनाने की ज़रूरत है। ऐसे सन्दर्भ में केवल स्कूल और स्कूल मास्टर से कितनी दूरी तय हो सकेगी यह भी विमर्श का विषय है।

शिक्षा की मौजूदा वितरण व्यवस्था से जुड़े मुद्दे

जमसौत पंचायत में तीन विद्यालय पूर्व से स्थापित थे। वे मुख्य आबादी के बीच थे। दलित समुदायों के टोलों से उनकी भौगोलिक दूरी काफी थी। सामाजिक और सांस्कृतिक दूरी तो थी ही। बाद में सरकार ने अन्य तीन विद्यालयों को दलितों की आबादी के निकट स्थापित किया। इससे दलित समुदायों से भौगोलिक दूरी तो अवश्य कम हुई, मगर पूरी नहीं। अभी भी सिकन्दरपुर में जहाँ विद्यालय स्थापित है वहाँ से पूरी दलित आबादी की दूरी काफी अधिक है। इससे आज भी वहाँ बच्चे कम पहुँच पाते हैं। नरगदा चमरटोली और जमसौत मुस्लिम टोली में विद्यालय नहीं हैं। ऐसे अन्य टोले भी हैं जहाँ विद्यालय नहीं हैं। जमसौत पंचायत में लगभग 15 टोले स्पष्ट रूप से चिन्हित हैं। टोलेवार विद्यालय की व्यवस्था से दलित एवं मुस्लिम बच्चों के बीच शिक्षा की पहुँच बनाना आसान हो सकता है।

टोला आधारित नियोजन

वर्तमान में सारी नियोजन प्रक्रियाएँ गाँव के आधार पर ही रची जाती हैं। अपने देश में समुदायों की स्वाभाविक रिहाइश टोलों में ही होती है। टोलों में ही सामुदायिक समरसता बसती है। टोलों में ही समुदाय की सांस्कृतिक आत्मा निवास करती है। विद्यालय तो परिवार का ही विस्तार होता है। इसलिए प्राथमिक स्तर पर विद्यालयों का सांस्कृतिक परिवेश से काफी लगाव होता है। हमारी शिक्षा के वितरण की व्यवस्था को लीक पर लाने के लिए टोलावार विद्यालय स्थापित करने की जरूरत है। टोलावार विद्यालयों से बच्चों के लिए भौगोलिक दूरी तो कम होगी ही सबसे महत्त्वपूर्ण है कि सांस्कृतिक और सामाजिक दूरी भी समंजित होगी। शिक्षा के उचित वितरणीय माहौल के लिए यह आवश्यक प्रतीत होता है।

आधारभूत सुविधाओं की व्यवस्था

अभी पंचायत में जो छः स्कूल हैं इनमें से एक को छोड़ अन्य किसी में चहारदीवारी नहीं है। पीने के पानी की व्यवस्था भी ठीक नहीं है। एक तो नल नहीं है, और जहाँ है भी, तो टूटा हुआ। प्राथमिक स्कूल में खेल का मैदान नहीं है, पुस्तकालय नहीं है। कार्यकारी शौचालय केवल एक स्कूल में है। मुसहर टोलों में स्थापित तीन विद्यालयों में मात्र एक–एक कमरे हैं। केवल खगड़ी मुसहरी विद्यालय में तीन कमरे हैं। इस प्रसंग में यह भी उल्लेखनीय है कि जो आधारभूत संरचनाएँ उपलब्ध भी हैं उनके संधारण की भी कोई ठोस व्यवस्था नहीं है। आधारभूत सुविधाओं की यह कमी भी शिक्षा के उपयोग पर काफी असर डालती है। विद्यालयों में न्यूनतम आधारभूत सुविधाओं की व्यवस्था शिक्षा के अधिकार के लिए एक पूर्व शर्त्त है।

बाल केन्द्रित पाठ्यचर्या की आवश्यकता

हमने यह पाया कि स्कूली तंत्र बालकेन्द्रित नहीं है, यह शिक्षक केन्द्रित है तथा यह

निर्भरता पैदा करता है,
आत्मविश्वास क्षीण करता है और
ग़ैर बराबरी बरकरार रखता है।

बल्कि ग़ैर बराबरी बरकरार रखने के सामाजिक तंत्र का यह एक पुर्जा है। हमारे समाज में जन्म से ही काम और सामाजिक जीवन कुछ इस तरह तय हो गया है कि एक वर्ग प्रबंधन और नियंत्रण अपने हाथ में रखता है और बाकी काम अन्य लोग करते हैं। इस तरह काम के बँटवारे से सामाजिक बँटवारा तय हो गया है। अभिवंचित, दलित समाज इस दोयम वर्ग के लिए अभिशप्त है। यह बात

अभिवंचित वर्ग को समझ में आने लगी है। मगर इसे सुलझाने में वे अपने से पहल करने में असमर्थ पा रहे हैं, अतः उनका पूरे तंत्र से बिलगाव हो रहा है। यह बिलगाव शिक्षा के क्षेत्र में सबसे ज्यादा मुखर है। मुसहर समाज तथा इसी प्रकार के अन्य समाज इसी सिंड्रोम में फँस कर रह गए हैं। अतः समाज के सर्वांगीण विकास के लिए विशिष्ट कार्यनीति की जरूरत है और शिक्षा इसका अपवाद नहीं है।

शिक्षक जो उपयोगी बनना भी चाहते हैं वे एक संस्था में काम करनेवाले मजदूर हैं। ये प्रेरक तो किसी हालत में नहीं हैं। खुद तो जंजीरों में जकड़े हैं (तंत्र ने भी जकड़ा है और खुद भी इस जकड़न को परवान चढ़ाया है) बच्चों को भी जंजीरों में जकड़ने का काम ईमानदारी से अंजाम देते हैं।

संगत पाठ्य सामग्री का अभाव

जीवन की विविधताओं से भरी बाहर होनेवाली घटनाओं से स्कूली बच्चे अनभिज्ञ रहते हैं। पाठ्य पुस्तक की पढ़ाई का रोजमर्रा की असलियत से कोई सरोकार नहीं दिखता। इस पर स्कूल का बनावटी–दफ्तरी वातावरण। विषयों का बँटवारा और अहमियत पहले से तय है। विषयों के डब्बे बने हुए हैं। जरूरत के मुताबिक बच्चे इन डब्बों में घुसते हैं। प्रायः स्कूल के बाहर इन डब्बों की खास अहमियत नहीं होती।

स्कूल सांस्कृतिक और सामाजिक अन्तरों को नजर अन्दाज करते हैं। घर की हालत, रहने की जगह, आसपास के लोग, परिवार के लोगों द्वारा लगाया गया समय, ये सभी बच्चों की सफलता के अंग हैं। इन बातों का स्कूली कल्चर से कोई सरोकार नहीं।

खासकर ऐसे मौको पर जब बच्चों को विभिन्न रास्तों में से किसी एक का चुनाव करना पड़ता है (जैसे सबेरे स्कूल ही जाना) घर की आर्थिक हालत निर्णायक बन जाती है। इसी परिप्रेक्ष्य में अभिवंचित बच्चों के शिक्षाधिकार को देखते हैं। कहाँ न्याय मिल सकता है ? इसलिए अधिकारों को न्याय की पृष्ठभूमि में देखना जरूरी है।

विद्यालय आधारित हस्तक्षेप

विभिन्न मेधा आधारित शिक्षण पद्धति का समावेश या समावेशी शिक्षा का विकास

हमने यह देखा है कि सामान्यतया अभिवंचित वर्ग में शारीरिक, प्राकृतिक, रागात्मक तथा सामाजिक मेधाएँ काफी सबल रहती हैं। हमारी शिक्षा व्यवस्था में शाब्दिक मेधा तथा तार्किक मेधा को ही प्रमुखता दी जाती है। इससे अन्य सभी मेधा वाले बच्चों की पूर्ण सहभागिता सम्भव नहीं हो पाती है।

दलित समाज में विशेष कर मुसहर समाज के बच्चे अनेक प्रकार के सकारात्मक गुणों से विभूषित हैं। इनकी प्राकृतिक मेधा सर्वोपरि है तथा शारीरिक और गतिपरक मेधाओं में भी इनकी अच्छी पहुँच है। अन्य लोगों की अपेक्षा इनमें सामाजिकता का गुण अधिक होता है। रागात्मक और चित्रात्मक मेधा से भी इनकी काफी निकटता है। जमसौत पंचायत में जिन बच्चों से हमारी अन्तर्क्रिया हुई उनमें शाब्दिक तार्किक मेधा की कमी तो जरूर नजर आयी मगर चित्रात्मकता से लेकर सामाजिकता और गतिपरकता में ये कुशाग्र नजर आए। इससे इनकी सीखने की शैली स्पष्ट होती है जो इनके विकास के लिए सीखने की धारा निर्धारित करती है। खेलने, गीत गाने, अभिनय करने, चित्र बनाने, पत्तियों से सजावट करने, मछली मारने, मिट्टी से खिलौने और मूर्तियाँ बनाने, पेड़–पौधों के उपयोग से परिचित होने में इनका जवाब नहीं।

समावेशी शिक्षा का सही अर्थ है, सभी व्यक्तियों के लिए बिना भेद भाव के उनकी मेधा, अभिरुचि, शारीरिक आवश्यकताओं के अनुरूप शिक्षा की व्यवस्था। इसी प्रकार की समावेशी शिक्षा से ही शिक्षा के सही उद्देश्यों की प्राप्ति सम्भव है।

समावेशी शिक्षा सीखने की विसंगतियों के सुलझाव को भी अपने दायरे में समेटती है। इस पर अभी शिक्षाविदों तथा सरकार का ध्यान कम गया है। अभिवंचितों में इसकी मौजूदगी अन्दाजन 25 प्रतिशत से ज्यादा ही है। अभिवंचितों के लिए तो समावेशी शिक्षा में इसपर सकारात्मक काम जरूरी है।

यह आवश्यक है कि इस समावेशी शिक्षा के लिए शिक्षण सामग्रियाँ विकसित की जाएँ। भाषा, गणित, विज्ञान तथा समाज विज्ञान को केवल चॉक एवं टॉक पद्धति से पढ़ाने के बदले गीत, संगीत, चित्र, नाटक, शिल्प, आदि के माध्यम से शिक्षा के लिए शिक्षण सामग्रियाँ विकसित करने की आवश्यकता है। नवाचारी शिक्षा प्रविधि, चाइल्ड फ्रेन्डली तकनीक, हर बच्चा विशेष ''वाला एप्रोच'' अभिवंचितों की शिक्षा के लिए पसंदीदा तो होंगे ही, प्रेरणादायी भी हो सकते हैं।

प्राकृतिक विषयों का समावेश

अभिवंचित वर्ग के बीच प्राकृतिक मेधा काफी अधिक रहती है। अतएव उनके बीच प्राकृतिक विषयों का समावेश काफी प्रोत्साहक हो सकता है। कृषि, पशुपालन, मत्स्यपालन, बागवानी आदि के विषयों में वे काफी ज्ञानी हैं। उनके इस ज्ञान का उपयोग शिक्षा के लिए करना उन्हें अच्छा करने के लिए प्रोत्साहित करेगा। चूँकि इन विषयों में उनका शाब्दिक ज्ञान भी अच्छा रहता है अतः उनकी शैक्षणिक उपलब्धि अच्छी होगी। जबतक इन विषयों को बड़े पैमाने पर शैक्षणिक दायरे में जोड़ा नहीं जाता है तबतक फल, फूल, सब्जी से सम्बन्धित विषयों पर प्रदर्शनी आयोजित करना एक अच्छी रणनीति हो सकती है। इन प्रदर्शनियों के

माध्यम से उनके ज्ञान को प्रदर्शित किया जा सकेगा। इससे उनका विद्यालय से जुड़ाव बढ़ेगा।

खेल एवं शारीरिक क्रियाओं को प्रधानता देना

अभिवंचित वर्ग में शारीरिक मेधा काफी अच्छी होती है। अतएव विद्यालयों में शारीरिक क्रियाओं को प्रधानता देना उनके बीच शिक्षाधिकार के दृष्टिकोण से जरूरी होगा। ऐसे खेलों की विद्यालय में व्यवस्था करनी होगी जो बच्चों के बीच अधिक प्रचलित हैं। स्थानीय पारम्परिक खेल यथा कबड्डी, गोली, गुल्ली–डंडा, पत्ती–पत्ती, दाना गोटी, लुका चोरी, आँख मिचौनी, घोघो रानी आदि खेलों को प्रधानता देनी होगी। इन खेलों के साथ पढ़ने लिखने की गतिविधियों को जोड़ना उचित होगा। इसके साथ ही नए आधुनिक खेलों को भी प्रारम्भ करना अधिक उचित होगा।

समावेशी शिक्षा हेतु संसाधन केन्द्र का विकास

उपर्युक्त संदर्भ में समावेशी शिक्षा के कार्यान्वयन हेतु एक संसाधन केन्द्र विकसित करने की आवश्यकता है। इसमें समावेशी शिक्षा के लिए शिक्षण सामग्रियाँ विकसित की जाएँगी। इसमें अनुसंधान तथा प्रशिक्षण की भी व्यवस्था रहेगी।

अभिवंचित वर्ग के मुद्दों को प्रधानता

उपर्युक्त तर्क को ही आगे बढ़ाते हुए यह भी आवश्यक है कि अभिवंचित वर्ग के जीवन से जुड़े मुद्दे यथा उनके रहन–सहन, आहार विहार, सामाजिक एवं सांस्कृतिक परम्पराएँ, कौशल, क्षमताएँ, पौराणिक गाथाएँ, पशु–पक्षी, आदि को पढ़ाने के विषयवस्तु में ससम्मान सम्मिलित किया जाए। उनके गीत, खेल, नृत्य, आदि को भी पठन पाठन की क्रिया से जोड़ा जाय। जब ये लोक शिक्षण पद्धतियाँ उनके वर्त्तमान शिक्षण का आधार बनेंगी, तब बच्चों को अपने वर्त्तमान ज्ञान तथा शिक्षण पद्धति की स्वीकृति नजर आएगी तथा वे नया ज्ञान अर्जित करने के लिए उद्यत हो सकेंगे।

भाषा का मुद्दा

अभिवंचित वर्ग के लिए भाषा का मुद्दा काफी महत्त्वपूर्ण है। विद्यालय में जिस भाषा का प्रयोग होता है वह अभिवंचित वर्ग की सामान्य भाषा नहीं है। अभिवंचित वर्ग की अभिवंचना का एक कारण यह भी है कि उनकी भाषा को समाज में उचित

सम्मान नहीं मिलता। विद्यालय में तो उस भाषा का प्रयोग अशिष्ट या बिल्कुल गलत माना जाता है। भाषा ज्ञान के संरक्षण तथा अभिव्यक्ति का महत्त्वपूर्ण माध्यम है। अतः अभिवंचित वर्ग के बच्चे प्रारम्भ से ही भाषा की वंचना के शिकार हो जाते हैं। विद्यालय के कार्यों में उनका मन नहीं लगता और उन्हें अन्य बच्चों की तुलना में अपेक्षित सफलता नहीं मिलती। उन्हें नयी भाषा भी सीखने का अतिरिक्त बोझ सहन करना पड़ता है। इसका अर्थ कदापि नहीं है कि उन्हें केवल मातृभाषा में ही पढ़ाई सिखाई जाए। इसका अर्थ यही है कि उनके स्थानीय बोलचाल की भाषा का निरादर नहीं किया जाय। यदि 'घड़ा' को वे 'घइला' या 'मछली' को 'मछरी' कहते हैं तो उन्हें इस प्रकार के बोलने एवं लिखने की स्वतंत्रता दी जाय। शिक्षक स्थानीय भाषा की उपादेयता स्वीकार करते हुए उन्हें नयी भाषा सीखने के लिए प्रेरित करें। इसमें उन्हें अपनी चालू भाषा की स्वीकृति नजर आएगी तथा वे नयी भाषा सीखने के लिए प्रेरित हो सकेंगे।

प्रतियोगिताएँ, जिनमें अभिवंचितों की मेधा का उपयोग होता हो

अभिवंचित वर्ग की मेधा के अनुरूप विद्यालय में प्रतियोगिताओं का आयोजन उनकी मेधा को उचित पहचान देगा। इसका अर्थ यह नहीं है कि विद्यालय में पूर्व में आयोजित प्रतियोगिताएँ आयोजित न की जाएँ। वे तो चलती ही रहें पर शारीरिक मेधा, प्राकृतिक मेधा, रागात्मक मेधा तथा सामाजिक मेधा से जुड़ी प्रतियोगिताओं को भी प्रमुखता से जोड़ा जाय। इस संदर्भ में ग्रामीण खेलों की प्रतियोगिताएँ, कृषि सामग्रियों से सम्बन्धित जानकारियों की प्रतियोगिताएँ, इन्द्रियों की सबलता की जाँच से सम्बन्धित प्रतियोगिताएँ, टेराकोटा की प्रतियोगिताएँ, क्रॉसकन्ट्री दौड़, लोक गीत, लोक कथा आदि का आयोजन उल्लेखनीय है।

वातावरण का शिक्षण में उपयोग हेतु सुधार

स्कूल के वातावरण का शिक्षण में उपयोग एक उपयोगी कदम है। विद्यालय की दीवालों, फ्लोर, आदि पर चित्र बनाकर उनका उपयोग शिक्षण कार्य के लिए किया जा सकता है। विशेषकर अभिवंचित वर्ग से जुड़े मुद्दों को प्रधानता दिलायी जा सकती है। इससे उन बच्चों का स्कूल के प्रति आकर्षण बढ़ेगा।

मूल्यांकन पद्धति में सुधार

समावेशी शिक्षा हेतु मूल्यांकन पद्धति में सुधार एक महत्त्वपूर्ण कदम है। सभी बच्चों का अपनी मेधा के अनुसार अभिव्यक्ति का अधिकार है। इस अधिकार का सम्मान समावेशी शिक्षा की दिशा में आवश्यक कदम है। केवल बोलने या लिखने के

बदले बच्चे गीत, संगीत, चित्र, नाटक, शिल्प, आदि के माध्यम से बेहतर अभिव्यक्त कर सकते हैं। उन्हें इसके लिए स्वतंत्रता देनी आवश्यक है। अपनी मेधा पद्धति के अनुसार मूल्यांकन के लिए अभिव्यक्त करने का अधिकार शिक्षा के अधिकार का सबसे महत्त्वपूर्ण कदम है।

शिक्षकों का प्रशिक्षण

अभिवंचित वर्ग के बच्चों के विद्यालय से पलायन का एक मुख्य कारण विद्यालय में उचित व्यवहार न होना है। इसमें अभिवंचित वर्ग के बच्चों के साथ पक्षपातपूर्ण व्यवहार, कक्षा में उनकी ओर अधिक ध्यान नहीं दिया जाना, बच्चों के साथ दुर्व्यवहार, उन्हें जातीय नामों से संबोधित किया जाना आदि सम्मिलित हैं। इस संदर्भ में शिक्षकों का प्रशिक्षण एवं संवेदीकरण काफी सहायक सिद्ध हो सकता है।

मध्याह्न भोजन

स्कूलों में मध्याह्न भोजन एक आवश्यक कार्यकलाप है। इससे विद्यालयों में उपस्थिति बढ़ी है मगर अन्य विद्यालयी गतिविधियों में सहभागिता उसी अनुपात में नहीं बढ़ी है। इससे ऐसा प्रतीत होता है कि यद्यपि मध्याह्न भोजन एक आवश्यक कार्यकलाप है पर अन्य शैक्षणिक गतिविधियों में बदलाव हुए बिना विद्यालय में अच्छी सहभागिता सुनिष्चित करने में कठिनाई होगी। शुरू होने के बाद मध्याह्न भोजन का मिलना बन्द हो जाना या अनियमित चलना अच्छे परिणाम नहीं देता।

खेलकूद-एक अपरिहार्य आवश्यकता

स्कूल में खेल की कुछ खास व्यवस्था नहीं है जो कि बच्चों के विकास के लिए महत्त्वपूर्ण कार्यकलाप है। जमसौत पंचायत के स्कूलों में खेल प्रतियोगिता का प्रचलन नहीं है। सामाजिक तौर पर भी इस प्रकार की संगठित गतिविधियाँ प्रचलित नहीं हैं। इन्हें बढ़ावा देने की आवश्यकता है। विद्यालयों में खेलकूद विशेषकर दलित वर्ग के बीच प्रचलित खेलों का उपयोग उनके लिए विशेष आकर्षण प्रदान करेगा।

परिवार आधारित हस्तक्षेप : परिवारों में शैक्षिक वातावरण

परिवारों में शैक्षिक वातावरण शिक्षा सम्प्राप्ति का एक महत्त्वपूर्ण कारक है। तीनों मुसहरियों में लगभग सभी परिवार प्रथम पीढ़ी के पढ़ाक हैं। इस कारण इन

परिवारों में शैक्षिक वातावरण का अभाव है। अधिकांश घरों में किसी किस्म की छपी सामग्री नहीं दिखती। अखबारों पत्रिकाओं का पूरी तरह टोटा है। किसी घर में अगर कोई पुस्तक मिलती है तो बच्चों की पाठ्यपुस्तक के अलावा दूसरी अन्य कोई पुस्तक नहीं मिलती। केवल यही नहीं इस पंचायत में लिखने के किसी भी प्रकार की परम्परा का अभाव है।

इसी प्रकार लोक गीतों, कथा–कहानियों, हँसी के छल्लों इन सभी का लगभग अभाव है। इस तरह जमसौत के खासतौर से दलित समाज में मौखिक परम्पराएँ, चित्र उकेरनी परम्पराएँ, लोक गीतायन, इनके अभाव के कारण एकजुट होने, बड़े काम के लिए आगे बढ़ने, अपने को उन्नत करने और आगे बढ़ाने के लिए ऊर्जा बढ़ाने का स्पष्ट अभाव है।

हम जानते हैं कि तीन बरस तक बच्चों का मानसिक विकास काफी हो जाता है। इस अवधि में बच्चे माँ–बाप के साथ कहने–सुनने की परिधि में रहते हैं। इस प्रकार के एक्सपोजर से बच्चे का दिमागी और शारीरिक विकास होता है। जमसौत पंचायत में दलित समाज में खासतौर से मुसहर समाज में माँ–बाप के साथ अंतर्क्रिया बहुत कम है। ज्यादातर मामलों में माँ–बाप को बच्चों के साथ समय गुजारने की फुरसत नहीं मिलती। इस तरह मौखिक और तार्किक परिवेश के अभाव में अभिवंचित समुदाय के बच्चे यह क्षमता विकसित नहीं कर पाते। जबकि हमारी शिक्षा प्रणाली इन्हीं क्षमताओं पर टिकी है।

जहाँ तक आपसी बातचीत का सवाल है ज्यादातर महिलाएँ शौच के लिए जाते समय ही झुण्ड में बात कर पाती हैं। दिन में तो घर के विभिन्न काम काज के लिए घर से बाहर चला जाना पड़ता है। शाम के समय बच्चियाँ खाना बनाने में लगती है, बच्चे अन्य घरेलू कामों में। पानी लाना और जलावन इकट्ठा करना मुख्यतः बच्चियों के जिम्मे और भोजन संग्रह में बच्चे भाग लेते हैं। स्कूली गतिविधियों को जानने की भी माँ–बाप को बहुत फुर्सत नहीं मिलती। बच्चे ज्यादातर घर के कामों में मदद करते हैं, कुछ रद्दी चुनते हैं। कटनी आदि खेती के कामों में भी बच्चे लगते हैं। ऐसे कामों में बच्चे–बच्चियों का ज्यादा समय लग जाता है और पढ़ने का समय कम रहता है। बच्चे मेढ़क और चूहे भी पकड़ते हैं। लड़कियाँ बच्चा सँभालती हैं। कुछ बच्चे जानवर चराते हैं। चाटपर के ज्यादातर बच्चे दूध पहुँचाते हैं। जमसौत पंचायत में अनेक दलित वयस्क काम के लिए पलायन का सहारा लेते हैं। इससे बाल–बच्चों की कठिनाई और भी बढ़ जाती है। शादी–ब्याह और पूजा–पाठ में भी बच्चे भाग लेते हैं। इन अवसरों पर स्कूलों से ये ग़ैर–हाज़िर रहते हैं।

जमसौत पंचायत में अनेक बच्चे ऐसे भी हैं जो बिल्कुल अशक्त हैं। इनके माँ–बाप नहीं हैं, अभिभावक काम करने में असमर्थ हैं या ये खुद विकलांग हैं। इनके लिए विशेष रणनीति की जरूरत है।

माता-पिता का बच्चों के साथ आपसी क्रियाओं का विस्तार

हमने यह पाया कि अभिवंचित वर्ग में माता–पिता बच्चों के साथ अधिक समय नहीं बिताते। इसका असर बच्चों के भावनात्मक एवं मनोवैज्ञानिक विकास पर होता है। माता–पिता को इस सम्बन्ध में प्रशिक्षित करने की आवश्यकता है। शाम में कई पुरुष शराब पीने में लग जाते हैं और इसमें समय बिता देते हैं। इसे भी रोकने की जरूरत है।

अक्षर एवं चित्र परम्पराओं की स्थापना

अभिवंचित समुदाय की सामाजिक एवं सांस्कृतिक परम्पराओं में अक्षर एवं चित्र परम्पराओं का नितान्त अभाव है। यह उनके बच्चों के बीच शैक्षणिक गतिविधियों के विकास में बाधक होता है। यह आवश्यक है कि सामाजिक एवं सांस्कृतिक परम्पराओं से धीरे–धीरे अक्षर एवं चित्र परम्पराओं को सम्बद्ध किया जाय। बाल मेला के अवसर पर शबरी आश्रम के स्वयंसेवक शिक्षकों ने घरौंदा की अच्छी जानकारी दिखायी। इसी के साथ अरिपन के कौशल का भी उन्होंने प्रदर्शन किया। थोड़ा प्रशिक्षित कर इसी कौशल को परिष्कृत किया जा सकता है। धीरे–धीरे माताओं एवं किशोरियों को भी इसके साथ जोड़ा जाएगा। ऐसे अवसरों को ढूँढ़ा जायेगा। जबकि घर परिवार इस प्रकार की सक्रियताओं में लगे। फिर सबलोग एक–दूसरे के काम को घूम–घूम कर देखें।

प्रत्येक घर में दिवालों पर लिखने की परम्परा की शुरुआत भी एक महत्त्वपूर्ण कदम होगा। इस दिशा में प्रत्येक घर में बच्चों के द्वारा घर के सदस्यों का नाम लिखा जाना एक प्रारम्भिक कार्य माना जा सकता है। घर में सांस्कृतिक शुभ संकेतों को लिखना भी एक अच्छी शुरुआत होगी।

माताओं को लोरियाँ सुनाने के प्रशिक्षण की व्यवस्था

हमने देखा कि अभिवंचित परिवारों में माताएँ लोरियाँ कम गाती हैं। इससे बच्चों का प्रारम्भिक वर्षों में मानसिक विकास नहीं हो पाता है। माताओं को लोरियाँ सिखाना एक अच्छी पहल सिद्ध हो सकती है। शबरी आश्रम की स्वयंसेविका शिक्षिकाओं को प्रशिक्षित किया जा सकता है। इसमें लोरियों का कैसेट बनाना और इस्तेमाल कराना सहायक हो सकता है।

माता पिता से निरन्तर सम्पर्क

माता–पिता से निरन्तर सम्पर्क कर बच्चों की स्थिति की जानकारी लेने की आवश्यकता है। एक ओर तो उन्हें बच्चो को विद्यालय भेजने के लिए प्रेरित करने

की आवश्यकता है दूसरी ओर बच्चों की समस्याओं का निदान करने की भी आवश्यकता है।

समुदाय आधारित हस्तक्षेप : टोला आधारित प्रबोधन

हमने यह महसूस किया कि शिक्षा के अधिकार के लिए क्षेत्रीय एवं समुदाय आधारित समस्याएँ काफी महत्त्वपूर्ण होती हैं। बिहार में टोले सामाजिक रूप में अधिक समरूप होते हैं। अतः इन समस्याओं का टोला आधारित वर्गीकरण एक व्यावहारिक समाधान हो सकता है। दलित टोले में नास्कूली बच्चों की बड़ी फौज रहती है। इन्हें स्कूली दाखिले सहित शिक्षाधिकार के प्रबोधन के लिए टोला आधारित रणनीति रखना आवश्यक है।

इस कार्य से पूरे समुदाय का जुड़ाव भी उतना ही आवश्यक है। बाल केन्द्रित शिक्षा का मतलब स्कूल केन्द्रित अभियान से ज्यादा महत्त्वपूर्ण टोला केन्द्रित अभियान है। इसमें समुदाय का यथेष्ट हस्तक्षेप, सम्पूर्ण भागीदारी और हितग्राहिता जरूरी है। इससे स्थायी हस्तक्षेप का उपाय बन सकेगा जो प्रारंभिक दर्जे तक का यथार्थ नामांकन, ठहराव और शैक्षिक उपलब्धता का सम्बल होगा। इस लिहाज से समुदाय के सामान्य तथा नेतृत्वकारी लोगों का क्षमतावर्द्धन भी अपेक्षित है। हर टोले में एक प्रेरक की भूमिका सहजकर्त्ता की तरह होगी जो इन कामों में मदद करेगी। केवल स्कूल को सक्षम करने की कोशिश अब तक नाकामयाब रही है। इससे शिक्षा पद्धति शिक्षक केन्द्रित हो गई है। उसके अधीन बच्चों को सब धान बाइस पसेरी के मानक से हाँका जाता है।

प्रायः नास्कूली/अनियमित/छीजित बच्चे प्रथम पीढ़ी के पढ़ाक परिवार के सदस्य होते हैं। प्रथम पीढ़ी के पढ़ाक परिवार में सामाजिक–मनोवैज्ञानिक वातावरण बिल्कुल भिन्न होता है। ऐसे परिवार में प्रायः बच्चों से रोजाना पारिवारिक सरोकार बहुत कम होता है। माँ–बाप को बच्चों से बात करने, कथा–कहानी कहने सुनने, गीत नाद सुनने सुनाने, यूँ ही गप्प करने का समय ही नहीं रहता। इसलिए पारिवारिक रिश्ते का कार्यकारित्व सामान्य लोगों की अपेक्षा बिल्कुल अलग हो जाता है। बच्चे को शाब्दिक वातावरण से आमना–सामना नहीं हो पाता। सामान्य वयस्क की श्रेणी के लोगों से व्यवहार की कोटि में ही छोटा बच्चा भी मान लिया जाता है। इसलिए उसे कोई विशेष सुविधा नहीं मिलती। शिक्षा ऐसे परिवारों में विशेष सुविधा है। जबकि शिक्षा स्वयं में 70% औपचारिकेतर परिवेश से मिलने वाला ज्ञान है। स्कूल जैसी औपचारिक संस्था से प्राप्त ज्ञान केवल 30% है।

अतः पहली पीढ़ी के पढ़ाक परिवारों में शिक्षा के लिए उपयुक्त परिवेश नहीं रहने के कारण–बच्चों का नहीं पहुँचना, माँ–बाप का ध्यान न देना, स्कूल में

अनियमितता आदि घटनाएँ घटती हैं। इसको दुरुस्त करने के लिए पूरे समुदाय को जागृत करने, सक्षम करने की जरूरत है।

स्कूल की जरूरत और बच्चे की जरूरत के बीच पैदा हुई खाई को कम करने के लिए पूरक कार्यक्रम की जरूरत है जिसके लिए किसी प्रतिबद्ध स्वैच्छिक समूह का योगदान आवश्यक है। इस स्वैच्छिक समूह के जरिए समुदाय को सक्षम बनाना, बच्चों को पूरक सहयोग देना समुचित हस्तक्षेप होगा।

छीजन (dropout) से नास्कूलन ज्यादा महत्त्वपूर्ण

केवल छीजन महत्त्वपूर्ण माना गया है। यह मिथ है। नास्कूलन उससे ज्यादा महत्त्वपूर्ण है। साथ ही आभासी नामांकन की ओर ध्यान जाना जरूरी है।

नास्कूलनग्रस्त टोला में अभियान

जहाँ नास्कूलन तथा अनियमितता ज्यादा केन्द्रित है वहाँ तत्काल अभियानी कार्यक्रम की जरूरत है। अभी जो सर्व शिक्षा अभियान में बच्चों की पहचान और नामांकन का तरीका है उससे सही नतीजा नहीं मिलेगा।

पहली पीढ़ी के पढ़ाक परिवारों की पहचान

स्कूलों में पहली पीढ़ी के पढ़ाक परिवारों की सूची रहनी चाहिए। इससे इन परिवारों और बच्चों पर विशेष ध्यान दिया जा सकता है।

समुदाय की सहभागिता

समुदाय की गोलबन्दी जरूरी है। समुदाय के सदस्यों, खास तौर से महिला सदस्यों की गोलबन्दी, उन्हें प्रोत्साहित करने और बच्चों में नास्कूलन से पिण्ड छुड़ाने हेतु प्रेरित करने के लिए झकझोर अभियान की जरूरत है।

स्वैच्छिक संस्था/प्रेरकों/स्वयंसेवियों का उपयोग

बड़ी संख्या में प्रथम श्रेणी के पढ़ाक परिवार, नास्कूलन की बड़ी तीव्रता, अनियमितता, आभासी नामांकन आदि मुद्दों के सुलझाव में प्राइमरी स्कूल के शिक्षकों से काम नहीं चलने को। टोले में स्वैच्छिक संस्था के निष्ठावान प्रेरकों द्वारा हस्तक्षेप की जरूरत है।

स्कूलन की प्रक्रिया में छुपे खर्च

राज्य का निःशुल्क शिक्षा का दावा प्रशंसनीय है। मगर दाखिले के समय या अन्य मौकों पर अभिभावकों को कई खर्च झेलने पड़ते हैं। कॉपी आदि खरीदने में पैसे लगते हैं, ये अप्रत्यक्ष या अदृश्य खर्च हैं जिनको अभिभावकों को सहना पड़ता है मगर सरकार को इसकी खबर नहीं रहती। यह 'हिड्न एजेन्डा' की शक्ल का मामला बनता है। परीक्षा के समय (प्रश्न पत्र लाने, छपने में पैसा लगता है), किताब देते समय, दाखिले के समय तथा अन्य मौकों पर (जैसे शिक्षक दिवस पर 5.00 रू0 चन्दा) बच्चों से खर्च कराने की परिस्थिति बना दी जाती है। उदाहरण के तौर पर किताबें अमुक स्थान से स्कूल तक लाने में लगे खर्च को बच्चों से वसूलने का रिवाज है। इन अतिरिक्त खर्चों को हाशिए पर रहने वाले अभिभावक किसी प्रकार बर्दाश्त नहीं कर पाते। यह बच्चों को अनियमित तो कर ही देता है, स्कूल से बाहर भी करने को भी प्रवृत्त कर देता है।

अभिवंचित वर्ग के टोले में क्रेश की व्यवस्था

अभिवंचित वर्ग के टोले में क्रेश की व्यवस्था बच्चों के शिक्षा के अधिकार की संप्राप्ति में काफी सहायक सिद्ध हो सकती है, क्योंकि काफी बच्चे विशेषकर बच्चियों को अपने छोटे भाई बहनों की देखभाल करने के लिए स्कूल छोड़ना पड़ता है। सरकार ने मजदूरी करने वाली औरतों के शिशुओं के लिए क्रेश की व्यवस्था की है। पर घर में काम करने वालों के लिए भी क्रेश की व्यवस्था करना शिक्षा के दृष्टिकोण से आवश्यक है। इसे शबरी आश्रम के साथ जोड़ना लाभदायक हो सकता है। ऐसे समुदायों मे जहाँ रोजगार के लिए पलायन काफी अधिक है, वहाँ के लिए तो यह बहुत आवश्यक है। पहली पीढ़ी के पढ़ाक परिवारों में ठहराव के लिए यह बहुत जरूरी है।

जानवर चराने हेतु विशेष सामुदायिक व्यवस्था

नास्कूली बच्चों का काफी समय जानवरों के चराने में लगता है। अतएव यदि उनके चराने की अलग व्यवस्था हो जाय तो बच्चों का समय पढ़ाई के लिए निकाला जा सकता है। इसके लिए सामुदायिक या कोई अन्य व्यवस्था सोची जानी चाहिए।

कथावाचकों की पहचान एवं प्रशिक्षण

अभिवंचित वर्ग के बच्चों के बीच शाब्दिक वातावरण को सुदृढ़ बनाने के लिए यह आवश्यक है कि उनके बीच कथा एवं गीतों का प्रचलन बढ़ाया जाय। इस संदर्भ

में समुदाय के कथावाचकों की पहचान तथा उनका प्रशिक्षण एक अच्छी पहल हो सकती है।सांस्कृतिक एवं सामाजिक उत्सवों के साथ गीत, कथा एवं चित्र को जोड़े जाने से इस परम्परा को स्थायित्व मिल सकेगा। खेती में नहीं लगने पर दिन में जब महिलाएँ घर में रहती हैं तो उस समय का उपयोग इस कार्य के लिए किया जा सकता है। शबरी आश्रम इस प्रसंग में एक अच्छी भूमिका निभा सकता है।

नशे की आदत के खिलाफ समझदारी बनाना

नास्कूली परिवारों में नशे की आदत से विपरीत असर पड़ता है। इसके खिलाफ अभियान चलाना होगा, खास कर मुसहर समुदाय में। यदि हम किसी व्यक्ति के अच्छे गुणों की पहचान कर उन्हें सम्मानित करें तो धीरे–धीरे उनकी बुरी प्रवृत्तियों पर भी अंकुश लगाया जा सकता है। यह भी देखा गया है कि कई व्यक्ति जिनमें शराब पीने की बुरी आदत होती है, उनके अच्छे गुणों को देख कर अगर उन्हें पहचानित और सम्मानित किया जाय तो धीरे–धीरे उनके शराब के ऊपर निर्भर रहने की प्रवृत्ति घटने लगती है।

आँगनबाड़ी का सुदृढ़ीकरण

हमने देखा है कि अभिवंचित वर्ग के 0–6 वर्ष के बच्चों में कुपोषण, स्वास्थ्य तथा शिक्षण की समस्याएँ काफी गंभीर है। अतः आंगनबाड़ी केन्द्रों का सुदृढ़ीकरण शिक्षा के अधिकार के दृष्टिकोण से काफी जरूरी है। अभी भी सभी बच्चे आंगनबाड़ी केन्द्रों का पूर्ण लाभ नहीं उठा रहे हैं। इसका विस्तार सभी बच्चों तक किया जाना तथा सभी सुविधाओं का विस्तार किया जाना आवश्यक है।

आँगनबाड़ी का पूर्व प्राथमिक विद्यालय के रूप में उन्नयन

शिक्षा के अधिकार के दृष्टिकोण से आँगनबाड़ी का पूर्व प्राथमिक विद्यालय के रूप में उन्नयन आवश्यक है। इसके अन्तर्गत 0–6 वर्ष के बच्चों का मस्तिष्क विकास के लिए यह उन्नयन अत्यावश्यक है। *6–14 वर्ष के शिक्षा के अधिकार के पहले 0–6 वर्ष के लिए शिक्षा के अधिकार का सुनिश्चयन आवश्यक है।* मगर 0–3 के साथ अलग व्यवहार को भूलना नहीं होगा।

अभिवंचित वर्ग के कौशल का उचित सम्मान और पारिश्रमिक दिलाना

जैसे ही किसी वर्ग को अस्पृश्यता की श्रेणी डाला जाता है वैसे ही उसके पेशे का निरादर शुरू हो जाता है। यह तिरस्कार उनके आर्थिक स्रोत को नकारना है। यह

उनके अभिवंचित होने का मुख्य कारण है। अतः अस्पृश्यता को निर्मूल करना अभिवंचित वर्ग के कौशल की पहचान की पूर्व शर्त्त है।

उनके कौशलों का सम्मान, प्रामाणीकरण, मानकीकरण तथा उन्नयन गरीबी एवं बदहाली हटाने का सबसे बड़ा हथियार सिद्ध हो सकता है।

प्रकृति से तालमेल करना, इसमें आती परेशानियों से न घबड़ाना इनकी विशिष्टता है। कृषि की जानकारी, मिट्टी के प्रकारों की जानकारी, जानवरों के साथ जीने का कौशल, इनके जीवन की विशिष्टता है।

अतः मृदा प्रबंधन, कृषि विज्ञान, पशुपालन, पशुविज्ञान, जंगली जीव प्रबंधन, जड़ी बूटियों के पारम्परिक ज्ञान का संकलन तथा उनके विकास को शिक्षण पद्धति में उचित स्थान दिलाना इन्हें शिक्षण पद्धति में अधिक सफलता दिलाने में सहायक सिद्ध हो सकता है।

कौशल के अनुरूप रोजगार का सृजन या कौशल का व्यावसायीकरण

अभिवंचित वर्ग के कौशल के अनुरूप रोजगार का सृजन तथा वर्तमान रोजगार के अनुरूप उनके कौशल का उन्नयन गरीबी उन्मूलन का सही तरीका सिद्ध हो सकता है। चूँकि अभिवंचित वर्ग में शारीरिक मेधा, प्राकृतिक मेधा, रागात्मक मेधा तथा सामाजिक मेधा काफी सबल रहती है, इससे जुड़े रोजगारों का सृजन इस वर्ग में शिक्षा के प्रति अधिक रुझान पैदा करेगा। यह उल्लेखनीय है कि जिन–जिन समूहों के कौशल का व्यवसायीकरण होता गया उन–उन समूहों के विकास की प्रक्रिया काफी तेज हो गयी है। कई आदिम जनजातियों में दूध दूहने या बेचने की परम्परा नहीं थी। अतः उनका विकास नहीं हो रहा था। पर जिन जातियों में इसे बेचने की परम्परा विकसित थी, उनमें तेजी से विकास हुआ। चर्मकार, पासी, धोबी आदि का विकास अन्य समूहों की तुलना में काफी तेज हुआ क्योंकि इनके कौशल का व्यावसायीकरण हो गया था। पर मुसहर, रजवार भुंइया, बिन्द आदि के कौशल का व्यावसायीकरण काफी कम हुआ है। अतः वे विकास के मार्ग पर पीछे रह गये। मछली, मुर्गा, बकरी आदि के मांस का व्यावसायिक उपयोग उन समूहों को बढ़ाने में काफी उपयोगी सिद्ध हुए। पर सूअर, चूहों या अन्य छोटे जानवरों के मांस का उसस्तर पर व्यावसायीकरण नहीं होना उन समूहों के पीछे रहने का एक प्रमुख कारण बना। वे साँप को पकड़ तो सकते थे पर वैज्ञानि रीति से उसके विष का व्यवसाय नहीं कर सकते थे। उनके श्रम का प्रामाणीकरण तथा व्यावसायीकरण उन्हें आगे बढ़ाने में काफी कारगर हो सकता है। अभिवंचित वर्ग के कौशल का व्यावसायीकरण के लिए प्रयास उनके विकास की नींव को पोख़्ता बना सकता है।

विद्या से धन और धर्म दोनों की प्राप्ति होती है, यह पहले भी समझदारी थी। आज भी 'अर्थकारी च विद्या' महत्त्वपूर्ण है। अभिवंचित वर्ग के कौशल का

व्यावसायीकरण उस कौशल को विद्या प्राप्ति के खाँचे में डाल देता है। इस खाँचे में जाते ही वैसे कौशलों को महत्ता मिलने लगती है। उनसे सम्बन्धित समुदाय का महत्त्व स्वीकार्य होने लगता है। उदाहरण के तौर पर साँप के विष की उपयोगिता सर्वविदित है। इस कारण सर्पविष दुनिया की सर्वाधिक महँगी सामग्री है। साँप का भोजन चूहा है। चूहा के मांस के उपयोग को वैज्ञानिक दृष्टि से पूरी तरह समीचीन माना जाता है; इसके अलावे साँप के लिए भी चूहे को उपलब्ध कराने हेतु चूहा पालना एक वैज्ञानिक प्रक्रिया है, जिसकी समझ नहीं बन पाई है। यह समझ बनते ही यह सारा कार्यक्रम विद्या के दायरे में चला जाता है और चूहा पकड़ने का, चूहे का और उसका मांस उपलब्ध कराने का या साँप पकड़ने का और उसका विष निकालने का कौशल जिस समुदाय के पास है वह समुदाय भी सभी प्रकार से महत्त्वपूर्ण हो जाता है। अभिवंचितों की स्थिति को बेहतर बनाने हेतु इस दृष्टि से भी पहल करने की जरूरत है। अनेक विकल्पों में इस विकल्प को भी पूरी तरह प्रयोग में लाने की जरूरत है।

सम्बन्धित टोले में अख़बार एवं शिक्षण सामग्रियों का पहुँचाया जाना

हमने यह पाया कि अभिवंचित वर्ग के घर तथा टोले में शिक्षण सामग्रियों का नितान्त अभाव है। यह उनके बीच लिखित एवं मुद्रित सामग्रियों के प्रति अरुचि का द्योतक है। बच्चों को भी आरम्भ से ही किसी लिखित एवं मुद्रित सामग्री का न देखना उन्हें लिखने–पढ़ने के प्रति कम उम्र से ही निष्प्रेरित करता है। अतः प्रत्येक टोले में एक छोटा पुस्तकालय बनाये जाने की आवश्यकता है। इसमें रोज एक अखबार का आना शिक्षा के प्रसार में महत्त्वपूर्ण कदम हो सकता है। शबरी आश्रम इस संदर्भ में एक अच्छा प्लेटफार्म हो सकता है। पुस्तकों का सहयोग माँग कर उससे शुरुआत हो सकती है।

टीवी/ट्रांजिस्टर सेट की व्यवस्था

हमने देखा कि अभिवंचित परिवारों में शाब्दिक वातावरण काफी कमजोर रहता है। इससे बच्चों का प्रारम्भिक वर्षों में मानसिक विकास नहीं हो पाता है। इस वातावरण को परिपुष्ट बनाने के लिए इन परिवारों में टीवी/ट्रांजिस्टर की व्यवस्था करना एक अच्छी शुरुआत होगी।

अभिवंचित समाज के ज्ञान का संचयन, संरक्षण और प्रसारण

अभिवंचित समाज के ज्ञान का संचयन एवं संरक्षण उनमें शिक्षा की अभिप्रेरणा के लिए एक अच्छा कदम हो सकता है। अपने ज्ञान को किसी चित्र या लिखित रूप

में देखना मन में उत्साह भर देता है। अतः उनके सामाजिक, आर्थिक एवं सांस्कृतिक जीवन से जुड़े ज्ञान के संचयन के लिए एक व्यापक अभियान चलाने की आवश्यकता है। इसके लिए एक विशेष संसाधन केन्द्र खोलने पर विचार किया जाना उचित होगा।

यह भी आवश्यक है कि इस ज्ञान का समाज में व्यापक प्रसार हो। इस दृष्टिकोण से इसे अखबार, पत्रिकाओं, पुस्तकों में स्थान दिलाने की आवश्यकता है। इस प्रसंग में सामुदायिक रेडियो की स्थापना एक व्यावहारिक कदम होगा। इसके माध्यम से अभिवंचितों के ज्ञान तथा उनके सृजन को सम्मान दिलाना सम्भव हो सकेगा।

अभिवंचित वर्ग के सम्मान के लिए गतिविधियाँ

अभिवंचित वर्ग के सम्मान के लिए समाज में ठोस कार्य योजना बनाने की आवश्यकता है। इसके लिए उनके पेशे, जीवन शैली, पशु, गुणों की पहचान के लिए व्यापक आन्दोलन की आवश्यकता है। उनके गुणों तथा सृजन शक्ति से सम्बन्धित प्रदर्शनियाँ तथा प्रतियोगिताएँ काफी उपयोगी सिद्ध हो सकती हैं। उदाहरण के लिए, मिट्टी कटाई, ताड़ एवं अन्य पौधों के पत्तों से सामग्री निर्माण, सूअर, बकरी एवं पशुओं की उपयोगिता से सम्बन्धित जानकारियों आदि की प्रदर्शनी/प्रतियोगिता उनके गुणों की पहचान में काफी सहायक हो सकती है।

लोगों में अच्छाई की पहचान कर उसे प्रोत्साहित करने से व्यक्ति की जिजीविषा बढ़ती है जबकि उसे हतोत्साहित करने से जिजीविषा घटती है। संथालपरगना में पहाड़ों पर रहने वाले पहाड़िया जाति की जनसंख्या करीब करीब स्थिर हो गई है। इनमें मृत्यु दर काफी अधिक है तथा 40–50 वर्ष से अधिक उम्र तक कोई व्यक्ति जीवित नहीं रह पाता। इनकी समस्याओं का जब अध्ययन किया गया तो यह पाया गया कि इस समुदाय में जीने की इच्छा शक्ति समाप्त होती जा रही है। पहाड़ों पर पहले जंगल थे। जंगल में घूम–घूम कर पशु पक्षी का शिकार करना, वंशी बजाना, नृत्य करना आदि में मशगूल रहकर विभिन्न चुनौतियों का सामना करते इनका जीवन अच्छी तरह कट जाता था। आज के अच्छे कृत्यों का प्रोत्साहन हमें कल की चुनौतियों का सामना करने के लिए इच्छा शक्ति बनाती है। पर इस जाति के लिए जंगल के कट जाने से जीवन में चुनौतियाँ समाप्त हो गयीं। जीवन मे ऐसी नीरसता आ गयी कि उनके जीने की इच्छा शक्ति ही समाप्त हो गई। अतः इनका जीवन कम होने लगा।

इनकी जिजीविषा को बलवती बनाने के लिए इनके द्वारा किए जाने वाले कार्यों में अच्छाइयों की पहचान की गई। यह पाया गया कि उनमें नृत्य एवं संगीत

की अच्छी दक्षता है। अतः उनके नृत्य एवं संगीत की दक्षता को पहचानित करने की योजना बनाई गई। सभी प्रकार के आयोजनों में उनके नृत्य तथा गीतों को प्रमुख स्थान दिया गया। उनके अच्छे कार्यों की सराहना की व्यवस्था की गयी। वर्ष 1991 में साहेबगंज में पहाड़िया आदिवासी महोत्सव का आयोजन किया गया जिसमें 72 स्टेज बनाए गए थे। इस पर 200 से अधिक पहाड़िया ग्रामों के नृत्य दलों ने भाग लिया था। इनमें उत्साह देखने योग्य था। 25–30 कि. मी. दूर से सड़कों पर या रेलवे स्टेशन पर आते समय भी उन्हें नृत्य करते देखा जा सकता था । उनके भीतर जीने की नई आशा का संचार हो गया था। इसी प्रकार उनमें अन्य अच्छाइयों को भी सम्मानित करने की कार्रवाई की गई। यह परंपरा बाद में भी अलग–अलग ढंगों से चलायी जाती रही। आज सौभाग्य से इस प्रजाति की जनसंख्या में बढ़ोत्तरी के संकेत मिलने लगे हैं।

समाज निर्माण में इनकी भूमिका को रेखांकित करना इनके सम्मान को स्थापित करने की दिशा में एक महत्त्वपूर्ण कदम हो सकता है। इनके पेशे, इनके जीवन आदि की विशिष्टता को चित्रित करते गीत, कहानियाँ इनके मनोबल को बढ़ाने में प्रभावकारी हो सकती है।

इनके पौराणिक पुरुषों की जीवनियाँ इनके आत्म सम्मान को स्थापित करने में काफी उपयोगी हो सकती हैं। इनके पौराणिक गाथाओं का लेखन पढ़ाई के प्रति नई प्रेरणा बन सकता है। *शबरी चित्रकथामाला* सभी वर्गों में काफी लोकप्रिय हुई है। सबने इसको सराहा और चाव से पढ़ा है।

औरंगाबाद जिले में वर्ष 1992 में एक 'शांति महोत्सव' का आयोजन किया गया था। इसमें तरह–तरह की प्रतियोगिताओं का आयोजन हुआ था। इसमें एक प्रतियोगिता थी चटाई बनाने की। इस प्रतियोगिता में डोम जाति की एक स्थानीय महिला को प्रथम पुरस्कार मिला। सबसे पहले स्टेज पर उसी महिला को पुरस्कार लेने के लिए आमंत्रित किया गया। स्टेज पर पुरस्कार लेते समय वह फूट–फूट कर रोने लगी। यह उसकी खुशी के आँसू थे। उसने सपने में भी कल्पना नहीं की थी कि उसके हुनर को भी कभी इस प्रकार सम्मानित किया जाएगा ।

वह दिन एक रोमांचक दिन होगा जिस दिन भारत में एक मेहतर को उसके अच्छे सफाई कार्य के लिये देश का उच्चतम पुरस्कार दिया जाएगा। आप यह मान लें कि उस दिन से समाज में अस्वच्छताजनित बिमारियाँ समाप्त हो जाएँगी।

सामुदायिक उत्सवों, पर्व त्योहारों को शिक्षण परम्पराओं से जोड़ना

ऐसा देखा गया है कि जिन समुदायों ने शिक्षा के क्षेत्र में अच्छी प्रगति की है, उन समुदायों में सामुदायिक उत्सवों, पर्व त्योहारों से शिक्षण परम्पराओं को जोड़ा गया

हैं। चित्रगुप्त पूजा मनाने वाले समुदायों में सम्पूर्ण साक्षरता पहले आयी क्योंकि इस पूजा में लिखने को अनिवार्य रूप से जोड़ा गया। इसी प्रकार लोगों ने अन्य सामाजिक एवं सांस्कृतिक उत्सवों में व्यवहृत होने वाले श्लोक, गीत, कथाओं तथा चित्रों आदि को संरक्षित करने के लिए पढ़ने की आवश्यकता समझी। वास्तव में श्लोक, गीत, कथाओं की सशक्त परम्पराओं ने जहाँ शाब्दिक मेधा को बढ़ाया है वहीं उनमें आधुनिक शिक्षा में सफलता के लिए नींव भी तैयार किया है। इसी प्रकार चित्रों की परम्पराओं ने लेखन की परम्पराओं को बढ़ाने में महत्त्वपूर्ण भूमिका निभायी है। अतः उन समुदायों ने आधुनिक शिक्षा में सफल होकर प्रगति की है। अभिवंचित वर्ग के पिछड़ने के पीछे एक महत्त्वपूर्ण कारण यह है कि अभिवंचित वर्ग में शाब्दिक एवं चित्रात्मक मेधा को बढ़ाने वाली परम्पराएँ अधिक विकसित नहीं हुईं।

अतः यदि अभिवंचित वर्ग के बीच आधुनिक शिक्षा को बढ़ाना है तो उनके सामाजिक एवं सांस्कृतिक उत्सवों को गीत, कथाओं तथा चित्रों की परम्पराओं से सुदृढ़ बनाने की आवश्यकता है।

उनके जीवन का अधिकाधिक अध्ययन तथा सरल भाषा में उनका प्रकाशन

अभिवंचित वर्ग के जीवन में शिक्षण सामग्रियों का अभाव उनकी शैक्षणिक गतिविधियों में कम अभिरुचि का एक महत्त्वपूर्ण कारण है। किसी समाज में जब जीवन में वांछित सूचनाओं के संग्रहण एवं नई सूचनाओं की आवश्यकता महसूस होती है तो उस समाज में सूचनाओं के अंकन तथा लेखन की परम्पराएँ अधिक सुदृढ़ होती हैं। अतः यह आवश्यक है कि अभिवंचित वर्ग को अपने जीवन में उपयोगी जानकारियों को लिखित रूप में उपलब्ध कराया जाय। इसमें उनके बीच प्रचलित लोक कथाएँ, लोकगीत, सामाजिक जीवन के उत्सव आदि अच्छे प्रारम्भ बिंदु हो सकते हैं। इसमें उनके प्रकृति एवं पालतू पशुओं के पालन हेतु आवश्यक पारम्परिक ज्ञान को सम्मिलित करना उचित होगा। वस्तुतः उनके सामाजिक, आर्थिक एवं सांस्कृतिक जीवन से सम्बन्धित जानकारियों को संग्रहित कर उनके बीच उपलब्ध कराने की आवश्यकता है। सामान्यतया अभी हम सरकारी योजनाओं की जानकारियाँ उपलब्ध कराते हैं। ऐसा हम इसलिए करते हैं क्योंकि हम समझते हैं कि उन्हें इस जानकारी की आवश्यकता है। पर क्या वे भी ऐसा समझते हैं इसका आकलन नहीं करते। अच्छा यह होगा कि उनकी आवश्यकताओं का उनकी सहायता से आकलन कर हम तत्सम्बन्धी सामग्री तैयार करें। जैसे जैसे उन्हें पढ़ने लिखने की आवश्यकता महसूस होती जाएगी उन्हें अन्य जानकारियाँ भी उपलब्ध करा दी जाएें।

विद्यालय शिक्षा समिति का सुदृढ़ीकरण

विद्यालय शिक्षा समिति की स्कूल व्यवस्था चलाने में बड़ी भूमिका है। पर हमने देखा कि

- – शिक्षा समिति सदस्यों को अपनी भूमिका का ही सही पता नहीं है,
- – अनेक सदस्य, सचिव आदि को ऐसे कामों में रुचि नहीं है,
- – स्कूल के प्रधानाध्यापक/प्रधानाध्यापिका दलित सदस्यों को महत्त्व नहीं देते। बैठक की जानकारी भी यदा–कदा ही देते हैं,
- – समिति की नियमित बैठकें नहीं होतीं,
- – कई विद्यालयों में अभी समिति गठित नहीं हुई है।

शिक्षा समिति के सम्बन्ध में कारगर कदम उठाने की जरूरत है। इनके प्रशिक्षण की भी कोई व्यवस्था नहीं है।

विद्यालय शिक्षा समिति के सदस्यों के नियमित प्रशिक्षण, उनकी बैठकों का नियमित आयोजन तथा उनके कार्यों के नियमित मॉनीटरन की ठोस कार्य योजना बनाने की आवश्यकता है।

पंचायतीराज संस्था

पंचायतीराज संस्था की शैक्षिक व्यवस्था को सुचारु रूप से चलाने में बड़ी भूमिका है। जमसौत पंचायत में सामाजिक कार्यों में मुखिया काफी दिलचस्पी लेती हैं। वर्त्तमान अध्ययन से यह स्पष्ट हुआ कि पंचायतीराज प्रतिनिधियों, कर्मचारियों में से अधिकांश अपनी भूमिका से अवगत नहीं हैं। टोला शैक्षिक अभियान के दौरान पंचायतीराज संस्था को भी जीवन्त बनाना होगा। इनके सदस्यों के नियमित प्रशिक्षण, उनकी बैठकों का नियमित आयोजन तथा उनके कार्यों का नियमित मॉनीटरन की ठोस कार्य योजना बनाने की आवश्यकता है।

पंचायत स्तर पर शिक्षाधिकार सूचना केन्द्र की स्थापना

शिक्षाधिकार के बढ़ते आयामों की पृष्ठभूमि में लोगों के बीच शिक्षाधिकार सम्बन्धी सूचना का गंभीर अभाव है। इस प्रसंग में यह आवश्यक है कि प्रत्येक पंचायत में एक शिक्षाधिकार सूचना केन्द्र की स्थापना की जाय। इसके संचालन में स्वयंसेवी संस्थाओं का सहयोग लिया जा सकता है।

शिशु आधारित हस्तक्षेप : बच्चों का प्रोफाइल बनाना

प्रत्येक बच्चा अलग होता है। सबकी समस्याएँ अलग–अलग होती हैं। अतः सभी बच्चों के लिए प्रोफाइल तैयार करना एक ज़रूरी क़दम है। प्रोफाइल के आधार

पर बच्चे के सम्बन्ध में आवश्यक क़दम उठाये जा सकते हैं तथा उसके असर का उल्लेख हो सकता है।

शिक्षाधिकार हेतु चाइल्ड ट्रैकिंग करना

नियमित रूप से बच्चे का ट्रैकिंग करना एक आवश्यक कदम है। इससे प्रत्येक बच्चे की स्थिति की जानकारी मिलती है। इससे शिक्षाधिकार का अनुपालन कराना आसान हो सकेगा। इस ट्रैकिंग से बच्चे के नास्कूलन के सही कारणों पर नजर रखना सम्भव हो सकेगा।

बिमार बच्चों की विशेष व्यवस्था

बिमारी बच्चों के नास्कूलन का एक बड़ा कारण है। बच्चों का नियमित स्वास्थ्य परीक्षण, उनके लिए दवा की व्यवस्था तथा गंभीर बिमारियों में अस्पताल में भर्ती कराकर उसका इलाज कराना एक अच्छी पहल होगी। राज्य सरकार के द्वारा गरीबी रेखा से नीचे के लोगों के लिए गंभीर बिमारियों में इलाज की प्रतिपूर्ति की व्यवस्था एक महत्त्वपूर्ण कदम है। शबरी आश्रम के द्वारा समय–समय पर स्वास्थ्य मेला लगाकर बिमारियों की पहचान कर सरकारी अस्पतालों के साथ संपर्क कर अच्छी इलाज करा देना आवश्यक होगा। अभिवंचित लोगों में सरकारी नियमों की जानकारी का अभाव उनके द्वारा इन योजनाओं का अपेक्षित लाभ लेने में बाधक बनता है। अतएव इन नियमों की जानकारी देने का अभियान चलाना भी एक प्रभावी कदम हो सकता है।

अनाथ तथा विकलांग बच्चों के लिए विशेष व्यवस्था

अभिवंचित वर्ग में अनाथ, विकलांग एवं बेसहारा बच्चों की स्थिति काफी दयनीय होती है। उन्हें भीख माँगकर जीवन व्यतीत करने की नौबत तक आ जाती है। उनकी पहचान कर उनके लिए विशेष कार्य योजना बनाने की आवश्यकता है। अनाथ बच्चों के लिए फोस्टर केयर या बालगृहों की व्यवस्था करना अधिक उपयुक्त होगा।

विकलांगता की पहचान और प्रामाणीकरण महत्त्वपूर्ण कार्य है। समय–समय पर कैंप लगाकर इसे अंजाम दिया जा सकता है।

बाल रोजगार में लगे बच्चों के परिवार के लिए विशेष व्यवस्था करना

बच्चों का बाल मजदूरी में लगना अभिवंचित वर्ग की सबसे बड़ी त्रासदी है। इन बच्चों पर अलग से नजर रखने की आवश्यकता है। इन बच्चों तथा

इनके परिवार की पहचान कर उनके लिए अलग से कार्य योजना बनाने की आवश्यकता है।

शबरी आश्रम या क्रिएटिव लर्निंग सेन्टर

शबरी आश्रम या क्रिएटिव लर्निंग सेन्टर की स्थापना सभी अभिवंचित टोले में करना एक आवश्यक कदम जान पड़ता है। यह शिक्षा के अधिकार के लिए सामुदायिक आधार तैयार करेगी। इसी के माध्यम से टोले में शैक्षणिक वातावरण बनाने के अलावा, माता पिता को बच्चों के केयर के लिए तैयार करना, स्कूली बच्चों को विद्यालय में होने वाली कठिनाइयों का सामना करने के लिए तैयार करना तथा स्कूल और घर के बीच एक कड़ी के रूप में कार्य करना सुनिश्चित हो सकेगा। इसकी स्वयंसेविका की शिक्षा के अधिकार के सुनिश्चयन में महत्त्वपूर्ण भूमिका है। इसमें क्रेश की स्थापना, अखबार, टीवी/रेडियो की व्यवस्था करना, एक छोटा पुस्तकालय चलाना आदि सम्मिलित हैं। इसका संचालन स्वयंसेवी शिक्षिका के माध्यम से होगा जो इसकी मुख्य कार्यकर्तृ होगी। इसे स्थानीय सांस्कृतिक पृष्ठभूमि के लोगों से चयन करना उचित होगा।

शिक्षाधिकार के लिए बदहाली नियोजन

अपने कार्यक्रम के दौरान हमने यह जाना कि शिक्षाधिकार के संदर्भ में बदहाल बच्चों/टोले/विद्यालय/समुदाय की पहचान एक महत्त्वपूर्ण कदम हो सकता है।

बदहाल बच्चे

बदहाल बच्चों में अनाथ, गंभीर रूप से बीमार, एच.आई.वी. पोजिटिव (एड्स) प्रभावित परिवार के बच्चे, प्रथम पीढ़ी के पढ़ाक परिवार के शिक्षु, महिला मुखिया वाले परिवार, माता या पिता का लंबी अवधि तक पलायन, जीवन निर्वहन के संसाधन को पैदा करने वाले व्यक्ति का परिवार में अभाव, जीविका के साधन के अभाव वाले परिवार के बच्चे, पानी या जलावन के संग्रहण में काफी समय बिताने वाले बच्चे, भोजन संग्रहण में लगने वाले बच्चे, कचड़ा चुननेवाले बच्चे, बालमजदूर, विकलांग, छीजित बच्चे, गंभीर रूप से पीने की लत से प्रभावित परिवार के बच्चे, किन्नर प्रजाति के बच्चे, सेक्स कर्मियों के बच्चे, सीखने में असमर्थता से ग्रस्त बच्चे (Learning Disability), आदि को सम्मिलित किया जा सकता है। ऐसे बच्चों का समुदाय तथा विद्यालय स्तर पर सूची का संधारण आवश्यक है। इनपर विशेष नज़र रखने की आवश्यकता होगी। इनके लिए समुचित व्यूह रचना आवश्यक होगी।

बदहाल टोला

इसी प्रकार बदहाल टोले को पहचानित किया जा सकता है जहाँ नास्कूलन 25 प्रतिशत से अधिक हो या प्रथम पीढ़ी पढ़ाक के परिवार 50 प्रतिशत हों। इस टोले में शबरी आश्रम की व्यवस्था कर प्रेरक की व्यवस्था की जा सकती है। वे प्रथम पीढ़ी पढ़ाक के परिवार पर विशेष नज़र रखेंगे। उनसे नियमित संपर्क रखेंगे तथा बच्चों की समस्या का निदान करेंगे।

बदहाल विद्यालय

बदहाल विद्यालय की भी पहचान आवश्यक है, जहाँ भवन की स्थिति अच्छी न हो, अपेक्षित शिक्षक न हों, प्रथम पीढ़ी पढ़ाक परिवार के 50 प्रतिशत से अधिक बच्चे हों। यहाँ भी एक सामुदायिक कार्यकर्त्ता/प्रेरक की व्यवस्था आवश्यक है। वे प्रथम पीढ़ी पढ़ाक के परिवार पर विशेष नज़र रखेंगे। उनसे नियमित संपर्क रखेंगे तथा बच्चों की समस्या का निदान करेंगे।

बदहाल समुदाय

बदहाल समुदाय वह समुदाय है जिसमें प्रथम पीढ़ी पढ़ाक परिवार 50 प्रतिशत से अधिक हों, सामुदायिक शिक्षाधिकार सूचकांक 0.5 से कम हो, वैयक्तिक शिक्षाधिकार सूचकांक 0.5 से कम हो, साक्षरता 50 प्रतिशत से कम हो। ऐसे समुदाय के लिए अलग से कार्य योजना बनाने की आवश्यकता होगी।

अंत में, हमने यह जाना कि शिक्षा का अधिकार केवल विद्यालय में प्रवेश तथा ठहराव तक सीमित नहीं है। यह शिक्षा में सफलता का आधार है। यह सफलता बच्चे के नैसर्गिक सीखने की शैली पर निर्भर करती है। अतएव, शिक्षा का अधिकार नैसर्गिक सीखने की शैली के आधार पर सीखने का अधिकार है। शिक्षा के इसी अधिकार का सुनिश्चयन समाज एवं सरकार का दायित्व है।

सरकारी विद्यालयों में ही अभिवंचित वर्ग के बच्चे मुख्य रूप से दाख़िल होते हैं। इन विद्यालयों की कार्यकारिता प्रभावी बनाने की दिशा में तत्काल सबल प्रयास की जरूरत है। जवाबदेहियों को स्थापित करने तथा मॉनीटरन की भी ज़रूरत है।

शिक्षा के अधिकार का रोजगार के अधिकार के साथ अन्योन्याश्रय सम्बन्ध है। अभिवंचित वर्ग को रोजगार में सफलता नैसर्गिक सीखने की शैली पर सृजित रोजगारों में ही सम्भव हो सकती है। अतएव रोजगार का अधिकार नैसर्गिक सीखने की शैली तथा कौशलों पर सृजित रोजगारों को प्राप्त करने के अधिकार तक विस्तारित होता है।

हमने यह भी जाना कि अभिवंचित वर्ग में गरीबी का एक प्रमुख कारण उनके नैसर्गिक सीखने की शैली के आधार पर शिक्षा के अवसर उपलब्ध नहीं होना है। अभिवंचित वर्ग के कौशल की पहचान तथा सम्मान, उनके नैसर्गिक सीखने की शैली के आधार पर उनका उन्नयन तथा तद्नुरूप रोजगारों के अवसर की उपलब्धता का सुनिश्चयन गरीबी उन्मूलन की दिशा में सही क़दम सिद्ध हो सकता है।

जमसौत पंचायत में अभिवंचित परिवारों के बच्चों के साथ काम करते हुए उनके शिक्षाधिकार की प्राप्ति हेतु आवश्यक कारकों को चिन्हित करने का प्रयास किया गया।

इनमें से कुछ का संबंध राज्य के नीति निर्धारण से है, कुछ का विभिन्न हितधारकों द्वारा हस्तक्षेप से। जबतक नीति निर्धारित नहीं होती तबतक हर छोटे–मोटे हस्तक्षेप को भी करने की ज़रूरत है, हालाँकि नीति निर्धारण के लिए सशक्त जनवकालत की पहल करते रहना भी समीचीन होगा। विसंगतियाँ, समस्याएँ जमसौत पंचायत के लिए चिन्हित की गईं। मगर कमोबेश, थोड़ा बहुत अंतर से अन्य पंचायतों में भी वे अक्सर मौजूद मिलेंगी। इसलिए इसे ट्रेन्ड तो माना ही जा सकता है। इसी को ध्यान में रखकर तात्कालिक, मध्यकालिक तथा दीर्घकालिक व्यूह रचना के लिए सन्नद्धता श्रेयस्कर है। इस पंचायत में समुदाय से सरोकार की पहल शुरुआती चरण में है। आशा है विभिन्न दिशाओं से सुधीजनों का स्नेह और हस्तक्षेप के लिए सम्बल प्राप्त होगा। जमसौत पायलट पंचायत है। शिक्षाधिकार सम्प्राप्ति की दिशा में पैमाना बनाकर कहाँ तक आ पाये हैं इसे चिन्हित किया गया है और कैसी व्यूह रचना से और भी आगे बढ़ेंगे इसको स्थापित करने का प्रयास किया गया है। कठिनाइयों की तपिश तो है, मगर भविष्य का उजास कम ललचाने वाला नहीं है।

बच्चों की सुरक्षा का दृष्टिकोण

बच्चों की स्कूली पढ़ाई का रिश्ता स्कूल के अलावे परिवार, पड़ोस, परिवेश के साथ–साथ बच्चों की सुरक्षा और स्वास्थ्य से भी जुड़ा है। स्पष्टतः शिक्षाधिकार तथा बालाधिकार का अन्योन्याश्रय सम्बन्ध है।

हमारे समाज में बच्चों की हिफाजत करने के बोध, तैयारी और ईमानदार कोशिशों का घोर अभाव है। बचपन के प्रति उदासीनता भरी सामाजिक मानसिकता गैर जिम्मेदाराना रवैया तथा चारों तरफ पसरी संवेदनशून्यता इसके कारण हैं। कमोबेश सभी वर्ग इसके आगोश में हैं। मध्यम वर्ग के अधिकांश माँ–बाप वर्किंग पैरेन्ट्स हैं। इनको अपने नन्हें–मुन्नों के साथ संलाप का समय नहीं। सहायकों के सहारे बच्चे पल रहे हैं। इन बच्चों के विकास में सहजता का अभाव है। देहाती

और मलिन बस्तियों के निवासियों में बच्चे को बच्चा समझा ही नहीं जाता। उन्हें वयस्क मानकर उनके लिए दायित्व तय किया जाता है। यहाँ के माँ–बाप भी वर्किंग पैरेन्ट्स ही हैं, यद्यपि उनको वर्किंग पैरेन्ट्स की मान्यता नहीं दी जाती। इन परिवारों में बेबी–सीटिंग का काम घर के बच्चे ही करते हैं। यहाँ बेबी और बेबी सीटर दोनों तरह के बच्चों का विकास अवरुद्ध है। अतः बच्चों के प्रति असुरक्षा के मद्देनज़र उनकी ज़िन्दगी को व्यापक परिप्रेक्ष्य में देखने और समझने की ज़रूरत है।

वस्तुतः हमारे समाज की संरचना मर्द वयस्कों की सुख–सुविधाओं, जरूरतों, रुचियों और अधिकारों को ध्यान में रखकर हुई है। इसी के इर्द–गिर्द घूमती है हमारी राजनीति, कानून, चिकित्सा, पढ़ाई, आमदनी और संसाधनों का बँटवारा भी। न तो हम बच्चों के अधिकारों के बारे में जानना चाहते हैं और न उनके सहिक विकास और सम्मान के बारे में पर्याप्त उपक्रम करते हैं। आवागमन के साधनों, वाहनों, सार्वजनिक शौचालयों, सभागृहों, सड़कों, बस पड़ावों, रेलवे स्टेशनों, स्कूलों, अस्पतालों का निर्माण बच्चों की सुविधाओं को ध्यान में रखकर नहीं किया जाता। क्योंकि हम बच्चों के वजूद को महत्त्व देने की जरूरत नहीं समझते। उनकी हकमारी के प्रति चेतना का ज़िम्मेदारी का अभाव आम बात है। पुलिस, सरकारी अहलकार, शिक्षक सभी संवेदनशून्यता से ग्रस्त हैं। जरूरी है तमाम व्यक्तियों के भीतर बचपन के प्रति संवेदना और बालाधिकारों के प्रति जागरुकता पैदा करना जिनका किसी रूप में बच्चों से सीधा वास्ता पड़ता है उनके शिक्षण–प्रशिक्षण का निरंतर प्रावधान होना चाहिए।

इसी संदर्भ में हम व्यवस्था की उदासीनता की ओर इंगित करना चाहते हैं जो 6–14 आयुवर्ग के शिक्षाधिकार की औपचारिकता निभाने पर काफी हवा–पानी बाँध रही है। मगर 0–6 आयुवर्ग के लिए उतनी औपचारिकता भी निभाने को उत्सुक नहीं है। जबकि 0–6 आयुवर्ग (0–3 तथा 3–6 आयुवर्ग) के पोषण और समग्र विकास पर ही 6–14 आयुवर्ग पर किसी हस्तक्षेप का सकारात्मक प्रतिफलन आधारित है।

मातृत्व सुरक्षा

बच्चों की सुरक्षा का सबसे घना रिश्ता माता की सुरक्षा से है। अभिवंचित वर्ग में प्रायः सभी माताएँ भूमिहीन श्रमिक हैं तथा उनके काम का रिश्ता मुख्यतः कृषि से है। वे कृषि कामगार हैं। कृषि कामगार ग्रामीण स्त्रियाँ कृषि कर्म में लगी रहती हैं। उन्हें गर्भ के अन्तिम दिनों तथा बच्चे के जन्म के तुरंत बाद अपने कृषि काम में जुट जाना पड़ता है। स्पष्टतः इसका प्रभाव बच्चे के विकास पर पड़ता है। हमने उद्योग में कार्यरत या नौकरी पेशा महिलाओं के लिए मातृत्व अवकाश का

प्रावधान किया है। पर कृषि कर्म में जुड़ी महिलाओं को इस प्रकार की सुरक्षा नहीं मिलती। इसे न मिलने का सीधा असर बच्चों के भौतिक, मानसिक तथा भावनात्मक विकास पर पड़ता है। यहीं से अभिवंचना की शुरुआत हो जाती है। इसे रोकने के लिए आवश्यक है कि अभिवंचित वर्ग की गर्भवती एवं शिशुवती माताओं को गर्भावस्था के दौरान तथा बच्चे के जन्म के बाद कम से कम छह माह तक मातृत्व सुरक्षा पेंशन या बाल पोषण भत्ता देने की व्यवस्था की जाए।

कुपोषण तथा ग़रीबी का अंतर्सम्बन्ध

बाल कुपोषण का असर सकल राष्ट्रीय आय पर 2–3 प्रतिशत ह्रास के रूप में पड़ता है।

प्रत्येक कुपोषित व्यक्ति के पूरे जीवन की आय में 10 प्रतिशत से अधिक का ह्रास होता है।

(स्रोत : रेस्पॉन्डिंग न्यूट्रिशन)

इस बाल पोषण तथा विकास के मुद्दे पर जनवकालत की तीव्रता का अभाव सामाजिक तथा संचार पक्ष की न केवल गैरजागरूकता को ज़ाहिर करता है बल्कि उनकी संवेदनशून्यता को भी उजागर करता है।

इन सारी बातों का अभिवंचितों के शिक्षाधिकार से मजबूत रिश्ता है।

जमसौत पंचायत में किये गये प्रयोगों से हमें यह दृष्टि मिली कि सृजनवादी विधा ही अभिवंचितों की अभिवंचना की समाप्ति का मार्ग प्रशस्त कर समतामूलक समाज के निर्माण की आधारशिला रख सकता है।

परिशिष्ट-1

जमसौत पंचायत संक्षिप्त जनसांख्यिकी

समुदाय आयु (0–14)	आबादी	दलित परिवार	कुल	आयु (0–6)	आयु (6–14)	आयु (14+)
मुसहर	1090	225	277	588	502	243
मेहतर	37	4	10	23	14	6
डोम	53	13	15	25	28	9
पासी	319	53	87	179	140	64
चमार	591	122	125	344	247	116
दुसाध	566	120	139	307	259	98
धोबी	177	33	54	90	87	33
दलित योग	**2833**	**570**	**707**	**1556**	**1277**	**569**
अति पिछड़ा						
बिन्द	39	4	17	18	21	6
मलाह	37	7	16	14	23	7
कानू	356	69	89	198	158	66
नोनिया	45	8	14	23	22	8
कहार	553	84	154	315	238	100
बेलदार	134	29	39	66	68	27
नाई	371	63	107	201	170	66
कुम्हार	277	44	90	143	134	42
अति पिछड़ा योग	**1812**	**308**	**526**	**978**	**834**	**322**
पिछड़ा						
बढ़ई	221	27	58	136	85	36
तेली	237	48	57	132	105	39
लोहार	307	45	73	189	118	48
कुर्मी	1353	148	292	913	440	252
कोयरी / कुशवाहा	439	41	97	301	138	70

यादव	3316	552	819	1945	1371	564
बनिया	160	24	36	100	60	33
पिछड़ा योग	**6033**	**885**	**1432**	**3716**	**2317**	**1042**
मुस्लिम	**401**	**55**	**104**	**242**	**159**	**72**
अन्य	**63**	**8**	**14**	**41**	**22**	**10**
कुल योग	**11142**	**1826**	**2783**	**6583**	**4609**	**2015**

परिशिष्ट-2

जमसौत पंचायत में 0-6 आयु वर्ग की जन सांख्यिकीय स्थिति

दलित	शिक्षु			शिशु			आँगनबाड़ी			योग			सेक्स
समुदाय	बालिका	बालक	कुल	बालिका	बालक	कुल	बालिका	बालक	कुल	बालिका	बालक	कुल	अनुपात
मुशहर	11	14	25	66	76	142	23	35	58	100	125	225	800
मेहतर	0	1	1	1	2	3	0	0	0	1	3	4	333.3*
डोम	1	1	2	4	5	9	1	1	2	6	7	13	857.1*
पासी	6	3	9	19	22	41	3	0	3	28	25	53	1120
चमार	11	5	16	32	45	77	16	13	29	59	63	122	936.5
दुसाध	6	9	15	48	41	89	6	10	16	60	60	120	1000
धोबी	0	7	7	12	13	25	1	0	1	13	20	33	650
संख्या उपागणय नही													
दलित	**35**	**40**	**75**	**132**	**204**	**386**	**50**	**59**	**109**	**267**	**303**	**570**	881.2

अति पिछड़ा समुदाय	शिक्षु			शिशु			आँगनबाड़ी			योग			सेक्स अनुपात
	बालिका	बालक	कुल	बालिका	बालक	कुल	बालिका	बालक	कुल	बालिका	बालक	कुल	
बिन्द	0	0	0	2	2	4	0	0	0	2	2	4	1000*
मल्लाह	1	3	4	2	0	2	1	0	1	4	3	7	1333*
नोनिया	0	1	1	4	3	7	0	0	0	4	4	8	1000*
कानू	4	3	7	29	33	62	0	0	0	33	36	69	916.7
कहार	5	11	16	28	28	56	8	4	12	41	43	84	953.5
बेलदार	3	4	7	10	12	22	0	0	0	13	16	29	812.5
नाई	5	10	15	26	20	46	2	0	2	33	30	63	1100
कुम्हार	7	4	11	13	17	30	0	3	3	20	24	44	833.3
अति पिछड़ा समुदाय	**25**	**36**	**61**	**114**	**115**	**229**	**11**	**7**	**18**	**150**	**158**	**308**	**949.4**

पिछड़ा	शिक्षु			शिशु			आँगनबाड़ी			योग			सेक्स
समुदाय	बालिका	बालक	कुल	बालिका	बालक	कुल	बालिका	बालक	कुल	बालिका	बालक	कुल	अनुपात
बढ़ई	4	1	5	10	10	20	1	1	2	15	12	27	1250*
तेली	3	4	7	11	25	36	3	2	5	17	31	48	548.4
लोहार	8	0	8	13	24	37	0	0	0	21	24	45	875
कुर्मी	20	24	44	45	58	103	0	1	1	65	83	148	783.1
कोयरी / कुशवाहा	4	9	13	14	13	27	1	0	1	19	22	41	863.6
यादव	42	45	87	214	222	436	18	11	29	274	278	552	985.6
बनिया	0	2	2	12	8	20	2	0	2	14	10	24	1400*
पिछड़ा	**81**	**85**	**166**	**319**	**360**	**679**	**25**	**15**	**40**	**425**	**460**	**885**	**923.9**
मुस्लिम	8	6	14	17	18	35	4	2	6	29	26	55	**1115**

परिशिष्ट-3

प्रति व्यक्ति व्यतीत औसत स्कूली समय (वर्ष)

समुदाय/ कक्षा	1	2	3	4	5	6	7	8	9	10	कुल	औसत व्यतीत वर्ष/शिक्षु
दलित/	189	123	114	97	75	49	66	47	62	65	887	4.37
शिक्षु	189	246	342	388	375	294	462	376	558	650	3880	
मुसहर	71	50	41	18	18	8	10	7	5	4	232	3.08
(व्यतीत वर्ष)	71	100	123	72	90	48	70	56	45	40	715	
पासी	18	19	11	19	11	5	8	11	18	19	139	5.37
(व्यतीत वर्ष)	18	38	33	76	55	30	56	88	162	190	746	
चमार	37	20	26	22	23	13	13	14	17	14	199	4.68
(व्यतीत वर्ष)	37	40	78	88	115	78	91	112	153	140	932	
दुसाध	35	20	23	23	13	12	20	10	15	19	190	4.83
(व्यतीत वर्ष)	35	40	69	92	65	72	140	80	135	190	918	
धोबी	16	11	10	4	6	9	10	2	5	2	75	4.25
(व्यतीत वर्ष)	16	22	30	16	30	54	70	16	45	20	319	
मुस्लिम	42	14	12	7	7	6	18	11	13	14	144	4.69
(व्यतीत वर्ष)	42	28	36	28	35	36	126	88	117	140	676	
अति पिछड़ा	165	77	80	58	79	49	94	56	78	95	831	5.1
(व्यतीत वर्ष)	165	154	240	232	395	294	658	448	702	950	4238	
पिछड़ा	450	221	223	174	227	156	214	206	252	365	2488	5.38
(व्यतीत वर्ष)	450	442	669	696	1135	936	1498	1648	2268	3650	13392	
जमसौत												4.73

परिशिष्ट-4

विभिन्न समूहों में पहली पीढ़ी के पढ़ाक परिवार

समूह	पढ़ाक परिवार का प्रतिशत	समूह	पढ़ाक परिवार का प्रतिशत
मुसहर	79.42	कहार	36
डोम	66.67	बेलदार	22.22
पासी	46.88	नाई	40.91
चमार	62.93	कुम्हार	42.86
दुसाध	69.39	बढ़ई	41.67
धोबी	51.52	कुर्मी	33.33
बिन्द	83.33	कोयरी	31.43
मल्लाह	57.14	तेली	28.21
कानू	56.06	लोहार	12.5
यादव	61.52	बनिया	21.21
मुस्लिम	5139		

परिशिष्ट-5

विभिन्न समुदायों में शैक्षिक स्तर

समुदाय/ समूह	प्राथमिक से कम (%)	प्राथमिक से सेकेन्डरी (%)	प्राथमिक स्नातक (%)	सेकेन्डरी स्नातक (%)	पारस्नातक और अन्य (%)
दलित	49.65	17.08	27.67	5.00	0.60
अति पिछड़ा	34.88	13.99	48.38	11.21	1.59
पिछड़ा	34.76	12.05	36.48	15.40	1.40
मुस्लिम	58.17	6.73	29.81	4.80	0.48
दलित समुदाय					
मुसहर	72.80	13.79	11.11	1.91	0.38
मेहतर	29.17	41.67	29.16	0	0
डोम	55.00	20.00	25.00	0	0
पासी	35.22	18.87	38.36	6.92	0.63
चमार	42.26	18.83	29.71	7.53	1.67
दुसाध	42.33	16.74	35.44	5.58	0
धोबी	49.40	12.05	33.73	4.82	0
अति पिछड़ा समुदाय					
बिन्द	44.44	22.22	33.33	0	0
मल्लाह	61.11	11.11	27.78	0	0
नोनिया	37.04	22.22	40.74	0	0
कानू	42.04	14.01	32.59	8.28	3.18
कहार	30.79	13.41	44.51	9.76	1.52
बेलदार	52.22	8.43	31.33	6.02	0
नाई	34.42	11.63	32.56	17.67	3.72
कुम्हार	36.41	16.76	34.68	10.98	1.16

पिछड़ा समुदाय					
बढ़ई	24.00	14.71	47.06	11.03	2.21
तेली	33.61	11.59	48.40	16.66	0.72
लोहार	32.59	16.96	39.73	11.72	0
कुर्मी	23.39	9.02	41.20	14.35	2.12
कोयरी / कुशवाहा	32.81	6.88	37.82	21.87	0.63
यादव	41.76	15.10	33.02	8.89	1.23
बनिया	45.05	13.51	35.14	6.30	0

परिशिष्ट-6

सामुदायिक शिक्षाधिकार निर्देशक

पुरुष	महिला	कुल	
	समुदाय		
दलित	2.06	1.13	1.62
मुस्लिम	2.32	1.68	2.02
अति पिछड़ा	4.05	2.24	3.22
पिछड़ा	3.40	2.59	3.29
	दलित समूह		
मुसहर	0.92	0.49	0.72
पासी	3.26	2.27	2.79
चमार	2.75	1.26	2.04
दुसाध	2.49	1.27	1.92
धोबी	2.40	1.63	2.07
	अति पिछड़ा समूह		
कहार	4.70	2.50	3.67
कानू	2.70	1.73	2.28
बेलदार	3.65	1.90	2.78
नाई	4.79	2.49	3.75
कुम्हार	4.39	2.66	3.57
	पिछड़ा समूह		
कुर्मी	5.64	4.32	5.02
यादव	2.82	1.51	2.21

परवर्ती अध्ययन सामग्री

1. अमाबाइल, टी. (1983), *सोशल साइकॉलॉजी ऑफ क्रियेटिविटी*, न्यूयार्क स्प्रिंगर वरलाग
2. गोलमैन, डी. (1995), *इमोशनल इंटेलिजेन्स*, लंदन ब्लूम्सबरी
3. कूम्ब्स, पी.एच. रॉय, सी.पी. अहमद (1975), *न्यू पाथ टू लर्निंग फॉर रूरल चिल्ड्रन एंड यूथ*, न्यूयार्क,
4. इंटरनेशनल काउन्सिल फॉर एडुकेशनल डेवलपमेन्ट
5. गोलमैन, डी. (1998), *वर्किंग विथ इमोशनल इंटेलिजेन्स*, न्यूयार्क, बैन्टम बुक्स
6. गार्डनर, एच. (1993), *फ्रेम्स ऑफ् माइन्ड*, बेसिक बुक्स
7. ज़िकजनमिहाली, मिहाली (1996), *क्रियेटिविटी*, न्यूयार्क, हार्पर कॉलिन्स
8. होल्ट, जे. (1983), *हाउ चिल्ड्रन लर्न*, लंदन पेंगुइन बुक्स
9. प्रकाश मृदुला (2000), *बाल कलरव*, पटना, एपीसीएल
10. प्रकाश, मृदुला (1998), *घर एक सृजनशील विद्यालय*, पटना, हिस्दुस्तान
11. प्रकाश, विजय (2007), *क्रियेटिव लर्निंग*, विवा बुक्स लिमिटेड, नई दिल्ली
12. प्रकाश, विजय एवं श्रीवास्तव शैलेन्द्र (2006), *नन्ही शबरी*, क्रियेटिव लर्निंग, पटना
13. प्रकाश, विजय एवं श्रीवास्तव शैलेन्द्र (2006), *किशोरी शबरी*, क्रियेटिव लर्निंग, पटना
14. प्रकाश, विजय एवं श्रीवास्तव शैलेन्द्र (2006), *तपस्विनी शबरी*, क्रियेटिव लर्निंग, पटना
15. प्रकाश, विजय एवं श्रीवास्तव शैलेन्द्र (2006), *एजुकेशन फॉर डेमोक्रेसी* (प्रकाशनाधीन)
16. प्रकाश विजय (1999), *द आर्ट ऑफ् डेवलपिंग कन्सेन्ट्रेशन*, पटना, एपीसीएल
17. प्रकाश विजय (2002), *कैन यू टीच मी द वे आई वान्ट?* पटना, हिन्दुस्तान टाइम्स

18. प्रकाश, विजय (2007), *एजुकेशन ऑफ द अंडर प्रिविलेज्ड, समक्रिटिकल कन्सर्न्स*, नई दिल्ली, थिंक इंडिया (वाल्यूम 10–1)

19. प्रकाश, विजय (1999), *चाइल्ड फर्स्ट*, पटना टाइम्स ऑफ इंडिया

20. बिनेट, ए. एवं सिम, टी. (1916), द *डेवलपमेंट ऑफ् इंटेलिजेन्स इन चिल्ड्रेन*, बाल्टी मोर, विलियम्स एंड विलकिन्स

21. भाई गिजू (2005), *माता पिता से*, नई दिल्ली, प्रकाशन संस्थान

22. राय चौधरी, पी.सी. (1959), *जिला गजट पटना*, बिहार सरकार

23. लेज़ियर, डेविड (1991), *सेवेन वेज ऑफ टीचिंग–दी आरटिस्ट्री ऑफ टीचिंग विथ सेवन मल्टीपल इंटेलिजेन्स*, इलिनॉय, स्काइलाइट पब्लिशिंग

24. श्रीवास्तव, शिव कुमार (1980), *बिहार में शिक्षा की प्रगति*, शिक्षा विभाग, बिहार सरकार, पटना

25. श्रीवास्तव शैलेन्द्र, (2008), *अभिवंचितों की शिक्षा*, बिहार, पटना, बिहार सरकार

●●●